# 中华人民共和国
# 农村集体经济组织法

## 实用问题版

法律出版社法律应用中心　编

法律出版社 LAW PRESS · CHINA
北 京

**图书在版编目（CIP）数据**

中华人民共和国农村集体经济组织法：实用问题版 / 法律出版社法律应用中心编. -- 北京：法律出版社，2025（2025.8 重印）. -- ISBN 978-7-5244-0240-4

Ⅰ. D922.45

中国国家版本馆 CIP 数据核字第 2025LX2784 号

**中华人民共和国农村集体经济组织法：实用问题版**
**ZHONGHUA RENMIN GONGHEGUO NONGCUN JITI JINGJI ZUZHIFA：SHIYONG WENTI BAN**

法律出版社法律应用中心　编

策划编辑　朱海波　杨雨晴
责任编辑　朱海波　杨雨晴
装帧设计　臧晓飞

**出版发行**　法律出版社
**编辑统筹**　法律应用出版分社
**责任校对**　邢艳萍
**责任印制**　刘晓伟
**经　　销**　新华书店

**开本**　A5
**印张**　17　　**字数**　430 千
**版本**　2025 年 5 月第 1 版
**印次**　2025 年 8 月第 3 次印刷
**印刷**　天津嘉恒印务有限公司

地址：北京市丰台区莲花池西里 7 号（100073）
网址：www.lawpress.com.cn
投稿邮箱：info@lawpress.com.cn
举报盗版邮箱：jbwq@lawpress.com.cn
销售电话：010-83938349
客服电话：010-83938350
咨询电话：010-63939796

**书号**：ISBN 978-7-5244-0240-4　　**定价**：49.00 元

凡购买本社图书，如有印装错误，我社负责退换。电话：010-83938349

# 本书编写组

**主　任：** 毕　健

**副主任：** 李　军

**成　员：**（排名不分先后）

王　强　林雨璐　令狐昌勇

孙　笛　沈南宇　夏昌华

# 编 写 说 明

**一、编写背景**

《中华人民共和国农村集体经济组织法》的颁布实施,是我国农村经济领域的一件大事,标志着农村集体经济组织的发展和管理步入了法治化轨道。该法对于巩固社会主义公有制、完善农村基本经营制度、维护农民集体成员财产权益、促进农村共同富裕以及健全农村治理体系等方面具有重大而深远的意义。然而,由于法律条文具有一定的专业性和抽象性,广大农村干部、农民群众以及相关研究人员和实务工作者在理解和应用该法时可能会遇到一些困难。为了帮助读者准确把握法律的精神实质和具体内容,提高对法律的理解和应用水平,特编写本书。

**二、编写目的**

1. 普及法律知识:向广大读者全面、系统地介绍《中华人民共和国农村集体经济组织法》的基本内容,使读者了解法律的主要规定和要求,增强法律意识和法治观念。

2. 促进法律理解:对法律条文进行深入解读,结合实际案例和相关政策,帮助读者理解法律条文的含义、立法目的和适用范围,解决读者在理解法律过程中遇到的疑问。

3. 指导法律应用:通过提供具体的应用指南和操作建议,帮助读者掌握在实际工作和生活中如何正确运用法律,解决实际问题,提高依法办事的能力。

4. 推动农村集体经济发展:为农村集体经济组织的管理人员、成员以及相关政府部门提供参考，促进农村集体经济组织依法规范运营，推动农村集体经济的健康发展，实现乡村振兴战略目标。

**三、编写原则**

1. 准确性：严格依据《中华人民共和国农村集体经济组织法》的条文内容进行编写，确保对法律条文的解读准确无误，不偏离法律原意。

2. 实用性：紧密结合农村实际情况和读者的需求，注重理论与实践相结合，提供具有可操作性的应用建议和案例分析，使读者能够将法律知识运用到实际工作和生活中。

3. 通俗性：采用通俗易懂的语言和表达方式，避免使用过于专业和晦涩的术语，使广大读者能够轻松理解和接受。同时，运用图表、案例等形式，增强内容的直观性和可读性。

4. 系统性：对法律的各个方面进行全面、系统的介绍和解读，涵盖法律的立法背景、主要内容、适用范围、实施要点等，形成一个完整的知识体系。

5. 前瞻性：关注农村经济社会发展的趋势和法律制度的变化，对法律的实施和发展进行前瞻性的思考和分析，为读者提供具有前瞻性的观点和建议。

**四、编写内容与结构**

1. 第一部分：条文注解与实用建议。

2. 第二部分：实用问题解答。

3. 第三部分：关联法律法规与工具收录。

**五、编写团队**

本书由毕健、李军团队负责编写，团队成员均系贵州贵达律师事务所律师。他们具有丰富的理论知识和实践经验，能够确保本书的编写质量和实用性。

# 目　录

## 中华人民共和国农村集体经济组织法

## 实用问题

## 关联法规

## 实用工具

# 中华人民共和国农村集体经济组织法

# 中华人民共和国主席令

（第二十六号）

《中华人民共和国农村集体经济组织法》已由中华人民共和国第十四届全国人民代表大会常务委员会第十次会议于 2024 年 6 月 28 日通过，现予公布，自 2025 年 5 月 1 日起施行。

中华人民共和国主席　习近平

2024 年 6 月 28 日

# 第一章 总 则

**第一条 【立法目的】为了维护农村集体经济组织及其成员的合法权益,规范农村集体经济组织及其运行管理,促进新型农村集体经济高质量发展,巩固和完善农村基本经营制度和社会主义基本经济制度,推进乡村全面振兴,加快建设农业强国,促进共同富裕,根据宪法,制定本法。**

## 条文注解

1. 本条开宗明义,清晰阐述了立法的核心目的。

维护农村集体经济组织及其成员的合法权益是首要目标,这是本法的基本价值取向。农村集体经济组织最早产生于20世纪50年代初的农业合作化运动,此后逐渐由原人民公社组织演变到乡镇(街)集体经济经营实体(如公司、联合社等)村经济合作社、村股份经济合作社、自然村组经济实体等,发展至今已经成为农村经济发展的重要主体。从现实情况看,过去农村集体经济组织及其成员权益受侵害的现象时有发生,如集体资产被侵占、成员收益分配不合理等,因此其成员的权益保障至关重要,本条明确将维护权益作为立法目的,为解决这些问题提供了法律依据,使农村集体经济组织及其成员在权益受到侵害时有法可依。通过立法活动不仅规范农村集体经济组织及其运行管理,为组织的设立、运营、决策等各个环节提供明确的准则,确保其运行的规范化、科学化和民主化。同时促进新型农村集体经济高质量发展,体现了对农村经济发展质量的追求,推动农村集体经济在产业形态、经营模式等方面实现创新升级。农村基本经营制度是农村经济发展的基石,社会主义基本经济制度决定了我国经济发展的方向,因此，巩固和完善农村基本经营制度和社会主义基本经济制度是本法的重要使命。推进乡村全面振兴、加快建设农业强国、促进共同富裕，则是从宏观战略层面明确了立法的长远追求，农村集体经济组织在这些重大战略的实施中扮演着关键角色，法律为其发挥作用提供有力支撑。

2. 从经济发展和战略推进层面，作出促进高质量发展的目标设定，形成推进乡村振兴战略的强大合力。

我国明确把农业放在发展国民经济的首位。在市场经济环境下，规范化的农村集体经济组织更能吸引投资、整合资源，推动农村产业融合发展，为农村经济注入新活力，促进农村经济可持续增长，有助于提升农村集体经济组织的市场竞争力。通过对农村集体经济组织的规范，进一步明确了集体所有制在农村经济中的实现形式，丰富和完善了社会主义基本经济制度体系，对巩固和完善相关基本制度具有重要意义。农村集体经济组织是实施乡村振兴、农业强国建设和共同富裕的战略进程的重要实施主体，法律的制定为这些战略目标的实现提供了制度保障和组织支撑，有助于整合各方资源，形成推动农村发展的强大合力，加快农村现代化建设步伐。

**第二条 【农村集体经济组织的内涵和外延】本法所称农村集体经济组织，是指以土地集体所有为基础，依法代表成员集体行使所有权，实行家庭承包经营为基础、统分结合双层经营体制的区域性经济组织，包括乡镇级农村集体经济组织、村级农村集体经济组织、组级农村集体经济组织。**

## 条文注解

1. 主要阐明了农村集体经济组织的定义和性质。

本条强调了农村集体经济组织的基础——土地集体所有。我国存在两种土地制度：一种是国家所有制，即土地归国家所有，由国务院代替国家行使土地所有权;另一种是劳动群众集体所有制,即土地归集体所有,国家不干涉,由集体或集体经济组织代为行使所有权,这是中国特色社会主义制度下的一种重要经济形式,体现了社会主义公有制的本质特征。农村集体经济组织是依法代表成员集体行使所有权的实体,意味着它拥有独立的财产权利能力和行为能力,能够在法律框架内自主经营、自负盈亏。明确农村集体经济组织实行的是家庭承包经营为基础、统分结合的双层经营体制,兼顾了集中统一与分散经营的优势,既能发挥集体的规模效益,又能尊重农户的个体差异和经营自由。条文最后列举了农村集体经济组织的不同层级,包括乡镇级、村级、组级,涵盖了农村经济活动的各个层面。

2. 为农村集体经济组织的发展提供坚实的法律基础,也为政府监管和社会各界合作提供明确的方向。

通过法律的形式明确农村集体经济组织的地位和性质,从经营体制层面确立家庭承包经营为基础、统分结合的双层经营体制,与我国《宪法》第 8 条、《农村土地承包法》第 1 条和《农业法》第 5 条第 2 款规定的"农村集体经济组织实行家庭承包经营为基础、统分结合的双层经营体制"遥相呼应。一方面,有助于优化资源配置,提高农业生产效率,促进农村经济的健康发展。另一方面,不同层级的农村集体经济组织构成一个完整的农村经济管理体系,如此规定可以实现农村社会治理的精细化和专业化,推动农村治理体系和治理能力现代化,也保障了农民的土地承包权益和其他相关权益,确保农民在农村经济活动中享受到公平合理的待遇,促进农村社会和谐稳定。

**第三条　【农村集体经济组织的地位和作用】农村集体经济组织是发展壮大新型农村集体经济、巩固社会主义公有制、促进共同富裕的重要主体,是健全乡村治理体系、实现乡村善治的重要力量,是提升中国共产党农村基层组织凝聚力、巩固党在农村执政根基的重要保障。**

## 条文注解

1. 明确农村集体经济组织在多个关键领域所具有的重要地位。

本条强调农村集体经济组织对新型农村集体经济发展以及社会主义公有制巩固的推动作用。突出了农村集体经济组织在乡村治理体系构建与实现善治过程中的关键力量，阐述了农村集体经济组织对提升党组织凝聚力和巩固党在农村执政根基的保障意义。通过这一条文，全方位地展现了农村集体经济组织对于农村发展的核心价值，为后续法律条款围绕该组织展开规范和保障奠定了基础。

2. 突出农村集体经济组织在发展壮大新型农村集体经济、完善社会治理和巩固我党执政根基方面的重要作用。

传统农村集体经济存在产权关系较为模糊，产权主体虚置，权责不明，要素流动不畅等问题。2023 年中央一号文件——《中共中央、国务院关于做好二〇二三年全面推进乡村振兴重点工作的意见》指出：巩固提升农村集体产权制度改革成果，构建产权关系明晰、治理架构科学、经营方式稳健、收益分配合理的运行机制，探索资源发包、物业出租、居间服务、资产参股等多样化途径发展新型农村集体经济。在当前农村经济发展的新形势下，新型农村集体经济需要有坚实的组织载体来推动。农村集体经济组织能够整合农村各类资源，如土地、资金、劳动力等，通过合理的经营管理模式，实现资源的优化配置，提高农村经济发展的效率和质量。例如，一些农村集体经济组织通过发展特色农业产业、农村电商等新业态，拓宽了农民增收渠道，推动了农村经济的多元化发展。同时，农村集体经济是社会主义公有制经济的重要组成部分，农村集体经济组织依法代表成员集体行使所有权，确保了农村土地等重要生产资料的集体所有制性质，从根本上维护了社会主义公有制在农村的主体地位，这对于保障国家经济制度的稳定性和社会主义性质具有深远意义。另外，农村集体经济组织作为乡村社会的重要主体，在乡村治理中发挥着独特作用，它能够协调各方利益关系,组织村民参与公共事务决策和管理,提高村民的自治能力和参与度。例如,在农村基础设施建设、公共服务提供等方面,农村集体经济组织可以利用自身资源和组织优势,更好地满足村民的需求,促进乡村社会的和谐稳定发展,实现乡村善治的目标。最后是提升党农村基层组织凝聚力了,巩固党在农村的执政根基,《中国共产党农村基层组织工作条例》第1条明确指出农村工作在党和国家事业全局中具有重要战略地位,是全党工作的重中之重,农村集体经济组织的发展与党的领导紧密相连,党组织在农村集体经济组织中发挥引领作用,通过推动集体经济的发展壮大,为村民带来实实在在的利益,能够增强村民对党组织的信任和支持,提升党组织在农村的凝聚力和号召力,农村集体经济组织的有效运行也为党在农村开展工作提供了坚实的物质基础和组织保障,进一步巩固了党在农村的执政根基。

## 实用建议

需要厘清村党支部、村民委员会与村集体经济组织三者之间的关系。根据《村民委员会组织法》的规定,村党支部是党在农村的基层组织,发挥领导核心作用,领导和支持村民委员会行使职权,支持和保障村民开展自治活动、直接行使民主权利。村民委员会是村民自我管理、自我教育、自我服务的基层群众性自治组织。根据本法规定,农村集体经济组织是以土地集体所有为基础,依法代表成员集体行使所有权,实行家庭承包经营为基础、统分结合双层经营体制的区域性经济组织。因此,村党支部全面领导村的各类组织和各项工作,村民委员会和村集体经济组织要自觉接受村党支部的领导,村民委员会在村党支部的领导下主要负责村务工作,村集体经济组织则在村党支部的领导下和村民委员会的支持下依法依规开展经营活动,实行“政经分离”。

**第四条 【农村集体经济组织应当坚持的原则】农村集体经济组织应当坚持以下原则：**

**（1）坚持中国共产党的领导，在乡镇党委、街道党工委和村党组织的领导下依法履职；**

**（2）坚持社会主义集体所有制，维护集体及其成员的合法权益；**

**（3）坚持民主管理，农村集体经济组织成员依照法律法规和农村集体经济组织章程平等享有权利、承担义务；**

**（4）坚持按劳分配为主体、多种分配方式并存，促进农村共同富裕。**

## 条文注解

1. 坚持中国共产党对农村工作的全面领导原则。

强调了党的领导地位，坚持和加强党对农村工作的全面领导是农村集体经济组织依法履职的前提条件，体现了党的农村工作方针政策在法律层面的具体化。这一原则的确立，有助于确保农村集体经济组织始终沿着正确的政治方向前进。而乡镇党的委员会和村党组织又是党在农村的基层组织，是党在农村全部工作和战斗力的基础，承担全面领导乡镇、村的各类组织和各项工作，必须坚持党的农村基层组织领导地位不动摇。因此，充分发挥党组织在农村工作中的领导核心作用，为深入推进实施乡村振兴战略，推动全面从严治党向基层延伸，提高党的农村基层组织建设质量，推进新时代乡村全面振兴提供了坚强的政治和组织保证。

2. 巩固社会主义集体所有制。

坚持社会主义集体所有制是农村集体经济组织的本质特征，也是区别于其他经济组织形态的关键所在。这一原则的确立，有助于维护农村土地等重要生产资料的集体所有制性质，确保社会主义公有制在农村经济中的主导地位。

3. 坚持民主管理原则，实现权利义务平等。

强调民主管理，意味着农村集体经济组织的决策过程必须充分听取成员的意见和建议，意在实现权力的制约与平衡。这不仅有助于提高决策的质量和透明度，还能激发成员的积极性和创造力，促进农村集体经济的可持续发展。

4. 坚持按劳分配为主体、多种分配方式并存的原则。

我国《宪法》第 6 条第 2 款规定，坚持按劳分配为主体、多种分配方式并存的分配制度。实施按劳分配为主的分配方式，旨在通过公平合理的收益分配机制，激励成员勤劳致富，缩小贫富差距，实现共同富裕的目标。有助于营造良好的社会氛围，促进农村社会稳定和谐。党的领导、社会主义集体所有制、民主管理和按劳分配为主导的分配方式。这些原则构成了农村集体经济组织健康发展的基石，确保其既能有效服务于国家战略目标，又能充分尊重和保障农村集体经济组织成员的权益。

## 实用建议

农村集体经济组织应坚持本条四项原则不动摇。

农村集体经济组织在设立和经营过程中，要确保在乡镇党委、街道党工委和村党组织的领导下依法履职，保持党的路线方针政策在农村集体经济组织中的贯彻执行。要坚持社会主义集体所有制毫不动摇，完善集体资产管理规章制度，明确资产归属，规范资产运营流程，定期进行财务审计，确保透明度和公正性。坚持民主管理要做到定期召开成员大会或成员代表大会，讨论并通过重要决议；建立信息公开平台，及时向全体成员通报组织的重大事项和财务状况。坚持按劳分配为主体、多种分配方式并存。做法是既要体现劳动的价值，也要考虑资本、技术和管理等因素的贡献，合理确定各种生产要素的分配比例。

**第五条 【农村集体经济组织的职能】农村集体经济组织依法代表成员集体行使所有权，履行下列职能：**

**（一）发包农村土地；**

**（二）办理农村宅基地申请、使用事项；**

**（三）合理开发利用和保护耕地、林地、草地等土地资源并进行监督；**

**（四）使用集体经营性建设用地或者通过出让、出租等方式交由单位、个人使用；**

**（五）组织开展集体财产经营、管理；**

**（六）决定集体出资的企业所有权变动；**

**（七）分配、使用集体收益；**

**（八）分配、使用集体土地被征收征用的土地补偿费等；**

**（九）为成员的生产经营提供技术、信息等服务；**

**（十）支持和配合村民委员会在村党组织领导下开展村民自治；**

**（十一）支持农村其他经济组织、社会组织依法发挥作用；**

**（十二）法律法规和农村集体经济组织章程规定的其他职能。**

## 条文注解

1. 确立农村集体经济组织依法代表成员行使所有权的法律地位。

农村集体经济组织作为法定的经济实体，有独立进行经济活动的自主权。从法律上明确其在发包农村土地、办理农村宅基地申请、使用事项等方面依法代表成员集体行使所有权的地位，旨在通过法律固化集体所有权主体，防止资产流失或被私分，这里的“所有权”指的是对集体财产的占有、使用、收益和处分的权利。具体来说，农村集体经济组织依法代表成员行使所有权的含义包括以下几个方面：

（1）代表成员行使所有权：作为法律上的实体，拥有对其成员集体所有的财产的管理和处置权力，而不是由单个成员单独行使，例如，农民集体所有的土地依法属于村农民集体所有的，由村集体经济组织或者村民委员会经营、管理。

(2)依法行使所有权：在行使所有权时，必须遵守国家的法律法规，以及农村集体经济组织的章程和决议。

(3)行使对集体财产的所有权：包括但不限于土地、房屋、农具、耕畜等集体所有的财产。保障农村社会主义公有制经济的根基，维护农村集体经济组织及其成员的合法权益，以实现集体资产权属清晰化、管理规范化及运营市场化，促进农村集体经济的高质量发展。需要注意的是，农村集体经济组织作为法人只是农村集体资产的管理主体，而不是集体资产的所有者，农村集体经济组织所有并非农村集体经济组织成员所有之和。①

2. 明确农村集体经济组织行使所有权时所承担的具体职能。

本条通过详细罗列职能，全面界定了农村集体经济组织在农村经济、社会事务等多方面的职责范围，为其实际运行和发挥作用提供清晰指引，确保农村集体经济组织能够有序、有效地履行各项使命，而不至于在适用过程中出现理解错误和执行偏差，更有利于维护集体及其成员的合法权益，推动农村经济社会的健康发展。农村集体经济组织履行发包农村土地、合理开发利用和保护土地资源、经营管理集体财产等职能，能够实现农村各类资源的优化配置。例如，合理发包土地可以促进农业生产的规模化、专业化发展，对集体经营性建设用地的有效利用，能吸引外部投资，发展农村二、三产业，为农村经济增长注入新动力，推动新型农村集体经济的高质量发展。决定集体出资企业的所有权变动、组织开展集体财产经营管理等职能，有助于农村集体经济组织根据市场形势和自身发展需求，灵活调整经营策略，保障集

① 参见最高人民法院民法典贯彻实施工作领导小组主编：《中华人民共和国民法典总则编理解与适用[上]》，人民法院出版社 2020 年版，第 503 页。

体资产的安全，并实现集体资产增值保值，增加集体收益，为农村经济发展提供坚实的物质基础。办理农村宅基地申请、使用事项，使农民的居住权益得到规范保障；合理分配使用集体收益、土地补偿费等，确保农民能够公平地分享集体发展成果，保障了农民基本权益，促进农村社会协同发展。支持和配合村民委员会开展村民自治，以及支持农村其他经济组织、社会组织依法发挥作用，有利于构建多元主体协同参与的农村社会治理格局，各主体相互协作、优势互补，共同解决农村发展中的问题，有利于提升农村社会治理效能，推动农村社会全面进步。为成员生产经营提供技术、信息等服务，有助于提高农民的生产经营能力和市场竞争力，促进农业增效、农民增收。上述一系列职能的履行，从整体上巩固和完善了农村基本经营制度，推进乡村全面振兴，加快农业强国建设步伐。

## 实用建议

1. 农村集体经济组织应当严格发包土地，保障成员优先承包权。

在发包农村土地时，必须严格依照《农村土地承包法》等相关法律法规进行，确保发包程序合法合规。要优先满足本集体经济组织成员的土地承包需求，同等条件下，本集体经济组织成员享有优先承包权。根据土地的性质和规划，合理确定发包土地的用途，不得擅自改变土地的农业用途。与承包方签订详细、规范的土地承包合同，明确双方的权利和义务，包括承包期限、承包费用、土地用途、违约责任等条款。

2. 农村集体经济组织应当严格审核成员宅基地申请事项。

办理农村宅基地申请、使用事项应当符合规划和政策，宅基地的申请和使用必须符合土地利用总体规划、村庄规划以及国家和地方有关宅基地管理的政策规定。对申请宅基地的成员进行严格审核，确保其符合申请条件，符合“一户一宅”原则等。在办理宅基地申请、使用事项过程中，要做到公平、公正、公开，避免出现偏袒、徇私舞弊等现象。尽量不占或少占耕地，确需占用耕地的，必须依法办理农用地转用审批手续。

3. 严格按照规定用途使用集体经营性建设用地。

集体经营性建设用地的使用必须符合土地利用总体规划、城乡规划和产业政策的要求，严格按照规定的用途使用。2022 年 1 月，自然资源部印发《关于加快完成集体土地所有权确权登记成果更新汇交的通知》，提出健全集体土地所有权确权登记成果更新和应用机制，集体经营性建设用地入市前，应依法完成集体土地所有权确权登记。集体土地所有权未登记或者存在权属争议的，集体经营性建设用地不得入市交易。禁止将农民宅基地纳入入市范围。土地作为最基本的生产要素，在出让、出租集体经营性建设用地时，需要充分考虑集体的长远利益，合理确定出让、出租价格和期限，确保集体资产保值增值。建立健全集体经营性建设用地交易管理制度，规范交易程序，确保交易公开、公平、公正。与受让方或承租方签订详细、规范的合同协议，明确双方的权利和义务，包括土地用途、使用期限、租金支付方式、违约责任等条款。

4. 农村集体经济组织需建立健全集体财产经营管理制度。

2021 年 12 月 7 日，财政部、农业农村部联合印发《关于印发农村集体经济组织财务制度的通知》（财农〔2021〕121 号），对于规范农村集体经济组织财务行为，巩固农村集体产权制度改革成果作出了规定。农村集体经济组织需建立健全集体财产经营管理制度，明确经营管理的职责、权限和程序，确保集体财产的安全和有效运营。在进行集体财产经营决策时，要充分进行市场调研和分析，广泛听取成员的意见和建议，进行科学、民主决策。同时加强对集体财产经营风险的评估和防控，制定相应的风险应对措施，避免集体财产遭受损失。建立健全集体财产监督审计机制，定期对集体财产的经营管理情况进行审计和监督，确保集体财产的使用合法合规、公开透明。

**第六条 【农村集体经济组织的特别法人资格、破产适用及其出资】农村集体经济组织依照本法登记，取得特别法人资格，依法从事与其履行职能相适应的民事活动。**

**农村集体经济组织不适用有关破产法律的规定。**

**农村集体经济组织可以依法出资设立或者参与设立公司、农民专业合作社等市场主体，以其出资为限对其设立或者参与设立的市场主体的债务承担责任。**

## 条文注解

1. 第 1 款从法律层面明确农村集体经济组织的法人地位。

我国《民法典》规定，农村集体经济组织依法取得法人资格，为特别法人。本条清晰界定农村集体经济组织在市场经济环境中的法律身份和行为边界，保障其合法权益，促进其在经济活动中的规范运作。一方面，取得特别法人资格，使农村集体经济组织在法律上有了独立的“名分”，这意味着它能够以自己的名义参与各类民事活动，如签订合同、开展经营、参与诉讼等，改变了以往身份不明确导致的诸多不便，增强了其在市场经济中的主体地位，有利于更好地维护集体及其成员的权益。另一方面，具备法人资格后，农村集体经济组织可以更加顺畅地与其他市场主体进行经济往来，拓展业务范围和发展空间，例如，在招商引资、合作开发项目等方面，能够以独立法人的身份进行平等协商和合作，吸引更多资源投入农村经济发展中。

2. 第 2 款赋予了农村集体经济组织不适用破产法律的特殊规定。

农村集体经济组织有别于营利性企业法人，其法律地位强调社会服务功能，承载着众多农民的利益和农村经济社会稳定的重要使命，并非单纯的经济营利功能，故不适用破产法律规定。在我国，农村集体土地、宅基地等资产受土地管理法律制度严格保护，法律禁止通过拍卖、变卖等方式清偿债务，防止经营不善等原因导致农村集体经济组织轻易破产解散，避免农村集体资产被无序清算，保障了农村土地等重要资源的集体所有性质和稳定经营。同时，农村集体经济组织成员的资格具有人身属性，不能因农村集体经济组织负有的债务而被剥夺，而破产法律规制的破产企业债务清偿可能涉及成员权益的强制调整，二者存在较大差异。不适用破产法律规定可以确保农村集体经济组织的持续存在和发展，使得集体资产能够在稳定的组织框架下进行经营管理和保值增值，防止因破产风险带来的资产流失和农民利益受损，为农村集体经济的长远发展提供了坚实的制度保障，体现了法律对“三农”问题的特殊保护逻辑。

3. 第 3 款明确农村集体经济组织对外投资责任的承担原则。

农村集体经济组织依法在其章程规定的范围内开展农业生产经营和服务活动，允许农村集体经济组织依法出资设立或参与设立公司、农民专业合作社等市场主体，为其提供了多元化的发展途径和创新空间，鼓励其进行市场拓展，这有助于农村集体经济组织整合资源，借助其他市场主体的优势，实现产业融合发展，提升农村经济的活力和竞争力。以出资为限对所设立或参与设立的市场主体债务承担责任，则明确了农村集体经济组织的风险边界，这既鼓励了其积极参与市场投资，又避免了因过度承担债务风险而对自身和成员利益造成严重损害，保障了农村集体经济组织的稳健发展。

## 实用建议

1. 农村集体经济组织要依法依规进行登记并确保持续符合登记条件。

取得特别法人资格是农村集体经济组织合法开展民事活动的前提。农村集体经济组织应当严格按照本法及相关登记管理办法规定的条件、程序和要求进行登记。确保提交的登记材料真实、准确、完整，避免因材料虚假或不完整导致登记失败或后续产生法律风险。登记后，农村集体经济组织要持续满足取得特别法人资格的条件。若组织的性质、成员构成、资产状况等发生重大变化，可能影响其法人资格的，应及时向登记机关报告并办理相应的变更登记手续。

2. 农村集体经济组织应当依法从事与其履行职能相适应的民事活动。

首先要准确理解和把握农村集体经济组织的职能范围，其民事活动应围绕发包农村土地、办理农村宅基地申请使用、组织开展集体财产经营管理等法定职能展开。避免超越职能范围从事民事活动，否则可能导致行为无效，还可能承担相应的法律责任。在从事民事活动时，必须严格遵守国家法律法规的规定，不得违反法律的强制性规定和禁止性规定。同时，要遵守社会公德、商业道德，诚实守信，维护市场秩序和社会公共利益。对从事的民事活动进行充分的风险评估，制定相应的风险防范措施。例如，在签订合同前，要仔细审查合同条款，明确双方的权利义务和违约责任，避免陷入合同纠纷。

3. 农村集体经济组织虽然不适用有关破产法律的规定，但要注意责任承担方式和债务化解机制。

虽然农村集体经济组织不适用破产法律，但这并不意味着其无需承担债务责任。组织仍需以其全部资产对债务承担责任，要合理安排资产和债务，避免出现资不抵债的情况。要明确成员对组织债务的责任范围，成员一般以其在组织中的权益为限对组织债务承担责任，但法律另有规定的除外。同时建立健全债务化解机制，当农村集体经济组织出现债务问题时，要积极采取措施进行化解。可以通过盘活集体资产、增加经营收入、与债权人协商等方式解决债务问题。避免因债务问题影响组织的正常运转和成员的利益。

4. 出资设立或参与设立市场主体应当注意的事项。

在出资设立或参与设立公司、农民专业合作社等市场主体前，要进行充分的市场调研和可行性分析。评估投资项目的市场前景、盈利能力、风险程度等因素，避免盲目投资。要结合农村集体经济组织的实际情况和发展战略，确定投资的规模和方向，确保投资符合组织的利益和发展需求。在参与设立市场主体时，要通过签订协议等方式明确农村集体经济组织在市场主体中的权利和义务。包括股权比例、利润分配方式、决策参与权、监督管理权等。要关注市场主体的治理结构和运营管理机制，确保农村集体经济组织的合法权益得到保障。以其出资为限对设立或参与设立的市场主体的债务承担责任，要注意做好风险隔离。避免因市场主体的债务问题影响农村集体经济组织的正常运营和集体资产的安全。

**第七条　【农村集体经济组织的义务】农村集体经济组织从事经营管理和服务活动，应当遵守法律法规，遵守社会公德、商业道德，诚实守信，承担社会责任。**

## 条文注解

1. 为农村集体经济组织在开展经营管理和服务活动时设定行为准则。

民事主体从事民事活动，应当遵循公平原则、诚信原则，不得违反法律，不得违背公序良俗，并有利于节约资源、保护生态环境。本条强调农村集体经济组织在法律、道德以及社会责任层面的义务，引导农村集体经济组织在合法、诚信、负责的轨道上运行，确保其活动既符合法律规范，又契合社会道德要求，积极履行社会责任，实现经济效益与社会效益的统一。

2. 目的是维护法律秩序，弘扬道德风尚，强化农村集体经济组织社会责任。

要求农村集体经济组织遵守法律法规，是确保其经营管理和服务活动在法律框架内进行的基本要求，这有助于维护农村经济市场的正常秩序，避免出现违法经营、不正当竞争等行为，保障农村经济的健康发展。例如，在土地发包、集体资产经营等活动中严格依法行事，可防止土地资源的非法流转、集体资产的流失等问题。农村集体经济组织作为农村经济的重要主体，其依法行事能够为农村社会树立良好的法治榜样。这有利于增强农民的法治意识，推动整个农村地区形成尊法、学法、守法、用法的良好氛围，促进法治农村的建设进程。遵守社会公德和商业道德，诚实守信，是市场经营主体的从业准则，有助于农村集体经济组织树立良好的社会形象和商业信誉，在市场经济环境下，信誉是组织的无形资产，良好的信誉能够吸引更多的合作机会、投资和支持，为农村集体经济组织的长远发展奠定基础。比如，在与企业合作开展项目时，诚实守信的形象能增强合作方的信心，保障合作的顺利进行。农村集体经济组织秉持道德准则开展活动，能够促进成员之间、与其他组织和个人之间建立和谐、信任的关系。在农村社会中，这种道德引领作用有助于减少矛盾纠纷，营造团结互助、和谐稳定的农村社会氛围，推动农村精神文明建设。承担社会责任则要求农村集体经济组织在追求自身经济利益的同时，考虑对农村社会、环境等方面的影响。例如，我国《环境保护法》规定，一切单位和个人都有保护环境的义务，企业事业单位和其他生产经营者应当防止、减少环境污染和生态破坏。因此，要求农村集体经济组织在资源开发利用过程中注重生态环境保护，积极参与农村基础设施建设、教育、医疗等公益事业，有助于实现农村经济、社会和环境的可持续发展。积极履行社会责任的农村集体经济组织能够赢得成员和社会的认可与支持，增强成员的归属感和自豪感，进而提升组织的凝聚力。这种凝聚力又会促使成员更加积极地参与组织活动，为组织的发展贡献力量。

**第八条 【农村集体经济组织及其成员权益、集体财产和妇女权益的保护】国家保护农村集体经济组织及其成员的合法权益，任何组织和个人不得侵犯。**

**农村集体经济组织成员集体所有的财产受法律保护，任何组织和个人不得侵占、挪用、截留、哄抢、私分、破坏。**

**妇女享有与男子平等的权利，不得以妇女未婚、结婚、离婚、丧偶、户无男性等为由，侵害妇女在农村集体经济组织中的各项权益。**

## 条文注解

1. 第1款强调国家对农村集体经济组织及其成员合法权益的保护态度。

中华人民共和国的社会主义经济制度的基础是生产资料的社会主义公有制，即全民所有制和劳动群众集体所有制。集体所有的财产是我国社会主义公共财产的重要组成部分，神圣不可侵犯，我国农业法也规定国家保护农民和农业生产经营组织的财产及其他合法权益不受侵犯。禁止任何组织或者个人侵占、哄抢、私分、破坏，强调了对农村集体经济组织成员集体所有财产的法律保护。并特别指出保障妇女在农村集体经济组织中的平等权利，意在强化妇女在政治的、经济的、文化的、社会的和家庭的生活等各方面享有同男子平等的权利，禁止任何形式的侵权行为。目的是促进农村集体经济组织的健康发展，确保农民的合法权益得到有效保障。这一条款不仅是法律对农村集体经济组织及其成员权益保护的明确规定，也是实现城乡融合、推进乡村振兴战略的重要法律保障。

2. 第2款维护农村社会稳定，促进农村经济发展。

通过法律手段保护农村集体经济组织及其成员的合法权益，任何组织和个人不得侵犯农村集体经济组织及其成员的合法权益，有助于预防和化解农村社会矛盾，保持农村社会的和谐稳定。例如，明确禁止侵占、挪用集体财产，如农村集体经济组织应当按照有关规定进行财务管理和会计核算，集体所有的资金不得存入以个人名义开立的账户，可以防止个别人员滥用职权，损害集体利益，引发村民不满。另外，农村集体经济组织成员不因就学、服役、务工、经商、离婚、丧偶、服刑等原因而丧失成员身份，即使成员离开农村集体经济组织，其身份也不应被剥夺。确保农村集体经济组织成员的合法权益不受侵害，可以激发成员的积极性和创造性，促进他们更好地参与到农村经济建设中，推动农村经济的繁荣发展。比如，保护成员的土地承包经营权，可以让农民安心投入农业生产，提高农产品产量和质量。

3. 第 3 款特别保护妇女权益。

一是消除性别歧视，特别强调妇女在农村集体经济组织中的平等权利，是对传统观念中可能存在的性别歧视的纠正，体现了现代社会男女平等的价值观。例如，农村土地承包法早有规定在农村土地承包中，妇女与男子享有平等的权利，任何组织和个人不得剥夺、侵害妇女应当享有的土地承包经营权，本条规定不得以婚姻状态等理由侵害妇女权益，保障了妇女在农村集体经济组织中的地位和待遇。二是促进社会公正，保障妇女权益不仅是对个体的保护，也有助于提升整个社会的公平正义。通过法律明确保护妇女权益，可以引导社会各界关注和尊重妇女群体，营造一个公正、包容的社会环境。

## 实用建议

1. 要明确保护农村集体经济组织及其成员的合法权益内容不受侵犯。

农村集体经济组织及其成员的合法权益包括但不限于土地承包经营权、宅基地使用权、集体收益分配权等。要确保这些权益得到有效保护。任何组织和个人都不得侵犯农村集体经济组织及其成员的合法权益,包括非法占有、使用、处分集体财产,损害成员利益等行为。当农村集体经济组织及其成员的合法权益受到侵害时,应依法通过调解、仲裁、诉讼等方式维护自身权益。

2. 法律保护的是农村集体经济组织成员集体所有的财产。

农村集体经济组织管理的仅是成员用以出资以及其经营所得的财产,包括土地、房屋、设备、现金等各类资产。要明确界定财产范围并建立资产台账,详细记录每一项资产的信息,做到账实相符。同时还应当加强财务管理,制定详细的财产管理制度,明确各类资产的管理责任和使用权限确保财务收支透明,账目清楚。采取有效措施防止集体财产流失,明确资产的购置、使用、报废等流程。对于侵占、挪用、截留、哄抢、私分、破坏集体财产的行为,依法追究相关人员的法律责任,维护集体财产安全。

3. 妇女在农村集体经济组织中的合法权益受到特别保护。

明确规定不得以妇女未婚、结婚、离婚、丧偶、户无男性等为由,侵害妇女在农村集体经济组织中的各项权益,系对妇女在农村集体经济组织中的合法权益的特别保护。突出性别平等原则,保障了妇女在农村集体经济组织中享有与男子平等的权利,包括参与决策、获得收益分配等。结合本法关于成员权利、收益分配等规定,体现了本条将立法重心放置在农村妇女的身份权认定上,进而再对依附于成员身份权的妇女在农村土地承包、土地征收补偿款和集体收益分配、集体财产管理参与等权利分别进行规定,制度安排的逻辑层级清晰明确,[1]突出了对妇女的特别保护。

① 参见任大鹏:《作为集体经济组织成员的农村妇女财产权益的立法保障——以相关立法的文本解释为视角》,载《妇女研究论丛》2024年第5期。

**第九条　【对农村集体经济组织的扶持措施】国家通过财政、税收、金融、土地、人才以及产业政策等扶持措施，促进农村集体经济组织发展，壮大新型农村集体经济。**

**国家鼓励和支持机关、企事业单位、社会团体等组织和个人为农村集体经济组织提供帮助和服务。**

**对发展农村集体经济组织事业做出突出贡献的组织和个人，按照国家规定给予表彰和奖励。**

## 条文注解

1. 阐述国家在推动农村集体经济组织发展方面的积极作用。

一是强调政策扶持的意义。财政扶持可以为农村集体经济组织提供启动资金、补贴运营成本，助力其开展各类生产经营项目；税收优惠能减轻组织负担，提高盈利能力；金融支持如低息贷款、融资便利等，解决其资金短缺难题，增强发展活力；土地政策倾斜保障了发展空间；产业政策引导则有助于农村集体经济组织找准发展方向，优化产业结构，推动农村经济多元化发展，实现新型农村集体经济的高质量增长，强化经济发展动力。农村集体经济组织发展滞后是城乡差距的重要体现，通过国家的全面扶持，能够提升农村经济发展水平，增加农民收入，改善农村基础设施和公共服务，逐步缩小城乡在经济、社会等方面的差距，促进城乡一体化发展。

二是鼓励社会参与的意义。发展壮大农村集体经济组织需汇聚多元资源，机关、企事业单位、社会团体等组织和个人拥有不同的资源和优势，鼓励他们参与农村集体经济组织的发展，能够引入资金、技术、人才、管理经验等多方面资源，为农村集体经济组织注入新的活力，拓展发展思路和途径。这种鼓励机制有助于在全社会形成关注农村、支持农村发展的良好氛围，增强社会各界对农村发展的责任感和使命感，促进社会资源向农村流动，形成全社会共同推动农村发展的强大合力。

三是表彰奖励的意义。全社会应当高度重视农业，支持农业发展。国家对发展农业和农村经济有显著成绩的单位和个人，给予奖励，这能够树立先进典型，激发其他组织和个人积极探索创新农村集体经济发展模式和方法，形成比学赶超的良好竞争态势，推动农村集体经济组织不断提升发展质量和效益。表彰奖励是对为农村集体经济组织发展付出努力和取得成绩的认可，有助于稳定和吸引更多人才投身农村建设，巩固和扩大农村集体经济发展成果，保障农村经济持续健康发展。

2. 明确国家支持农村集体经济组织发展的具体举措。

本条规定的国家将通过财政、税收、金融、土地、人才以及产业政策等扶持措施支持农村集体经济组织发展，这些措施的推动、落地和实施将极大程度上促进农村集体经济组织的发展和壮大。

(1)在财政方面，可以设立专项资金，直接对农村集体经济组织给予资金支持。这些资金可用于农村基础设施建设，如修建灌溉设施、道路等，改善农业生产条件；也可投入农业产业发展项目中，像扶持特色农产品种植、养殖基地建设，助力农村产业发展。还可以进行项目补贴，对于农村集体经济组织实施的符合国家政策导向的项目，如生态农业项目、农产品加工项目等，给予项目补贴，以减轻组织的资金压力，提高项目的可行性和成功率。还有当农村集体经济组织为发展生产、扩大经营而进行贷款时，政府对贷款利息给予一定比例的补贴，降低其融资成本，增强其贷款积极性和还款能力，促进农村集体经济组织的发展壮大。

(2)在税收方面，也可以通过减免税费、优惠税率等措施进行支持，例如，对其销售自产农产品免征增值税，对从事农、林、牧、渔业项目的所得减免企业所得税等，直接降低农村集体经济组织的经营成本,提高其经济效益。在一些税种上,给予农村集体经济组织优惠税率。如对农村集体经济组织使用的房产、土地,在房产税、城镇土地使用税等方面适用较低税率,减轻其税收负担,使其有更多资金用于发展生产和扩大经营。

(3)在金融方面,加强信贷、保险等方面的金融支持,通过开展金融创新,探索开展农村集体资产股权质押贷款等业务,盘活农村集体资产,拓宽农村集体经济组织的融资渠道。积极落实用地保障,在土地流转政策和土地开发利用方面予以支持和优惠,如减免相关费用、延长土地使用年限等,鼓励其充分挖掘土地资源潜力,拓展发展空间。

(4)在人才方面,加大人才培养和人才引进,组织开展针对农村集体经济组织成员的培训活动,提高其经营管理能力、农业技术水平等。例如,举办农业技术培训班、农村电商培训班、企业经营管理培训班等,培养一批懂技术、会经营、善管理的农村集体经济组织人才队伍。出台优惠政策,吸引各类人才投身农村集体经济组织发展。鼓励大学生、退伍军人、企业家等返乡创业,参与农村集体经济组织的经营管理,为农村带来新的理念、技术和资金。同时建立健全人才激励机制,对在农村集体经济组织发展中做出突出贡献的人才给予奖励。例如,设立专项奖励基金,对带领农村集体经济组织实现增收致富的带头人、技术骨干等给予物质奖励,激发人才的积极性和创造性。

(5)在产业政策方面,制定产业发展规划,引导农村集体经济组织结合当地资源优势,发展特色产业。例如,鼓励山区农村集体经济组织发展林下经济、生态旅游;平原地区发展规模化种植、农产品加工等产业,形成具有地域特色的农村产业发展格局。进行项目扶持,对农村集体经济组织实施的符合国家产业政策的项目,在项目审批、立项、验收等方面给予便利和支持。优先安排农村集体经济组织申报各类农业产业发展项目,如现代农业产业园、农业产业强镇等项目,推动农村产业融合发展。深化产业对接,搭建农村集体经济组织与企业、市场的对接平台,促进农村产业与二、三产业的深度融合。例如,组织农产品产销对接会、农村电商对接活动等,帮助农村集体经济组织拓展销售渠道,提高农产品附加值,推动农村一、二、三产业协同发展。

## 实用建议

1. 国家有关部门制定、实施扶持措施的注意事项。

(1)财政方面:要特别注意资金使用合规性,财政资金的使用必须严格遵循国家相关法律法规和财政部门的规定,每一笔资金的支出都要有明确的用途和依据,确保资金不被挪用、挤占或浪费。例如,用于农村基础设施建设的资金,要专款专用,不能用于其他非相关项目。要注重财政资金投入的产出效益,避免盲目投入。在项目实施前,要进行充分的可行性研究和成本效益分析,确保资金能够带来实际的经济和社会效益。比如,投资建设农产品加工项目,要考虑市场需求、成本回收周期等因素。建立健全资金监管机制,接受财政、审计等部门的监督检查。定期对资金使用情况进行内部审计,及时发现和纠正资金使用过程中存在的问题。

(2)税收政策方面:要准确理解国家出台的税收优惠政策,包括政策适用范围、条件、期限等内容。不同的税收优惠政策可能有不同的要求,如农产品生产销售的税收优惠和农村基础设施建设的税收优惠政策就有所不同。在享受税收优惠政策的过程中,要严格按照税法规定进行税务申报和缴纳,避免因误解政策或操作不当而导致税务风险。例如,不能为了享受税收优惠而虚报经营情况或提供虚假材料。税收政策会随着国家经济形势和发展战略的调整而变化,农村集体经济组织要及时关注政策更新情况,确保能够持续享受应有的税收优惠。

(3)人才培养方面:要根据农村集体经济组织的发展需求,确定所需的人才类型和数量。不同的产业和项目需要不同专业的人才,如农业种植需要农业技术人才,农产品销售需要市场营销人才等。注重人才培养的质量，选择合适的培养方式和培训机构。培养的人才要具备扎实的专业知识和实践能力，能够适应农村集体经济组织的发展需求。建立健全人才留用机制，吸引和留住优秀人才。要为人才提供良好的工作环境、发展空间和待遇保障，让人才能够在农村集体经济组织中发挥作用。

2. 大力宣传、鼓励和支持机关、企事业单位、社会团体等组织和个人为农村集体经济组织提供帮助和服务。

农村集体经济组织应当主动与外部组织和个人建立联系，探讨合作的可能性，为了提高合作的成功率，应当制定明确的合作机制，确保合作机制的公平性和透明度，避免任何形式的不公平对待或利益输送。在发展过程中，积极邀请农业专家、技术人员进行现场指导，或者与农业科技研发机构合作，引入先进的农业生产技术和管理模式，培育新的生产理念和生产技术，提高新质生产力。同时与社会服务机构合作，提供医疗保健、教育培训、心理咨询等多样化的社会服务，满足成员的不同需求。有条件的可以设立专项基金，支持有创新想法的成员进行试验和尝试，提供创业指导和培训，帮助成员提高创业成功率。加强法治教育，定期举办法律知识讲座，邀请律师解答成员的法律疑问，提高大家的法律意识。最后通过举办文化节庆活动、志愿服务活动等方式，增进成员之间的感情，营造和谐的农村社会环境。

**第十条　【农村集体经济组织的主管部门】国务院农业农村主管部门负责指导全国农村集体经济组织的建设和发展。国务院其他有关部门在各自职责范围内负责有关的工作。**

**县级以上地方人民政府农业农村主管部门负责本行政区域内农村集体经济组织的登记管理、运行监督指导以及承包地、宅基地等集体财产管理和产权流转交易等的监督指导。县级以上地方人民政府其他有关部门在各自职责范围内负责有关的工作。**

**乡镇人民政府、街道办事处负责本行政区域内农村集体经济组织的监督管理等。**

**县级以上人民政府农业农村主管部门应当会同有关部门加强对农村集体经济组织工作的综合协调，指导、协调、扶持、推动农村集体经济组织的建设和发展。**

**地方各级人民政府和县级以上人民政府农业农村主管部门应当采取措施，建立健全集体财产监督管理服务体系，加强基层队伍建设，配备与集体财产监督管理工作相适应的专业人员。**

## 条文注解

1. 明确了各级政府及其农业农村主管部门在农村集体经济组织建设和发展中的职责分工。

国务院农业农村部作为代表国家主管全国农业和农村经济发展工作的部门，在全国农村集体经济组织的建设和发展中承担着宏观指导的核心职责。从政策制定层面，负责制定全国性的农村集体经济组织发展战略、规划和政策方针，为农村集体经济组织的长远发展指明方向，确保其发展与国家整体农业发展战略和农村政策导向相契合。在资源统筹方面，整合全国范围内的农业资源、资金、技术等要素，引导资源向农村集体经济组织倾斜，促进其在全国范围内均衡发展。同时，通过组织开展经验交流活动、推广成功模式等方式，推动各地农村集体经济组织相互学习、共同进步，提升全国农村集体经济组织的整体发展水平。

确定县级以上地方人民政府农业农村主管部门负责本行政区域内农村集体经济组织建设和发展的具体规划与实施。根据本地实际情况，将国家政策细化为适合本地区的具体措施，引导农村集体经济组织结合当地资源优势，发展特色产业，推动产业升级。在组织培育方面，通过提供培训、技术支持等方式，帮助农村集体经济组织提升经营管理能力和市场竞争力。此外，还要协调本地区内各部门之间的关系，为农村集体经济组织发展创造良好的政策环境和资源配套条件，促进农村集体经济组织与当地其他经济主体的合作与协同发展。

乡镇人民政府、街道办事处作为最贴近农村集体经济组织的基层政府机构，承担着直接指导和服务的职责。在日常工作中，协助农村集体经济组织落实各项政策，解决实际问题，如帮助组织申请项目资金、协调土地使用等。同时，深入了解农村集体经济组织的发展需求，及时反馈给上级部门，为政策调整和资源分配提供依据。在组织建设方面，指导农村集体经济组织完善内部治理结构，加强成员管理，促进组织的规范化运行，确保农村集体经济组织在基层能够健康有序发展。通过这种明确的职责分工，各级政府紧密配合，形成上下联动的工作机制，共同推动农村集体经济组织的建设和发展。

通过明确国务院农业农村主管部门、地方人民政府农业农村主管部门以及乡镇人民政府、街道办事处的职责，确保各级政府在农村集体经济组织的建设和发展中发挥应有的作用，形成上下联动的工作机制。

2. 明确了各级政府及其农业农村主管部门对农村集体经济组织进行监督管理的具体内容。

一是规范农村集体经济组织的登记管理工作。在登记过程中，严格审核组织的设立条件、成员资格、章程制定等相关材料，确保农村集体经济组织的设立符合法律规定和程序要求，广东省早在2006年就制定了《广东省农村集体经济组织管理规定》，对该省农村集体经济组织的设立条件、登记制度等作出了规定。对已经登记的农村集体经济组织进行动态管理，及时更新组织信息，如成员变动、经营范围调整等，保证登记信息的准确性和时效性。通过规范的登记管理，赋予农村集体经济组织合法的市场主体地位，便于其开展各类经济活动，同时也为后续的监督管理提供基础数据和依据。

二是对农村集体经济组织的运行进行全面监督指导。首先,从决策程序上监督农村集体经济组织是否按照章程规定召开成员大会、理事会等会议,重大事项决策是否遵循民主原则,确保组织决策的科学性和公正性。其次,在经营活动方面,指导农村集体经济组织制定合理的发展规划和经营策略,避免盲目投资和经营风险。同时,监督组织的财务收支情况,确保财务公开透明,防止出现财务混乱和违规行为。最后,通过定期检查、不定期抽查等方式,及时发现和纠正农村集体经济组织运行过程中存在的问题,保障其合法合规运营。

三是加强集体财产管理和产权流转交易的监督指导。在集体财产管理方面,各级政府及其农业农村主管部门监督农村集体经济组织建立健全财产管理制度,对集体资产进行清查、登记和评估,明确产权归属,确保集体财产的安全和完整。指导组织合理利用集体财产,提高资产运营效率,实现保值增值。在产权流转交易方面,制定规范的交易规则和流程,监督交易过程的公开、公平、公正,防止集体资产在流转过程中被低价处置或非法侵占。对产权流转交易的合同签订、资金结算等环节进行监管,保障交易双方的合法权益,维护农村集体经济组织的经济秩序。通过这些具体的监督管理内容,规范农村集体经济组织的运作,有助于规范农村集体经济组织的运作,保障其合法合规发展。

3. 建立健全集体财产监督管理服务体系,加强基层队伍建设。

为加强对农村集体经济组织财产的保护和管理,防止集体财产流失,各级政府及其农业农村主管部门致力于建立一套完善的集体财产监督管理服务体系。在制度建设方面,制定详细的集体财产登记制度、评估制度、财务管理制度、审计监督制度等,明确各项财产管理环节的操作规范和责任主体,确保集体财产管理有章可循。利用信息化技术,搭建集体财产监管平台,实现对集体财产的动态实时监管,提高监管效率和透明度。同时，建立投诉举报机制，鼓励农民和社会各界对集体财产管理中的违规行为进行监督举报，及时发现和处理问题。通过这一体系的建立，全方位、多层次地保障农村集体经济组织财产的安全和有效利用，维护农民的合法权益。同时加强基层队伍建设，基层队伍是落实集体财产监督管理服务工作的关键力量。因此，各级政府重视加强基层队伍建设，配备与集体财产监督管理工作相适应的专业人员。在人员选拔上，注重选拔具有农业经济、财务管理、法律等专业知识和技能的人才，充实到基层监管队伍中。加强对基层工作人员的培训，定期组织业务培训、政策法规培训等活动，不断提升他们的专业素质和业务能力，使其能够熟练掌握集体财产管理的相关政策法规和操作流程。建立科学合理的考核激励机制，对工作表现优秀的基层工作人员给予表彰和奖励，激发他们的工作积极性和主动性。通过加强基层队伍建设，提高基层治理水平和效率，确保集体财产监督管理服务工作能够落到实处，为农村集体经济组织的健康发展提供有力保障。

# 第二章　成　　员

**第十一条　【农村集体经济组织成员的定义】户籍在或者曾经在农村集体经济组织并与农村集体经济组织形成稳定的权利义务关系，以农村集体经济组织成员集体所有的土地等财产为基本生活保障的居民，为农村集体经济组织成员。**

## 条文注解

1. 明确农村集体经济组织成员组成的范围。

农村集体经济组织是农民自愿联合，以生产资料集体所有制为基础的经济组织，其目的是实现农民的共同富裕和农村的可持续发展。成员资格的认定是农村集体经济组织运行的基础，只有明确了成员范围，才能合理分配集体资产，保障成员的合法权益，这也体现了法律公平、公正和合理的原则。本条规定从“户籍、权利义务关系和基本生活保障”三个方面对成员资格进行认定，避免了单纯以户籍或其他单一因素来认定成员资格的片面性，如此规定可以更好地适应农村社会经济发展的多样性和复杂性。本条规定的是“户籍在或者曾经在”农村集体经济组织的“居民”而不是“农村居民”，一方面排除了户籍从未在该农村集体经济组织的人员，另一方面考虑到城市化进展过程中有的地方实施“村改居”后成员转为城镇居民，但所在的农村集体经济组织仍然保留并未注销，其仍然以集体所有的财产为基本生活保障，该种情况下的居民也符合成员资格条件。

2. 细化对农村集体经济组织成员资格的认定条件。

本条细化规定具有农村集体经济组织成员的资格，需符合下列条件：

(1)户籍是在或者曾经在农村集体经济组织；

(2)同时与农村集体经济组织形成稳定的权利义务关系，如承包农村土地；

(3)以农村集体经济组织成员集体所有的土地等财产为基本生活保障的居民，顾名思义其主要的生产资料和生活来源依靠前述财产。

成员资格的认定是农村土地承包的前提条件之一，只有具有农村集体经济组织成员资格的居民，才有权利承包集体所有的土地。上述规定也是对《民法典》中农村集体经济组织相关规定的进一步细化和补充。

## 实用建议

1. 农村集体经济组织需制定详细的成员资格认定程序。

详细的成员资格认定程序，需要明确申请、审核、公示等环节的具体要求和时间节点。在申请环节，要求申请人提供相关的证明材料，如户籍证明、土地承包合同、参与集体活动的记录等。在审核环节，组织专门的工作小组对申请材料进行审核，并进行实地调查核实。在公示环节，将审核结果进行公示，接受成员的监督和异议。

2. 农村集体经济组织需建立健全成员档案管理制度。

由于成员因各种原因会出现不同程度的流动，所以农村集体经济组织需要建立成员档案管理。对成员的基本信息、权利义务履行情况、参与集体活动情况等进行详细记录，定期进行更新和维护，确保信息的准确性和完整性。

**第十二条 【农村集体经济组织成员的确认规则】农村集体经济组织通过成员大会，依据前条规定确认农村集体经济组织成员。**

**对因成员生育而增加的人员，农村集体经济组织应当确认为农村集体经济组织成员。对因成员结婚、收养或者因政策性移民而增加的人员，农村集体经济组织一般应当确认为农村集体经济组织成员。**

**确认农村集体经济组织成员，不得违反本法和其他法律法规的规定。**

**农村集体经济组织应当制作或者变更成员名册。成员名册应当报乡镇人民政府、街道办事处和县级人民政府农业农村主管部门备案。**

**省、自治区、直辖市人民代表大会及其常务委员会可以根据本法，结合本行政区域实际情况，对农村集体经济组织的成员确认作出具体规定。**

## 条文注解

1. 明确了成员大会在成员确认中的核心地位。

农村集体经济组织通过成员大会依据相关规定确认成员，将成员确认的权力赋予成员大会，充分体现了民主管理原则。成员大会作为农村集体经济组织的最高权力机构，由全体成员组成，能够广泛听取成员的意见和建议，确保成员确认过程公开、公平、公正。这种民主决策机制有利于增强成员对组织的认同感和归属感，提高成员参与组织事务的积极性。成员大会在确认成员时，需依据前条规定进行，保证确认过程有章可循，维护组织的规范性和稳定性。在实际操作中，成员大会可通过投票表决等方式，对成员资格进行确认，让每个成员都能充分行使自己的权利，表达自己的观点，使成员确认结果更具公信力。

2. 细化了特殊情形下成员确认规则。

对于因成员生育而增加的人员，农村集体经济组织应当确认为成员，充分考虑了农村集体经济组织的延续性和家庭关系的稳定性，属于强制性要求。生育是农村家庭自然的人口增长方式，将生育增加的人员确认为成员，保障了新生人口的合法权益，使其能够享受集体资源和福利，同时也符合农村社会的传统观念和实际情况。这有助于维护农村家庭的稳定，促进农村人口的自然繁衍和农村社会的持续发展。在实际执行中，农村集体经济组织可依据出生证明等相关文件，及时将生育增加的人员纳入成员名册，确保其权益得到及时保障。而因成员结婚、收养或者因政策性移民增加的人员，农村集体经济组织一般应当确认为成员，属于原则性要求。结婚是农村常见的人口流动和融合方式，将因结婚增加的人员确认为成员，有利于促进农村家庭之间的交流与合作，增强农村集体经济组织的凝聚力。收养是一种法律行为，收养的子女与亲生子女在法律地位上平等，确认其成员资格体现了法律的公平性和对收养关系的尊重。政策性移民是因国家政策需要进行的人口迁移，确认其成员资格有助于保障移民的基本权益，使其能够融入新的农村集体经济组织，共享发展成果。对于结婚增加的人员，农村集体经济组织可依据结婚证等证明材料进行确认；对于收养增加的人员，需依据合法的收养手续进行确认；对于政策性移民增加的人员，应依据相关政策文件和移民证明进行确认。当然，“一般应当确认”也考虑到了特殊情况，在实际操作中，农村集体经济组织可根据具体情况，在不违反法律法规的前提下，进行合理判断和决策。

3. 强调成员确认的合法性要求。

农村集体经济组织在确认成员时，必须严格遵守国家法律法规，不得制定与法律法规相抵触的规则或采取非法手段进行确认。违反法律法规确认成员资格可能导致确认结果无效，引发法律纠纷，损害组织和成员的合法权益。在确认成员时，不得歧视妇女、儿童等弱势群体，不得违反户籍管理、土地承包等相关法律法规的规定。这对农村集体经济组织在制定成员确认规则和执行确认程序时划定了法律底线，确保成员确认过程在法治轨道上进行。

4. 规范成员名册管理。

规定要求农村集体经济组织应当制作或者变更成员名册，主要是考虑到成员名册是农村集体经济组织成员身份的重要证明文件，记录了成员的基本信息和权益状况。制作和变更成员名册有助于农村集体经济组织准确掌握成员情况，为成员提供精准的服务和管理，及时变更成员名册能够反映成员的变动情况，如新增成员、成员退出等，保证成员信息的准确性和时效性。成员名册报乡镇人民政府、街道办事处和县级人民政府农业农村主管部门备案，便于行政机关对农村集体经济组织成员情况进行监督和管理。行政机关可以通过备案信息，了解农村集体经济组织的发展状况，为制定相关政策提供依据，同时也能及时发现和纠正成员确认过程中可能存在的问题，保障成员的合法权益。农村集体经济组织在制作和变更成员名册时，应确保信息准确、完整，包括成员的姓名、性别、身份证号、与原成员的关系等关键信息，并按照规定的格式和程序进行备案。

5. 赋予地方立法自主权。

我国地域辽阔，不同地区的农村集体经济组织在发展水平、人口结构、土地资源等方面存在较大差异。赋予地方立法自主权，能够使地方根据自身实际情况，制定更具针对性和可操作性的成员确认规则。地方可以在本法的框架内，充分考虑当地的历史文化、风俗习惯、经济发展状况等因素，对成员确认的条件、程序、特殊情形的处理等作出详细规定。省级人大制定的地方性法规、农村集体经济组织章程均可以依据本法第 11 条的精神作出补充规定，但前者不得违反上位法，后者不得违反本法和其他法律法规的规定，这体现了在成员身份确认事项上“国家立法优先+地方立法补充+集体章程自治兜底”的共治模式。① 在一些土地资源丰富的地区，可以对因土地承包关系产生的成员确认问题进行细化规定；在一些少数民族聚居地区，可以结合当地的民族习俗，对成员确认规则进行适当调整。有助于提高成员确认工作的科学性和合理性，更好地适应地方农村经济社会发展的需要。

## 实用建议

1. 农村集体经济组织需规范成员确认流程。

农村集体经济组织应组织成员大会代表、管理人员等深入学习本法及其他相关法律法规中关于成员确认的规定。并根据法律规定和本组织实际情况，制定具体的成员确认方案，方案应明确成员确认的标准、程序和时间节点。在成员确认过程中，严格按照制定的方案和法律规定执行。

2. 农村集体经济组织需加强成员名册管理工作。

农村集体经济组织要建立完善的成员名册管理制度，明确名册的制作、变更、保管等各个环节的责任人和工作流程。确定专人采取纸质档案和电子档案相结合的方式负责成员名册的管理，并规定成员名册的更新频率，确保名册信息的及时性和准确性。当出现成员变动情况时，严格按照规定的流程进行成员名册的变更。对于新增成员，如因生育、结婚等原因加入的人员，依据相关证明材料进行信息录入，并在名册中注明加入原因和时间。每次变更后，及时将变更情况向成员进行公示，接受成员的监督。最后按照法律规定，将成员名册及时报乡镇人民政府、街道办事处和县级人民政府农业农村主管部门备案。在备案前，认真核对名册信息，确保信息准确无误。

---

① 参见宋志红：《农村集体经济组织成员身份确认制度的体系解释》，载《法制与社会发展》2024年第6期。

**第十三条 【农村集体经济组织成员的权利】农村集体经济组织成员享有下列权利:**

**(一)依照法律法规和农村集体经济组织章程选举和被选举为成员代表、理事会成员、监事会成员或者监事;**

**(二)依照法律法规和农村集体经济组织章程参加成员大会、成员代表大会,参与表决决定农村集体经济组织重大事项和重要事务;**

**(三)查阅、复制农村集体经济组织财务会计报告、会议记录等资料,了解有关情况;**

**(四)监督农村集体经济组织的生产经营管理活动和集体收益的分配、使用,并提出意见和建议;**

**(五)依法承包农村集体经济组织发包的农村土地;**

**(六)依法申请取得宅基地使用权;**

**(七)参与分配集体收益;**

**(八)集体土地被征收征用时参与分配土地补偿费等;**

**(九)享受农村集体经济组织提供的服务和福利;**

**(十)法律法规和农村集体经济组织章程规定的其他权利。**

## 条文注解

1. 农村集体经济组织成员依照法律法规和组织章程,享有选举和被选举为成员代表、理事会成员、监事会成员或者监事的权利。

行使选举权是成员参与农村集体经济组织管理的重要途径,体现了民主管理的原则。成员通过选举,能够将自己信任且有能力的人选进组织的管理和监督机构,从而影响组织的决策和运营方向。被选举权则为成员提供了施展才能、服务集体的机会,鼓励成员积极参与组织事务。在实际选举过程中,严格的选举程序能够保障选举的公平、公正、公开,防止出现拉票贿选、操纵选举等不正当行为,确保真正代表成员利益的人当选。比如，通过设置候选人资格条件、规范投票计票流程等措施，能让选举结果更具公信力。

2. 成员有权依照法律法规和组织章程参加成员大会、成员代表大会，并参与表决决定农村集体经济组织的重大事项和重要事务。

成员大会和成员代表大会是农村集体经济组织的重要决策机构，成员的参与能使决策充分反映集体的意志。在这些会议上，成员可以就土地发包方案、集体资产处置、收益分配方式等重大问题发表意见并进行表决。成员通过参与决策，实际上是参与了乡村范围的重大经济社会事务的管理，是农民民主管理、民主决策权利最为切实的体现。① 通过参与决策，不仅保障了成员对组织事务的影响力，也促使组织决策更加科学合理。在一些农村集体经济组织中，对于重大投资项目，会在成员大会上详细介绍项目的可行性、预期收益和风险等情况，让成员充分了解后进行表决，避免盲目投资，保障集体资产安全。

3. 成员享有查阅、复制农村集体经济组织财务会计报告、会议记录等资料的权利，以此了解组织的运营情况。

财务会计报告是对财务状况、经营成果和现金流量等重要内容进行反映的重要载体，会议记录则记录了农村集体经济组织决策的过程和结果。成员通过查阅这些资料，能够及时掌握组织的经济状况、重大决策的形成过程等信息，有助于成员更好地监督农村集体经济组织的运营管理，维护自身权益。若农村集体经济组织的财务会计报告显示某项支出异常，成员可通过查阅相关资料，进一步了解情况，提出疑问，促使农村集体经济组织规范财务管理。

4. 成员有权监督农村集体经济组织的生产经营管理活动和集体收益的分配、使用，并提出意见和建议。

有效的监督是保障农村集体经济组织健康发展的关键。成员通

① 参见仝志辉：《农村集体经济组织法加强农村集体经济组织功能》，载《中国乡村发现》2024 年 4 期。

过行使监督权，可以防止组织管理人员滥用职权、损害集体利益。在集体收益分配方面，成员可以监督分配方案是否公平合理，是否按照规定的程序进行分配。在生产经营管理活动中，成员可以对土地发包、项目投资等活动进行监督，确保这些活动符合组织的利益和发展规划。比如，成员发现集体土地发包价格过低，可以提出质疑，要求组织重新评估，保障集体资产的保值增值。

5. 依法承包农村集体经济组织发包的农村土地是成员的一项重要权利。

土地是农村集体经济组织的重要资产，也是农民的主要生产资料。成员通过承包土地，可以从事农业生产经营活动，获取经济收益。依法承包农村集体经济组织发包的农村土地，不仅保障了成员的基本生活来源，也有利于促进农村土地的合理利用和农业的稳定发展。在土地承包过程中，要遵循相关法律法规，确保承包程序合法合规，保障成员的承包权益。如按照《农村土地承包法》的规定，保障成员的优先承包权，明确承包期限、承包费用等关键条款，签订规范的承包合同。

6. 成员依法享有申请取得宅基地使用权的权利。

宅基地是农村居民用于建造住宅及其附属设施的集体建设用地，关系到农民最基本的居住权益。保障成员的宅基地使用权，能够使成员获得稳定的居住场所，满足基本生活需求。需要注意的是，在成员申请宅基地时，农村集体经济组织要按照相关规划和政策进行审核，确保宅基地的申请和使用符合规定。比如，严格遵循“一户一宅”原则，对申请宅基地的成员进行资格审查，防止出现违规多占宅基地的情况，同时确保宅基地的选址符合土地利用总体规划和村庄规划。

7. 参与分配集体收益是成员享有的重要经济权利。

农村集体经济组织在经营过程中产生的收益，如土地出租收入、集体企业利润等，成员有权按照法律法规和组织章程参与分配。合理的收益分配能够提高成员的生活水平，增强成员对组织的认同感和归属感。在实际分配过程中，要制定科学合理的分配方案，充分考虑成员的贡献、土地投入等因素，确保分配公平公正。可以根据成员的土地承包面积、劳动贡献等确定分配比例，同时公开分配过程，接受成员监督。

8. 当集体土地被征收征用时，成员有权参与分配土地补偿费等。

土地补偿费是对农村集体经济组织因土地被征收而遭受损失的补偿，《土地管理法》第49条规定，被征地的农村集体经济组织应当将征收土地的补偿费用的收支状况向本集体经济组织的成员公布，接受监督。禁止侵占、挪用被征收土地单位的征地补偿费用和其他有关费用。本法承袭上述规定，再次明确成员作为集体的一员，有权分享土地补偿费用，保障了成员在土地被征收后的经济利益，有助于缓解因土地征收带来的生活压力。在分配土地补偿费时，要严格按照相关法律法规和组织章程进行，确保分配过程公开透明，防止出现截留、挪用等侵害成员权益的行为，比如，明确土地补偿费的分配范围和标准，经过成员大会或成员代表大会讨论通过分配方案，并进行公示。

9. 成员有权享受农村集体经济组织提供的服务和福利。

农村集体经济组织可以利用自身资源，为成员提供诸如农业技术培训、农产品销售信息服务、基础设施建设等服务，以及医疗补贴、教育补助等福利。这些服务和福利能够提高成员的生产经营能力和生活质量，促进农村社会的和谐发展。例如，组织开展农业技术培训，帮助成员掌握先进的种植养殖技术，提高农产品产量和质量；建设公共设施，改善农村的交通、水电等基础设施条件，方便成员生活。

10. 法律法规和农村集体经济组织章程规定的其他权利，为成员权利提供了兜底条款。

由于不同地区的农村集体经济组织在发展情况、资源状况等方面存在差异，这一规定赋予了地方和组织一定的灵活性，能够根据实际情况确定成员的其他权利。在一些旅游资源丰富的农村地区，集体经济组织章程可能规定成员有权优先参与乡村旅游项目的经营活动，分享旅游发展带来的收益；在一些经济发达地区，组织可能为成员提供养老补贴等额外福利。

## 实用建议

1. 保障成员选举权与被选举权的落实。

农村集体经济组织应加强选举制度宣传，向成员详细介绍选举的相关法律法规和组织章程规定，讲解选举的程序、候选人资格条件、投票规则等内容，让成员充分了解自己的选举权和被选举权，提高参与选举的积极性和主动性。同时制定严格规范的选举流程，从候选人提名、资格审查、竞选活动到投票计票等环节，都要明确具体的操作标准和要求，成立专门的选举监督小组负责监督选举全过程。还应当建立选举纠纷解决机制，设立专门的选举纠纷调解机构或明确纠纷解决渠道。以便成员对选举过程或结果有异议时，能够及时进行调解和处理。

2. 保障成员的知情权。

农村集体经济组织要规范资料管理，建立健全财务会计报告、会议记录等资料的管理制度，方便成员查阅和复制。如果资料涉及商业秘密或其他敏感信息，要按照规定的程序进行审批，在保障信息安全的前提下，满足成员的知情权需求。主动加强信息公开，促进规范、阳光、透明管理。

3. 强化成员的监督权。

农村集体经济组织要建立完善的监督机制，明确监督的内容、方式和程序。可以设立监事会或监事，负责对组织的生产经营管理活动和集体收益的分配、使用进行日常监督。同时，对成员进行监督知识和技能的培训，组织成员学习典型的监督案例，分析成功经验和失败教训，提高成员的监督意识和水平能力。对于成员提出的监督意见和建议，要高度重视并及时进行处理和反馈。建立监督意见处理台账，对成员的意见和建议进行登记、分类和处理。处理结果要及时反馈给成员，对于合理的意见和建议，要积极采纳并进行整改；对于不合理的意见和建议，要向成员做好解释说明工作，提高成员对监督工作的满意度。

4. 保障成员的土地承包权和宅基地使用权。

在土地承包过程中，农村集体经济组织应严格按照《农村土地承包法》等相关法律法规进行操作。发包土地前，应对土地进行全面清查，明确土地的位置、面积、质量等信息，并建立土地台账。制定科学合理的发包方案，明确发包土地的范围、方式、期限等内容，并提交成员大会或成员代表大会讨论通过。在签订承包合同时，使用规范的合同文本，明确双方的权利和义务，包括承包期限、承包费用、土地用途、违约责任等条款。同时，加强对土地承包合同的管理，建立合同档案，定期对合同履行情况进行检查和监督。严格按照土地利用总体规划、村庄规划以及国家和地方有关宅基地管理的政策规定，办理宅基地申请、使用事项。设立专门的宅基地申请受理窗口，接收成员的宅基地申请，并对申请材料进行初步审核。组织人员对申请宅基地的地块进行实地勘查，核实土地权属、面积、四至等情况。将申请材料和实地勘查情况提交成员大会或成员代表大会讨论通过后，报乡镇人民政府、街道办事处审核，由县级人民政府批准。在宅基地使用过程中，加强对宅基地建设的监管，防止出现超面积建房、擅自改变用途等违法行为。

5. 合理分配集体收益和土地补偿费。

农村集体经济组织在分配集体收益和土地补偿费时，要制定科学合理的分配方案。在制定方案前，充分征求成员的意见和建议，了解成员的需求和期望。综合考虑成员的土地投入、劳动贡献、资金入股等因素，确定合理的分配比例。对于集体收益，可以采用按劳分配、按股分配等多种方式相结合的分配方式；对于土地补偿费，要明确分配范围和标准，确保分配公平公正。分配方案应提交成员大会或成员代表大会讨论通过，并进行公示，接受成员监督。要建立健全集体收益和土地补偿费分配的监督管理机制，确保分配过程公开透明。成立分配监督小组，对分配过程进行全程监督，防止出现截留、挪用、私分等违法行为。加强对分配资金的管理，设立专门的账户，对资金进行专款专用。在分配完成后，对分配情况进行审计，将审计结果向成员公开，保障成员的合法权益。

6. 提升成员享受服务和福利的质量。

农村集体经济组织要根据成员的需求和组织的实际情况，不断优化服务和福利供给。在服务方面，加强与农业技术推广部门、农产品销售企业等合作，为成员提供更专业、更全面的农业技术培训和农产品销售信息服务。在福利方面，结合农村的实际需求，加大对基础设施建设、教育、医疗等方面的投入，提高成员的生活质量。例如，建设农村文化活动中心，丰富成员的精神文化生活；为困难家庭提供教育补助、医疗救助等福利。当然，要建立服务和福利的管理制度，明确服务和福利的提供标准、申请流程、发放方式等内容。加强对服务和福利提供过程的监督，确保服务和福利能够真正惠及成员。

**第十四条 【农村集体经济组织成员的义务】农村集体经济组织成员履行下列义务：**

**（一）遵守法律法规和农村集体经济组织章程；**

**（二）执行农村集体经济组织依照法律法规和农村集体经济组织章程作出的决定；**

**（三）维护农村集体经济组织合法权益；**

**（四）合理利用和保护集体土地等资源；**

**（五）参与、支持农村集体经济组织的生产经营管理活动和公益活动；**

**（六）法律法规和农村集体经济组织章程规定的其他义务。**

## 条文注解

1. 维护农村集体经济组织的规范化运行。

本条通过对成员义务的细化规定，成员作为农村集体经济组织的一员，既要依法享有和行使权利，也要承担和履行相应的义务。法律作为社会行为的基本准则，是对民事主体实施的行为作出的最低要求。农村集体经济组织在具体经营管理过程中，还需要详细制定完善的章程，章程是组织内部的自治规则。法律和章程规定共同构成成员行为的边界。

2. 明确农村集体经济组织成员需要承担和履行的主要义务。

除了前述分析的成员需要遵守法律法规和章程规定外，还负有执行农村集体经济组织依法作出的决定、维护农村集体经济组织合法权益、合理利用和保护集体土地等资源的义务。农村集体经济组织作为集体所有制的实现形式，其决策需依靠成员的共同执行才能落地，这就要求农村集体经济组织作出的决定必须符合法律法规和章程规定，且经过民主程序产生。例如，成员大会通过的土地发包方案、收益分配决议等。要求成员承担上述义务，是避免成员各行其是导致组织管理失效的情形发生，损害集体利益。除此，本法还授权地方立法和组织章程补充规定其他义务，以适应不同地区的实际需求。例如，某些地区可规定成员有义务参与村庄环境卫生整治，或配合集体林权制度改革。

## 实用建议

1. 强化普法教育，提升成员法律意识。

针对农村地区特点，可以采用“法律明白人”培养计划，选拔村内骨干成员接受专业法律培训，再由其带动其他成员学习。收集典型案例（如侵占集体资产被追责的案例），通过宣传栏、短视频等形式进行宣传，增强成员的法律敬畏感。

2. 完善章程制定，细化义务履行规则。

地方政府可参照国务院农业农村主管部门制定的示范章程，结合本地实际细化成员义务条款。例如，明确违反义务的具体情形及相应处理措施（如暂停收益分配、取消成员资格等）。章程应定期评估修订，确保与法律法规和政策变化相适应。修订过程需经成员大会讨论通过，并报乡镇政府备案。

3. 建立义务履行监督与激励机制。

可以建立积分考核制度，将成员义务履行情况纳入积分管理，成员积分将与集体收益分配、宅基地申请等事项挂钩。例如，参与公益活动可积累积分；对于积分不足者，在集体项目中仅享有次优先选择权。同时加强监督，表彰先进。

4. 推动集体资源保护与合理利用。

农村集体经济组织应建立集体土地、山林等资源的动态台账，明确权属和使用状况。例如，运用卫星遥感影像对比技术监测耕地非农化使用情况。有条件的可以考虑实施生态补偿机制，对主动保护资源的成员给予补偿，如对在承包地实施生态种植的农户提供一定补贴。同时，推行“谁污染谁治理”原则，对破坏环境者追究责任。

5. 创新参与方式，提高成员积极性。

搭建线上议事厅，方便外出务工成员通过网络参与集体决策和活动。例如，利用“腾讯会议”等工具召开线上成员大会，实时投票表决。将集体生产经营活动分解为具体项目，鼓励成员以资金、技术、劳动力等形式入股，按贡献分配收益。例如，发展乡村旅游项目时，允许成员以房屋、土地入股并参与管理。定期组织义务劳动（如河道清理、道路维护）、技能竞赛等活动，增强成员的集体荣誉感。

6. 加强政策衔接与部门协同。

农业农村、自然资源、司法等部门联合制定配套政策，明确成员义务履行的支持措施和监管责任。例如，司法部门为成员提供法律援助，自然资源部门加强土地用途监管。同时对积极履行义务的农村集体经济组织给予财政补贴或税收优惠，鼓励其创新管理模式。例如，对通过资源保护考核的组织，优先安排农田水利建设项目。

**第十五条 【非成员享受成员的部分权利】非农村集体经济组织成员长期在农村集体经济组织工作，对集体做出贡献的，经农村集体经济组织成员大会全体成员四分之三以上同意，可以享有本法第十三条第七项、第九项、第十项规定的权利。**

## 条文注解

1. 首次以法律形式明确赋予非农村集体经济组织成员部分成员权利。

非农村集体经济组织成员，即户籍不在或者未曾在该农村集体经济组织，原本不具备该组织成员身份的人员，通常不具备农村集体经济组织成员所享有的特定权利。在农村经济发展过程中，存在一些非集体经济组织成员长期参与农村集体事务工作的情况。例如，一些外来的农业技术人员、经营管理人才等，他们凭借自身的专业知识和技能，为农村集体经济组织的发展做出了重要贡献。如果完全不给予他们一定的权益，可能会打击他们的积极性，不利于农村集体经济的持续发展。因此，从现实角度出发，需要通过立法来打破传统封闭性成员资格制度，保障这部分人员的合理权益，以吸引外部的资金、技术和管理经验及人才参与农村建设，为农村集体经济发展贡献力量。例如，非成员承包“四荒地”进行规模化种植或养殖，采用先进的农业技术和管理模式，将原本闲置或低效利用的土地资源转化为具有经济效益的产业项目，实现资源的优化配置。当前农村面临劳动力流失、技术短缺等问题，允许对集体有贡献的非成员分享部分权益，有利于打破农村集体经济组织内部资源利用的局限性，促进农村产业的多元化发展。非成员带来的新观念、新思路和新市场渠道，能够推动农村传统产业向现代农业、乡村旅游、农村电商等新兴产业转型，拓宽农村经济的发展空间，符合乡村振兴战略需求。

2. 强调“长期工作”和“对集体做出贡献”，体现权利与义务对等原则。

对于非农村集体经济组织成员的权利行使前提条件要求其“长期工作”和“对集体做出贡献”，这里的“长期”并没有明确的时间界定，需结合实际情况由农村集体经济组织根据具体情形判断。“对集体做出贡献”也较为原则和宽泛，实践中可以结合在农业生产、集体企业经营、基础设施建设、公共服务等方面，为集体经济组织带来的实际效益或推动集体事业发展进行认定。要求非农村集体经济组织成员具备上述两个前提条件，意在通过物质激励（如收益分配权）和身份认同（如参与集体活动），增强非成员对农村集体经济组织的归属感，促进其持续投入资源。

3. 明确非农村集体经济组织成员获得权利的范围和程序条件。

非农村集体经济组织成员要获得相关权利，必然涉及非成员分享集体权益，为保障集体成员的整体权益不受损害。需要经过农村集体经济组织成员大会全体成员 3/4 以上同意，即要获得大多数成员认可，以平衡集体利益和个人利益，体现了农村集体经济组织的自治精神。农村集体经济组织作为一个具有自治性质的组织，有权通过民主程序决定内部事务，这一规定体现了民主决策的原则，确保集体成员的意愿在重要事项上得到充分体现。非成员经同意后可享有的权利范围包括本法第 13 条第 7 项、第 9 项、第 10 项规定的权利，也就是参与分配集体收益、享受农村集体经济组织提供的服务和福利和法律法规和农村集体经济组织章程规定的其他权利，通过明确和授权规定的方式，为农村集体经济组织根据自身实际情况在章程中规定其他合理权利提供了空间，更好地适应不同地区农村集体经济发展的多样性。

## 实用建议

1. 制定非成员权利认定实施细则。

地方政府或农村集体经济组织应制定配套文件，明确“长期工作”的具体年限（建议3~5年）、“贡献”的类型（如资金、技术、管理、公益服务等）及量化评估方法（如投资额、带动就业人数等）。建立年度审核制度，对非成员的贡献进行复核，根据实际情况增减权利内容。例如，对连续3年未履行义务的非成员，可终止其部分权利。

2. 规范成员大会决策程序。

提前15日公告会议议题、非成员候选人名单及贡献说明，保障成员知情权。例如，通过村务公开栏、微信群等多渠道公示。细化投票规则，明确投票方式（如无记名投票）、计票标准（3/4以上为全体成员而非参会成员），建议引入第三方监督机构确保程序公正。

3. 建立权利义务对等机制。

非成员在获得权利前，需与农村集体经济组织签订协议，明确权利内容、期限、义务及退出机制。例如，约定每年需完成一定量的技术指导或公益服务。同时根据贡献大小分级赋予权利，如初级贡献者可参与收益分配，高级贡献者可额外享受医疗、教育等福利。可以建立非成员义务履行台账，定期向成员大会汇报，未履行义务的可暂停或取消权利。

**第十六条　【农村集体经济组织成员的自愿退出】农村集体经济组织成员提出书面申请并经农村集体经济组织同意的，可以自愿退出农村集体经济组织。**

**农村集体经济组织成员自愿退出的，可以与农村集体经济组织协商获得适当补偿或者在一定期限内保留其已经享有的财产权益，但是不得要求分割集体财产。**

## 条文注解

1. 创设成员自愿退出机制，打破集体经济组织封闭性，促进城乡要素双向流动。

随着城镇化进程加快，部分成员因职业转换、户籍迁移等原因不再依赖集体资源，允许成员自愿退出并给予一定的权益保障，能够适应人口流动的现实情况，使这部分成员能够更好地融入城镇生活，同时也有利于农村集体经济组织优化成员结构，提高组织运行效率。退出机制为退出成员提供了合法退出路径，避免“人地分离”导致的资源低效配置，赋予成员自主选择的权利。退出权是成员权的重要组成部分，成员可基于个人发展规划决定是否脱离集体，这既是对财产权的尊重，也符合乡村振兴中“人的现代化”目标。成员若要退出，需以书面形式提出申请，这一要求保证了退出行为的严肃性和可追溯性，避免因口头表达的随意性引发后续纠纷。书面申请应包含成员明确的退出意愿、申请时间等关键信息。退出申请需获得农村集体经济组织的同意，赋予了农村集体经济组织一定的自主决策权，使其能够综合考虑组织的整体利益、发展规划以及其他成员的意见等因素，决定是否批准成员的退出申请。

2. 明确退出后的权益处理，禁止退出成员分割集体财产。

自愿退出的成员可以与农村集体经济组织协商获得适当补偿。补偿的具体方式和金额由双方根据成员在组织内的贡献、集体财产状况等因素协商确定。这种补偿机制体现了对退出成员过去贡献的认可，也有助于减少成员退出时的顾虑。当然，成员也可以选择在一定期限内保留其已经享有的财产权益。例如，在土地承包期内继续享有土地承包经营权等。这为退出成员提供了一定的缓冲期，使其能够在退出后仍能维持一定的经济利益。退出补偿规则的确立是农村集体所有制职能实现的要求，也是农村集体所有权以公有财产为客体的制度属性和农村集体经济组织成员共同享有集体财产决定的，更是在我国农村坚持集体所有制、落实集体所有权、赋予农民更多财产权利的制度精神的体现。①

同时明确规定退出成员不得要求分割集体财产，集体财产是全体成员共同积累和拥有的，若随意分割势必会影响组织的正常运营和发展，损害其他成员的利益。规定退出成员不得分割集体财产，是为了维护农村集体经济组织财产的完整性和稳定性，防止集体财产因成员随意退出而被过度分散，保障农村集体经济组织的可持续发展和其他成员的合法权益。

## 实用建议

1. 细化退出程序规则。

地方政府应结合本法与《土地管理法》等法律法规的规定，制定成员退出实施细则，明确书面申请格式、审查要点、表决程序等。例如，可要求申请人提供户籍证明、财产权益清单、退出承诺书等材料。建立公示制度，明确退出申请需在村内公示 7 日，接受其他成员异议，确保程序透明。对异议事项，集体经济组织应组织听证会，充分听取各方意见。对退出台账进行动态管理，记录退出时间、补偿方式、权益保留期限等信息，实现全流程可追溯管理。

2. 科学设定补偿标准。

农村集体经济组织应区分承包地、宅基地、集体经营性资产等不同类型权益，制定差异化补偿标准。必要时可以引入第三方评估机构，对退出权益进行价值评估，作为协商补偿的依据。鼓励集体经济组织与退出成员签订补偿协议，明确支付方式和违约责任。

3. 创新权益保留模式。

可以探索建立阶段性权益保留，如允许退出成员在 3~5 年内继续

① 参见高飞、朱婷：《农村集体经济组织成员退出补偿规则研究》，载《河南社会科学》2025 年第 2 期。

享有土地承包收益,过渡期后逐步退出,将退出权益转化为集体股权或社会保障权益。对退出后从事非农产业的成员,提供职业技能培训、创业贷款等支持,确保“退得出、稳得住”。

4. 强化集体资产监管。

农村集体经济组织在成员退出前需进行资产清查,明确可分配权益范围,防止虚增补偿基数。清查结果需经成员大会审议通过并公示,设立成员退出补偿专项基金,资金来源包括集体经营性收入、土地整治收益等,确保补偿资金专款专用。县级农业农村部门定期对补偿资金使用情况进行审计,重点查处虚报冒领、挪用补偿款等违法行为。

5. 完善对退出成员的配套支持政策。

对规范开展成员退出的集体经济组织给予财政补贴,例如,每成功退出一户给予一定补偿,用于集体公益事业建设。同时将退出成员纳入城镇社会保障体系,在医保、养老等方面享受同城待遇,解除后顾之忧。对退出宅基地的,要复垦为耕地,产生的占补平衡指标可在县域内交易,收益用于补偿资金池建设。

**第十七条 【丧失农村集体经济组织成员身份的情形】有下列情形之一的,丧失农村集体经济组织成员身份:**

**(一)死亡;**

**(二)丧失中华人民共和国国籍;**

**(三)已经取得其他农村集体经济组织成员身份;**

**(四)已经成为公务员,但是聘任制公务员除外;**

**(五)法律法规和农村集体经济组织章程规定的其他情形。**

**因前款第三项、第四项情形而丧失农村集体经济组织成员身份的,依照法律法规、国家有关规定和农村集体经济组织章程,经与农村集体经济组织协商,可以在一定期限内保留其已经享有的相关权益。**

## 条文注解

1. 明确农村集体经济组织成员丧失身份的情形。

2016年,《中共中央、国务院关于稳步推进农村集体产权制度改革的意见》提出要抓紧研究制定农村集体经济组织方面的法律,赋予农村集体经济组织法人资格,同时推进农村集体产权制度改革,其中就涉及成员身份确认和管理等内容。在改革实践中,各地对成员身份丧失的情形进行了探索和规范,为该条法律的制定提供了实践基础。同时,也是对农村集体经济组织相关法律制度的完善,明确成员身份丧失的情形,有助于解决实践中因成员身份界定不清而引发的纠纷,保障农村集体经济组织的正常运行。从维护农村集体经济组织整体利益和公平原则出发,需要明确成员身份丧失的条件。避免因成员身份长期不明确或不合理保留,导致集体资源分配不均,影响其他成员的合法权益。通过明确成员身份管理,保障集体资源合理分配,使农村集体经济组织成员身份与实际情况相匹配,保障成员权益和集体利益的平衡。对丧失成员身份的具体情形进行规定:

(1)死亡,自然人死亡后,其民事权利能力消灭,自然丧失农村集体经济组织成员身份。这是基于基本的民事法律原理和客观事实作出的规定。

(2)丧失中华人民共和国国籍:农村集体经济组织成员通常是具有中华人民共和国国籍的农村居民。丧失国籍后,其与农村集体经济组织的身份联系基础不复存在,因此丧失成员身份。

(3)已经取得其他农村集体经济组织成员身份:为避免成员同时享有多个农村集体经济组织的权益,造成资源分配的不公平,规定取得其他农村集体经济组织成员身份后,原成员身份丧失。

(4)已经成为公务员(聘任制公务员除外):公务员纳入国家行政编制,由国家财政负担工资福利,其生活保障和发展途径与农村集体经济组织成员有本质区别。成为公务员后,意味着其获得了稳定的国家保障，因此丧失农村集体经济组织成员身份。而聘任制公务员一般不具有行政编制，其工作性质和保障方式与传统公务员有所不同，所以除外。

（5）法律法规和农村集体经济组织章程规定的其他情形：这是一个兜底条款，允许法律法规和农村集体经济组织根据自身实际情况，规定其他导致成员身份丧失的情形，体现了一定的灵活性和自治性。

2. 明确特定情形下丧失农村集体经济组织成员后的相关权益适时保留。

本条规定因取得其他农村集体经济组织成员身份，如外嫁女在夫家集体取得资格后，原集体不得再保留其身份。主要是为了保障集体资源分配公平，确保集体有效决策和管理。一方面，农村集体经济组织的资源，如土地、集体收益等是有限的。每个成员都基于其成员身份享有相应的资源分配权益。如果允许一个人同时拥有多个农村集体经济组织的成员身份，就可能导致其过度占有不同集体的资源，造成资源分配的不公平。例如，在土地承包方面，一个人可能在多个集体都获得土地承包份额，而其他真正依赖该集体土地生存的成员可能无法获得足够的土地，影响他们的基本生活和发展。当成员看到其他成员没有合理地遵循成员身份的唯一性原则，而额外获取资源时，会引发他们的不满情绪，破坏集体内部的和谐与稳定。明确成员身份的单一性，能够确保每个成员在集体资源分配中处于相对公平的地位，增强成员对集体的认同感和归属感。另一方面，不同的农村集体经济组织在发展规划、决策机制和利益诉求等方面可能存在差异。如果一个人同时是多个集体的成员，在涉及集体重大决策时，可能会面临利益冲突，难以作出公正、合理的决策。例如，在两个集体对同一块相邻土地的使用规划上存在分歧时，双重身份的成员可能会陷入两难境地，无法为任何一个集体的利益全力以赴，从而影响集体决策的科学性和有效性。

成员身份的唯一性有助于简化管理流程,提高管理效率。如果存在大量双重或多重身份的成员,会增加管理的复杂性和难度,导致管理成本上升,甚至可能出现管理漏洞和混乱。这也符合农村集体经济组织集体成员紧密联系性和集体资源的特定性的特点。公务员(非聘任制)是纳入国家行政编制并享受财政保障,不再依赖集体土地作为生活来源的群体。但需注意,与常规的考任制、选任制公务员不同,“聘任制公务员”因合同期限较短且可能未完全脱离农村,可由章程决定是否保留资格。本条规定既考虑了成员过去对集体的贡献,保障其合理权益,又给予农村集体经济组织一定的自主协商权,根据实际情况确定权益保留的期限和方式,平衡了成员个人利益和集体整体利益。

## 实用建议

1. 应当细化成员资格丧失认定标准。

地方政府应结合本法与《土地管理法》等法律法规的规定,明确事业单位、国有企业员工等群体的资格丧失条件。同时建立成员资格年度审查制度,通过公安户籍系统、社保数据库等核查成员是否符合丧失情形。对公务员、事业单位人员等群体,可要求定期申报工作状态。

2. 规范权益保留协商程序。

在实施过程中,如果存在因第三项、第四项丧失资格的成员,需在退出前与集体经济组织签订书面协议,明确保留权益的类型、期限及义务。引入农业农村部门、法律顾问等第三方机构,对保留权益的价值进行评估,防止显失公平。对因法定情形丧失资格的成员可以纳入城镇社会保障体系,在医保、养老等方面提供过渡性补贴,确保“退得出、稳得住”。

3. 建立成员资格管理信息系统。

在实施过程中综合考虑户籍、生产生活关系、土地依赖程度、对集体的贡献等因素,在有条件的地方可以逐步整合户籍、土地承包、社保等数据,建立全国统一农村集体经济组织成员信息管理平台,实时更新成员资格状态。

4. 加强特殊群体权益保障。

地方可以根据当地实际情况制定外嫁女权益保障的配套实施办法,明确"未取得其他集体资格"的认定标准(如夫家集体出具未确认资格证明),防止"两头空"现象。因公务员辞职、事业单位解聘等原因失去财政保障的,可申请恢复成员资格,并经成员大会审议、公示。例如,需提供失业证明、土地承包合同等材料。

**第十八条 【农村集体经济组织成员身份丧失的限制】农村集体经济组织成员不因就学、服役、务工、经商、离婚、丧偶、服刑等原因而丧失农村集体经济组织成员身份。**

**农村集体经济组织成员结婚,未取得其他农村集体经济组织成员身份的,原农村集体经济组织不得取消其成员身份。**

## 条文注解

1. 强调农村集体经济组织成员身份的稳定性。

随着社会经济的发展,农村人口流动日益频繁。大量农村青年为了接受更好的教育选择到城市就学,农村劳动力为了就业机会外出务工、经商,还有部分成员因婚姻变动、刑事犯罪服刑等情况面临生活状态的改变。在过去,一些地方可能会因为这些情况剥夺成员的农村集体经济组织成员身份,引发了诸多矛盾和纠纷,影响了农村社会的稳定。因此,需要通过立法来规范和保障成员的合法权益。

另外,从公平和权益保障的角度出发,就学、服役、务工等行为是成员为了自身发展和国家利益所做出的选择,不应该成为剥夺其成员身份的理由。这些成员虽然暂时离开了农村,但他们与农村集体经济组织仍然存在着一定的联系,如土地承包关系、亲属关系等,他们的合法权益应该得到保护。明确成员不因上述原因丧失身份，能够保障农村集体经济组织成员在面临就学、服役等情况时，其在农村集体经济组织中的各项权益不受侵害，如土地承包经营权、集体收益分配权等。这有助于稳定成员的预期，消除了成员的后顾之忧，让他们能够安心地追求自身发展，保障了他们在农村的基本生活保障和经济利益。

2. 强调结婚未取得其他集体成员身份的资格稳定性。

实践中，部分地区存在"外嫁女"权益受侵害现象，本条为其提供了法律保障。意味着即使成员结婚只要在新居住地的农村集体经济组织未取得成员身份，原农村集体经济组织就不能取消其成员身份，其在原农村集体经济组织仍享有权利并承担相应的义务。如此规定，维护了成员的合法权益，促进了农村社会和谐稳定。

## 实用建议

农村集体经济组织应注重成员资格保护，不得随意剥夺。

农村集体经济组织应当严格按照法律规定，确认和保护成员的资格，不能随意剥夺成员身份资格。例如，如果一位女性成员结婚后，户籍并未迁出原居住地，且仍在原居住地从事农业生产或其他活动，那么她在原居住地的农村集体经济组织中的成员身份就不应被取消。同样，如果一位男性成员因婚姻关系迁入另一村庄，但在新居住地未能取得成员身份，那么他在原居住地的成员身份也应得到保留。

# 第三章　组织登记

**第十九条　【农村集体经济组织的设立】农村集体经济组织应当具备下列条件：**

**（一）有符合本法规定的成员；**

**（二）有符合本法规定的集体财产；**

**（三）有符合本法规定的农村集体经济组织章程；**

**（四）有符合本法规定的名称和住所；**

**（五）有符合本法规定的组织机构。**

**符合前款规定条件的村一般应当设立农村集体经济组织，村民小组可以根据情况设立农村集体经济组织；乡镇确有需要的，可以设立农村集体经济组织。**

**设立农村集体经济组织不得改变集体土地所有权。**

## 条文注解

1. 第 1 款规范农村集体经济组织设立所应具备的基本条件。

（1）成员条件：成员通常是指户籍在或者曾经在农村集体经济组织，并与农村集体经济组织形成稳定的权利义务关系，以农村集体经济组织成员集体所有的土地为基本生活保障的农村居民。《中共中央、国务院关于稳步推进农村集体产权制度改革的意见》（2016 年 12 月 26 日）对于确认农村集体经济组织成员身份作出了原则规定，要求依据有关法律法规，按照尊重历史、兼顾现实、程序规范、群众认可的原则，统筹考虑户籍关系、农村土地承包关系、对集体积累的贡献等因素，协调平衡各方利益，做好农村集体经济组织成员身份确认工作，解决成员边界不清的问题。改革试点中，要探索在群众民主协商基础上确认农村集体经济组织成员的具体程序、标准和管理办法，建立健全农村集体经济组织成员登记备案机制。成员身份的确认既要得到多数人认可，又要防止多数人侵犯少数人权益，切实保护妇女合法权益。提倡农村集体经济组织成员家庭今后的新增人口，通过分享家庭内拥有的集体资产权益的办法，按章程获得集体资产份额和集体成员身份。

(2)财产条件：主要包括资源性资产、经营性资产和非经营性资产，土地(如集体所有的土地、自留地、荒地等)作为最基本的生产要素，系农村集体经济组织最基础的资源性资产。经营性资产包括库房、厂房、房屋等不动产以及用于生产经营的设备、设施、专利权著作权等资产。还有用于公共服务或村内公益事业的不以营利为目的的非经营性资产，如村集体投资建立的学校、村文化馆等，以及现金、债权等流动资产。

(3)章程条件：章程应当明确组织的宗旨、成员权利义务、组织机构、收益分配方式、决策程序、经营性资产量化与收益分配等内容。

(4)名称和住所条件：名称应当体现农村集体经济组织的特性，住所则需要明确组织的办公地点。

(5)组织机构条件：必须有符合法律规定的组织机构，包括成员大会、理事会、监事会等，确保组织的决策和管理能够有效进行。

通过明确上述具体条件，有助于规范农村集体经济组织的设立程序和标准，避免随意设立或不规范设立的情况，保障组织的合法性和规范性，使其能够在法律框架内有序开展经济活动。规定符合条件的成员、集体财产、章程等要素，则从根本上保障了农村集体经济组织成员的合法权益。成员能够依据明确的章程和规范的组织架构，参与组织决策和收益分配等活动，确保自身权益得到维护。

2. 第2款明确不同层级(村、村民小组、乡镇)设立农村集体经济组织的原则和要求。

村级单位一般应当设立农村集体经济组织，这是因为村级单位是最基本的农村经济单位，设立经济组织有助于整合资源、提高经济效益。2023年，上海市农业农村委员会就制定了《上海市村级集体经济组织工作指引》，对上海地区依法设立的村级集体经济组织、代行农村集体资产管理职能的村民委员会作出了工作指引。村民小组可以根据实际情况设立农村集体经济组织，这主要取决于小组的规模、资源状况和成员意愿等因素，由村民小组结合各自情况具体分析决策，而不作强制性要求。最后是确有需要的乡镇可以设立农村集体经济组织，这里的“确有需要”通常指在乡镇一级有特殊的经济活动需求，如大型农产品加工、乡村旅游等。

3. 第3款特别强调设立过程中集体土地所有权的稳定性。

维护农村土地集体所有制的稳定性是农村经济的基础和保障，从法律上保障了集体土地所有权的法律地位。保持集体土地所有权不变，不仅有利于农村经济的稳定发展，防止因土地所有权变更带来的不确定性；也有利于农村社会的稳定和农业的可持续发展，避免因土地问题引发的社会矛盾，从而能够更好地整合资源、合理配置资产，提高经济运行效率，推动农村产业发展，助力乡村振兴战略的实施。

## 实用建议

1. 拟筹备设立农村集体经济组织的主体应当严格按照法律规定自查是否符合法律规定的成立条件。

首先要严格审核成员资格，依据法律规定，仔细审查成员身份，确保符合条件的人员纳入组织，避免成员资格纠纷。可以成立专门的成员资格审核小组，对申请加入的人员进行全面审查。其次要清查和明确集体财产，对集体所有的土地、资产等进行详细清查和登记，明确产权归属，建立完善的财产管理制度，为组织运营提供坚实的物质基础。再次要制定完善的组织章程，要结合本地实际情况，制定符合法律要求且切实可行的章程，可以参照国家主管部门发布的文本并结合自身情况，在广泛征求成员意见予以修订，但章程应明确组织的宗旨、成员权利义务、收益分配方式、决策程序等重要内容，确保组织运行有章可循。最后要设立合理完善的组织机构，如成员大会、理事会、监事会等，明确各机构的职责和权限，建立健全内部监督和制衡机制，保障组织决策的科学性和公正性。

2. 政府相关部门应服务靠前加强指导，严格审核设立申请和监督设立过程。

在农村集体经济组织设立过程中，政府农业农村等相关部门应提供专业的指导和服务，包括举办培训班、提供咨询等，帮助筹备主体了解设立条件和程序，提高设立的规范性。同时严格对设立申请进行审核，确保设立的农村集体经济组织符合法律规定的各项条件。加强对设立过程的监督，防止出现违规操作和侵害集体利益的行为。可以因地制宜、因行施策地出台相关扶持政策，加大对规范设立并有效运行的农村集体经济组织给予财政、税收、金融等方面的支持，鼓励其发展壮大，发挥带动农村经济发展的作用。

**第二十条　【农村集体经济组织章程】农村集体经济组织章程应当载明下列事项：**

**（一）农村集体经济组织的名称、法定代表人、住所和财产范围；**

**（二）农村集体经济组织成员确认规则和程序；**

**（三）农村集体经济组织的机构；**

**（四）集体财产经营和财务管理；**

**（五）集体经营性财产收益权的量化与分配；**

**（六）农村集体经济组织的变更和注销；**

**（七）需要载明的其他事项。**

**农村集体经济组织章程应当报乡镇人民政府、街道办事处和县级人民政府农业农村主管部门备案。**

**国务院农业农村主管部门根据本法和其他有关法律法规制定农村集体经济组织示范章程。**

## 条文注解

1. 第1款明确章程应载明的具体事项，为农村集体经济组织的运作提供清晰的指引和规范。

关于集体章程的性质，学界存在“自治说”“契约说”“决议说”三种不同观点。“自治说”认为集体章程是集体成员在进行民主决议的前提下制定的自己的“法律”；“契约说”强调集体章程是集体成员自由意志充分表示下形成的集体合意；“决议说”则认为集体章程是在民主议事方式和表决程序下形成的决议性文件，是集体实施决议行为的结果。应该看到，集体章程不仅要求程序正当，更是民主决策原则下进行的独立意思表示。本条第1款通过列举方法对农村集体经济组织的章程应当具体载明的事项作出规定，为章程制定提供了法定标准。首先，农村集体经济组织的名称、法定代表人、住所等基本信息是其对外交往中的基本标识，明确的基本信息是其获得法人资格的前提，有助于其他组织和个人识别其身份，建立信任关系。而经过登记并公示的信息才能确保其在法律上的有效性，使其能够依法享有权利并承担义务，从而为其开展经济活动奠定基础，避免因信息不明确而导致的管理混乱和运营无序。其次，对成员确认规则和程序、机构设置、集体财产经营和财务管理等内容的规定，为农村集体经济组织的日常运作制定了详细的“操作手册”。一是将成员确认规则和程序纳入章程内容，能够确保成员身份认定的公平、公正、公开，保障成员的合法权益，成员可以清楚了解自身加入组织以及在组织中的权利和义务，增强成员对组织的认同感和归属感。二是明确的组织机构设置有助于促进农村集体经济组织内部的民主决策、民主管理和民主监督，使其内部形成规范的管理体制，确保决策的科学性和民主性，提高组织的运行效率。三是对集体财产经营和财务管理、集体经营性财产收益权的量化与分配等事项作出规定，为集体资产的运营和处置提供了规范的程序和原则，不仅有助于清晰界定农村集体经济组织的产权归属，保障集体财产的安全与增值，确保成员能够公平地享受集体经营成果。也可以提高资产运营效率，使得农村集体经济组织在进行资产投资、租赁、处置等活动时，能够遵循科学合理的流程，实现集体资产的保值增值，防止财产流失和分配不公。最后，明确农村集体经济组织的变更和注销事项，使组织在面临发展变化或终止运营时，有规范的程序可依，保障相关各方的合法权益，维护农村经济秩序的稳定。通过公开章程，农村集体经济组织的成员和其他利益相关者可以了解组织的运作规则，参与到监督过程中，实现有效的民主监督，防止权力滥用。

2. 第 2 款明确了农村集体经济组织章程应当报经主管部门备案的要求。

鉴于我国广大农村地区的村委干部和村民文化水平尤其是法律专业水平不高，加之集体章程具有程序上的正义性，该决议行为更加注重行为的程序性，因此需要严格按照法定的表决程序并加以公示、备案。备案不仅可以确保农村集体经济组织章程符合国家法律法规和地方性法规的要求，不存在违法条款，备案的过程实际上也是对农村集体经济组织章程的合法性进行验证。通过备案，政府主管部门不仅可以对农村集体经济组织的章程进行审查，确保其内部管理结构合理，决策程序合法，有利于规范农村集体经济组织的运营管理，同时备案记录为处理相关法律事务提供了依据，如章程修订、组织变更等，有助于依法解决问题，减少不必要的法律纷争。备案后政府可以充分了解农村集体经济组织的实际运作情况，以便更有效地制定和调整相关政策，确保政策的针对性和实效性。备案信息进行公开，提高了农村集体经济组织运作的透明度，政府主管部门可以对农村集体经济组织进行持续的监督和指导，帮助其解决发展中遇到的问题，促进其健康发展。

3. 第 3 款授权国务院农业农村主管部门制定示范章程，极大地增强了章程的权威性和严肃性，维护了法律的统一适用。

我国地域广阔，不同地区农村集体经济组织在发展水平、资源状况、产业结构等方面存在较大差异。加上法律法规通常是原则性和框架性的规定，这些规定需要进一步细化和具体化，转化为农村集体经济组织实际操作的条款。由国务院农业农村主管部门制定示范章程，能够为全国各地农村集体经济组织提供一个统一的、具有权威性的标准模板，避免因各地自行其是导致章程内容参差不齐、缺乏规范性。同时示范章程是依据本法和其他相关法律法规制定的，能够确保在全国范围内，农村集体经济组织的章程在法律适用上保持一致，有利于维护法律的严肃性和权威性，保障农村集体经济组织及其成员的合法权益在不同地区都能得到平等的保护，促进农村经济的公平发展。另外，作为国务院农业农村主管部门，在制定示范章程过程中，会充分考虑农村经济社会发展的趋势和改革方向，引导农村集体经济组织在经营方式、产业发展等方面进行创新，探索适合本地实际的发展路径，推动农村产业融合发展，助力乡村振兴战略的实施。对于农村基层干部和群众来说，示范章程以更直观、更具体的方式呈现了法律要求，降低了理解和执行法律的难度。通过参照示范章程，农村集体经济组织能够更方便地制定符合法律规定的章程，减少因对法律理解不一致而导致的违法违规行为，提高农村集体经济组织依法治理的水平。因此，示范章程的制定为国家相关政策在农村集体经济组织中的贯彻执行提供了有效载体，通过章程的规范，确保国家对农村集体经济的扶持政策能够精准落地，提高政策实施效果。

## 实用建议

1. 农村集体经济组织需要参考示范章程认真制定章程并及时报经主管部门备案。

农村集体经济组织在制定章程时要积极学习和参考国务院农业农村主管部门制定的示范章程，借鉴其中的先进理念和成熟做法，充分结合本组织的实际情况进行调整和优化，广泛征求成员意见，确保章程内容全面、具体、可操作。对于每一项应载明的事项，都要进行深入研究和讨论，明确各项规则和程序。章程制定完毕后要按照本法规定及时报乡镇人民政府、街道办事处和县级人民政府农业农村主管部门备案。备案过程中，如有反馈意见，要认真对待并及时修改完善章程。

2. 乡镇人民政府、街道办事处和县级人民政府农业农村主管部门要加强指导和严格备案审查。

首先在农村集体经济组织制定章程过程中，要行政靠前，主动提供指导和服务，帮助组织理解法律要求，解答疑问，确保章程符合法律法规和政策要求。其次要对农村集体经济组织报送的章程进行认真审查，重点检查章程内容是否完整、合法，是否符合本地区实际情况。对于存在问题的章程，及时提出修改意见，督促组织进行整改。同时对备案的章程进行分类整理，建立档案管理制度，便于日后查询和管理，为农村集体经济组织的发展和监管提供有力支持。

3. 国务院农业农村主管部门需持续完善和宣传推广示范章程。

国务院农业农村主管部门作为国家主管单位，要根据农村经济发展的新形势、新变化，以及各地在实践中积累的经验和问题，及时对示范章程进行修订和完善，使其始终具有科学性、前瞻性和指导性。同时通过多种渠道和方式，加强对示范章程的宣传推广，提高示范章程的知晓度和使用率。可以适时组织开展培训活动、印发宣传资料等，帮助农村集体经济组织更好地理解和运用示范章程。

**第二十一条 【农村集体经济组织的名称和住所】农村集体经济组织的名称中应当标明“集体经济组织”字样，以及所在县、不设区的市、市辖区、乡、民族乡、镇、村或者组的名称。**

**农村集体经济组织以其主要办事机构所在地为住所。**

## 条文注解

1. 第1款明确了农村集体经济组织的身份与地域属性。

本法要求农村集体经济组织名称中标明“集体经济组织”字样以及所在县、乡、村等具体地域名称，目的是清晰界定组织性质与所属区域。这样规定首先能使农村集体经济组织在名称上区别于其他类型的组织，有助于树立良好的组织形象，增强公信力，方便开展各类经济活动，如申请贷款、签订合同等。对于成员而言，明确的名称和地域标识能增强归属感和认同感。规范的名称传递出农村集体经济组织的合法性和规范性，让社会各界快速准确识别其身份，同时明确其地域来源，增强其辨识度和独特性，便于在经济活动和社会管理中精准定位与区分。其次，统一规范农村集体经济组织的名称构成，不仅便于行政机关、合作方等能够依据名称快速了解其基本信息，提高管理效率，还有助于加强对其的管理和监督，及时掌握其动态，保障其开展活动的合法性和规范性。同时在出现经济纠纷或其他问题时，也能够快速准确地找到责任主体，减少因名称不规范导致的管理混乱和信息不对称问题，维护农村经济秩序的稳定，为农村经济健康发展创造良好环境。

2. 第2款确定农村集体经济组织法律关系中的地点依据。

明确住所作为法律关系中的关键地点，为各类法律程序提供了明确的指引。本款规定以主要办事机构所在地为农村集体经济组织的住所，与我国《公司法》第8条规定的“公司以其主要办事机构所在地为住所”一脉相承，都是为了在法律层面明确其法律关系中的地点依据。在涉及法律事务、经济纠纷等情况时，住所作为重要的法律联系点，对于确定管辖权、送达法律文书等具有关键作用，确保法律程序的顺利进行和法律责任的有效落实，维护法律的权威性和严肃性。

## 实用建议

1. 农村集体经济组织在设立过程中应严格遵循名称规范，并合理确定主要办事机构所在地。

在设立和登记过程中，农村集体经济组织应当按照法律规定在名称中准确标明“集体经济组织”字样以及详细的地域信息。确保名称的准确性和规范性，避免因名称问题影响组织的正常运营和发展。同时，慎重选择主要办事机构所在地作为住所，并确保该地址的稳定性。若因发展需要变更住所，应及时按照法定程序办理变更登记手续，保证相关信息的及时更新和准确公示。农村集体经济组织要利用名称和住所优势，积极开展宣传推广活动，提升组织的知名度和影响力。在经济活动中，充分展示组织的特色和优势，吸引更多的资源和合作机会，推动组织发展。

2. 行政机关应加强宣传指导，严格名称和住所审核，并提升数字化管理的能力。

在农村集体经济组织设立和登记过程中，行政机关可以提供专业的指导和服务，帮助其正确理解和执行法律规定通过多种渠道，通过多种方式，如举办培训班、发布宣传资料等方式，向农村集体经济组织宣传名称规范和住所规定的重要性及具体要求。在农村集体经济组织登记环节，要严格审核名称和住所信息，确保其符合法律要求。对于不符合规定的申请，及时提出整改意见，督促组织进行规范调整，从源头上保障农村集体经济组织名称和住所的合法性和规范性。同时积极搭建农村集体经济组织信息管理平台，对组织的名称、住所等基本信息进行动态管理和更新。通过信息化手段，实现信息共享，提高监管效率，为农村集体经济组织的发展提供更好的服务和支持。社会公众在与农村集体经济组织进行经济往来或其他活动时，可以关注其名称和住所信息是否规范。如发现存在不规范情况，及时向相关政府部门反映，共同维护农村经济秩序和市场环境。

**第二十二条　【农村集体经济组织的登记】农村集体经济组织成员大会表决通过本农村集体经济组织章程、确认本农村集体经济组织成员、选举本农村集体经济组织理事会成员、监事会成员或者监事后，应当及时向县级以上地方人民政府农业农村主管部门申请登记，取得农村集体经济组织登记证书。**

**农村集体经济组织登记办法由国务院农业农村主管部门制定。**

## 条文注解

1. 第1款从法律层面赋予农村集体经济组织合法的市场主体地位。

要求农村集体经济组织在完成重要事项表决后向县级以上地方人民政府农业农村主管部门申请登记并取得登记证书，旨在赋予其合法地位，使其能够以独立的法人身份参与签订合同、开展经营等各类经济活动，明确其权利和义务，保障其在市场经济中的合法权益。登记程序促使农村集体经济组织在成立和发展过程中遵循一定的规范和流程，确保其从设立、成员确认、机构选举等关键环节符合法律要求。在准备登记材料的过程中，农村集体经济组织需要梳理内部关系、明确成员权利义务、规范机构设置。登记程序可以推动农村集体经济组织建立健全内部治理结构，实现规范化、制度化运行。而将登记管理职责赋予县级以上地方人民政府农业农村主管部门，也是便于政府对农村集体经济组织进行有效监管，通过登记信息全面了解农村集体经济组织的基本情况，为制定扶持政策、实施监督管理提供依据，合理分配资源，保障农村集体经济健康有序发展。

2. 第2款授权国务院农业农村主管部门制定登记办法，可以实现全国范围内统一登记标准。

第2款对于具体登记办法的授权制定旨在实现全国范围内农村集体经济组织登记标准的统一。避免因各地登记要求不一致而导致的管理混乱，确保农村集体经济组织登记工作的科学性、公正性和规范性。早在2018年，农业农村部和有关部门就先后印发《农业农村部办公厅关于启用农村集体经济组织登记证有关事项的通知》（农办政改〔2018〕3号）、《农业农村部、中国人民银行、国家市场监督管理总局关于开展农村集体经济组织登记赋码工作的通知》（农经发〔2018〕4号）等规定，对农村集体经济组织的登记程序作出了相关规定。

## 实用建议

1. 农村集体经济组织要认真学习了解登记规则，及时申请登记。

农村集体经济组织在完成章程表决通过、成员确认、理事会和监事会成员选举等关键事项后，准备充分、准确的登记材料，按照法律规定及时向县级以上地方人民政府农业农村主管部门提交登记申请。同时组织相关人员认真学习国务院农业农村主管部门制定的登记办法，熟悉登记条件、所需材料、办理流程等具体要求。如有疑问，及时向主管部门咨询，避免因不了解规定而导致登记延误或出现问题。最后将登记过程视为完善组织治理的契机，进一步梳理内部管理机制，明确各机构职责，规范成员管理。以登记要求为标准，不断提升组织的规范化水平，为后续发展做好准备。

2. 县级以上地方人民政府农业农村主管部门要优化登记服务，严格审核登记把关，加强后续监管。

县级以上地方人民政府农业农村主管部门应建立便捷高效的登

记服务窗口或线上平台，为农村集体经济组织提供清晰的登记指南和咨询服务。简化登记流程，提高办理效率，依据国务院农业农村主管部门制定的登记办法，对农村集体经济组织提交的登记材料及时进行审核，对符合条件的组织尽快颁发登记证书。审核时应严格把关，确保组织的章程、成员信息、机构设置等符合法律规定和登记要求，防止不规范或不符合条件的组织获得登记。在农村集体经济组织取得登记证书后，建立健全监管机制，定期对组织的运行情况进行检查和指导。及时掌握组织的发展动态，发现问题及时督促整改，保障农村集体经济组织合法合规运营。

3. 国务院农业农村主管部门需科学制定登记办法，及时开展培训与宣传，并根据实施情况动态调整完善。

国务院农业农村主管部门在制定农村集体经济组织登记办法时，需充分考虑各地农村集体经济组织的实际情况和发展差异，制定全面、细致、科学合理的登记办法。明确登记的各项条件、程序、材料要求以及审核标准，确保登记办法具有可操作性和指导性。办法出台后，要及时组织针对登记办法的培训活动，向县级以上地方人民政府农业农村主管部门工作人员解读登记办法的要点和要求，提高其业务水平。同时，通过多种渠道广泛宣传登记办法，让农村集体经济组织充分了解登记相关信息。办法实施后，需要根据农村经济发展的新形势、新变化以及登记工作中出现的问题，及时对登记办法进行评估和调整。保持登记办法的适应性和有效性，更好地服务于农村集体经济组织的发展和管理。

**第二十三条　【农村集体经济组织的合并】农村集体经济组织合并的，应当在清产核资的基础上编制资产负债表和财产清单。**

**农村集体经济组织合并的，应当由各自的成员大会形成决定，经乡镇人民政府、街道办事处审核后，报县级以上地方人民政府批准。**

**农村集体经济组织应当在获得批准合并之日起十日内通知债权人，债权人可以要求农村集体经济组织清偿债务或者提供相应担保。**

**合并各方的债权债务由合并后的农村集体经济组织承继。**

## 条文注解

1. 第1款明确了农村集体经济组织合并时的财务规范要求。

通过清产核资和编制资产负债表与财产清单，全面详细地梳理组织的财务状况，各方可以对自身及对方的资产、负债情况有一个清晰、准确的认识，判断合并是否有利于组织的长远发展和成员利益的最大化，即为合并决策提供可靠依据。清产核资过程对集体资产进行全面清查和评估，可以有效防止在合并过程中出现资产隐匿、低估等情况，保障集体资产的安全与完整，避免集体资产流失。另外，在合并过程中还应当向成员公开资产负债和财产情况，让成员能够清楚了解组织合并前后的资产变化，保障成员对集体资产的知情权，使他们在参与合并决策时能充分考虑资产因素，增强合并过程的透明度，提升成员对合并决策的信任度，避免因资产状况不明导致的合并混乱和纠纷，促进合并工作的顺利进行。

2. 第2款强调成员大会在农村集体经济组织合并决策中的核心地位。

成员大会决定合并事项，充分调动了成员参与组织管理的积极性，增强成员对组织的归属感和责任感，确保合并决策充分反映成员的意愿和利益，体现民主管理原则，保障成员对组织重大事务的决策权。要求乡镇人民政府、街道办事处进行审核能及时发现问题并给予指导，发挥基层政府贴近农村实际的优势，对合并方案的合理性、可行性进行初步审查，确保合并符合当地农村发展实际情况。上级批准则从更高层面保障合并,使上级政府能够从更宏观的层面审视农村集体经济组织的合并行为,综合考虑区域经济发展规划、农村社会稳定等因素,形成了上下联动的管理机制,保障合并工作在更大范围内的科学性和协调性。通过严格的审核和批准程序,避免盲目合并或不合理合并对农村经济、社会秩序造成负面影响,保障农村社会的稳定,促进农村集体经济的健康发展。

3. 第 3 款赋予债权人在面临农村集体经济组织合并活动时要求清偿债务或提供担保的权利,目的是保护债权人利益。

合并属于重大经营行为,无论是本法还是《公司法》,均规定合并过程中合并主体对债权人应当履行的通知义务,确保债权人在农村集体经济组织合并这一重大变更事项发生时,能够及时知晓相关情况,使债权人有机会在组织合并的关键节点对自身债权进行评估和处置,有助于增强市场主体之间的信任,保障债权人合法权益不受侵害。赋予债权人要求清偿债务或提供担保的权利,为债权人提供了切实的保障手段,使其在面临债权风险时能够采取相应措施保护自己,降低债权受损的风险。明确通知义务和债权人权利,要求农村集体经济组织在合并过程中必须充分考虑债权人利益,规范自身行为,避免因合并导致债权人利益受损引发的经济纠纷和社会问题,增强其他市场主体与之开展经济活动的信心,促进农村经济的活跃和发展。

4. 第 4 款明确了合并各方债权债务的承继主体,确保债权债务关系的稳定性和连续性。

我国《民法典》第 67 条规定,法人合并的,其权利和义务由合并后的法人享有和承担。法人分立的,其权利和义务由分立后的法人享有连带债权,承担连带债务,但是债权人和债务人另有约定的除外。本条承继了《民法典》的上述规定,通过统一规定由合并后的农村集体经济组织承继债权债务,让债权人无需担心因农村集体经济组织合并而可能导致债权无法实现,明确的承继主体使债权人能够清晰地确定主张权利的对象,减少了合并过程中的不确定性和争议,提高债权实现的可能性。简化了因组织合并可能产生的复杂法律关系,有利于合并各方在相对稳定的法律环境下推进合并工作,提高合并效率。清晰的债权债务承继规则便于债权人主张权利和债务人履行义务,降低交易成本和法律风险。

## 实用建议

1. 农村集体经济组织在合并时可以聘请专业机构参与,成员全程进行监督。

鉴于农村集体经济组织的专业知识力量薄弱,在合并过程中可以借助专业机构力量,通过聘请专业的会计师事务所、资产评估机构等,协助进行清产核资和编制报表,确保数据的准确性和专业性。在清产核资和编制报表过程中,鼓励成员代表参与监督,确保工作公正、透明。主动定期向成员公布工作进展和结果,接受成员的质询和建议。合并完成后,将资产负债表和财产清单等相关资料妥善保存,作为组织合并的重要档案记录,以备后续审计、查询等需要。

2. 对于合并事项要充分宣传动员,积极配合审核并跟踪反馈。

农村集体经济组织在召开成员大会前,应广泛宣传合并的目的、意义、方案等信息,让成员充分了解相关情况,提高成员参与度和决策质量。同时积极配合乡镇人民政府、街道办事处和县级以上地方人民政府的工作,如实提供相关资料和信息,认真听取意见和建议,对合并方案进行必要的调整和完善。在各级行政机关在审核和批准过程中,应建立有效的反馈机制,及时跟踪并向农村集体经济组织说明审核意见和批准结果,确保组织清楚了解决策依据和要求。

3. 合并各方要及时准确通知债权人,积极沟通协商并留存相关证据。

农村集体经济组织应严格按照法律规定的时间和方式,准确通知所有已知债权人。通知内容应详细说明合并事项、债权人享有的权利等信息，确保债权人能够及时了解情况并作出决策。在债权人提出要求时，农村集体经济组织应积极与债权人进行沟通协商，根据自身实际情况，合理解决债务清偿或提供担保问题，避免矛盾激化。要妥善保存通知债权人的相关证据，如通知函的发送记录、邮件回执等，以备后续可能出现的纠纷作为证明已履行通知义务的依据。

4. 合并各方应全面梳理债权债务，加强沟通协调。

在合并前应全面梳理自身的债权债务情况，形成详细清单，并与合并后的农村集体经济组织进行交接，确保债权债务信息准确无误地转移。合并后的农村集体经济组织应与原债权人、债务人保持密切沟通，及时了解债权债务的履行情况，积极协调解决可能出现的问题，确保债权债务的顺利承继和履行。可以建立专门的债权债务档案，对合并前后的债权债务情况进行详细记录和管理，便于查询和追溯，为处理相关事务提供依据。

**第二十四条　【农村集体经济组织的分立】农村集体经济组织分立的，应当在清产核资的基础上分配财产、分解债权债务。**

**农村集体经济组织分立的，应当由成员大会形成决定，经乡镇人民政府、街道办事处审核后，报县级以上地方人民政府批准。**

**农村集体经济组织应当在获得批准分立之日起十日内通知债权人。**

**农村集体经济组织分立前的债权债务，由分立后的农村集体经济组织享有连带债权，承担连带债务，但是农村集体经济组织分立时已经与债权人或者债务人达成清偿债务的书面协议的，从其约定。**

## 条文注解

1. 第 1 款明确农村集体经济组织分立后自身的资产和负债状况，保障各方权益清晰明确。

在农村集体经济组织分立过程中，对集体财产、债权债务进行准确的清查与核算，可以为合理分配和分解提供依据。清产核资后进行财产分配和债权债务分解，有助于清晰划分分立后各农村集体经济组织的产权，避免产权模糊带来的纠纷，为各组织独立开展经济活动奠定基础。通过清产核资，保证财产分配和债权债务分解过程的公平性与公正性，避免因信息不透明或操作不规范导致部分成员或分立后的组织利益受损，维护农村集体经济组织及其成员的合法权益。规范的财产和债权债务处理方式，能够保障农村集体经济在组织分立过程中的经济秩序稳定，防止因分立造成经济混乱，确保农村经济的正常运行。

2. 第 2 款强调成员大会在农村集体经济组织分立决策中的核心地位。

成员大会决定分立事项，可以充分调动成员参与组织管理的积极性，增强成员对组织的认同感和责任感，使分立决策能够充分反映成员的意愿和利益诉求，保障成员对组织重大事务的决策权，体现民主管理原则，保证决策符合大多数成员的利益。借助乡镇人民政府、街道办事处的基层审核，便于其结合当地实际情况对分立方案进行初步把关，从不同层面审查分立方案的合理性、合法性和可行性。上级政府批准则从更宏观的层面确保分立符合区域发展规划和政策要求，构建多层次的监管体系，避免盲目分立，提高决策质量，保障农村集体经济组织的稳定发展。

3. 第 3 款规定了农村集体经济组织在分立过程中需要履行通知债权人的义务。

与合并事项一样，分立活动也是农村集体经济组织经营过程中发生的重大事项。农村集体经济组织负有及时通知债权人的义务，确保债权人在农村集体经济组织分立这一重大变更事项发生后，能够及时知晓相关信息，使其有足够时间评估自身债权风险，并采取相应措施保护自身合法权益。通过明确通知义务，规范农村集体经济组织在分立过程中的行为，使债权人能够及时了解债权主体的变化情况，为其采取措施保障债权提供必要的时间和信息基础，降低债权受损的风险。要求明确的通知期限，能够约束农村集体经济组织严格按照法律规定履行义务，增强组织的法律意识和责任意识，促进农村集体经济组织在市场活动中更加规范、诚信。

4. 第 4 款明确一般情况下分立后的农村集体经济组织承担连带债权债务，给予债权人更多的选择和保障途径。

在一般情况下，规定分立后的农村集体经济组织承担连带债权债务，增加了债权人实现债权的可能性，降低了因组织分立导致债权无法实现的风险，为债权人提供了更有力的债权保障，确保债权人在债权实现过程中有更多的选择和保障途径。允许农村集体经济组织在分立时与债权人或债务人达成书面协议，并认可书面协议的效力，充分展现尊重当事人的意思自治，意在鼓励农村集体经济组织在分立过程中与债权人或债务人进行积极协商。通过自主约定的方式合理解决债权债务问题，体现了法律在保障债权人基本权益的同时，也提高了纠纷解决的效率和灵活性，维护了市场交易的安全性。

## 实用建议

1. 农村集体经济组织在分立时可以聘请专业机构参与，保障民主自治。

在清产核资的过程中，农村集体经济组织可以聘请专业的会计、审计等机构协助，确保数据准确、全面，为财产分配和债权债务分解提供可靠依据。在财产分配和债权债务分解过程中，充分听取成员意见，保障成员的知情权和参与权，通过民主程序确定分配方案，确保公平公正。

2. 对于分立事项要充分讨论沟通，积极配合审核。

在成员大会讨论分立事项前，做好信息公开和宣传工作，让成员充分了解分立的原因、方案及可能产生的影响，鼓励成员充分发表意见，进行充分讨论。办理分立审批手续时，农村集体经济组织应积极配合各级行政机关的审核工作，如实提供相关资料和信息，根据审核意见及时调整分立方案。

3. 分立过程中要严格按照法定期限通知债权人。

农村集体经济组织应严格按照法律规定的10日期限，及时通知债权人。通知方式应采用书面等可追溯的形式，确保通知的有效性。通知内容应详细、准确，包括分立的具体情况、债权人享有的权利等信息，避免因通知内容不清晰导致债权人误解。

4. 分立过程中积极与债权人或债务人沟通协商债权债务承担方式，明确责任划分。

在分立过程中，农村集体经济组织应主动与债权人、债务人进行沟通协商，根据实际情况制定合理的债权债务处理方案，并以书面形式明确各方权利义务。对于达成书面协议的情况，分立后的农村集体经济组织应严格按照协议履行义务，明确内部责任划分，避免因责任不清导致纠纷。同时，对于承担连带债权债务的情况，各分立后的组织应相互配合，共同保障债权人权益。

**第二十五条　【农村集体经济组织的变更、注销登记】农村集体经济组织合并、分立或者登记事项变动的，应当办理变更登记。**

**农村集体经济组织因合并、分立等原因需要解散的，依法办理注销登记后终止。**

## 条文注解

1. 明确农村集体经济组织发生登记事项变动时需要办理变更登记。

本条承袭我国《民法典》第一编总则第三章法人第一节第64条“法人存续期间登记事项发生变化的,应当依法向登记机关申请变更登记”及第73条“法人被宣告破产的,依法进行破产清算并完成法人注销登记时,法人终止”和《公司法》第二章第34条第1款“公司登记事项发生变更的,应当依法办理变更登记”及第37条“公司因解散、被宣告破产或者其他法定事由需要终止的,应当依法向公司登记机关申请注销登记,由公司登记机关公告公司终止”的规定。准确的登记信息是市场交易的基础。农村集体经济组织的合并、分立或登记事项变动会使其组织架构、成员构成、经营范围、资产状况等发生变化。准确的登记信息有助于成员了解组织的变化情况,保障成员对组织事务的知情权和参与权。同时,规范的变更登记也能防止组织在变更过程中出现损害成员利益的行为,维护成员的合法权益。变更登记是对农村集体经济组织变更行为的一种规范和确认,要求办理变更登记,是为了保证登记信息与组织的实际情况相符,使行政机关、交易相对方等能够获取准确的组织信息,评估管理或交易风险,作出合理的决策,从而维护整个市场的交易秩序和安全。通过法定的变更登记程序,促使农村集体经济组织按照规定的流程和要求进行变更操作,防止随意变更而导致管理混乱,行政机关通过变更登记可以及时掌握农村集体经济组织的变化动态,便于对其进行有效的监管和指导,保障农村集体经济组织的规范运行。及时办理变更登记,表明农村集体经济组织遵守法律法规,规范运作。这有助于提升组织在社会上的公信力和形象,增强成员、合作伙伴以及社会公众对组织的信任,为组织的发展创造良好的外部环境。也有助于政府制定针对性的政策措施,促进农村集体经济组织的健康发展,同时也能更好地维护农村社会的稳定。

2. 明确规范农村集体经济组织退出程序和机制。

明确农村集体经济组织因合并、分立等原因解散时需依法办理注销登记，为组织的退出提供了规范的程序和依据。有助于确保集体资产得到合理分配和利用，防止农村集体经济组织随意解散而导致资产流失、债务纠纷等问题，保障各方的合法权益。在办理注销登记过程中，依法办理注销登记要求对农村集体经济组织的资产进行清算和处置，清理债权债务，明确债务的承担主体和方式，避免债务悬空，能够有效化解债务纠纷。对于因合并、分立等原因需要解散的农村集体经济组织，通过注销登记，使其终止得到法律上的确认，实现其有序退出市场。这有助于维护社会经济秩序的稳定，避免因组织未经合法程序终止而给其他市场主体和社会带来不利影响。还有利于优化农村资源的配置，使资源向更有活力和发展潜力的组织或领域流动，促进农村经济的健康发展。

## 实用建议

1. 农村集体经济组织在发生登记事项变更时需及时准备材料办理变更登记。

农村集体经济组织在发生合并、分立或登记事项变动后，应尽快安排专人负责办理变更登记手续，详细了解变更登记所需的材料清单，按照要求准备齐全、准确的申请材料。如涉及合并、分立的相关决议、协议，登记事项变动的证明文件等，保证材料真实有效，确保在规定的时间内完成申请，避免因拖延导致不必要的法律风险。在办理变更登记过程中，积极与负责登记的机关保持沟通，及时了解办理进度和可能存在的问题。对于登记机关提出的意见和要求，认真对待并及时整改，确保变更登记顺利完成。

2. 农村集体经济组织决定解散后应依法清算，并按程序办理注销登记。

农村集体经济组织在决定解散后应成立清算组，按照法律规定的程序对农村集体经济组织的资产、负债进行全面清理，清算组应及时通知债权人申报债权，并按照法定顺序进行债务清偿。对于无法清偿的债务，要依法进行处理，避免引发不必要的法律纠纷。同时，要积极追收组织的债权，保障集体资产的回收。清算过程要公开透明，保障成员和债权人的知情权和参与权。在完成清算后，按照规定的程序向登记机关申请注销登记。提交完整、准确的注销申请材料，包括清算报告、债务清偿证明等，确保注销登记顺利完成，使组织依法终止。

# 第四章　组 织 机 构

第二十六条　【农村集体经济组织成员大会】农村集体经济组织成员大会由具有完全民事行为能力的全体成员组成，是本农村集体经济组织的权力机构，依法行使下列职权：

（一）制定、修改农村集体经济组织章程；

（二）制定、修改农村集体经济组织内部管理制度；

（三）确认农村集体经济组织成员；

（四）选举、罢免农村集体经济组织理事会成员、监事会成员或者监事；

（五）审议农村集体经济组织理事会、监事会或者监事的工作报告；

（六）决定农村集体经济组织理事会成员、监事会成员或者监事的报酬及主要经营管理人员的聘任、解聘和报酬；

（七）批准农村集体经济组织的集体经济发展规划、业务经营计划、年度财务预决算、收益分配方案；

（八）对农村土地承包、宅基地使用和集体经营性财产收益权份额量化方案等事项作出决定；

（九）对集体经营性建设用地使用、出让、出租方案等事项作出决定；

（十）决定土地补偿费等的分配、使用办法；

（十一）决定投资等重大事项；

（十二）决定农村集体经济组织合并、分立等重大事项；

（十三）法律法规和农村集体经济组织章程规定的其他职权。

需由成员大会审议决定的重要事项，应当先经乡镇党委、街道党工委或者村党组织研究讨论。

## 条文注解

1. 明确农村集体经济组织成员大会的权力地位。

从解释论看,农村集体经济组织法人的权力机构是成员大会。这体现了民主决策的原则,成员大会的决策即映射为组织的意思。[①] 作为法定权力机构,成员大会处于核心的权力地位,拥有最高决策权。一是在权力配置层面,确立成员大会在组织治理结构中的最高决策地位,通过列举式规范明确其法定职权范畴,切实保障集体经济组织成员的决策参与权与监督权,防范权力过度集中与不当行使。二是在制度衔接层面,着力解决了长期存在的"代行主体缺位"制度困境,如村民委员会与集体经济组织间的法定职能混同,回应了农村集体产权制度改革的实践诉求。三是在权益保障层面,强化成员大会对业务经营计划、年度财务预决算、收益分配方案以及土地承包、宅基地使用和集体经营性财产收益权份额量化方案等事项的实质性控制权,通过法定程序将农民财产权益保障具象化为可操作的规范体系,为乡村振兴战略实施提供坚实的制度支撑。

2. 强调成员大会是由具有完全民事行为能力的全体成员组成。

《民法典》第 18 条规定,成年人为完全民事行为能力人,16 周岁以上的未成年人,以自己的劳动收入为主要生活来源的,视为完全民事行为能力人。可以独立实施民事法律行为。概因完全民事行为能力人能够对事物进行全面、深入的分析和判断,在成员大会讨论和决策相关重大事项时,如集体资产的处置、发展规划等,他们可以凭借自己的认知和思维能力,理性地表达自己的观点和意见,为决策提供有价值的参考。成员大会由具有完全民事行为能力的全体成员组成,强调了成员大会的广泛性和代表性。只要符合前述条件的成员,都有权

① 参见单平基:《农村集体经济组织法人治理结构解释论》,载《河南社会科学》2025 年第 2 期。

参加成员大会，参与集体事务的决策。这体现了农村集体经济组织的集体性质，保障了每个成员在组织中的平等地位。需要注意的是，参与成员大会的成员应当持续具有完全民事行为能力，如智力、精神健康状况等原因导致其不具有完全民事行为能力的，成员大会应当及时进行调整。

3. 明确农村集体经济组织成员大会的职权范围。

成员大会依照法律法规和农村集体经济组织章程行使职权，这是因为法律法规为成员大会的职权行使提供了基本的法律框架和规范，确保成员大会的决策符合国家法律的要求。本条第 1 款第 1 项至第 12 项职权对成员大会行使的职权范围进行了列举规定，第 13 项则规定还包括法律法规和农村集体经济组织章程规定的其他职权，此处的其他职权应当理解为第 1 项至第 12 项职权之外的职权。农村集体经济组织章程作为成员大会职权行使的具体依据，章程可以根据本组织的实际情况，对成员大会的职权范围、议事规则等进行详细规定，使成员大会的工作更加规范化、制度化，但至少应当包括第 1 项至第 12 项的法定职权。如农村集体经济组织的章程没有细化规定第 1 项至第 12 项的职权，应当直接适用本条的规定认定成员大会的职权。

4. 强调重要事项需要履行党组织先行研究讨论的前置程序。

第 2 款规定“需由成员大会审议决定的重要事项，应当先经乡镇党委、街道党工委或者村党组织研究讨论”，但何为“重要事项”并未作细致规定。此处应当结合第 1 款规定进行理解，在第 1 款规定的 12 项职权中，第 5 项至第 12 项的职权都是需要成员大会审议或决定的事项，因此，至少第五至十二项的职权都应当经过党组织研究讨论的前置程序。当然，农村集体经济组织还可以在章程中明确“重要事项”的范围，在上述规定的基础上进行扩大和补充。前置程序作为制度性安排的核心要件，旨在强化党的核心领导地位，保障政策执行过程的连贯性，有效规避决策方向偏差风险。其法理基础在于将党组织前置研究讨论作为重大事项决策的法定程序,通过组织化、规范化的政治引领机制,确保基层治理体系始终沿着正确政治方向运行。根据本法第 2 条的规定,具体履行前置研究讨论的党组织应当是该农村集体经济组织所在地的党组织,如乡镇级农村集体经济组织成员大会审议决定的重要事项应当先经乡镇党委或街道党工委研究讨论,村级农村集体经济组织审议决定的重要事项由所在村的党支部先行研究讨论。

## 实用建议

1. 农村集体经济组织应当在章程中进一步细化成员大会的具体职权。

尽管本条对成员大会的主要职权有具体规定,但在具体管理过程中,为避免成员大会与理事会职权存在冲突和混淆的情况发生,应当在起草和制定章程时分别明确成员大会和理事会的具体职权。

2. 农村集体经济组织在制定章程时应当明确成员大会审议决定的“重要事项”范围。

如前所述,本法并未细致规定成员大会审议决定的“重要事项”范围,即使是本条第 1 款第 5 项至第 12 项的内容也没有对具体的标准、金额等作出规定,如对外投资达到多少金额算重大事项,加之考虑到农村集体经济组织成员的专业知识欠缺,为避免管理过程中出现无法决策或不知如何处理的情况发生,农村集体经济组织在制定章程时应当明确成员大会审议决定的“重要事项”范围和认定标准。

**第二十七条 【成员大会议事规则】农村集体经济组织召开成员大会，应当将会议召开的时间、地点和审议的事项于会议召开十日前通知全体成员，有三分之二以上具有完全民事行为能力的成员参加。成员无法在现场参加会议的，可以通过即时通讯工具在线参加会议，或者书面委托本农村集体经济组织同一户内具有完全民事行为能力的其他家庭成员代为参加会议。**

**成员大会每年至少召开一次，并由理事会召集，由理事长、副理事长或者理事长指定的成员主持。**

**成员大会实行一人一票的表决方式。成员大会作出决定，应当经本农村集体经济组织成员大会全体成员三分之二以上同意，本法或者其他法律法规、农村集体经济组织章程有更严格规定的，从其规定。**

## 条文注解

1. 保障成员的知情权和参与权。

在长期的农村集体经济组织发展过程中，各地积累了丰富的民主管理经验。提前通知成员会议相关信息、保证一定参会比例、采用合适的参会方式以及明确表决规则等做法，在许多农村地区已得到实践检验，证明有助于保障成员参与集体事务决策，该条规定是对这些成功经验的总结与推广。要求提前10日通知会议时间、地点和审议事项，让成员有足够时间了解会议内容，做好参与准备，保障了成员的知情权。规定多种参会方式，主要是考虑到成员外出求学、务工、出差等已常态化，目的是方便成员参与会议，确保成员能够充分表达自己的意见和建议，便于成员有足够的时间安排自己的事务，了解会议相关信息，为参与会议做好准备，体现了对成员知情权和参与权的尊重和保障。

2. 规范成员大会的召集程序。

明确成员大会的召开频率、召集主体和主持人员，以及表决规则等，为农村集体经济组织的运行提供了明确的程序规范，有助于避免因程序不明确导致的决策混乱和权力滥用，保障农村集体经济组织的正常运转。成员大会每年至少召开一次，由理事会负责召集，这明确了理事会在组织成员大会方面的职责。由理事长、副理事长或者理事长指定的成员主持会议，确保了会议能够按照既定程序有序进行。

3. 确保成员大会决策的科学性和民主性。

成员大会作出的决定事关农村集体经济组织的每位成员，这就要求做到民主决策和程序合法。民主决策保障每个成员平等参与决策的权利，程序合法则强调决策过程的合法性、公正性和公开性。通过规范成员大会的召开程序，要求2/3以上具有完全民事行为能力的成员参加会议，确保会议能够代表大多数成员的意愿，避免少数人主导决策，保证了会议的代表性和权威性。实行一人一票的表决方式，每个成员在决策过程中具有平等的表决权，体现了成员之间的平等地位，使每个成员的意见都能得到平等对待。规定决策需经全体成员2/3以上同意，提高了决策的门槛，既避免决策僵局，又防止"多数暴政"，保证了决策的慎重性和科学性，避免少数人随意决策损害集体利益。当然如果本法或者其他法律法规、农村集体经济组织章程有更严格的规定，则从其规定，体现了法律的灵活性和对不同组织具体情况的尊重。

## 实用建议

1. 农村集体经济组织需制定成员大会的议事规则。

议事规则是奠定一个组织治理结构合理化的制度基石，农村集体经济组织通过制定议事规则，细化通知、签到、表决、决议执行等流程，使决策结果具有正当性的依据。

2. 规范成员大会召开的程序。

农村集体经济组织应当严格按照本法或章程的规定履行成员大会召集、通知和公平表决的职责。在通知过程中，应当穷尽电话、短信、微信、视频、函告等方式后，如仍未能通知的，方可进行公告，确保程序正义。

**第二十八条 【农村集体经济组织成员代表大会】农村集体经济组织成员较多的，可以按照农村集体经济组织章程规定设立成员代表大会。**

**设立成员代表大会的，一般每五户至十五户选举代表一人，代表人数应当多于二十人，并且有适当数量的妇女代表。**

**成员代表的任期为五年，可以连选连任。**

**成员代表大会按照农村集体经济组织章程规定行使本法第二十六条第一款规定的成员大会部分职权，但是第一项、第三项、第八项、第十项、第十二项规定的职权除外。**

**成员代表大会实行一人一票的表决方式。成员代表大会作出决定，应当经全体成员代表三分之二以上同意。**

## 条文注解

1. 明确成员较多的农村集体经济组织可以按章程规定设立成员代表大会。

农村集体经济组织需要保障成员的民主权利，让成员参与集体事务决策，但当成员数量众多时，召开全体成员大会进行决策可能面临时间、场地、组织协调等诸多困难，影响决策效率。在我国农村集体经济组织的长期发展过程中，部分成员较多的农村集体经济组织在决策和管理实践里，探索出设立成员代表大会的方式来提高决策效率、降低组织运行成本，丰富了农村集体经济组织的治理形式，成员代表大会与成员大会相互配合，形成多层次的决策机制，促进农村集体经济组织健康发展。这种实践证明了成员代表大会在处理集体事务时具有一定的可行性和有效性。本条通过对这些成功实践经验的总结与升华，将其以法律形式固定下来，为全国范围内的农村集体经济组织提供了统一规范，目的就是解决超大型行政村或人口密集地区成员大会召开困难的问题。考虑到地方的实际情况不同，因此，设立成员代表大会是有条件的，即“农村集体经济组织成员较多的”。但本法并没有具体规定成员达到多少数量算较多，实践中一般在成员数量超过500户的集体经济组织，会优先设立成员代表大会，但是否设立并不作强制性要求，而是需要看章程是否存在相关规定。充分体现了对组织自治权的尊重，允许组织根据自身实际情况决定是否设立以及如何设立成员代表大会。

2. 明确设立成员代表大会的代表选举规则和任期。

成员代表由成员选举产生，参与决策，能够在一定程度上代表成员的意愿和利益。规定代表选举的户数范围、代表人数下限以及妇女代表比例，是为了保证成员代表大会具有广泛的代表性和民主性。设定每5户至15户选举代表一人的范围，沿袭采用了《村民委员会组织法》第25条第2款关于村民代表的选举规则，既保证了代表的广泛性，又考虑了组织的实际情况，使成员的声音能够在集体决策中得到体现。要求代表人数多于20人，确保代表大会具有一定的规模和代表性。强调有适当数量的妇女代表，保障了妇女在集体决策中的参与权和话语权，体现了男女平等的原则。成员代表的任期时长为5年，有助于代表熟悉集体事务，更好地履行职责。允许连选连任，为那些表现优秀、得到成员认可的代表提供了继续为集体服务的机会，有利于保持代表大会决策的稳定性和连续性。

3. 确定成员代表大会的职权范围和表决规则。

成员代表大会按照农村集体经济组织章程规定行使本法第26条

第1款规定的成员大会部分职权，但是第1项、第3项、第8项、第10项、第12项规定的职权除外，目的是让成员大会与成员代表大会分权而治。成员代表大会的职权是有限的，只能行使成员大会的部分职权。对涉及组织重大利益和成员根本权益的职权，如涉及组织章程修改、成员身份取得或丧失、集体资产处置等重要事项由全体成员大会决定，能够充分保障成员对组织重大事务的决策权，确保成员的合法权益得到有效维护。明确的职权划分有助于规范组织的决策程序，避免因职权不清而导致的决策混乱和内部矛盾。成员代表大会实行一人一票的表决方式，体现了代表之间的平等地位，每个代表的意见都具有同等的权重。成员代表大会作出决定应当经全体成员代表2/3以上同意，提高了决策的严肃性和科学性，要求代表在决策时充分考虑集体利益和大多数成员的意愿，避免少数代表随意决策。

## 实用建议

1. 农村集体经济组织需在制定章程时预设成员代表大会制度条款，为后期可能设立成员代表大会制度提供制度支撑。

随着农村集体经济组织的发展壮大，成员数量可能不断增加。设立成员代表大会是适应组织规模变化的一种有效方式，有助于组织在不同发展阶段保持良好的运行状态。农村集体经济组织应在章程时预设规定成员代表大会的设立条件、程序、职责等内容，确保需要设立时有章可循，避免随意性。在设立成员代表大会前，要向全体成员宣传设立的目的、意义和相关规定，提高成员的认识和参与积极性，确保成员能够理解并支持这一制度安排。

2. 农村集体经济组织设立成员代表大会需要合理划分选区，鼓励妇女参选。

根据地方实际情况，农村集体经济组织如设立成员代表大会制度，需要合理划分选区，确保每个选区的户数符合规定范围，使选举出的代表能够均衡地代表不同区域的成员。同时鼓励妇女积极参与代表选举,提高妇女的参选意识和能力。在选举过程中,要为妇女提供公平的竞争环境,确保能够选出足够数量的妇女代表,严格选举制度。

3. 农村集体经济组织在制定章程时需要明确成员代表大会的职权边界。

农村集体经济组织应在章程中进一步明确成员代表大会和成员大会的职权边界,避免出现职权交叉或模糊不清的情况。要向成员和代表宣传职权划分的意义和内容,使他们能够正确行使权力。同时,建立健全对成员代表大会的监督机制,确保其在规定的职权范围内行使权力。对于涉及重要事项的决策,要严格按照法律规定由成员大会进行决定,防止代表大会越权决策。

**第二十九条 【农村集体经济组织理事会】农村集体经济组织设理事会,一般由三至七名单数成员组成。理事会设理事长一名,可以设副理事长。理事长、副理事长、理事的产生办法由农村集体经济组织章程规定。理事会成员之间应当实行近亲属回避。理事会成员的任期为五年,可以连选连任。**

**理事长是农村集体经济组织的法定代表人。**

**乡镇党委、街道党工委或者村党组织可以提名推荐农村集体经济组织理事会成员候选人,党组织负责人可以通过法定程序担任农村集体经济组织理事长。**

## 条文注解

1. 明确农村集体经济组织理事会的法律地位和作用。

通过法定形式明确理事会作为农村集体经济组织执行机构的法律地位,避免组织运行中的权责不清。理事会成员一般由 3~7 名组成,是为了保证理事会能够充分汇聚不同意见和智慧的同时,避免因成员过多导致决策效率低下。既能够满足农村集体经济组织日常管理和决策的需要，又与农村集体经济组织的实际规模和管理复杂程度相适应。单数成员设置则是为了在进行决策表决时，能够避免出现平局的情况，确保决策能够顺利作出，提高决策的科学性和效率。在我国，农村集体经济组织具有一定的自治性，不同地区、不同组织的情况存在差异，将理事长、副理事长、理事的产生办法交由组织章程规定，充分尊重了农村集体经济组织的自治权。能够让成员参与到规则的制定过程中，充分表达自己的意愿，使农村集体经济组织可以根据自身的实际情况和成员意愿，制定适合本组织的产生办法。包括理事长、副理事长在内的理事会成员的每届任期与《村民委员会组织法》第11条第2款规定的村民委员会任期相同，均为5年，确保了理事会成员的稳定和政策的连贯，避免因成员频繁更换而导致工作的中断和发展战略的频繁调整。我国《民法典》规定，配偶、父母、子女、兄弟姐妹、祖父母、外祖父母、孙子女、外孙子女为近亲属。由于近亲属之间可能存在利益关联，规定实行近亲属回避制度，可以避免理事会成员在决策过程中因亲情关系而偏袒近亲属，防止出现利益输送、以权谋私等问题，提高决策的公正性和科学性，保障组织的公平、公正和公共利益。

2. 明确理事长系农村集体经济组织的法定代表人。

通过明确理事长系农村集体经济组织法定代表人，旨在确立一个明确的对外代表和对内管理的核心角色，确保组织在法律上的独立人格和正常的经营管理活动，如代表所在组织对外签署合同、参与诉讼等活动。理事长作为理事会的领导核心，负责组织和协调理事会的工作，确保理事会的各项工作能够有序开展，强化了理事长对集体事务的管理责任，有助于提高组织的管理效率和决策执行力。规定可以设副理事长，是为了在理事长因特殊情况无法履行职责导致工作停滞时，能够有合适的人员代为履行职责，保证理事会工作的连续性。同时,副理事长也可以协助理事长开展工作,分担部分工作任务,提高工作效率。

3. 党组织负责人可以提名推荐成员候选人或由党组织负责人依法担任理事长。

允许乡镇党委、街道党工委或村党组织提名推荐理事会成员候选人,并规定党组织负责人可通过法定程序担任理事长,体现了中国共产党对农村集体经济组织的全面领导,确保党的路线方针政策在农村经济组织中的贯彻落实。通过党组织推荐候选人,提升理事会的政策执行力。将党的领导嵌入法人治理结构,确保集体资产保值增值与国家政策目标一致。党组织负责人担任理事长,有助于将党的建设与农村经济工作紧密结合,发挥党组织在农村集体经济组织中的战斗堡垒作用和党员的先锋模范作用,推动农村经济的健康发展。需要注意的是,党组织负责人提名推荐的理事会成员应当限于其所领导的农村集体经济组织,如村党支部提名推荐村级农村集体经济组织的理事会成员。

## 实用建议

1. 农村集体经济组织需根据实际情况确定理事会人数。

农村集体经济组织应根据自身的规模、业务范围和管理需求,在3~7人的范围内合理确定理事会成员数量。例如,规模较小、业务相对简单的组织可以选择较少的成员数量;而规模较大、业务复杂的组织则可以适当增加成员数量。在选拔理事会成员时,要注重成员的专业能力、经验和知识的互补性。确保理事会成员在农业生产、经营管理、财务管理等方面具备不同的专长,以提高理事会的整体决策能力。

2. 农村集体经济组织章程需明确理事长和副理事长的职责分工。

明确的职责分工,使理事长和副理事长在不同工作场景下清楚各自的具体职责和权限,避免职责不清导致的工作混乱。要注重对理事长和副理事长的培训培养,提高他们的领导能力、管理水平和业务能力。可以通过组织参加培训课程、实地考察学习等方式，不断提升他们的综合素质。

3. 农村集体经济组织章程需明确理事会成员产生的办法。

农村集体经济组织章程在制定过程中要结合组织的历史、文化、成员构成等实际情况，制定出具有可操作性和针对性的理事会产生办法。例如，可以规定通过民主选举、推荐等方式产生理事会成员，并明确选举或推荐的具体程序和条件。

4. 农村集体经济组织章程需明确近亲属的范围。

农村集体经济组织制定章程时，要明确近亲属的范围，如配偶、父母、子女、兄弟姐妹等，确保回避制度具有明确的可操作性。在理事会成员选举或任命过程中，要严格审查成员之间的亲属关系，对存在近亲属关系的情况进行严格回避。同时，建立监督机制，对理事会成员的履职情况进行监督，防止出现违反回避制度的行为。

**第三十条 【农村集体经济组织理事会职权】理事会对成员大会、成员代表大会负责，行使下列职权：**

**（一）召集、主持成员大会、成员代表大会，并向其报告工作；**

**（二）执行成员大会、成员代表大会的决定；**

**（三）起草农村集体经济组织章程修改草案；**

**（四）起草集体经济发展规划、业务经营计划、内部管理制度等；**

**（五）起草农村土地承包、宅基地使用、集体经营性财产收益权份额量化，以及集体经营性建设用地使用、出让或者出租等方案；**

**（六）起草投资方案；**

**（七）起草年度财务预决算、收益分配方案等；**

**（八）提出聘任、解聘主要经营管理人员及决定其报酬的建议；**

**（九）依照法律法规和农村集体经济组织章程管理集体财产和财务，保障集体财产安全；**

**（十）代表农村集体经济组织签订承包、出租、入股等合同，监督、督促承包方、承租方、被投资方等履行合同；**

**（十一）接受、处理有关质询、建议并作出答复；**

**（十二）农村集体经济组织章程规定的其他职权。**

## 条文注解

1. 明确理事会向成员大会、成员代表大会负责。

成员大会系农村集体经济组织的决策机构，设立成员代表大会的，成员代表大会作为其常设机构，在法律规定范围内行使职权。理事会作为执行机构，职责是执行它们的决定并向其报告工作，确保成员的意愿能够得到贯彻落实，保障成员在组织中的民主权利和经济利益。明确理事会须对成员大会、成员代表大会负责，体现了以成员为中心的理念。

2. 规定理事会的主要职权。

理事会作为执行机构，明确的职权划分能够使理事会高效地开展工作，确保其在成员大会或者成员代表大会的领导下依法履职，保障集体决策的落实与集体经济的规范化运行。本条通过列举具体的职权，让理事会清楚知道自己可以做什么、应该做什么，避免权力的滥用和职责的推诿。例如，召集和主持成员大会、成员代表大会并报告工作，能够及时传达组织的工作进展和决策情况，提高决策的执行效率；执行成员大会、成员代表大会的决定，防止“议而不决、决而不行”的情况发生；起草各类方案和规划，能够为组织的发展提供明确的方向和具体的操作步骤，避免盲目决策和无序发展；在管理集体财产和财务、监督合同履行等方面的职责，有助于加强农村集体经济组织的内部治理。为了更为高效运营，本条还规定农村集体经济组织可以在其章程中规定或者修改章程来赋予理事会其他职权，完善理事会的职权范围。

## 实用建议

1. 理事会应当加强自身能力建设,严格履行法定职权。

理事会成员应不断提高自身的业务能力和综合素质,加强对法律法规、经济管理等方面知识的学习,以更好地履行职责。严格执行决策成员大会或者成员代表大会的决定,确保决策的落实。在执行过程中,要及时向成员大会、成员代表大会报告工作进展情况,接受监督。同时,要与其他组织和部门保持良好的合作关系,为组织的发展创造有利的外部环境。

2. 成员需积极参与决策,支持理事会工作。

农村集体经济组织成员应增强民主意识,积极参与成员大会、成员代表大会的决策过程,对理事会的工作提出合理的意见和建议。例如,在讨论章程修改草案、发展规划等重要事项时,要充分发表自己的看法。成员应理解和支持理事会的工作,积极配合理事会的各项决策和措施的实施。在组织发展过程中,要发挥自身的优势,为组织的发展贡献力量。

**第三十一条 【理事会的议事方式和表决程序】理事会会议应当有三分之二以上的理事会成员出席。**

**理事会实行一人一票的表决方式。理事会作出决定,应当经全体理事的过半数同意。**

**理事会的议事方式和表决程序由农村集体经济组织章程具体规定。**

## 条文注解

1. 明确了理事会会议的召开条件、表决机制与决策规则。

理事会会议作为理事会成员履行职责的重要平台,其所作出的决策要能够代表大多数理事的意见和意愿。因此，要求理事会会议有2/3以上成员出席，可以避免少数理事主导决策过程，使决策更能反映集体的整体利益和需求。较高的出席比例为决策的合法性提供了保障，当有足够的理事参与会议时，意味着更多不同的观点和建议能够在会议中得到表达和讨论，不仅可以增强理事之间的沟通和协作，减少内部矛盾和分歧，也有助于拓宽决策思路，避免片面性和局限性，从而提高决策的科学性和合理性，当决策是在广泛参与和充分讨论的基础上作出时，更容易得到理事们的支持和执行，有利于维护组织的稳定和团结。一人一票和过半数同意的规则为公平决策提供了制度保障，在决策过程中，理事们需要充分表达自己的观点，通过协商和讨论来争取多数人的支持，避免少数人操控，防止权力集中。多数决原则平衡了决策的效率与民主性，避免议而不决的情况发生。这有助于避免因个人偏好或利益关系而导致的不公平决策，使决策结果更能体现集体的利益。

2. 赋予农村集体经济组织议事规则的自治权。

允许不同地区根据实际情况制定灵活规则（如少数民族地区可调整表决方式）。避免法律"一刀切"，兼顾统一性与多样性。比如，在章程中可以规定理事会每年召开的次数，或者重大事项的表决经全体理事3/4以上通过等，适应集体经济组织自身的实际情况。

## 实用建议

1. 理事会秘书或相关负责人应提前向理事通知理事会会议安排。

理事会秘书或相关负责人应提前足够的时间通知理事会议的时间、地点和议程，确保理事们有充分的时间安排工作和行程。在通知中，可以简要介绍会议的主要内容，让理事们有针对性地进行准备。对于因特殊原因无法出席会议的理事，应建立相应的沟通机制，如通过电话、网络等方式征求他们的意见，并记录在案。同时，对于经常无故缺席会议的理事，应按照组织章程进行相应的处理，以保证会议的正常出席率。

2. 理事会会议记录人员应对会议内容和表决过程进行详细记录。

详细记录每个理事在理事会会议中的意见和表决情况，这不仅可以为决策提供依据，也便于在后续的工作中进行回顾和总结，同时也能增强理事们的责任感。

**第三十二条 【农村集体经济组织监事会（监事）】农村集体经济组织设监事会，成员较少的可以设一至二名监事，行使监督理事会执行成员大会和成员代表大会决定、监督检查集体财产经营管理情况、审核监督本农村集体经济组织财务状况等内部监督职权。必要时，监事会或者监事可以组织对本农村集体经济组织的财务进行内部审计，审计结果应当向成员大会、成员代表大会报告。**

**监事会或者监事的产生办法、具体职权、议事方式和表决程序等，由农村集体经济组织章程规定。**

## 条文注解

1. 明确农村集体经济组织设立监事会（或监事）制度，构建内部权力制衡机制。

本条是农村集体经济组织从“行政主导”转向“法人自治”的关键条款。通过监事会的独立监督，实现“决策权、执行权、监督权”三权分置，为集体经济市场化运作提供制度保障，尤其对防范集体资产流失、化解基层矛盾具有现实意义。因此，设立监事会或监事，使农村集体经济组织内部形成了决策、执行和监督相互制约的治理结构。这种制衡机制能够及时发现和解决集体财产经营管理和财务方面的问题，避免因管理不善导致的经济损失，保障农村集体经济组织的经济活动能够按照既定目标顺利进行。与我国《公司法》规定的监事会（监事）制度相比较,农村集体经济组织监事会或监事在任职资格尤其是法律责任承担等方面都更宽松,二者在组织性质上大为不同,前者是农村集体经济组织内部的监督机构,后者则是公司治理结构中的重要组成部分。农村集体经济组织监事会或监事通过监督理事会的工作和集体财产的管理,能够切实维护成员的利益在组织的运营过程中得到保障,确保组织的重大决策能够得到有效落实,防止理事会在执行过程中出现偏差或擅自改变决策,保障成员的意愿能够得以实现。

农村集体经济组织的集体财产是成员共同的财富,监督检查集体财产的经营管理情况,能够及时发现和纠正财产管理过程中的不当行为,防止集体财产的流失、浪费或被侵占,保障集体财产的安全和完整。而审核监督农村集体经济组织的财务状况,有助于确保财务信息的真实、准确和完整,规范财务收支行为,防止出现财务造假、违规开支等问题。必要时进行内部审计,能够更深入地发现财务管理中的潜在风险和问题,为组织的健康发展提供保障。最后将审计结果向成员大会或者成员代表大会报告,增加了组织运营的透明度,让成员能够了解组织的财务状况和决策执行情况,增强成员对组织的信任和认同感,促进农村集体经济组织的稳定发展。

2. 赋予农村集体经济组织根据自身实际情况制定适合的监督机制。

随着农村集体经济组织的发展和外部环境的变化,其监督需求和方式也可能发生变化。允许农村集体经济组织自主制定监事会或监事的相关制度,由其根据自身的特点和发展战略,设计出更具针对性和有效性的监督机制,能够激发农村集体经济组织的创新活力。在制定章程的过程中,要广泛征求成员的意见和建议,充分考虑成员的需求和意愿,可以通过召开成员大会、成员代表大会、座谈会等方式,让成员积极参与到制度的制定中。根据自身的实际情况和发展需求,不断探索和完善监事会或监事的相关制度。

## 实用建议

1. 农村集体经济组织应在章程中明确监事会或监事的具体监督职责和工作流程，使监督工作有章可循。

例如，在章程中规定监督检查集体财产经营管理情况的具体内容和方式，以及审核财务状况的标准和程序。选拔具有一定财务、管理等专业知识和经验的人员担任监事会成员或监事，并定期组织培训，提高他们的监督能力和业务水平。培训内容可以包括法律法规、财务管理、审计知识等方面。

2. 农村集体经济组织章程可以细化监事会议规则和制定监事会议事规则。

在现实中，农村集体经济组织可以在章程中细化监事会议召开的次数，比如，每季度至少召开一次，细化监督的事项，又或如对支出多少万元以上或者签订多少数额的合同进行监督，确保监督落实到位。同时，加强对监事会履职培训，制定培训制度，提升监事会的履职能力，进行有效的监督。

**第三十三条　【农村集体经济组织会议记录】农村集体经济组织成员大会、成员代表大会、理事会、监事会或者监事召开会议，应当按照规定制作、保存会议记录。**

## 条文注解

1. 保障决策透明与可追溯。

《公司法》明确要求公司股东会、董事会、监事会等会议应当对所议事项的决定作成会议记录，出席会议的人员应当在会议记录上签名。这种规定为农村集体经济组织会议记录制度提供了可参考的范例。农村集体经济组织作为民事主体之一，其会议活动的规范记录是保障组织有序运行的重要环节。会议记录能够如实记载农村集体经济组织成员大会、成员代表大会、理事会、监事会或者监事召开会议的过程和结果，通过强制要求会议记录的制作与保存，构建集体经济组织决策的“留痕机制”，确保成员大会、理事会等机构的决策过程可追溯，防止“暗箱操作”，减少损害农村集体经济组织的财产权利情况的发生，使农村集体经济组织的决策过程更加公开透明。成员可以通过查阅会议记录了解决策的依据、背景和讨论情况，增强对组织决策的信任。同时，当出现决策争议或需要对历史决策进行回顾时，会议记录可以作为重要的追溯依据，明确决策的来龙去脉。

2. 促进组织管理的规范化。

会议记录是成员了解组织决策过程和结果的重要途径，成员可以通过查阅会议记录，监督组织的决策是否符合自身利益和组织的整体利益。而详细的会议记录可以清晰地记录参会人员的发言、表决意见等信息，对于违反组织规定或决策程序的行为，会议记录可以作为证据，为追究相关人员的责任提供依据，从而规范组织成员的行为，保障组织的正常运行。要求制作和保存会议记录，促使农村集体经济组织不断完善决策机制和管理模式，发现其在决策过程中存在的问题和不足，及时进行改进和优化。同时，会议记录也为组织的继任者提供了宝贵的历史资料，有助于保持组织决策的连续性和稳定性。

## 实用建议

1. 会议记录需明确记录人员、规范记录格式。

农村集体经济组织在每次会议召开前应指定专人负责记录，记录人员应具备良好的文字表达能力和责任心，能够准确、完整地记录会议内容，不添加个人主观意见和评论。对于重要的发言和决策，应尽量记录原话或准确概括其核心观点。另外，制定统一的会议记录格式，包括会议基本信息（如会议名称、时间、地点、参会人员等）、会议议程、发言内容、表决结果等。

2. 农村集体经济组织应建立专门的会议记录档案制度。

农村集体经济组织应当将每次会议的记录进行分类整理、编号存档。档案可以采用纸质和电子两种形式保存，以确保记录的安全性和可查阅性，并设定合理的会议记录保存期限和保管措施，以便在需要时进行查阅和追溯。

**第三十四条 【交叉任职及其限制】农村集体经济组织理事会成员、监事会成员或者监事与村党组织领导班子成员、村民委员会成员可以根据情况交叉任职。**

**农村集体经济组织理事会成员、财务人员、会计人员及其近亲属不得担任监事会成员或者监事。**

## 条文注解

1. 第1款明确农村集体经济组织相关人员可以根据情况交叉任职。

农村集体经济组织、村党组织和村民委员会在农村发展中各自承担着不同的职责，但又相互关联。一方面，交叉任职可以打破组织之间的壁垒，促进信息共享和工作协同，例如，在农村基础设施建设、产业发展等方面，不同组织可以相互配合，提高项目实施的效率和质量。避免“多头管理”、相互推诿等问题，提高农村基层组织的整体工作效率。村党组织是农村各项工作的领导核心，允许交叉任职，使村党组织领导班子成员能够直接参与农村集体经济组织的决策和管理，将党的领导贯穿于农村经济发展的全过程，确保农村集体经济组织的发展方向符合党的要求和农民的利益。另一方面，农村地区人才相对匮乏，交叉任职可以充分发挥人员的能力和优势，实现人力资源的优化配置。同时，也有助于整合村党组织、村民委员会和农村集体经济组织的资源，为农村发展提供更有力的支持。

2. 第 2 款规定了不得担任监事会成员或者监事的人员。

在农村集体经济组织中，理事会负责决策和执行，财务人员和会计人员负责财务管理和核算，监事会的主要职责是对理事会的决策和执行情况、财务人员的财务管理情况进行监督。如果理事会成员、财务人员、会计人员及其近亲属担任监事会成员或监事，可能会因为亲情、利益等因素对理事会或财务人员的违规行为视而不见，从而影响监督的公正性和独立性，无法有效履行监督职责。因此，需要通过限制相关人员及其近亲属担任监事会成员或监事，保障监事会能够独立、客观、公正地对农村集体经济组织的各项工作进行监督，及时发现和纠正存在的问题，防止权力滥用和腐败现象的发生。这一规定体现了权力制衡的法律原则。

## 实用建议

1. 在交叉任职过程中，要明确不同组织成员在各自岗位上的职责和权限，避免出现职责不清、权力交叉等问题。

首先要合理设置岗位，可以通过制定详细的工作制度和岗位职责说明书，明确交叉任职人员在不同组织或岗位中的具体职责、权限和工作流程。例如，在农村集体经济组织中，若村党组织书记兼任理事会理事长，应清晰界定其在党组织建设和经济组织决策方面的不同职责，避免职责模糊导致权力滥用。适度采用公开选拔、竞争上岗等方式选任交叉，提高岗位的竞争性和人员的积极性。同时建立权力清单制度，将各项权力的行使主体、范围、程序等以清单形式明确列出，使交叉任职人员清楚知道自己的权力边界，防止权力越界和集中。

2. 加强任职资格审查，强化监督。

在选举或任命监事会成员或监事时，要严格审查候选人的资格，确保其不属于理事会成员、财务人员、会计人员及其近亲属。可以通过公示候选人信息、进行背景调查等方式，保证审查的公正性和准确性。建立对监事会工作的监督考核机制，引入上级主管部门、审计机关、社会公众等外部监督力量，定期对监事会的工作进行评。考核内容可以包括监督工作的开展情况、发现问题的能力、处理问题的效果等方面。对于工作表现优秀的监事会成员或监事，给予适当的奖励；对于不履行职责或存在违规行为的，要依法依规进行处理。

**第三十五条　【理事会成员、监事会成员（监事）、主要经营管理人员的义务和禁止行为】农村集体经济组织理事会成员、监事会成员或者监事应当遵守法律法规和农村集体经济组织章程，履行诚实信用、勤勉谨慎的义务，为农村集体经济组织及其成员的利益管理集体财产，处理农村集体经济组织事务。**

**农村集体经济组织理事会成员、监事会成员或者监事、主要经营管理人员不得有下列行为：**

**（一）侵占、挪用、截留、哄抢、私分、破坏集体财产；**

**（二）直接或者间接向农村集体经济组织借款；**

**（三）以集体财产为本人或者他人债务提供担保；**

**（四）违反法律法规或者国家有关规定为地方政府举借债务；**

**（五）以农村集体经济组织名义开展非法集资等非法金融活动；**

**（六）将集体财产低价折股、转让、租赁；**

**（七）以集体财产加入合伙企业成为普通合伙人；**

**（八）接受他人与农村集体经济组织交易的佣金归为己有；**

**（九）泄露农村集体经济组织的商业秘密；**

**（十）其他损害农村集体经济组织合法权益的行为。**

## 条文注解

1. 第1款规定农村集体经济组织理事会成员、监事会成员或者监事在履职过程中负有诚实信用、勤勉谨慎的义务。

诚实信用原则是民法的基本原则之一，要求民事主体在从事民事活动时应秉持诚实、恪守承诺。农村集体经济组织的理事会成员、监事会成员或监事作为参与组织事务管理的主体，将这一原则延伸到其职责履行中，体现了法律对民事活动基本准则的统一要求。农村集体经济组织章程是组织内部的自治规则，在不违反法律法规的前提下，对组织的运行和管理作出具体规定，二者相结合可以确保农村集体经济组织在合法合规的框架内运行。通过要求相关成员遵守法律法规和章程，确保农村集体经济组织的各项活动符合法律规定和组织内部的管理要求，避免因违规行为导致组织面临法律风险，保障组织的正常运转。规定成员履行诚实信用、勤勉谨慎的义务，促使他们以农村集体经济组织及其成员的利益为出发点，认真管理集体财产、处理组织事务，防止成员为个人私利损害集体和其他成员的利益。但无论是我国《公司法》规定董事、监事和高级管理人员对公司负有“勤勉”义务，还是本法规定农村集体经济组织理事会成员、监事会成员或者监事负有“勤勉谨慎”的义务。均没有对勤勉的内容进行细化，如果农村集体经济组织因为履职不当致使利益受损，难以认定相关人员是否尽到“勤勉谨慎”的义务，因此，实践中有必要对“勤勉谨慎”的内容进行规定，可以参照《上市公司章程指引》第102条对董事作出的勤勉义务规定，该条规定：董事应当遵守法律、行政法规和本章程，对公司负有下列勤勉义务：(1)应谨慎、认真、勤勉地行使公司赋予的权利，以保证公司的商业行为符合国家法律、行政法规以及国家各项经济政策的要求，商业活动不超过营业执照规定的业务范围；(2)应公平对待所有股东；(3)及时了解公司业务经营管理状况；(4)应当对公司定期报告签署书面确认意见。保证公司所披露的信息真实、准确、完整；(5)应当如实向监事会提供有关情况和资料，不得妨碍监事会或者监事行使职权；(6)法律、行政法规、部门规章及本章程规定的其他勤勉义务。农村集体经济组织还可以根据具体情况，在章程中增加对本组织相关人员勤勉谨慎义务的要求。

2. 第2款规定农村集体经济组织管理人员在履职的绝对禁止行为。

集体财产是农村集体经济组织发展的重要物质基础，明确禁止一系列损害集体财产的行为，直接目的是保护农村集体经济组织的财产不受侵犯，确保集体财产的完整性和安全性，为组织的发展和成员的利益提供物质基础。规定的禁止实施的这些行为直接损害了农村集体经济组织的财产权益，严重影响组织的正常运转和成员的利益。如理事会成员向农村集体经济组织借款会产生资金被占用，以集体财产为本人或者他人债务提供担保会使农村集体经济组织陷入债务纠纷。因此，有必要通过法律规定对农村集体经济组织理事会成员、监事会成员或者监事、主要经营管理人员划定履职红线范围和行为准则，形成“不敢腐、不能腐、不想腐”的治理闭环。

## 实用建议

1. 农村集体经济组织章程应当细化“勤勉谨慎”的具体内容。

由于“勤勉谨慎”的规定过于原则，农村集体经济组织可以在章程或岗位说明书中规定理事会成员、监事会成员或者监事负有的“勤勉谨慎”义务要求，明确“勤勉义务”具体标准，如要求理事会成员每年参与经营决策会议不少于12次。

2. 农村集体经济组织可以制定“员工手册”，规范员工从业行为。

健全完善的规章制度是农村集体经济组织发展过程中不可或缺的重要环节。按照法律法规规定建立一套合法合规、科学完善的规章制度和员工手册，可以有效防范组织治理的法律风险，避免相关人员肆意损害集体财产和成员利益。

# 第五章　财产经营管理和收益分配

**第三十六条　【集体财产的范围与权利主体】集体财产主要包括：**

**（一）集体所有的土地和森林、山岭、草原、荒地、滩涂；**

**（二）集体所有的建筑物、生产设施、农田水利设施；**

**（三）集体所有的教育、科技、文化、卫生、体育、交通等设施和农村人居环境基础设施；**

**（四）集体所有的资金；**

**（五）集体投资兴办的企业和集体持有的其他经济组织的股权及其他投资性权利；**

**（六）集体所有的无形资产；**

**（七）集体所有的接受国家扶持、社会捐赠、减免税费等形成的财产；**

**（八）集体所有的其他财产。**

**集体财产依法由农村集体经济组织成员集体所有，由农村集体经济组织依法代表成员集体行使所有权，不得分割到成员个人。**

## 条文注解

1. 清晰界定集体财产范畴。

通过列举的方式明确了集体财产包含土地、建筑物、资金、企业股权等八类，以法律的形式明确了集体财产的范围和所有权归属，这是对《宪法》所确立的农村集体所有制的进一步强化。其意义在于防止集体资产的流失，避免因产权界定模糊而产生纠纷，让农村集体经济组织及其成员对集体财产的范围一目了然，为后续的管理和运营奠定坚实基础。它确保了农村集体所有制经济在国民经济中的重要地位，为社会主义基本经济制度的巩固和发展提供了坚实的法律支撑。这是对《宪法》所规定的农村集体所有制的具体落实。如集体所有的土地和森林、山岭、草原、荒地、滩涂是农村集体经济组织最基本、最重要的资源性资产。土地是农业生产的基础，森林、山岭等资源不仅具有经济价值，还具有生态价值。这些资源是农村集体经济组织成员赖以生存和发展的物质基础，其所有权归集体所有，由农村集体经济组织代表成员进行管理和经营，例如，可以通过承包、流转等方式合理利用这些资源，实现资源的保值增值。

2. 明确集体财产的权属与行使主体。

农村集体所有制的性质决定了集体财产的所有权归农村集体经济组织成员集体所有，强调了集体财产的公有属性，保障了全体成员对集体财产的共同权益，任何个人都不能独占或私分集体财产。农村集体经济组织作为特别法人，具有独立的法律地位，能够以自己的名义对集体财产进行管理、经营和处分，由其依法代表全体成员行使权利，维护集体财产的权益。同时，着重强调“集体财产依法由成员集体所有，不得分割到成员个人”，这是对农村集体产权制度改革核心成果的法律确认。为了维护集体财产的完整性和稳定性，防止集体财产因被分割而流失或被不当处置，确保集体财产能够用于全体成员的共同利益，保障集体所有权的不可分割性，为农村集体经济组织的长远发展提供物质基础。

## 实用建议

1. 需要厘清集体财产范围。

可以村或组为单位，全面核查土地、房屋、企业股权等八类财产，分类清查登记，如资金、资产、资源等，建立动态台账，采用北斗定位、多图叠加比对等技术手段，搭建数字管理平台，确保数据真实完整，全面厘清集体财产。

2. 建立管理台账定期进行核查。

农村集体经济组织应当建立集体财产管理台账，规范“自查、清查、核实、登记、交易+监督”的工作流程，定期对集体所有的财产开展资产核查。

**第三十七条　【集体财产的经营管理方式】集体所有和国家所有依法由农民集体使用的耕地、林地、草地以及其他依法用于农业的土地，依照农村土地承包的法律实行承包经营。**

**集体所有的宅基地等建设用地，依照法律、行政法规和国家有关规定取得、使用、管理。**

**集体所有的建筑物、生产设施、农田水利设施，由农村集体经济组织按照国家有关规定和农村集体经济组织章程使用、管理。**

**集体所有的教育、科技、文化、卫生、体育、交通等设施和农村人居环境基础设施，依照法律法规、国家有关规定和农村集体经济组织章程使用、管理。**

## 条文注解

本条规范各类集体所有财产使用、管理的依据。

通过系统性规范集体财产管理，旨在巩固农村基本经营制度、保障农民权益并推动乡村振兴。首先，针对农业用地，该法明确集体所有和国家所有依法由农民集体使用的耕地、林地、草地等农业土地，需按照我国农村土地承包法的相关规定实行承包经营，严格遵循家庭承包原则、程序及期限，保障农民承包经营权，对弃耕抛荒等行为进行约束，确保土地资源高效利用。其次，对于宅基地等建设用地，本法强调其取得、使用需符合《土地管理法》《城乡规划法》等规定，严格执行“一户一宅”面积标准，并通过试点探索宅基地制度改革，在法律框架内激活土地资产价值。再次，针对集体所有的建筑物、生产设施及农田水利设施，本法要求农村集体经济组织依据法律和农业、水利部门规范进行管理，保障资产安全与高效运营，对自然灾害受损设施可申请政策支持，闲置资产可通过租赁等方式盘活。最后，关于公共服务与人居环境基础设施，本法规定需遵守《教育法》《公共文化服务保障法》等要求，确保教育、医疗、交通等设施服务于农村居民需求，更新改造时充分征求民意，促进城乡公共服务均等化。本法通过明确各类集体财产的管理规则与法律衔接，既维护集体所有权制度，又为农村改革与可持续发展提供法治保障。

## 实用建议

1. 农村集体经济组织应建立详细的资产台账。

对集体所有的建筑物、生产设施和农田水利设施进行登记造册，记录资产的名称、数量、位置、使用状况等信息，便于管理和监督。制定具体的资产使用管理制度，明确资产的使用范围、使用方式、维护责任等，确保资产的合理使用和有效维护。加强资产运营管理，通过租赁、合作等方式，对集体资产进行运营管理，提高资产的经济效益。

2. 多措并举有效激活农村资源要素。

首先，在土地承包管理方面，应完善承包合同规范（明确用途、期限及权责），建立动态核查机制防止“非农化”倾向，同时搭建区域性土地流转平台，吸引家庭农场、合作社等新型经营主体参与，提升土地规模化利用效率。其次，通过自愿置换、盘活闲置的土地资源优先用于乡村产业或公共设施建设。再次，制定责任清单明确农村集体经济组织、承包方及使用方对相关设备设施的维护义务，设立专项维护基金，并通过组建农机服务合作社等方式推动设施共享，降低小农户使用成本。最后，引入“政府补贴+市场运营”模式吸引社会资本对公共服务设施进行运营和维护。

**第三十八条 【其他农村土地的经营】依法应当实行家庭承包的耕地、林地、草地以外的其他农村土地，农村集体经济组织可以直接组织经营或者依法实行承包经营，也可以依法采取土地经营权出租、入股等方式经营。**

## 条文注解

1. 规定集体财产中除实行家庭承包外的其他农村土地的经营方式。

本条确立了农村集体经济组织财产经营的两种基本方式：直接经营与间接经营。[①] 对于依法应当实行家庭承包的耕地、林地、草地以外的其他农村土地，赋予农村集体经济组织多种经营方式的选择权，能够根据土地的性质、位置、市场需求等因素，将土地资源配置到最能发挥其效益的经营主体和经营项目上，提高土地的利用效率。通过构建多元化土地经营制度，赋予农村集体经济组织灵活选择直接经营、承包、出租、入股等方式，满足不同地区资源禀赋、发展阶段及经营主体的差异化需求，优化土地资源配置效率，例如，将土地出租给有实力的企业或专业大户，获取租金收入；以土地经营权入股参与产业项目，分享产业发展的红利，从而增加集体积累和农民的财产性收入。在经济领域的核心意义在于激活农村要素市场，通过引入外部资本、技术和管理经验推动土地规模化、专业化经营，提升土地产出效益与附加值，促进农村一、二、三产业融合发展，助力现代农业与乡村旅游等新兴业态崛起。社会层面，多样化经营方式创造大量就业岗位，涵盖农业生产、加工、旅游等领域，增强农民收入稳定性；同时通过规范经营行为减少土地纠纷，维护农村社会和谐稳定。制度层面，完善了以家庭承

---

① 参见肖鹏：《农村集体经济组织财产的归属、经营与管理》，载《江西社会科学》2024年第5期。

包为基础、统分结合的双层经营体制，强化集体经济组织土地经营自主权，并通过法律确权明晰产权关系，为集体产权制度改革提供法治保障。这一立法突破标志着我国农村土地制度从“确权登记”向“活化利用”的历史性跨越，为乡村振兴与共同富裕目标的实现奠定了制度基础。本条规定与《农村土地承包法》的精神和具体规定相衔接，是对其在特定土地类型经营上的进一步拓展和补充。

2. 强调通过多样化的土地经营方式推动农村产业的多元化发展。

随着农村经济社会的发展和农业现代化的推进，传统的家庭承包经营方式已不能完全满足农村土地经营的需求。允许农村集体经济组织灵活选择经营方式，适应了农村经济发展的新形势，为农村集体经济的发展注入新的活力。多样化的土地经营方式有利于实现土地的规模化、集约化经营，促进农业生产技术的应用和推广，提高农业生产效率和质量，推动农业向现代化、产业化方向发展。比如，企业通过租赁土地可以开展规模化、专业化的农业生产、农产品加工或乡村旅游等项目，带动农村一、二、三产业融合发展，提升农村产业的竞争力。在多种经营方式下，农民作为土地的集体所有者成员，其土地权益得到了更充分的保障。无论是通过参与集体经营获得分红还是将土地经营权流转获取收益，农民都能从土地经营中受益，同时也保留了对土地的相关权益。

## 实用建议

无论是哪种经营方式都必须“依法”进行。

通过明确经营主体与规范经营方式，构建集体土地经营的法治化框架。农村集体经济组织作为唯一合法经营主体，代表成员集体行使土地经营管理权，强化集体土地所有权的整体性与统一性，确保土地权益归属于全体成员。所有经营行为必须严格遵守《土地管理法》《农村土地承包法》等法律法规规定，确保土地用途管制、承包程序规范及各方权益保护。

**第三十九条 【集体经营性建设用地的用途和入市方式】对符合国家规定的集体经营性建设用地，农村集体经济组织应当优先用于保障乡村产业发展和乡村建设，也可以依法通过出让、出租等方式交由单位或者个人有偿使用。**

## 条文注解

规范集体经营性建设用地的使用。

我国《宪法》保障了集体在合法范围内对土地进行经营和管理的权利，《土地管理法》第63条在此基础上对集体经营性建设用地的入市等相关问题作出了规定。允许集体经营性建设用地在符合规划和用途管制的前提下，通过出让、出租等方式交由单位或者个人使用。本条与上述规定相衔接，进一步明确了农村集体经济组织对集体经营性建设用地的使用原则和方式，赋予农村集体经济组织依法通过出让、出租等方式将土地交由单位或个人有偿使用的权利。立法明确要求优先保障乡村产业和建设用地需求，能够激发农村自身的发展潜力，培育乡村发展的新动能，促进一、二、三产业融合发展。产业的发展将带动就业，吸引人才回流，形成乡村发展的良性循环，减少农村对外部资源的依赖，增强农村发展的自主性和可持续性。集体经营性建设用地的合理利用和收益增加，将使农民直接或间接受益。一方面，农民作为集体成员可以分享集体收入的增长；另一方面，乡村产业发展和建设改善将提升农民的生活质量和就业机会，保障农民的长远利益。集体经营性建设用地的入市和合理流转，打破了城乡土地二元结构的限制，促进了城乡土地资源的优化配置和要素流动。城市的资金、技术和人才可以借助集体经营性建设用地进入乡村，乡村的资源和产品也能更好地对接城市市场，推动城乡一体化发展。这一立法突破不仅为乡村振兴注入土地动能，更标志着我国农村集体经营性建设用地从“沉睡资产”向“发展资本”的制度性跨越，为农业农村现代化提供了基础性法治保障。

## 实用建议

1. 农村集体经济组织应科学规划、合理确定土地利用。

农村集体经济组织要结合乡村发展规划和产业布局，对集体经营性建设用地进行科学规划。明确哪些土地优先用于乡村产业发展和乡村建设项目，哪些土地可以通过出让、出租等方式进行市场化运作，提高土地利用的科学性和合理性。例如，将交通便利地块优先用于物流仓储或特色产业园，偏远区域用于生态旅游项目。

2. 通过出让、出租等方式将集体经营性建设用地交由单位或个人使用的，应当签订书面合同。

按照我国《土地管理法》第63条的规定，农村集体经济组织通过出让、出租等方式将集体经营性建设用地交由单位或个人使用的，应当签订书面合同，载明土地界址、面积、动工期限、使用期限、土地用途、规划条件和双方其他权利义务。同时监督土地使用者积极履行合同义务，按时支付土地出让金或租金，保障农村集体经济组织的合法权益。

**第四十条　【集体经营性财产收益权的量化】农村集体经济组织可以将集体所有的经营性财产的收益权以份额形式量化到本农村集体经济组织成员，作为其参与集体收益分配的基本依据。**

**集体所有的经营性财产包括本法第三十六条第一款第一项中可以依法入市、流转的财产用益物权和第二项、第四项至第七项的财产。**

**国务院农业农村主管部门可以根据本法制定集体经营性财产收益权量化的具体办法。**

## 条文注解

1. 确定集体所有的经营性财产的收益权以份额形式予以量化。

国家在农村集体产权制度改革过程中出台了一系列政策文件，强调要推进集体经营性资产股份合作制改革，将集体经营性资产以股份或份额形式量化到本集体成员。通过量化集体经营性财产收益权至成员，构建产权明晰、分配规范、治理高效的现代农村集体产权制度。立法以“赋权于民、共享发展”为核心理念，将收益权份额与成员资格、贡献度挂钩，既破解传统分配中“平均主义”与“模糊分配”难题，又以法律形式固化集体资产产权边界，实现成员权益从“抽象共有”到“具体共享”的制度突破。这一创新机制通过赋予成员可量化的财产权益凭证，既激发其参与集体经营的积极性，又为资产市场化流转提供产权基础。推动集体资产从“静态持有”转向“动态增值”，促进改革向纵深发展，建立归属清晰、权能完整、流转顺畅、保护严格的农村集体产权制度。根据本法授权，国务院农业农村主管部门应尽快制定集体经营性财产收益权量化的具体办法，为农村集体经济组织提供明确的操作指南。地方政府部门应加强对农村集体经济组织量化工作的指导和监督，确保量化工作依法依规进行。

2. 明确集体所有的经营性财产的具体范围。

本条将集体所有的经营性财产的具体范围界定为包括本法第 36 条第 1 款第 1 项中可以依法入市、流转的财产用益物权以及第 2 项、第 4 项至第 7 项所涵盖的财产，为农村集体经济组织对经营性财产的管理、运营和收益分配等活动提供清晰的法律界定和操作依据。明确财产范围为成员参与集体经营性财产的收益分配提供了基础，便于农村集体经济组织根据不同类型的经营性财产的特点，采取合适的经营方式，如依法入市、流转等，提高财产的利用效率，实现财产的保值增值，公平、合理地分享集体经营成果，促进农村经济的发展。

## 实用建议

1. 完善量化方案制定。

农村集体经济组织应根据实际情况，制定科学合理的集体经营性财产收益权量化方案。方案应明确量化的范围、对象、方法、程序等内容，并充分征求成员的意见和建议，经成员大会或成员代表大会讨论通过后实施。

2. 应当定期对收益权份额进行动态调整。

农村集体经济组织根据集体经营性财产的增减变化、成员数量和结构的变动等情况，定期适时对收益权份额进行动态调整，确保成员的权益与集体资产的实际状况相匹配，保证分配的公平性和合理性。对于新增成员、丧失劳动能力成员、妇女等特殊群体，要制定相应的权益保障措施，如在量化和分配时给予适当的照顾和倾斜，确保他们能够公平地享受集体收益分配权。

**第四十一条 【发展新型农村集体经济的方式】农村集体经济组织可以探索通过资源发包、物业出租、居间服务、经营性财产参股等多样化途径发展新型农村集体经济。**

## 条文注解

赋予农村集体经济组织充分的自主空间。

2023年中央一号文件——《中共中央、国务院关于做好二〇二三年全面推进乡村振兴重点工作的意见》强调："探索资源发包、物业出租、居间服务、资产参股等多样化途径发展新型农村集体经济。"通过立法技术将其制度化，为农村集体经济组织创新发展提供了制度依据。"可以探索"表明法律给予了农村集体经济组织充分的自主空间，鼓励其根据自身的实际情况和市场需求，灵活选择适合的经营途径，积极探索新的发展模式和业态，不局限于传统的经营方式，激发农村集体经济组织的创新活力。

本条列举了资源发包、物业出租、居间服务等多种发展途径，意在引导农村集体经济组织摆脱单一的经营模式，实现多元化发展。由于不同的经营途径具有不同的特点和优势，相互补充和促进，能够提高农村集体经济的抗风险能力和市场竞争力，推动农村经济的可持续发展。这些经营途径都强调了与市场的对接和合作。农村集体经济组织需要以市场为导向，了解市场需求和变化，将自身的资源和资产与市场主体进行有效整合，通过合作实现共赢。例如，在资源发包和物业出租中，要与承包方和承租方建立良好的合作关系；在居间服务中，要为供需双方提供优质的服务，促进市场交易的达成；在经营性财产参股中，要与其他股东共同经营和管理企业或项目，实现共同发展。

## 实用建议

1. 农村集体经济组织应当合理确定发包底价，严格发包程序。

农村集体经济组织在发包前应委托专业的评估机构对拟发包的资源进行价值评估，合理确定发包底价，防止资源低价发包造成集体资产流失。同时制定严格的发包程序，通过公开招标、拍卖等方式进行发包，确保发包过程公平、公正、公开，吸引更多有实力、有信誉的经营者参与竞争，提高资源利用效率。依法与承包方签订书面合同，明确发包方和承包方的权利义务，包括资源的使用范围、使用期限、承包费用的支付方式、资源保护责任及违约责任等内容，避免因合同条款不清晰而产生纠纷。

2. 农村集体经济组织应当加强对出租物业的监管。

农村集体经济组织对用于出租的物业需要进行定期维护和保养，加强物业维护与管理，保障集体资产的安全。同时根据市场需求和租户的实际情况，采取灵活的租赁方式，如短期租赁、长期租赁、整租、分租等，满足不同租户的需求，提高物业的出租率。可以探索“保底租金+营业额分成”模式，并与承租方约定产业带动义务，如优先雇佣本地劳动力。

3. 农村集体经济组织实施经营性财产参股时应做好风险评估。

农村集体经济组织在选择参股项目时，要对项目的市场前景、经营管理团队、财务状况等进行全面的风险评估，选择具有良好发展潜力和盈利能力的项目进行参股，降低投资风险。同时积极参与参股项目的经营管理，通过派出董事、监事等人员，行使股东权利，监督项目的运营情况，确保集体资产的安全和增值，规避“只投不管”风险。

4. 坚持民主、合理地发展新型农村集体经济。

农村集体经济组织决定适用任何经营模式应按照民主决策机制程序运行，避免程序不合法，引发纠纷或责任。参股企业经营范围需与乡村产业定位相符，避免过度资本化，禁止涉足高杠杆金融、房地产等高风险领域。

**第四十二条　【农村集体经济组织收益分配】农村集体经济组织当年收益应当按照农村集体经济组织章程规定提取公积公益金，用于弥补亏损、扩大生产经营等，剩余的可分配收益按照量化给农村集体经济组织成员的集体经营性财产收益权份额进行分配。**

## 条文注解

1. 构建“公积公益金提取+剩余收益按份分配”的双层收益分配机制。

《农村集体经济组织会计制度》（财会〔2023〕14 号）明确规定了农村集体经济组织应当提取公积公益金，本法通过立法将其上升为法律。通过规范收益分配秩序，明确要求农村集体经济组织从年度收益中提取一定比例的公积公益金，既为应对市场风险、扩大再生产提供资金储备，又通过公益事业投入改善农村基础设施，增强集体经济发展后劲。剩余可分配收益则严格按成员量化份额进行分配,通过“确权到户、按股分红”破解传统平均主义难题,既体现成员对集体资产的贡献度差异,又以法治方式保障妇女、老年人等特殊群体的财产权益,实现集体可持续发展与成员权益保障的有机统一。这一制度设计增强了集体经济实力,增加成员财产性收入,巩固了公有制经济基础,为共同富裕目标实现提供制度保障。既防范集体资产流失与分配纠纷,又激活农村要素市场活力,标志着我国农村集体产权制度改革进入“保值增值、共享发展”的新阶段。

2. 明确公积公益金的用途。

由于农村集体经济组织在经营过程中可能会因市场风险、自然灾害等原因出现亏损,本法要求农村集体经济组织按照章程提取公积公益金,并指明用途为弥补亏损、扩大生产经营等。公积公益金填补这些亏损后,可以维持农村集体经济组织的正常运转,避免因亏损过大而影响集体经济的发展和成员的利益。另外,此处的“等”应作列举未尽的概括语兜底理解,目的是防止调整对象上的挂一漏万,属于“列举+概括”的立法模式。提取的公积公益金还可以用于购置新的生产设备、扩大生产规模、开发新的产业项目、农田水利建设、土地整治等农业基础设施建设,以及用于其他公益用途,如建设农村文化设施、开展农村环境卫生整治、资助农村教育事业等。但立法没有确定公积公益金的提取比例,而是要求农村集体经济组织按照章程规定提取,因此,农村集体经济组织应在章程中进一步明确公积公益金的具体用途范围和比例,确保提取过程有章可循、规范透明。

## 实用建议

农村集体经济组织应当合理确定公积公益金的通途范围和提取比例。

农村集体经济组织应根据自身的实际情况和发展规划,在章程中明确合理的公积公益金的用途范围和提取比例。例如，对于处于快速发展阶段、需要大量资金投入的组织，可以适当提高提取比例；对于发展相对稳定、资金需求相对较小的组织，可以适当降低提取比例。详细规定剩余可分配收益的分配方式和程序，包括分配的时间、方式、计算方法等，确保分配过程公平、公正、公开，让成员清楚了解自己的权益和分配情况。防止公积公益金滥用，明确违规使用公积公益金的责任（如责令退回、追究负责人法律责任），并在章程中设定成员联署提案罢免管理人员的机制。

**第四十三条　【农村集体经济组织集体财产管理制度】农村集体经济组织应当加强集体财产管理，建立集体财产清查、保管、使用、处置、公开等制度，促进集体财产保值增值。**

**省、自治区、直辖市可以根据实际情况，制定本行政区域农村集体财产管理具体办法，实现集体财产管理制度化、规范化和信息化。**

## 条文注解

1. 明确农村集体经济组织应当建立制度管理集体财产。

本法赋予集体经济组织自主管理权，推动其按照市场经济规律优化资源配置，促进集体资产保值增值，为乡村振兴提供物质基础。为防范实施过程中发生侵占、挪用等损害成员权益的行为，需要围绕“产权明晰、管理规范、保值增值”主线，建立财产清查、保管、使用、处置、公开等制度，强化对集体资产的法律保护。在法律层面确立集体财产管理的法定框架，通过构建系统性集体财产管理制度，保障了成员的知情权与监督权，增强了农村集体经济组织的公信力，实现集体资产保护与农村经济发展的双重目标。

2. 授权省、自治区、直辖市根据自身情况制定管理集体财产的具体办法。

基于农村地区情况复杂多样，国家层面的法律难以对所有细节进行规定，需要地方根据自身特点进行细化和补充，以更好地适应各地的实际需求。因此，赋予地方根据本地区实际情况，对农村集体财产管理进行立法细化的权力，以制定出符合本地特点的具体管理办法，从而推动农村集体财产管理实现制度化、规范化和信息化，提高管理效率和水平，保障农村集体财产的安全和有效利用。如浙江“三权分置”改革、广东集体经营性建设用地入市试点等，形成差异化发展路径。

## 实用建议

1. 农村集体经济组织应当建立科学性、可行性的集体财产管理制度。

农村集体经济组织应当以促进集体财产保值增值为导向，根据集体财产分类，按照本条中列举集体财产清查、保管、使用、处置、公开等内容设置制度，制度应当具有科学性、可行性等特点，来加强集体财产管理。避免随意管理，无制度可依，管理混乱。

2. 省级政府应加强立法调研，加快具体办法制定出台。

省级政府要组织立法小组深入农村基层调研，全面了解本行政区域内农村集体财产的现状、管理中存在的问题以及农民群众的需求和意见，获取准确、详细的信息，并广泛征求社会各界的意见。办法应充分考虑本地区的实际情况和特点，在不违反上位法的前提下，制定具有地方特色的管理规定。例如，对于经济发达地区，可以重点关注集体财产的多元化经营和资本运作；对于经济欠发达地区，则可以侧重于保障集体财产的安全和基本权益。

**第四十四条 【农村集体经济组织财务会计制度】农村集体经济组织应当按照国务院有关部门制定的农村集体经济组织财务会计制度进行财务管理和会计核算。**

**农村集体经济组织应当根据会计业务的需要，设置会计机构，或者设置会计人员并指定会计主管人员，也可以按照规定委托代理记账。**

**集体所有的资金不得存入以个人名义开立的账户。**

## 条文注解

1. 强调农村集体经济组织统一按照国务院制定的财务会计制度进行财务管理和会计核算。

国家一直重视农村集体经济的健康发展，立法强制要求集体经济组织执行国务院统一制定的财务会计制度。是因为统一的制度有助于保证农村集体经济组织财务信息的真实性、准确性和完整性，为组织的决策、成员的监督以及国家的宏观管理提供可靠的财务数据。通过标准化核算流程，可以解决“账目混乱、核算不一”的问题，减少账外资产、虚假记账等违规行为，确保集体资产价值计量的准确性与跨区域可比性。我国《会计法》对各单位会计机构和会计人员的设置作出了原则性规定，要求各单位根据会计业务的需要，设置会计机构，或者在有关机构中设置会计人员并指定会计主管人员；不具备设置条件的，应当委托经批准设立从事会计代理记账业务的中介机构代理记账。农村集体经济组织作为会计主体，需遵循这一规定。专业化会计管理能够提升农村集体经济组织的公信力，为吸引社会资本合作提供规范财务数据支撑。本法还考虑到不同规模和业务量的农村集体经济组织对会计核算的要求可能不同，规定根据会计业务需要，提供多种设置方式可以满足各类组织的实际需求，确保会计核算工作的顺利开展。

2. 明确禁止农村集体经济组织将集体所有的资金存入以个人名义开立的账户。

我国金融管理相关法规明确规定，单位资金应当存入单位账户，不得存入个人账户。如将集体资金存入个人账户会存在较大的安全风险，容易导致资金被个人非法占有、挪用或滥用，损害集体和成员的利益。明确禁止集体资金存入个人账户，规定所有收支必须通过银行专户结算，从源头切断“公款私存”渠道，遏制资金挪用、侵占等违法行为。而将集体资金存入单位账户，便于对资金的收支情况进行监控和管理，增强资金管理的透明度，避免资金风险，保障集体资金的安全和完整。

## 实用建议

1. 农村集体经济组织应合理选择会计机构和人员的设置方式。

农村集体经济组织应组织成员和财务人员认真学习国家有关财务会计制度，根据自身的规模、业务量、经济活动复杂程度等因素，评估会计业务的实际需求，选择合适的会计机构和人员设置方式。无论采用哪种设置方式，都要加强对会计工作的监督，定期检查会计工作的开展情况和财务信息的质量。

2. 农村集体经济组织可以开设专门的集体资金账户。

农村集体经济组织应及时在国有商业银行或农村信用社开设专用账户，名称与登记名称完全一致，将集体资金存入该账户，并严格按照规定进行管理和使用。

**第四十五条　【农村集体经济组织财务公开制度】农村集体经济组织应当定期将财务情况向农村集体经济组织成员公布。集体财产使用管理情况、涉及农村集体经济组织及其成员利益的重大事项应当及时公布。农村集体经济组织理事会应当保证所公布事项的真实性。**

## 条文注解

保障农村集体经济组织成员对财务情况、重大事项等的知情权和监督权。

立法以保障成员知情权与监督权为核心，强制要求集体经济组织定期公布财务收支、资产负债、收益分配等核心信息，并对土地流转、项目投资、大额举债等涉及成员重大利益事项实施即时披露，形成"常规性+应急性"双重公开机制。通过构建"定期公开+及时公开+真实性保障"的三位一体信息披露制度，破解了农村集体财务管理存在的信息不对称难题，减少"暗箱操作"情况发生。理事会作为信息公开责任主体，须对公布内容的真实性、完整性负法律责任，通过建立财务报表审计、重大事项公示等配套制度，确保成员对集体资产运营"看得见、管得住"，真正做到"阳光财务"，既强化集体资产监管透明度，又提升基层治理法治化水平。

## 实用建议

1. 农村集体经济组织应当建立财务公开制度，明确公开方式、频率和内容。

农村集体经济组织应当建立健全财务公开制度，并在制度中明确向成员公开的方式、频率与内容，包括但不限于收入来源（如土地租金、投资收益）、支出明细（如公共设施维护费）、公积金提取比例及使用情况、资产负债、收益分配等核心数据，年度终了后30日内发布完整财务报告。

2. 农村集体经济组织应当明确界定"重大事项"的范围。

鉴于本法并未明确规定"重大事项"包括哪些范围，实践中为避免管理无从下手，农村集体经济组织可在章程或者制度中界定"重大事项"范围，如集体资产处置、大额资金使用、收益分配方案调整、成员资格变动及集体土地的征收补偿方案等。

**第四十六条　【农村集体经济组织财务报告制度】农村集体经济组织应当编制年度经营报告、年度财务会计报告和收益分配方案，并于成员大会、成员代表大会召开十日前，提供给农村集体经济组织成员查阅。**

## 条文注解

1. 规定农村集体经济组织应当编制集体财产的使用和管理情况。

年度经营报告、年度财务会计报告和收益分配方案是反映农村集体经济组织年度经营情况，确定可供成员分配结果的主要载体。年度经营报告应涵盖经营项目的开展情况和经营成果规模，如土地承包经营、集体资产租赁以及收入、成本、利润等关键指标的完成情况。年度财务会计报告按照规定需包括资产负债表、利润表、现金流量表等主要财务报表，以及报表附注等详细说明。以准确反映农村集体经济组织的财务状况和经营成果。收益分配方案内容需明确收益分配的原则、顺序和具体比例等。通过编制上述报告和方案，能够提高农村集体经济组织的财务透明度，确保成员能够及时了解和监督集体财产的使用和管理情况，防止集体财产被不当使用或侵占，保护成员的利益不受侵害。

2. 明确农村集体经济组织负有主动保障成员知情权的义务。

在过去，成员常因信息不对称导致在参加会议时处于被动表决的困境，本法明确要求编制年度经营报告、年度财务会计报告和收益分配方案并在成员大会或成员代表大会前10日提供给成员查阅，这是农村集体经济组织负有的法定义务。作为农村集体经济组织成员，有权利查阅年度经营报告、年度财务会计报告和收益分配方案。确保农村集体经济组织成员能够全面、及时地了解组织在过去一年中的经营状况、财务状况以及收益分配的计划安排，使成员在参与决策前有充分的信息基础，保障其知情权。

## 实用建议

1. 农村集体经济组织应当客观、真实、全面地编制相关报告和方案。

一份客观、真实、全面的年度经营报告、年度财务会计报告和收益分配方案，除了基本的经营数据、财务报表和分配方案框架外，还应详细说明重大经营项目的实施情况、资金使用的具体流向、收益分配的计算依据等，使报告内容更具可读性和可理解性。农村集体经济组织在编制时可以聘请专业的会计师、律师等对报告进行审核，确保报告的准确性和专业性，提高报告的质量和可信度。

2. 成员应当主动、认真地审核相关报告和方案。

农村集体经济组织提供所编制年度经营报告、年度财务会计报告和收益分配方案后，成员应当主动行使权利，积极及时查阅，认真仔细核实，理性分析，避免倾向性判断或者被报告本身自带倾向性引导作出判断。如果有不清楚的、有异议的、有建议的等，应当依法依规及时提出来，由相关人员解答。

**第四十七条　【农村集体经济组织审计监督制度】农村集体经济组织应当依法接受审计监督。**

**县级以上地方人民政府农业农村主管部门和乡镇人民政府、街道办事处根据情况对农村集体经济组织开展定期审计、专项审计。审计办法由国务院农业农村主管部门制定。**

**审计机关依法对农村集体经济组织接受、运用财政资金的真实、合法和效益情况进行审计监督。**

## 条文注解

1. 明确接受审计监督是农村集体经济组织的义务。

我国《宪法》规定国家实行审计监督制度，审计机关依照法律规定独立行使审计监督权。农村集体经济组织作为经济活动主体,经营活动涉及集体资产、财政资金等多方面,接受审计监督是贯彻宪法精神的体现。通过审计监督,确保其所有经济活动都在法律法规和政策框架内进行,防止出现违法违规行为,如侵占、挪用集体资产,违规使用财政资金等。农村集体资产是成员的共同财富,立法要求审计监督,就是为了全面审查集体资产的管理、使用和处置情况,及时发现和纠正可能存在的问题,避免集体资产流失,保障资产的安全和完整,解决实践中因缺乏监管导致的"账目不清""资产流失"等问题。而县级以上地方人民政府农业农村主管部门和乡镇人民政府、街道办事处作为农村经济管理的基层职能部门,有责任对农村集体经济组织的经济活动进行监督管理,开展审计监督正是其履行职能的重要方式。本法授权由国务院农业农村主管部门制定统一的审计办法,将为政府部门开展审计工作提供明确的操作指南,能够保证审计工作的科学性、规范性和公正性,保证审计结果权威可靠。

2. 明确审计机关对农村集体经济组织接受、运用财政资金情况负有审计监督的职责。

《审计法》第 2 条第 3 款规定,国务院各部门和地方各级人民政府及其各部门的财政收支,国有的金融机构和企业事业组织的财务收支,以及其他依照本法规定应当接受审计的财政收支、财务收支,依照本法规定接受审计监督。农村集体经济组织接受、运用财政资金,当然属于审计机关的审计范围。通过审计监督农村集体经济组织接受和运用财政资金的真实性、合法性和效益情况,能够确保财政资金按照规定的用途和程序使用,防止农村集体经济组织在接受和运用财政资金过程中出现虚报、冒领、挪用等违法行为,提高资金的使用效率,确保财政资金能够发挥最大的效益,推动农村集体经济的发展和农村社会事业的进步。审计机关的审计结果具有权威性和公信力,可以为农村集体经济组织成员提供全面、准确的信息,使其更好地了解组织的财务状况和经营情况，为成员行使民主监督权利提供有力支持，促进农村集体经济组织内部民主管理机制的完善。

## 实用建议

1. 农村集体经济组织可以建立内部审计制度，主动接受外部审计监督。

农村集体经济组织要充分认识审计监督的重要性，积极配合审计工作，主动提供相关资料和信息。有条件的农村集体经济组织可以建立内部审计制度，定期对自身的财务和经营活动进行自查自纠，及时发现和解决问题，为接受外部审计做好准备。在接受审计过程中，农村集体经济组织要主动提供真实、完整的财务资料和相关文件，不隐瞒、谎报或拒绝提供审计所需信息，及时了解审计进展和发现的问题，积极采取措施进行整改。

2. 农村集体经济组织应依法依规接受和运用财政资金。

本法特别规定审计机关对农村集体经济组织接受、运用财政资金的审计监督，从真实、合法和效益情况进行审计监督。同时也是要求农村集体经济组织接受、运用财政资金的时候，要注意从真实、合法和效益情况进行考虑。否则，一方面审计过不了，另一方面还可能涉嫌违法犯罪。所以在涉及财政资金时，需要特别的谨慎。

**第四十八条　【农村集体经济组织外部监督制度】农村集体经济组织应当自觉接受有关机关和组织对集体财产使用管理情况的监督。**

## 条文注解

强化对农村集体经济组织的监督体系建设。

本条明确农村集体经济组织应当自觉接受监督是其法定义务，必须遵守和执行，不存在选择的余地，强化了农村集体经济组织接受监督的责任。农村集体经济组织要以积极主动的态度对待监督，“自觉接受”而不是被动应付。要从思想上认识到监督的重要性，将接受监督作为日常运营管理的一部分，主动配合有关机关和组织的监督工作。作为监督主体的“有关机关和组织”范围，应包括政府相关部门和农村集体经济组织的内部监督组织，如农业农村主管部门、审计机关、监事会，以及其他可能涉及的如村民监督小组等组织。这些机关和组织从不同角度、不同层面对农村集体经济组织的集体财产使用管理情况进行监督，形成全方位的监督体系。通过明确农村集体经济组织接受监督的法定义务，整合行政监管、党内监督、社会监督等多元力量，形成内外联动的监督机制，防止集体财产被侵占、挪用或滥用。通过监督机制保障财政支农资金、集体经营性资产的高效利用，推动新型农村集体经济健康发展，助力实现共同富裕目标。本法第 36 条至第 45 条对集体财产的范围、经营管理等方面进行规定，第 47 条和第 48 条则从监督角度对集体财产使用管理的合规性等进行保障，确保前面条文所规定的集体财产经营管理活动能够依法依规进行。

## 实用建议

农村集体经济组织应当科学规范开展经营活动，坦然面对各种监督。

农村集体经济组织依法代表成员集体行使所有权，管理的是集体财产，应当科学、规范地开展经营活动，记录的数据翔实可靠，决策民主透明，每一项经济活动都经得起检验。例如，通过精细化财务管理，清晰地记录每一笔集体土地出租收入及各项支出，使得财务状况一目了然。打铁要靠自身硬，只要自身质量过硬，无论什么监督，都能坦然应对。

# 第六章　扶持措施

**第四十九条　【农村集体经济组织财政支持措施】县级以上人民政府应当合理安排资金，支持农村集体经济组织发展新型农村集体经济、服务集体成员。**

**各级财政支持的农业发展和农村建设项目，依法将适宜的项目优先交由符合条件的农村集体经济组织承担。国家对欠发达地区和革命老区、民族地区、边疆地区的农村集体经济组织给予优先扶助。**

**县级以上人民政府有关部门应当依法加强对财政补助资金使用情况的监督。**

## 条文注解

1. 强调行政机关对发展新型农村集体经济、服务集体成员的资金支持责任。

明确规定县级以上人民政府提供资金支持责任，农村集体经济组织发展集体经济、服务集体成员就有了一定的经济保障。支持资金的用途和目的是发展新型农村集体经济和服务集体成员，有利于农村集体经济组织扩大生产经营规模、引入新技术和发展产业，增强其经济实力和市场竞争力，为农村集体经济组织服务集体成员提供坚实的物质基础。如贵州省清镇市站街镇大部分农村集体经济组织 2024 年都在政府补贴发展肉鸡养殖产业，养殖规模基本在 3 万～5 万只，增加村集体经济组织收入改善基础设施、开展文化活动的同时，让部分村民实现了家门口就业，提高成员的获得感和幸福感。资金支持的责任主体是县级以上的人民政府，包括县人民政府、地级市人民政府、省人民政府和中央人民政府，乡（镇）人民政府不是本条规定的资金支持责任主体。

2. 明确财政支持项目优先权和优先扶持特别地区。

以前的财政支持项目，基本是集体经济组织外的公司实施，很少有集体经济组织自己实施的，如饮水安全工程、农村公路建设等。本款明确各级财政支持的农业发展和农村建设项目优先由农村集体经济组织承担，将财政支持资金与农村集体经济组织的发展深度融合，为农村集体经济组织创造更多的发展机会，提高其在农村经济建设中的参与度和作用，推动乡村振兴战略的实施。既扩大和延伸了财政支持资金的作用，更充分实现财政支持的目的。有利于农村集体经济组织承担项目后，获得项目资金和资源，提升自身的经营管理能力和技术水平，促进新型农村集体经济发展。需要注意的是本款中优先"承担"的前提是项目"适宜"和农村集体经济组织"符合"承担项目的条件，即需要在合法合规和保证项目顺利实施的前提下，才享有优先权，并非所有财政支持的农业发展和农村建设项目无条件优先。如项目的规划、设计就需要具备相应资质的单位和专业人员，农村集体经济组织基本就没有承担的能力。

推动区域协调发展、减少地区差距、实现共同富裕是我国长期战略目标。国家对欠发达地区和革命老区、民族地区、边疆地区的农村集体经济组织给予优先扶助，是区域协调发展战略在农村经济领域的具体法律实践，体现国家对特殊地区农村集体经济组织的关怀和支持。有助于改善欠发达地区和特殊地区农村集体经济组织的发展条件，增强其自我发展能力，缩小地区之间农村经济发展的差距，促进当地资源的开发和利用，推动区域协调发展，最终实现乡村振兴和共同富裕。

3. 明确了县级以上人民政府有关部门对支持资金的监督职责。

我国《预算法》等法律法规规定，财政资金的使用需遵循规范、透明、高效的原则。县级以上人民政府有关部门加强对支持资金使用情况的监督，是确保财政补助资金的安全、合规、有效使用的必要管理，有利于保证财政补助资金专款专用，真正用于支持农村集体经济组织的发展和服务集体成员，防止资金被挪用、浪费、贪污等情况的发生。

## 实用建议

1. 行政机关应当制定支持资金的管理办法。

县级以上政府部门作为资金支持和支付主体，应制定具体的支持资金管理办法。办法需要明确资金来源、规模，农村集体经济组织的规模、发展需求、产业特色等因素的关系，获取支持资金的条件和程序，建立科学的评估体系，如引入第三方评估机构，对农村集体经济组织的发展规划、项目可行性等进行评估，确保资金分配公平合理，提高资金使用效率。

2. 行政机关需要明确项目适宜性界定标准和评估方法。

行政机关可以根据农村集体经济组织的不同类型和能力，对项目进行分类和分级，合理安排项目。加强项目招投标的监管，建立公平、公正、公开的竞争机制，确保符合条件的农村集体经济组织能够公平地参与项目竞争。为农村集体经济组织提供项目实施的培训和技术支持，提升其承接和实施项目的能力。避免项目适宜性界定模糊，在是否优先交由农村集体经济组织承担上容易导致极端化。

3. 行政机关需要细化优先扶助对象的认定标准。

本法规定过于原则，实施过程中可以由相关部门制定统一、明确的欠发达地区和革命老区、民族地区、边疆地区农村集体经济组织的认定标准，综合考虑经济发展水平、基础设施状况、人口结构等多方面因素，如道路交通、水电供应、网络覆盖、劳动力数量与素质、老龄化程度等。确保优先扶助政策精准落地，区域协调发展、减少地区差距扶持目的的实现。同时，建立动态调整机制，根据地区发展变化适时更新认定名单，确保优先扶助政策精准落地，将资源切实向最需要的农村集体经济组织倾斜。

**第五十条 【农村集体经济组织税收支持措施】农村集体经济组织依法履行纳税义务，依法享受税收优惠。**

**农村集体经济组织开展生产经营管理活动或者因开展农村集体产权制度改革办理土地、房屋权属变更，按照国家规定享受税收优惠。**

## 条文注解

1. 规定农村集体经济组织的纳税主体地位和义务，依法享有税收优惠。

我国农村集体经济组织发展历经漫长且复杂的变革进程，确定农村集体经济组织作为纳税主体的地位，负有依法纳税的义务。首次在法律层面全面、系统且明确地对农村集体经济组织的纳税义务与税收优惠权利予以规定，与《农村土地承包法》《土地管理法》等法律法规相互衔接、协同配合，共同构建完整的农村法律体系，助力农村治理体系和治理能力现代化建设。使农村集体经济组织与其他市场主体在税收方面处于平等地位，营造公平的市场竞争环境，避免因税收差异导致不公平竞争。不仅有利于引导农村集体经济组织建立健全财务和税务管理制度，规范自身经营行为，提升财务管理水平。也有助于维护国家税收制度的完整性和严肃性，保障国家财政收入的稳定，使税收这一经济杠杆能够正常发挥作用，促进资源的合理分配和社会经济的有序运行。

2. 明确生产经营活动和集体产权改革变更权属登记享有税收优惠。

农村集体经济不断发展，生产经营活动就会不断增多，对集体产权进行改革，可以明晰集体资产产权，盘活农村资源。通过资源资产化、市场化，促进农村经济集体经济发展和农民增收，改革过程中必然会涉及资源、资产的权属的变更。有生产经营活动，有权属变更，就需要依法纳税。本法通过税收优惠，鼓励和支持农村集体经济组织开展生产经营管理活动和集体产权改革，降低农村集体经济组织开展生产经营管理活动的成本。使农村集体经济组织有更多的资金用于吸引和培养人才、技术创新、设备更新、市场拓展等，增强其市场竞争力，推动农村特色产业、新兴产业的发展，促进农村一、二、三产业融合发展。推动农村产业的多元化和升级，推动农村经济的繁荣。以农村电商为例，税收优惠可降低电商平台建设与运营成本，鼓励农村集体经济组织拓展线上销售渠道，将优质农产品推向更广阔市场，提升农业经济效益。

## 实用建议

1. 税务部门需加强涉及农村集体经济组织的税收政策宣传和培训。

税务部门和农业农村主管部门加强协调合作，通过线下、线上相结合的方式宣传税收政策。组织税收政策宣讲团定期针对农村集体经济组织的管理人员和财务人员，举办专题讲座、现场答疑会等活动，面对面讲解税收政策，及时反映税收政策的最新变化。重点培训税收政策对农村集体经济组织发展战略的影响、税收筹划等内容，特别是税收优惠政策的具体内容、申请条件和办理流程等，提高他们的税收政策水平和纳税意识。线上，利用微信公众号、短视频平台等新媒体，制作通俗易懂、生动有趣的税收政策解读图文资料和视频，定期推送；开设税收政策咨询热线，安排专业人员在线解答农村集体经济组织的疑问。

2. 税务部门需要优化税收服务与指导。

税务部门可以设立农村集体经济组织税收服务绿色通道，为其提供优先办理纳税申报、发票领用、税收优惠备案等业务的便捷服务。针对农村集体经济组织在产权变更等特殊业务中的税收问题,进行一对一辅导。从资料准备、政策适用、申报流程等方面提供全程指导,帮助农村集体经济组织准确理解和执行税收政策,顺利办理相关税收优惠手续。确保符合税收优惠条件,农村集体经济组织充分享受优惠政策。

**第五十一条　【农村集体经济组织公共支出计入成本】农村集体经济组织用于集体公益和综合服务、保障村级组织和村务运转等支出,按照国家规定计入相应成本。**

## 条文注解

规范和统一农村集体经济组织的财务处理标准。

2022 年 1 月 1 日起施行的《农村集体经济组织财务制度》(财农〔2021〕121 号)第 25 条首次规定,村内公益和综合服务、保障村级组织和村务运转等各种支出,应当计入相应的成本费用。本条将该规定上升为法律规定,从法律层面统一了农村集体经济组织的财务处理标准,防止核算混乱与随意性,确保财务数据真实反映组织的经营管理状况,为经济决策提供准确依据。将相关支出计入成本,可保障资金合理分配与使用,为农村集体公益事业和综合服务的开展以及村级组织的正常运转提供了资金和制度保障。有助于改善农村基础设施、教育、医疗、文化等公共服务水平,确保公共服务稳定供给,提升农民的生活质量和幸福感。从法律层面明确这些支出的成本核算路径,有利于规范农村集体经济组织的财务管理,增强财务透明度,使财务信息更加真实、准确、完整,便于成员监督和管理,促进其财务管理的制度化、规范化建设。

## 实用建议

有关部门需要制定明确的支出界定细则。

具体哪些支出属于集体公益和综合服务、保障村级组织和村务运转的范畴，本法没有明确界定。例如，集体公益可以分为基础设施建设维护、生态环保、公共服务等类型，各类又包含很多细项，具体哪些细项、哪些支出应当计入成本问题，有关部门应制定具体的实施细则和操作指南，进一步明确集体公益和综合服务、保障村级组织和村务运转等支出的具体范围和界定标准，减少实践中的模糊地带，确保成本核算标准统一，避免成本核算、税收征缴中出现争议和权力寻租。

**第五十二条　【农村集体经济组织金融支持措施】国家鼓励政策性金融机构立足职能定位，在业务范围内采取多种形式对农村集体经济组织发展新型农村集体经济提供多渠道资金支持。**

**国家鼓励商业性金融机构为农村集体经济组织及其成员提供多样化金融服务，优先支持符合条件的农村集体经济发展项目，支持农村集体经济组织开展集体经营性财产股权质押贷款；鼓励融资担保机构为农村集体经济组织提供融资担保服务；鼓励保险机构为农村集体经济组织提供保险服务。**

## 条文注解

1. 破解农村集体经济组织融资难题，助力新型农村集体经济发展。

2005 年 12 月 31 日施行的《中共中央、国务院关于推进社会主义新农村建设的若干意见》提出金融机构要不断改善服务，加强对“三农”的支持。2021 年 6 月 1 日起施行的《乡村振兴促进法》从法律层面规定政策性金融机构、商业银行应当加强对乡村振兴的支持和服务。农村商业银行、农村合作银行、农村信用社等农村中小金融机构，当年新增可贷资金主要用于当地农业农村发展。随着农村经济发展与农村集体产权制度改革推进，农村集体经济组织的市场主体地位逐步明确，农村集体经济组织发展新型农村集体经济往往面临资金短缺的问题，对金融支持的需求愈发迫切。为农村集体经济组织获取金融支持作出法律规定，通过鼓励政策性金融机构提供多渠道资金支持，引导商业性金融机构根据农村集体经济的特点和需求，创新金融产品和服务模式，提供多样化金融服务。如开展集体经营性财产股权质押贷款等，提高金融服务的针对性和有效性，为农村集体经济组织的发展壮大提供必要的资金保障，助力农村集体经济组织突破资金瓶颈。从法律层面为农村集体经济组织获取金融资源支持提供政策指引和法律保障，引导更多的金融资金流向农村，缓解农村金融供需不平衡的矛盾，提升农村金融服务的可得性和覆盖面。有助于农村集体经济组织获取资金用于扩大生产规模、改善经营管理、提升市场竞争力，更好地参与市场竞争。如利用贷款建设农产品加工厂，将农产品就地加工增值，同时结合乡村旅游资源，开发农业观光、农事体验等项目。

2. 鼓励保险机构为农村集体经济组织提供保险服务，增强抗风险能力。

通过鼓励保险机构为农村集体经济组织提供保险服务，能够帮助农村集体经济组织降低生产经营过程中的风险，增强抵御自然灾害、市场波动等风险的能力。农村集体经济组织是农村基本经营制度的重要载体，利用金融资源保障农村集体经济组织的稳定运营，有助于增强集体组织的凝聚力与服务能力，为农村基本经营制度稳定运行提供经济基础，促进农村社会和谐稳定。

## 实用建议

1. 完善考核机制，强化政策执行监督。

我国《乡村振兴促进法》第 65 条第 1 款规定，国家建立健全多层次、广覆盖、可持续的农村金融服务体系，完善金融支持乡村振兴的考核评估机制，促进农村普惠金融发展，鼓励金融机构依法将更多资源配置到乡村发展的重点领域和薄弱环节。有关部门应建立法律、政策执行监督机制,定期对政策性金融机构、商业性金融机构落实农村集体经济组织金融支持政策情况进行检查与考核。对政策落实不力的机构,采取通报批评、限制业务范围等措施,确保政策有效实施。同时,设立举报渠道,鼓励农村集体经济组织对金融机构违规行为进行监督举报。

2. 金融部门需制定具体激励政策,鼓励创新金融产品与服务。

良好的激励政策,可以有效鼓励金融机构根据农村集体经济组织特点,创新金融产品与服务。开发适合农村集体经济组织的供应链金融产品,基于其上下游交易关系提供融资服务;丰富保险产品种类,推出农产品价格指数保险、农村集体经济组织经营风险综合保险等;融资担保机构扩大担保业务范围,提高担保额度,简化担保手续,降低担保费用,为农村集体经济组织融资提供便利。

**第五十三条 【农村集体经济组织土地支持措施】乡镇人民政府编制村庄规划应当根据实际需要合理安排集体经济发展各项建设用地。**

**土地整理新增耕地形成土地指标交易的收益,应当保障农村集体经济组织和相关权利人的合法权益。**

## 条文注解

1. 促进农村土地利用的规范和有序,实现土地资源科学利用。

《乡村振兴促进法》第 67 条为乡村振兴用地提供了法律保障,该条明确规定县级以上地方人民政府应当依法采取措施盘活农村存量建设用地,激活农村土地资源,完善农村新增建设用地保障机制,满足乡村产业、公共服务设施和农民住宅用地的合理需求,建设用地指标应当向乡村发展倾斜。本法通过要求乡镇人民政府在编制村庄规划时合理安排集体经济发展建设用地,进一步为农村集体经济组织的产业发展、基础设施建设等提供明确的用地支持，确保农村集体经济组织有足够的空间和合适的地块来开展各类生产经营活动，为农村集体经济组织拓展发展空间，有利于吸引投资、壮大集体经济实力。农村土地利用应当遵守《城乡规划法》第4条第1款、《土地管理法》第59条以及《土地管理法实施条例》第10条的规定，节约土地资源，合理规划和布局。县、乡(镇)人民政府应当组织农村集体经济组织，实施土地整理方案，对闲散地和废弃地有计划地整治、改造。根据实际情况，依法合理编制好村庄规划，科学利用土地，避免浪费或不合理开发。

2. 明确土地收益须保障农村集体经济组织和相关权利人的合法权益。

我国《乡村振兴促进法》已有规定县域内新增耕地指标应当优先用于折抵乡村产业发展所需建设用地指标，探索灵活多样的供地新方式。经国土空间规划确定为工业、商业等经营性用途并依法登记的集体经营性建设用地，土地所有权人可以依法通过出让、出租等方式交由单位或者个人使用，优先用于发展集体所有制经济和乡村产业。使农村集体经济组织利用土地有了更多的可能，有利于提升土地的利用价值，促进农村集体经济组织通过合理利用土地获得更多收益，壮大农村集体经济。明确土地整理新增耕地可以入市交易，是对农村土地资源价值的进一步挖掘和体现，有利于促进土地资源的市场化配置，提高农村土地资源的经济价值，推动农村土地制度改革的深化。同时规定收益必须保障农村集体经济组织和相关权利人的合法权益，确保真正的权益主体能够获得应有的经济利益，体现公平公正原则，能够有效防止农村集体经济组织和相关权利人的权益被侵害，增强了集体成员的获得感。

## 实用建议

1. 乡镇人民政府需提高规划编制的科学性、灵活性。

乡镇人民政府编制村庄规划前，要充分开展调研，广泛征求农村集体经济组织和成员意见。充分了解发展用地需求，结合当地资源禀赋、产业基础和发展趋势。依据法律法规和上级规划，科学合理地确定集体经济发展建设用地的规模、布局和用途。同时，建立规划动态调整机制，根据农村集体经济发展的实际情况、市场以及上级规划的变化，及时对规划进行优化和完善。

2. 行政机关需完善利益分配机制，细化权益保障措施。

制定具体的实施细则，明确土地指标交易收益的核算方法、分配比例和程序，以及相关权利人的认定标准。建立健全收益分配监督机制，加强对收益分配过程的审计和公示，确保收益分配公开、公平、公正地进行，切实保障农村集体经济组织和相关权利人的合法权益。

**第五十四条　【农村集体经济组织人才支持措施】县级人民政府和乡镇人民政府、街道办事处应当加强农村集体经济组织经营管理队伍建设，制定农村集体经济组织人才培养计划，完善激励机制，支持和引导各类人才服务新型农村集体经济发展。**

## 条文注解

明确基层政府机关对加强农村集体经济组织管理队伍建设的责任。

乡村振兴，人才是关键。改革开放以来农村大量年轻人外流，农村空心化、老龄化，目前留在农村以传统农业人才为主，人才结构单一，缺乏懂市场、会经营、善管理的人才，难以满足新型农村集体经济多元化发展的人才需求。一支具有专业素质和能力的管理队伍，能够使农村集体经济组织决策更加科学、准确，集体资产的运营更加高效，更好地适应市场经济。发展新型农村集体经济需要涵盖农业技术、企业管理、市场营销、金融投资等多领域的人才。行政机关加强经营管理队伍建设、制定人才培养计划、完善激励机制以及支持和引导人才服务四个方面的管理责任，从人才维度完善农村集体经济组织发展支撑体系。通过政策引导与激励，吸引城市人才向农村流动，如高校毕业生、企业管理人才、专业技术人才等。同时，也为农村本土人才成长和回流提供平台。

## 实用建议

1. 行政机关需强化和执行人才培养计划。

基层政府机关可以设立专项人才培养资金，同时鼓励社会资本参与。邀请行业专家、成功企业家、农村致富带头人等担任讲师，采用案例教学、实地观摩、模拟经营等方式，提高培训实用性与针对性，增强农村集体经济组织人员参与培训积极性。还可以积极与当地职业院校、培训机构等合作，充分整合各类培训资源，利用其师资、场地等优势开展人才培养工作，加强与高校、科研机构的合作，鼓励相关专业毕业生到农村就业创业。

2. 搭建人才供需对接平台。

政府相关部门收集整理农村集体经济组织人才需求信息与各类人才求职信息，可以搭建平台，建立人才供需信息数据库，实时更新与维护，实现信息互联互通。通过定期举办农村集体经济组织人才招聘会、项目洽谈会等活动，为人才与农村集体经济组织提供面对面交流机会。同时，利用互联网平台开展线上对接活动，拓宽对接渠道，提高对接效率。

**第五十五条 【农村集体经济组织其他支持措施】各级人民政府应当在用水、用电、用气以及网络、交通等公共设施和农村人居环境基础设施配置方面为农村集体经济组织建设发展提供支持。**

## 条文注解

强化各级人民政府在公共设施和基础设施配置方面对农村集体经济组织的支持。

水、电、气、网和交通等公共基础设施，是改善农村生活环境、提升农村居民的生活品质，增强农村居民的幸福感和获得感的关键公共基础设施。也是发展农村经济，实现乡村振兴的关键公共基础设施。完善水、电、气、网和交通等公共基础设施配置，能够改善农村的整体面貌和社会形象，增强农村的吸引力，促进人才回流和人口集聚，缓解农村空心化问题。为农村社会事业的发展创造良好条件，吸引更多的投资和项目，拓展产业领域，如发展农村电商需要良好的网络设施，乡村旅游需要便利的交通等。从而推动农村产业多元化发展，增加经济收入，壮大农村集体经济实力。要发展农村集体经济，实施乡村振兴，行政机关就要加强城乡道路以及垃圾污水处理、供水供电供气、物流、客运、信息通信、广播电视、消防、防灾减灾等公共基础设施和新型基础设施的统筹规划、建设和管护，推动城乡基础设施互联互通。本法重点从“用”的角度明确各级人民政府对农村集体组织的支持责任，意味着政府不仅要支持公共基础设施的建设，更要持续支持公共基础设施处于可用、好用状态，为农村集体经济组织发挥功能作用提供坚实的基础保障。

## 实用建议

1. 行政机关需优化资源分配机制。

要建立科学合理的资源分配评估体系，综合考虑农村集体经济组织的人口规模、产业发展需求、经济发展水平、地理位置等因素，公平公正地分配资源。加强对资源分配过程的监督，确保资源向最需要的地区和农村集体经济组织倾斜，促进农村经济的均衡发展。

2. 行政机关需完善公共基础设施维护管理机制。

建立健全农村基础设施维护管理长效机制,明确各级政府、农村集体经济组织和相关部门在维护管理中的职责和义务。设立专门的维护管理资金,通过政府补贴、集体自筹、使用者付费等多种方式筹集资金,确保设施得到及时维护和更新。加强对维护管理人员的培训,提高其专业素质和服务水平,保障设施的正常运行。

# 第七章　争议的解决和法律责任

**第五十六条　【农村集体经济组织内部争议的解决】对确认农村集体经济组织成员身份有异议，或者农村集体经济组织因内部管理、运行、收益分配等发生纠纷的，当事人可以请求乡镇人民政府、街道办事处或者县级人民政府农业农村主管部门调解解决；不愿调解或者调解不成的，可以向农村土地承包仲裁机构申请仲裁，也可以直接向人民法院提起诉讼。**

**确认农村集体经济组织成员身份时侵害妇女合法权益，导致社会公共利益受损的，检察机关可以发出检察建议或者依法提起公益诉讼。**

## 条文注解

1. 明确法定救济程序，构建多元纠纷化解机制。

对农民个体来说，成员身份确认直接关联土地承包权、宅基地资格权、集体收益分配权等核心财产权益，如“外嫁女”与“入赘婿”及内部管理纠纷长期存在，易引发群体性矛盾。明确救济程序可遏制村民会议随意剥夺少数人权益的类似现象发生。打破“信访不信法”怪圈，引导农民通过法定程序理性维权，减少私力救济导致的冲突升级。对农村集体经济组织来说，可以倒逼集体经济组织完善内部治理，如建立成员名册动态管理制度、规范议事规则，避免因程序瑕疵引发法律风险，实现运行规范化。仲裁与诉讼的威慑力促使集体决策时更注重法律合规性，减少“以多数决侵害少数权益”的惯性，实现决策约束强化。构建多元化解纠纷机制，实行“调解—仲裁—诉讼”三级递进机制，将矛盾分层化解，避免司法资源过度消耗，同时实现尊重农村自治与法律权威的平衡，确保法律体系内在一致性。

2. 针对性保护妇女权益的同时维护了公共利益。

针对实践中普遍存在的以婚姻、性别为由剥夺妇女成员身份的问题，通过公权力介入打破传统观念束缚，落实宪法平等原则，与我国《妇女权益保障法》规定的检察公益诉讼制度形成联动机制。明确检察机关的检察建议制度与公益诉讼制度，有效防止社会公共利益进一步受损。检察机关的介入起到警示集体经济组织遵守法律规定的作用，避免“村规民约”凌驾于法律之上，公益诉讼制度为妇女提供集体维权渠道，弥补个体诉讼力量不足的缺陷。

## 实用建议

1. 当事人应当选择适当的维权方式，合理维权。

在发生当事人认为侵害其合法权益的纠纷时，当事人应选择适当的维权方式。对事实清晰、争议较小的纠纷，如短期收益分配争议，可以优先通过乡镇政府调解，利用其熟悉地方情况的优势快速解决。对涉及身份确认、历史遗留问题等复杂争议，直接申请仲裁或诉讼，避免调解久拖不决。避免盲目选择，耗费大量的人力、物力和财力。

2. 当事人需注重证据的收集固定。

在日常过程中，当事人应特别注意保留集体经济组织章程、成员（代表）大会决议、收益分配方案等书面文件。对“外嫁女”“入赘婿”等特殊群体，要收集户籍迁移证明、土地承包合同等佐证其未脱离原集体生活的证据。以便发生纠纷时能有充分证据作为自己主张权利的基础。

**第五十七条 【农村集体经济组织成员撤销诉讼】农村集体经济组织成员大会、成员代表大会、理事会或者农村集体经济组织负责人作出的决定侵害农村集体经济组织成员合法权益的，受侵害的农村集体经济组织成员可以请求人民法院予以撤销。但是，农村集体经济组织按照该决定与善意相对人形成的民事法律关系不受影响。**

**受侵害的农村集体经济组织成员自知道或者应当知道撤销事由之日起一年内或者自该决定作出之日起五年内未行使撤销权的，撤销权消灭。**

## 条文注解

1. 设立农村集体经济组织成员的撤销权，同时保护善意相对人。

实践中，集体经济组织常以“多数决”形式通过损害少数成员权益的决议，如非法收回土地承包权、剥夺成员分红资格，而传统救济途径缺乏强制力。本法创设性地赋予成员司法撤销权，可以打破“内部自治绝对化”的困境，明确法律对集体决策的底线约束。同时，与我国《民法典》第85条规定的“营利法人决议撤销不影响善意相对人”形成统一规则，维护市场交易稳定性，增强外部主体与集体经济组织合作的信心。在允许撤销侵权决议的同时，规定“善意相对人形成的民事法律关系不受影响”，防止因撤销权滥用导致外部交易秩序混乱，如已签订的合法承包合同被随意推翻。

2. 明确撤销权的行使期限。

规定受侵害的农村集体经济组织成员自知道或者应当知道撤销事由之日起1年内或者自该决定作出之日起5年内未行使撤销权的，撤销权消灭，体现了民事权利行使的时效性原则。该期限规定与《民法典》第152条关于撤销权的除斥期间规定保持一致，性质上均属于除斥期间。所谓除斥期间,也称为不变期间,就是指法律对某种权利规定的存续期间,它不适用有关诉讼时效中止、中断和延长的规定,存续期间届满,权利消灭。起到督促权利人及时行使权利的作用,避免法律关系长期处于不确定状态,如征地补偿款分配后10年再争议。5年最长除斥期间后,推定相关方已对决议形成稳定信赖,有效防止个别成员利用撤销权制度反复纠缠已执行完毕的决议,干扰集体正常运转。

## 实用建议

1. 成员主张行使撤销权要注意留存被侵权或程序违法的证据。

司法的原则是"以事实为依据,以法律为准绳"。当事人要注意留存证据,以证明决议内容直接侵害自身合法权益,如分红权、土地承包权等。若未按章程召开成员大会、未达到表决通过比例(一般需2/3以上同意)的,属于程序违法,可留存相关会议记录、会议图片等做为相关证据。并且,在诉讼期间,可请求法院同步申请行为保全暂停执行争议决议,如冻结拟分配的补偿款。

2. 成员行使撤销权时要注意关于期限的限制。

"法律不保护躺在权利上睡觉的人",自觉权利受侵害的成员需注意固定关键时间节点证据,如通过EMS寄送书面异议、拍摄公示栏照片、保存微信聊天记录等方式,固定"知道或应当知道"的具体时间。对历史遗留问题,如10年前的决议,也不当然判断已过撤销权行使期限,可论证"5年期限"起算点,如是否有侵权行为持续存在等情形。

**第五十八条　【主要负责人的法律责任及违规担保的效力】农村集体经济组织理事会成员、监事会成员或者监事、主要经营管理人员有本法第三十五条第二款规定行为的，由乡镇人民政府、街道办事处或者县级人民政府农业农村主管部门责令限期改正；情节严重的，依法给予处分或者行政处罚；造成集体财产损失的，依法承担赔偿责任；构成犯罪的，依法追究刑事责任。**

**前款规定的人员违反本法规定，以集体财产为本人或者他人债务提供担保的，该担保无效。**

## 条文注解

1. 构建“行政—民事—刑事”三位一体的责任体系规制违反权责边界的行为。

针对实践中管理人员滥用职权、怠于履职等问题，明确法律后果层级，与我国《刑法》以及《公职人员政务处分法》的规定互相衔接。通过“行政—民事—刑事”三位一体的责任体系，填补农村集体经济组织管理人员法律责任的制度空白。管理人员享有集体财产管理权的同时，必须承担与其职权相匹配的法律义务，防止“权力无制约、责任无边界”的治理乱象。

2. 设立担保无效制度。

实践中，存在部分农村集体经济组织理事会成员、监事会成员或者监事、主要经营管理人员，利用集体资产为个人或关联方债务提供担保。如用集体厂房抵押为亲属贷款，实质掏空集体财产，侵害组织成员合法权益。理论上关于农村集体经济组织是否具有担保能力存在肯定说、否定说、限制说之争，其中：肯定说认为农村集体经济组织的权利能力范围应合理扩展为具有担保能力；否定说认为农村集体经济组织不具有担保能力，应明确禁止其提供债务担保；限制说则主张采纳“限制其对外担保能力的立场，限制应从担保方式与债务人身份两个维度展开”。从农村集体经济组织的定位来看，特别法人是因其与一般意义上的法人相比具有特殊性，不宜纳入营利法人或者非营利法人类别的法人。各类特别法人各有特别之处，尚不能统一基于类比解释而否定包括农村集体经济组织在内的其他特别法人的担保能力。① 但是需要履行相应的民主决策程序，如果是管理人员违反法律规定违规以集体资产进行担保的，无论相对人是否善意，违法担保一概无效，遵循了绝对权利保护原则。担保无效具有溯及力，即使担保已履行，如集体土地被拍卖，受损方以可通过返还原物、折价赔偿等方式恢复原状。体现了法律对集体财产的特殊保护立场，直接否定了违反法律规定的担保行为效力，以实现从根本上消除集体资产被恶意处置的风险目的。同时，也警示外部主体，如金融机构、交易相对人等，需审慎核查担保行为的合法性，避免因担保无效导致债权落空。在法律适用体系上，突破了我国《民法典》第682条关于担保合同从属性的一般规则，彰显本法的特别法地位，且与我国《企业国有资产法》相呼应，类比国有企业资产保护逻辑，将集体财产纳入“禁止违规担保”的严格监管范畴。

## 实用建议

民事主体不得接受农村集体经济组织管理人员的违法担保行为。

由于本法对农村集体经济组织所有的集体财产持特殊保护立场。民事主体在与农村集体经济组织开展经营活动时，应当尽到合理谨慎的注意义务，不得接受其管理人员以集体财产为本人或者他人债务提供担保，否则得不偿失。

---

① 参见高圣平：《论农村集体经济组织担保的程序控制与法律效果——以〈中华人民共和国农村集体经济组织法（草案）〉的完善为中心》，载《学海》2024年第3期。

**第五十九条 【侵害农村集体经济组织合法权益的诉讼救济】对于侵害农村集体经济组织合法权益的行为，农村集体经济组织可以依法向人民法院提起诉讼。**

## 条文注解

明确集体组织的诉讼主体资格。

此前法律未明确其是否具备独立诉讼主体资格。本法规定农村集体经济组织经依法登记，取得特别法人资格，赋予其在遭受侵权行为时直接起诉的权利，保护其合法权益不受侵害，解决了实践中“集体权益受损无人可诉”的困境。同时，通过法律途径解决纠纷，确保农村集体经济组织在市场竞争中的公平地位，防止不正当竞争和侵权行为，强化了集体财产保护机制。

## 实用建议

农村集体经济组织应建立健全法律风险防范机制，提前预防和化解潜在法律风险。

农村集体经济组织应当注重对法律风险的事前防范，建立健全法律风险防范机制，可以聘请专业律师担任法律顾问，对日常签订的合同、文件等进行法律审查，分析法律风险。在发生外部主体侵占集体土地、挪用资金或非法占用集体建设用地、个人私分征地补偿款等情形时，及时通过司法程序实现财产追索。

**第六十条 【农村集体经济组织成员派生诉讼】农村集体经济组织理事会成员、监事会成员或者监事、主要经营管理人员执行职务时违反法律法规或者农村集体经济组织章程的规定，给农村集体经济组织造成损失的，应当依法承担赔偿责任。**

**前款规定的人员有前款行为的，农村集体经济组织理事会、监事会或者监事应当向人民法院提起诉讼；未及时提起诉讼的，十名以上具有完全民事行为能力的农村集体经济组织成员可以书面请求监事会或者监事向人民法院提起诉讼。**

**监事会或者监事收到书面请求后拒绝提起诉讼或者自收到请求之日起十五日内未提起诉讼的，前款规定的提出书面请求的农村集体经济组织成员可以为农村集体经济组织的利益，以自己的名义向人民法院提起诉讼。**

## 条文注解

1. 第1款明确农村集体经济组织管理人员违反规定的损失赔偿责任。

《民法典》第170条规定，执行法人或者非法人组织工作任务的人员，就其职权范围内的事项，以法人或者非法人组织的名义实施的民事法律行为，对法人或者非法人组织发生效力。法人或者非法人组织对执行其工作任务的人员职权范围的限制，不得对抗善意相对人。本条与前述规定相衔接，要求管理人员在行使职权时遵循“忠实勤勉义务”，针对实践中管理人员利用职务便利谋取私利、怠于履职等行为，明确民事赔偿责任，通过民事赔偿直接弥补集体财产损失，将赔偿责任与个人财产直接挂钩，如查封房产、冻结存款，既形成了实质性威慑也填补了刑事责任与行政责任的法律空白，强化职务行为合规性。

2. 第2款激活管理人员内部监督机制，防范治理失灵。

本款借鉴我国公司法关于股东代表诉讼的前置程序规定，体现出法人治理的共通逻辑。“内部机构优先起诉”规则，既是法律赋予理事会、监事会及监事的行权依据，也是督促其履行法定职责，避免“自己人不追责自己人”的包庇现象。当内部机构怠于履职时，赋予成员集体行动权，防止管理人员利用控制地位阻碍追责。

3. 第 3 款赋予联名成员以自己名义进行诉讼的权利。

本款开创农村集体派生诉讼的先例，通过私力救济弥补公力救济不足，体现“集体所有制”下成员权益与集体利益的不可分性。采用突破传统“直接利害关系”诉讼理论的方法，允许成员为集体利益提起派生诉讼，成员从“旁观者”转变为“维权主体”。例如，外嫁女群体可通过代位诉讼追索被非法剥夺的分红权，解决集体权益受损而无人维权的难题，实现当内部机构完全失灵时，司法程序成为最后防线。

## 实用建议

1. 农村集体经济组织可以建立履职保证机制和证据管理机制。

在建立履职保证机制时，一是制定《管理人员履职责任清单》，明确违规行为的认定标准与赔偿计算方式，如损失金额=侵权行为直接导致的资产减值+预期收益损失；二是设立“履职保证金制度”，要求管理人员缴纳一定比例收入作为保证金，用于先行赔付集体损失，为履职失责托底保障。同时，加强证据管理，建立职务行为全程留痕机制，如留存会议记录或录音录像，签署合同时双人见证等，便于事后追责举证。

2. 成员应当书面联名请求并明确主要内容。

按照本法规定，农村集体经济组织成员应当书面请求监事会或者监事向人民法院提起诉讼。书面材料应注意载明侵权事实概要，如时间、行为、损失金额，请求起诉的具体对象，10 名成员签名及身份证复印件。邮寄方式须通过 EMS 邮寄并留存快递单，或当面提交时要求签收人签字、按捺手印并加盖公章。如不具备专业能力，联名成员可共同委托律师起草法律文书，避免因表述不清导致请求无效。

**第六十一条 【农村集体经济组织章程、决定的监督】农村集体经济组织章程或者农村集体经济组织成员大会、成员代表大会所作的决定违反本法或者其他法律法规规定的，由乡镇人民政府、街道办事处或者县级人民政府农业农村主管部门责令限期改正。**

## 条文注解

赋予行政机关对农村集体经济组织违法行为的干预权。

实践中，存在部分农村集体经济组织通过章程或决议设定违法条款，如剥夺外嫁女权益、违规处置集体资产的问题，严重损害了组织的公信力和成员的合法权益。本法通过行政监督前置程序，及时纠正违法决策，避免司法救济滞后导致的损失扩大化，意在赋予行政机关主动干预权，防止“村规民约”凌驾于法律之上。例如，某村成员大会决议非法收回土地承包权时，政府可直接责令撤销决议。另外，乡镇政府与农业农村部门作为最贴近基层的监管主体，通过责令改正的行政手段快速化解矛盾，可以降低社会治理成本。

## 实用建议

农村集体经济组织需注意合规履职。

农村集体经济组织在对重大事项表决前，可增设“法律意见征询环节”，例如，土地流转方案经乡镇司法所出具合法性意见书后再提交成员大会审议；引入第三方审计：可委托律师事务所对章程及决议进行合法性评估，出具合规报告并向成员公示，保障实体和程序的正义。

**第六十二条　【地方政府的法律责任】地方人民政府及其有关部门非法干预农村集体经济组织经营管理和财产管理活动或者未依法履行相应监管职责的，由上级人民政府责令限期改正；情节严重的，依法追究相关责任人员的法律责任。**

## 条文注解

划定行政权力边界，切实做到平衡“放管服”关系。

本法在赋予地方政府监管职责的同时，为防止其滥用行政权力，体现“法无授权不可为”的法治原则。针对实践中有的地方政府以“指导”名义干预集体经济组织自主经营，如强制土地流转、指定合作企业，以及截留征地补偿款发生的违规干预财产分配等问题。有必要在立法中明确禁止非法干预行为，保障集体经济组织的经营自主权，遏制过度干预，真正做到“放管服”。另外，部分地方政府对集体资产流失、违规决策等问题消极不作为，如对集体财务造假视而不见，本法通过问责机制倒逼其主动履职，强化监管责任落实。有效衔接监察和政务处分的相关法律法规，为追究“情节严重”的行政责任提供法律依据，例如，对长期放任集体资产被侵占的官员启动政务处分措施。

## 实用建议

地方政府可明晰权力清单与负面清单制度，加强履职能力建设。

要做到依法履职，规范权力行为，地方政府可制定《农村集体经济组织监管权责清单》，明确“可为”与“不可为”事项，如可监督财务公开，不可指定合作方。建立“干预行为举报平台”，允许集体经济组织及成员在线提交证据，如要求集体签订不平等合同的政府文件。同时，开展基层干部专项培训，重点解读干预行为的认定标准，如以“协调”名义强制调整收益分配方案即属违法，定期核查集体财务与决策合规性，形成履职记录备查。

**第六十三条　【行政救济】农村集体经济组织对行政机关的行政行为不服的，可以依法申请行政复议或者提起行政诉讼。**

## 条文注解

赋予农村集体经济组织行政救济权。

在过去，农村集体经济组织对政府行政行为不服缺乏明确救济依据，如强制征地、违法处罚，本法为我国《行政复议法》和《行政诉讼法》在农业农村领域的适用提供了专项指引。本条与第 62 条衔接，形成“权利—救济”闭环，确保法律约束力的可执行性。将农村集体经济组织纳入行政诉讼主体范畴，再次明确农村集体经济组织作为特别法人，享有与自然人、其他法人同等的行政救济权，促进基层政府从“管理型”向“服务型”转变。如农村集体经济组织因政府非法撤销其建设用地使用权证，可依本条直接起诉。

## 实用建议

农村集体经济组织维权的实操方法。

发生损害农村集体经济组织的行为时，关于救济路径的选择方法可作如下考量：一是行政复议优先，对事实清晰、争议较小的案件，如政府信息不公开，优先向上一级政府申请复议，利用其专业性和效率优势（一般 60 日内结案）。如不服行政复议的，可以再提起行政诉讼。二是直接行政诉讼，对涉及重大利益，如土地征收合法性、需司法权威认定的案件，可直接向法院起诉，避免复议程序拖延。

# 第八章　附　　则

**第六十四条　【村民自治组织代行农村集体经济组织职能】未设立农村集体经济组织的，村民委员会、村民小组可以依法代行农村集体经济组织的职能。**

**村民委员会、村民小组依法代行农村集体经济组织职能的，讨论决定有关集体财产和成员权益的事项参照适用本法的相关规定。**

## 条文注解

1. 第1款明确了未设立农村集体经济组织的代行主体，填补了农村集体事务管理的空白。

在一些农村地区，由于各种原因尚未设立农村集体经济组织，但村民委员会或村民小组在实际工作中已经在管理集体财产、组织生产经营。本法实施后，如有的自然村组没有专门成立农村集体经济组织，为保障农村集体财产的管理、运营以及成员的合法权益能够得到有效维护和保障，使成员在集体财产分配、使用等方面的权益有相应的组织和机制来落实。现明确村民委员会、村民小组可以代行职能，避免因重新设立组织而带来的时间和成本消耗，确保农村集体事务管理不出现空白，保障农村经济活动的正常开展。从而达到维护集体权益的目标，促进农村经济健康发展，助力乡村振兴。

2. 第2款规范村民委员会、村民小组代行职能的要求。

本法前文详细规定了农村集体经济组织从事经营管理和服务活动中应当遵守的要求。村民委员会、村民小组作为代行主体，代为履行职能时，理当依法依规地进行规范化管理，避免管理的随意性和无序性，提高集体财产管理效力和透明度。这也是保证法律体系的协调性和一致性,避免出现法律适用的冲突和混乱。

## 实用建议

村民委员会或村民小组需要明确代行职能范围。

本法虽然规定村民委员会或村民小组代行农村集体经济组织职能,理论上其可以行使完整的职能权限。但为避免其越权或滥用权力,发生村民委员会或村民小组与农村集体经济组织职能混同的情况,代行主体应严格按照法律规定行使职能,规范决策程序,可以制定相关制度,明确代行职能范围,确保集体财产和成员权益事项的决策公开、公平、公正。并主动接受村民和上级部门的监督,确保代行职能的合法性和透明度。

**第六十五条 【已依法登记的农村集体经济组织的效力确认】本法施行前已经按照国家规定登记的农村集体经济组织及其名称,本法施行后在法人登记证书有效期限内继续有效。**

## 条文注解

明确本法施行前已登记的农村集体经济组织及其名称效力问题。

法的稳定性与连续性是法治的基本要求。在法律的立、改、废过程中,需要充分考虑既存的法律秩序和社会关系,避免因法律的变动给已有的合法权益和社会秩序带来不必要的冲击。本法施行前,已经按照国家规定登记的农村集体经济组织及其名称,是基于当时有效的法律法规和政策而产生的合法存在。确保这些既存的登记和名称在登记证书有效期限内继续有效,体现了法的稳定性与连续性原则,维护了法律秩序的稳定。农村集体经济组织作为市场主体的一部分,其登记和名称的稳定性对于维护市场交易的安全和秩序至关重要。如果随意变更或否定既存农村集体经济组织的登记和名称，将导致市场主体身份的混乱，增加交易风险，影响市场的正常运行。如果要求所有已经登记的农村集体经济组织在本法施行后立即重新登记或变更名称，将给这些组织带来巨大的制度转换成本，包括时间、人力、物力和财力等方面的成本。因此，需要保障既存农村集体经济组织的合法权益和正常运营，避免因法律的施行给其带来不必要的干扰和影响，使农村集体经济组织能够平稳过渡到新的法律制度环境中。

**第六十六条 【与农村集体产权制度改革中成员身份确认的衔接】本法施行前农村集体经济组织开展农村集体产权制度改革时已经被确认的成员，本法施行后不需要重新确认。**

## 条文注解

明确本法施行前已经确认的成员身份在本法施行后仍然有效而无须重新确认。

2016年12月26日，中共中央、国务院联合发布《关于稳步推进农村集体产权制度改革的意见》，对深化集体产权改革系统作出全面的部署，全国正式进入农村集体资产产权改革。2021年年底，我国基本完成农村集体产权制度改革阶段性任务。集体产权制度改革是农村改革的重要内容，涉及广大农民的切身利益，而确认成员身份便是改革的关键环节之一。已经确认成员身份的依法可以稳定的享受集体财产权益，如集体收益分配权、土地承包经营权等。如在实践中因相关法律修改或实施频繁对已确认的成员身份进行重新认定的，可能对农村社会的稳定秩序造成一定的冲击。同时，在农村集体产权制度改革实践中，各地已积累了丰富的成员确认经验和做法。故为确保农村集体经济组织成员的稳定性和连续性，使改革成果持续发挥作用，提高行政管理效力。明确在本法实行后对农村集体经济组织开展农村集体产权制度改革时已经被确认的成员不再重新确认,可以保障本法与之前已经进行的农村集体产权制度改革相衔接,维护改革的成果和成员的合法权益。有利于健全农村治理体系,减少因成员身份争议引发的矛盾和冲突,促进农村社会的和谐稳定。

**第六十七条 【生效日期】本法自 2025 年 5 月 1 日起施行。**

## 条文注解

规定本法的生效时间,促进法律平稳过渡。

本法是在 2024 年 6 月 28 日第十四届全国人民代表大会常务委员会第十次会议审议通过的,但规定在 2025 年 5 月 1 日才正式生效施行。从通过到实施之间有一个明确的过渡期,目的是给农村集体经济组织和相关部门足够的时间进行准备和落实。确保法律实施能够顺利推进,增强法律的权威性和严肃性。

# 实用问题

# 第一章　总　　则

## 1. 如何确保农村集体经济组织坚持党的领导，在乡镇党委、街道党工委和村党组织的领导下依法履职？

农村集体经济组织必须高举中国特色社会主义伟大旗帜，坚持以马克思列宁主义、毛泽东思想、邓小平理论、“三个代表”重要思想、科学发展观、习近平新时代中国特色社会主义思想为指导，深刻领悟“两个确立”的决定性意义，增强“四个意识”、坚定“四个自信”、做到“两个维护”。农村集体经济组织应当建立健全党建工作机制，定期组织党员学习党的理论和政策，确保党组织对农村集体经济组织的重大决策具有指导作用。乡镇党委、街道党工委和村党组织是党在农村的基层组织，是党在农村全部工作和战斗力的基础，全面领导乡镇、村的各类组织和各项工作，要加强对农村集体经济组织党建工作的管理和监督。

## 2. 农村集体经济组织如何运用按劳分配为主体、多种分配方式并存制度？

坚持按劳分配为主体，多种分配方式并存制度的核心原则是按劳分配为主，即以成员劳动贡献（如工作量、技能、责任等）作为分配的主要依据，允许土地、资金、技术、管理等生产要素通过合理方式参与收益分配。既体现多劳多得，又保障集体经济成员的基本权益。在具体实施过程中，可以对劳动工作进行量化，明确劳动分红占比不低于60%（可以根据实际情况调整），确保劳动的主导地位，同时建立劳动贡献评估体系，如根据劳动强度、时长、技术含量等实施工分制，或对管理人员、技术人员设定岗位工资+绩效奖励的绩效制，还可以对参与集体经营性项目（如特色农业、乡村旅游）的成员按贡献比例分配收益，也叫项目提成制度。然后引入其他分配方式，比如成员以土地经营权、资金等入股集体经济组织，按股份比例分享收益。又如对集体所有的自然资源（如山林、水面、建设用地）出租或开发产生的收益，按成员资格平均分配或按历史贡献差异化分配等。当然，还需要制定配套完善的制度予以保障，如民主决策机制、财务监督体系等。实践中浙江“股份合作制”模式以及山东“寿光模式”都发展较为成熟。

### 3. 农村集体经济组织所有的财产是否包括农村集体经济组成员所有财产之和？

农村集体经济组织作为特别法人只是农村集体资产的管理人，其以自己名义对外从事经营活动时，仅能以其管理的集体财产进行，而不包括其成员所有的动产和不动产。

### 4. 农村集体经济组织如何更好履行发包土地的职能？

一是开展土地清查，对本集体经济组织所有的农村土地进行全面清查，明确土地的位置、面积、质量等信息，并建立土地台账；二是制定发包方案，根据土地清查结果和成员需求，制定科学合理的土地发包方案，明确发包土地的范围、方式、期限等内容，并提交成员大会或成员代表大会讨论通过；三是发布发包公告，通过多种渠道发布土地发包公告，广泛宣传发包信息，吸引有意向的承包方参与；四是组织招标或协商，根据发包方案，组织公开招标或与承包方进行协商，确定承包方人选；五是与承包方签订正式的土地承包合同，并报乡镇人民政府、街道办事处和县级人民政府农业农村主管部门备案；六是定期对承包方的土地使用情况进行监督检查，确保承包方按照合同约定使用土地，履行合同义务。

## 5. 农村集体经济组织办理农村宅基地申请、使用事项有哪些要求？

首先，宣传政策法规，通过法律宣讲、普法竞赛、宣传手册等多种形式向成员宣传宅基地管理的政策法规和申请流程，提高成员的知晓率和合规意识；其次，指定专人接收成员的宅基地申请，并对申请材料进行初步审核；再次，组织人员对申请宅基地的地块进行实地勘查，核实土地权属、面积、四至、界限等情况；又次，将申请材料和实地勘查情况提交成员大会或成员代表大会讨论通过后，报乡镇人民政府、街道办事处审核，由县级人民政府批准；最后，经批准后，为申请人发放宅基地使用权证书，在不动产登记簿上进行登记，并定期对宅基地的使用情况进行监督检查，防止出现超面积建房、擅自改变用途等违法行为。

## 6. 农村集体经济组织如何承担合理开发利用和保护耕地、林地、草地等土地资源并进行监督的义务？

根据当地的土地资源状况和发展需求，制定科学合理的土地开发利用和保护规划方案，并提交成员大会或成员代表大会讨论通过。采取一系列保护措施，如加强农田水利建设、推广生态农业技术、开展植树造林等，保护和改善土地生态环境。同时建立土地资源监测体系，定期对土地的质量、数量、利用状况等进行监测和评估，及时掌握土地资源的动态变化。最后加强与相关部门的协作配合，加大对违法违规开发利用土地资源行为的执法力度，严肃查处违法行为。

## 7. 农村集体经济组织如何科学地制定土地开发利用和保护规划方案？

前期全面调查集体土地的数量、质量、分布、权属、现状等情况，结合当地对土地开发利用和保护作出的具体规划，根据土地的功能和用途，划定农业生产区、村庄建设区、生态保护区、产业发展区等不同的功能分区。明确各功能分区的范围、主导功能和发展方向，最后合理确定土地开发利用方式。

### 8. 使用集体经营性建设用地或者通过出让、出租等方式有哪些注意事项？

（1）开展土地清查：对本集体经济组织所有的集体经营性建设用地进行全面清查，明确土地的位置、面积、权属等信息，并建立土地台账。

（2）制定规划方案：根据土地清查结果和市场需求，制定集体经营性建设用地开发利用规划方案，明确开发利用的方向、规模和布局。

（3）发布交易信息：通过公共资源交易平台等渠道发布集体经营性建设用地出让、出租信息，广泛宣传交易条件和要求。

（4）组织交易活动：按照规定的程序组织集体经营性建设用地出让、出租交易活动，确定受让方或承租方人选。

（5）签订合同协议：与受让方或承租方签订正式的合同协议，并报乡镇人民政府、街道办事处和县级人民政府自然资源主管部门备案。

（6）监督合同履行：定期对受让方或承租方的土地使用情况进行监督检查，确保其按照合同约定使用土地，履行合同义务。

### 9. 组织开展集体财产经营、管理如何操作？

一是对本集体经济组织的集体财产进行全面清查登记，明确财产的种类、数量、价值、权属等信息，并建立财产台账；二是根据集体财产的实际情况和市场需求，制订科学合理的集体财产经营计划，明确经营目标、经营策略和经营措施；三是根据集体财产的特点和实际情况，选择合适的经营方式，如自主经营、合作经营、委托经营等；四是与经营者签订详细、规范的经营合同，明确双方的权利和义务，包括经营期限、经营收益分配方式、违约责任等条款；五是定期对经营者的经营情况进行监督检查，及时了解经营进展和存在的问题，督促经营者按照合同约定履行义务；六是按照集体财产经营收益分配方案，及时、合理地进行收益分配，确保成员的合法权益得到保障。

**10. 农村集体经济组织属于什么性质法人？**

依据《民法典》第96条和第99条的规定，农村集体经济组织依法取得法人资格，为特别法人。

**11. 农村集体经济组织登记程序包括哪些？**

首先是准备登记材料，通常需要准备的材料包括农村集体经济组织章程、成员名册、法定代表人身份证明、资产证明等。具体材料要求可咨询当地登记机关。对准备的材料进行认真审核和整理，确保材料的规范性和完整性。按照登记机关的要求，填写登记申请表，并将准备好的材料一并提交给登记机关。可以选择现场提交或通过线上平台（有条件的）提交申请，注意申请的时间和方式，避免错过申请期限。登记机关会对提交的申请材料进行审核，可能会要求农村集体经济组织补充相关材料或进行说明。组织应积极配合，及时提供所需信息。若登记机关进行实地核查，要安排专人陪同并提供必要的协助。经审核符合登记条件的，农村集体经济组织可领取特别法人资格登记证书。领取后，要妥善保管证书，证书如有遗失、损坏等情况，应及时申请补发。

**12. 农村集体经济组织登记需要哪些关键材料？**

不同地区和不同类型的登记（如设立登记、变更登记等）所需材料会有一定差异。如是设立登记，一般包括申请书、成员名册、决议与章程、住所证明、资产报告以及乡镇人民政府（街道办事处）批复同意成立的文件等。若是变更登记，一般包括变更申请表、成员大会或成员代表会议依章程作出的变更决议、法定代表人签署的依程序修改后的章程或者章程修正案、法定代表人指定代表或者委托代理人的证明、《农村集体经济组织登记证》正本、副本、成员名册等材料。注销登记一般需要成员大会表决文件、债权债务结清证明、经乡镇人民政府（街道办事处）报县级人民政府批准注销的文件。

**13. 农村集体经济组织如何依法从事与其履行职能相适应的民事活动？**

一是要制订活动计划，根据农村集体经济组织的职能和发展目标，制订年度或阶段性的民事活动计划。计划应明确活动的内容、目标、时间安排和责任人等，对活动计划进行可行性分析和论证，确保计划具有可操作性和合理性。二是建立健全民事活动的内部管理制度和工作流程，明确各项活动的审批权限和操作程序。例如，在进行集体财产经营管理时，要按照规定的程序进行资产清查、评估、处置等，加强对活动过程的监督和管理，确保活动按照计划和规定的流程进行。三是在从事民事活动过程中，涉及合同签订的，要使用规范的合同文本。合同文本应明确双方的名称、地址、联系方式、标的、数量、质量、价款或报酬、履行期限、地点和方式、违约责任等条款，对合同的签订、履行、变更、解除等环节进行全程跟踪和管理，及时处理合同履行过程中出现的问题。

**14. 农村集体经济组织如何防范债务风险？**

首先，建立债务监测和预警体系，定期对农村集体经济组织的债务状况进行统计和分析。设置合理的债务预警指标，如资产负债率、债务偿还率等。当债务指标接近或超过预警线时，及时采取措施进行调整和防范。其次,制定债务化解方案,针对不同类型的债务,制定相应的化解方案。例如,对于短期债务,可以通过合理安排资金周转进行偿还;对于长期债务,可以与债权人协商进行债务重组或延期偿还。化解方案要经过成员大会或成员代表大会讨论通过,并报相关部门备案。最后,规范农村集体经济组织的财务管理,严格执行财务制度,加强对资金的使用和监管。合理安排资金支出,提高资金使用效率,确保有足够的资金用于偿还债务。

### 15. 农村集体经济组织如何合规地出资设立或参与设立市场主体?

首先要成立专门的投资项目评估小组,对拟投资的市场主体项目进行筛选和评估。评估小组应由财务、法律、市场等专业人员组成。制定科学合理的评估指标体系,对项目的技术可行性、经济合理性、环境影响等方面进行全面评估。其次与其他投资方共同签订投资协议,明确各方的出资方式、出资额、股权比例、利润分配、亏损分担等事项。投资协议应经过专业律师的审核,确保协议的合法性和有效性。再次按照投资协议和市场主体的章程规定,积极参与市场主体的治理。选派合适的人员担任市场主体的董事、监事等职务,行使相应的权利,履行监督管理职责。定期了解市场主体的运营情况,及时掌握市场主体的财务状况和经营成果,对市场主体的重大决策发表意见和建议。最后在投资协议中明确农村集体经济组织的退出机制,包括退出的条件、方式、程序等。当出现符合退出条件的情况时,能够及时、顺利地退出市场主体,保障组织的利益。

### 16. 农村集体经济组织如何保障妇女的合法权益?

可以建立平等保护政策,例如,在章程和内部管理规定中明确保障妇女权益的政策,确保男女成员享有平等的机会和待遇。在收益分配、土地承包、宅基地使用等方面，不得歧视妇女。同时为妇女提供技能培训和创业支持，帮助她们提升就业能力和经济收入水平，鼓励妇女积极参与组织的各项活动，发挥她们的作用。最后建立监督机制，定期检查妇女权益保障情况，收集成员的意见和建议，不断改进和完善相关政策。

# 第二章　成　　员

### 17. 如何判断居民与农村集体经济组织是否形成稳定的权利义务关系？

需要综合考虑多个因素。首先，查看居民是否在农村集体经济组织所在区域长期居住和生活，通常建议连续居住时间达到 1 年以上，方可认定为形成稳定的生活联系。其次，考察居民是否实际参与农村集体经济组织的生产经营活动，如从事农业种植、养殖等劳动，并以此获取主要生活收入。再次，居民是否享有农村集体经济组织提供的福利待遇，如参加农村合作医疗、领取节日福利等，同时履行参与集体事务管理的义务等。最后，还需参考居民是否在农村集体经济组织中承担一定的义务，如参与村庄清洁、义务巡逻等公益事业。

### 18. 农村集体经济组织居民以集体所有的土地等财产为基本生活保障的认定标准是什么？

居民以农村集体经济组织成员集体所有的土地等财产为基本生活保障，主要看其家庭收入的主要来源是否依赖于集体土地等财产。一般情况下，家庭收入的 50% 以上来源于集体土地的经营收益，如农业种植收入、土地流转租金等，可作为基本判断标准之一。同时，考察居民是否将集体土地作为长期的生活依赖，而非临时性的经济补充。例如，居民是否长期稳定地承包经营集体土地，并以此为基础规划家庭的生产生活。此外,还需考虑居民是否在农村集体经济组织中享有其他福利保障,如集体分配的粮食、福利设施的使用等。在具体认定时,可要求居民提供土地承包经营权证、近3年的农业收入证明、集体福利享受记录等材料进行审核和认定。

**19. "村改居"后的居民,是否还属于农村集体经济组织成员?**

根据《农村集体经济组织法》第11条的规定,户籍曾经在农村集体经济组织的居民,当然包括"村改居"后的居民,只要其与农村集体经济组织形成稳定的权利义务关系,以农村集体经济组织成员集体所有的土地等财产为基本生活保障的居民,当然是农村集体经济组织成员。

**20. 如何处理居民因户籍迁移但仍在农村集体经济组织享有土地承包经营权等权益的情况?**

对于户籍迁移但仍在农村集体经济组织享有土地承包经营权等权益的居民,需要确认其是否仍然与农村集体经济组织保持稳定的权利义务关系。如果居民虽然户籍迁出,但仍实际在农村集体经济组织所在区域居住生活,参与集体的生产经营活动和事务管理,且以集体土地等财产为基本生活保障,经成员大会讨论通过,可保留其成员资格。

**21. 如何公平公正地对成员资格进行认定?**

确保成员资格认定过程的公平公正,首先,制定明确、透明的认定标准和程序,将户籍、权利义务关系、生活保障等认定因素具体化、可操作化,并进行公开。其次,成立由村两委成员、村民代表、法律顾问等组成的资格认定委员会,负责对申请人的资格进行审核和认定,确保认定过程的专业性和公正性。在认定过程中,要充分听取申请人的陈述和申辩，保障其合法权益。认定结果应及时公示，接受全体成员的监督，公示期建议不少于 7 天。如其他成员对认定结果有异议，应建立复查机制，由认定委员会对异议内容进行重新调查和审议，并将复查结果及时反馈给异议提出人。最后，整个认定过程的资料应妥善保存，包括申请材料、调查记录、会议纪要等，以便后续查询和追溯。

### 22. 如何处理因成员资格认定引发的矛盾和纠纷？

因成员资格认定引发的矛盾和纠纷，农村集体经济组织应首先进行内部调解，由村两委成员、村民代表等组成的调解小组，主动与双方沟通，了解诉求，依据法律法规和组织章程，提出调解方案。调解过程中，要坚持公平公正、依法依规、尊重历史、照顾现实的原则，充分考虑各方利益。如调解不成，引导当事人通过诉讼等法律途径解决纠纷。在纠纷处理期间，农村集体经济组织应暂停与该成员资格相关的权益分配和变更等事项，避免激化矛盾。

### 23. 成员大会在确认成员资格时如何确保程序的合法性和规范性？

成员大会在确认成员资格时，首先要确保会议的召集、召开程序符合法律法规和组织章程的规定。会议通知应提前送达全体成员，通知内容包括会议时间、地点、议程等，建议提前 15 天通知，以保证成员有足够的时间准备。会议应有 2/3 以上的成员参加方能召开，对于成员较多的情况，可采用成员代表大会的形式，但代表的产生应符合规定的程序和条件。在会议表决环节，采取一人一票的表决方式，对成员资格确认事项进行逐项表决，表决结果经出席会议成员的 2/3 以上同意方为有效。整个会议过程应有专人负责记录，详细记录会议讨论情况和表决结果，并形成书面会议纪要，由参会成员签字确认。会议结束后，及时将确认的成员名单进行公示，接受成员的监督和异议。

## 24. 如何处理因成员结婚、收养或政策性移民而增加的人员的成员资格确认？

对于因成员结婚增加的人员，需提交结婚证、户口簿等证明材料，证明其与组织成员的婚姻关系和户籍情况。农村集体经济组织应核实其是否实际在本组织所在区域生活居住，并与组织形成稳定的权利义务关系。对于因收养增加的人员，需审核收养手续的合法性，包括收养协议、民政部门的收养登记证明等，确认收养关系符合法律规定且已实际履行。对于因政策性移民增加的人员，应依据国家或地方政府的相关政策文件，审核其移民身份和安置情况，如移民安置协议、户籍迁移证明等。在审核过程中，如对申请人的情况存在疑问，可进行实地调查和走访，了解其实际生活状况和与组织的权利义务关系。经审核符合条件的，提交成员大会讨论通过后，确认其成员资格。

## 25. 成员名册的制作和变更应注意哪些问题？

成员名册应包含成员的基本信息，如姓名、性别、身份证号、户籍地址、家庭住址、与原成员关系等。信息应准确无误，确保与实际情况一致。在制作成员名册时，应采用统一的格式和表格，便于管理和查阅。当出现成员资格变动情况时，如新增成员、成员退出、成员资格丧失等，应及时对成员名册进行变更。变更时，要详细记录变动的原因、时间、相关证明材料等信息，并由经办人员签字确认。变更后的成员名册应在规定时间内报乡镇人民政府、街道办事处和县级人民政府农业农村主管部门备案。

## 26. 如何在土地承包过程中保障成员的合法权益？

农村集体经济组织在发包农村土地时，首先，应当对土地进行全面清查，明确土地的位置、面积、质量等信息，并建立土地台账；其次，需要制定科学合理的发包方案，明确发包土地的范围、方式、期限等内容，并提交成员大会或成员代表大会讨论通过；再次，在签订承包合同时，应当使用规范的合同文本，明确双方的权利和义务，包括承包期限、承包费用、土地用途、违约责任等条款；最后，组织应当加强对承包土地的管理，建立合同档案，对承包成员提出的问题及时进行解决。

### 27. 如何处理成员对确认结果的异议？

成员对确认结果有异议时，应向农村集体经济组织提出书面异议申请，说明异议的理由和依据。农村集体经济组织收到异议申请后，应在规定时间内进行复查，复查内容包括申请人的原始申请材料、审核过程、会议表决情况等。复查结果应及时书面反馈给异议人。如果异议人对复查结果仍不满意，可申请乡镇人民政府、街道办事处进行复核，乡镇政府应组织专门的调查小组，对异议事项进行全面调查，并作出复核决定。复核决定为最终结果，农村集体经济组织和异议人都应予以遵守。在异议处理期间，农村集体经济组织应暂停与该成员资格相关的权益分配和变更等事项，确保异议处理的公正性和权威性。

### 28. 如何保障成员在选举和被选举过程中的合法权益？

农村集体经济组织应制定详细的选举制度，明确选举的条件、程序、时间安排等，确保选举过程公开、公平、公正。选举前，提前公布候选人名单、选举议程等信息，让成员有充分的时间了解候选人情况和选举相关事宜。选举过程中，采用无记名投票、公开计票等方式，保障成员的投票权不受干扰和影响。对于被选举人，确保其符合法定的资格条件，如有一定的文化程度、工作能力等，能够胜任所选举的职务。选举结果应及时公示，接受成员的监督，如发现有违反选举规定的行为，应及时纠正，并对相关责任人进行处理。

## 29. 如何提高成员参与重大事项决策的积极性和有效性?

在召开成员大会或成员代表大会讨论重大事项时,应提前将会议议题、相关背景资料等信息送达成员手中,让成员有足够的时间进行思考和准备。会议期间,为成员提供充分的讨论和发言机会,鼓励成员积极表达自己的观点和建议。对于成员提出的意见和建议,要认真对待并及时给予回应,合理的应予以采纳。同时,可以建立成员参与决策的激励机制,如对积极参与决策的成员给予一定的物质奖励或荣誉表彰,提高成员的参与热情。充分利用现代信息技术,如线上会议平台、投票系统等,方便成员参与决策,提高决策的效率和便捷性。

## 30. 如何确保成员查阅、复制财务会计报告等资料的权利得到落实?

农村集体经济组织应建立健全财务公开制度,定期将财务会计报告、会议记录等资料在村务公开栏、组织办公场所等显著位置进行公示,方便成员查阅。同时,为成员查阅、复制资料提供便利条件,安排专人负责接待和解答成员的疑问,提供必要的设备和场所。成员提出查阅、复制申请时,应按照规定的程序进行登记和审批,确保查阅、复制行为的规范性和有序性。对于涉及商业秘密或个人隐私的信息,应在保护合法权益的前提下,合理界定查阅、复制的范围和方式。如成员对查阅、复制的资料存在疑问或发现异常情况,农村集体经济组织应及时进行调查和解释,必要时可邀请专业审计机构进行审计。

## 31. 如何加强成员对生产经营管理和收益分配的监督?

建立多层次的监督体系,包括内部监督和外部监督。内部监督由监事会或监事负责,定期对生产经营管理和收益分配情况进行检查和监督,及时发现和纠正存在的问题。外部监督可邀请上级主管部门、专业审计机构等进行定期审计和指导。同时，畅通成员监督渠道，设立举报信箱、监督电话等，鼓励成员积极参与监督，对成员反映的问题和线索，要及时进行调查和处理，并将结果反馈给成员。定期组织成员对生产经营管理和收益分配情况进行满意度测评，测评结果作为评价组织管理层工作的重要依据。

### 32. 如何合理分配集体收益和土地补偿费，确保成员权益？

制定科学合理的分配方案，综合考虑成员的土地承包面积、劳动贡献、人口数量等因素，确定合理的分配比例和方式。在分配过程中，坚持公平、公正、公开的原则，将分配方案提交成员大会或成员代表大会讨论通过，并进行公示，接受成员的监督。设立专门的分配工作小组，负责分配工作的具体实施，确保分配过程的规范和准确。分配完成后，及时将分配结果进行公开，让成员清楚了解自己的权益分配情况。对于因特殊情况未能及时领取分配款项的成员，应妥善保管其应得份额，并及时通知本人领取。

### 33. 如何提升成员享受服务和福利的质量？

根据成员的需求和组织的实际情况，不断优化服务和福利内容。加强与政府部门、社会机构的合作，争取更多的资源和项目支持，为成员提供更好的服务。例如，与农业技术推广部门合作，开展农业技术培训和指导；与医疗机构合作，提供健康体检和医疗服务等。定期收集成员对服务和福利的反馈意见，及时调整和改进服务内容和方式，提高成员的满意度。建立健全服务和福利的管理制度，明确服务标准和流程，加强对服务提供过程的监督和评估，确保服务和福利的质量得到有效保障。

### 34. 如何加强成员对法律法规和组织章程的遵守意识？

农村集体经济组织应定期组织成员进行法律法规和组织章程的

学习培训,邀请法律专家、农业农村部门工作人员等进行专题讲座和解读,让成员充分了解自己的权利和义务。利用村广播、宣传栏、微信群等渠道,广泛宣传法律法规和组织章程的相关内容,提高成员的知晓率。将法律法规和组织章程的遵守情况纳入成员的考核评价体系,对遵守良好的成员给予表彰和奖励,对违反的成员进行批评教育和相应的处罚。

### 35. 如何确保成员执行组织依法作出的决定?

农村集体经济组织在作出决定后,应及时将决定内容以书面形式通知成员,并做好解释说明工作,让成员了解决定的依据和目的。建立决定执行的监督机制,由监事会或监事负责对成员执行决定情况进行监督检查,定期向组织管理层和成员大会报告执行情况。对于不执行或拖延执行决定的成员,组织可采取相应的措施,如警告、暂停其部分权益等,督促其履行义务。同时,对执行决定表现突出的成员,给予一定的物质或精神奖励,树立榜样,带动其他成员积极执行组织决定。

### 36. 如何增强成员维护组织合法权益的意识和能力?

加强成员的法治教育,提高其法律意识和维权能力,让成员了解维护组织合法权益的重要性。建立成员参与组织维权的机制,鼓励成员积极提供线索,参与维护组织合法权益的活动。对于侵害组织合法权益的行为,组织应及时采取法律手段进行维权,成员应积极配合,形成合力。同时,定期开展组织合法权益保护的宣传活动,增强成员的集体荣誉感和责任感,营造共同维护组织合法权益的良好氛围。

### 37. 如何引导成员合理利用和保护集体土地等资源?

制定集体土地等资源的使用和保护制度,明确成员在资源利用和保护方面的具体要求和标准。加强对成员的培训和指导,推广科学的种植、养殖技术，提高资源利用效率和保护水平。建立资源利用和保护的监督机制，定期对成员的资源利用情况进行检查和评估，对违反规定的行为及时进行纠正和处理。开展资源保护的宣传教育活动，提高成员的资源保护意识。

### 38. 如何提高成员参与生产经营管理和公益活动的积极性？

农村集体经济组织应建立健全成员参与生产经营管理和公益活动的激励机制，对积极参与的成员给予一定的物质奖励、荣誉表彰或权益优惠等，激发成员的积极性。合理安排生产经营管理和公益活动的时间和方式，尽量避免与成员的正常生产生活冲突，提高参与的便利性。加强活动的组织和策划，确保活动有明确的目标、合理的分工和有效的实施步骤，让成员在参与中感受到成就感和价值感。同时，及时总结和宣传成员参与活动的成果和典型事迹，营造良好的参与氛围，带动更多成员积极参与。

### 39. 如何认定非成员“长期在农村集体经济组织工作”？

认定非成员“长期在农村集体经济组织工作”，一般要求其在组织内连续工作时间达到3~5年。具体时间可根据当地实际情况和组织章程确定。工作形式包括受组织聘用从事农业生产经营管理、技术服务、行政管理等全职或兼职工作。非成员需提供与农村集体经济组织签订的劳务合同、工作证明等材料，证明其工作关系和工作年限。农村集体经济组织应对其工作情况进行审核和认定，必要时可进行实地调查和走访，了解其实际工作表现和贡献。

### 40. 如何评估非成员对集体的“贡献”？

评估非成员对集体的“贡献”，可从以下几个方面进行综合考量：一是资金投入，如为集体项目提供资金支持、捐赠设备等；二是技术贡献，如引入先进的农业技术、管理经验，帮助提升集体生产经营水平；三是管理贡献，如在组织管理、市场营销等方面发挥重要作用，带来显著的经济效益；四是公益服务，如积极参与组织的公益活动、志愿服务等，为集体和社会做出贡献。农村集体经济组织可成立专门的评估小组，对非成员的贡献进行量化评估，制定评估标准和方法，确保评估结果的客观公正。

### 41. 如何规范成员大会对非成员权利授予的决策程序？

在召开成员大会讨论非成员权利授予事项时，应提前15日向全体成员发出会议通知，通知内容包括非成员的基本情况、工作年限、贡献评估结果等。会议应有全体成员的3/4以上参加方能召开，表决时需经出席会议成员的3/4以上同意。会议过程应有专人负责记录，详细记录会议讨论情况和表决结果，并形成书面会议纪要，由参会成员签字确认。表决结果应及时公示，接受成员的监督和异议。如成员对表决结果有异议，可申请复查或向上级主管部门反映情况。

### 42. 如何签订非成员权利授予的书面协议？

非成员在获得权利前，需与农村集体经济组织签订书面协议，协议内容应包括权利的具体类型、期限、义务、退出机制等。权利类型可参照本法第13条第7项、第9项、第10项规定的内容，明确非成员可享有的集体收益分配权、土地承包权、宅基地使用权等具体权益。期限可根据非成员的工作年限、贡献大小等因素合理确定，一般建议设定为3~5年。义务部分应明确非成员需继续为集体做出贡献的具体方式和要求，如每年完成一定量的工作任务、技术指导等。退出机制应明确在何种情况下非成员需退出，以及退出时权益的处理方式等。协议签订后，农村集体经济组织应将协议副本报乡镇人民政府、街道办事处和县级人民政府农业农村主管部门备案。

### 43. 如何监督管理授予非成员的权利？

建立非成员权利履行监督机制，由监事会或监事负责对非成员的权利行使和义务履行情况进行监督检查。定期对非成员的贡献情况进行评估和考核，如发现其未履行协议约定的义务或存在损害集体利益的行为，应及时督促其整改，情节严重的可暂停或取消其相应权利。同时，建立非成员权利公示制度，定期向全体成员公开非成员的权利享有和义务履行情况，接受成员的监督和质询。成员如有异议，可向组织提出，由组织进行调查和处理。

### 44. 如何规范成员退出的申请和审核程序？

成员提出退出申请时，应提交书面申请书，申请书应包含退出的原因、时间、对财产权益的处理意愿等内容，并由本人签字确认。农村集体经济组织收到申请后，应及时组织召开成员大会或理事会，对申请人的退出申请进行审议。在审议过程中，要充分听取申请人的陈述和其他成员的意见，确保审议程序的公正性和透明度。审议结果应在规定时间内以书面形式通知申请人，如同意退出，应明确告知其补偿方式或权益保留的具体安排；如不同意退出，应说明理由。整个申请和审核过程的资料应妥善保存，包括申请书、会议记录、审议结果等，以备后续查询和追溯。

### 45. 如何确定退出成员的补偿标准？

确定退出成员的补偿标准，应综合考虑退出成员在农村集体经济组织中的财产权益，包括土地承包经营权、宅基地使用权、集体经营性资产份额等。可聘请第三方评估机构对退出成员的权益价值进行专业评估，评估结果作为协商补偿的依据。补偿方式可以是现金补偿、实物补偿或股权补偿等，具体方式由双方协商确定。在协商过程中，应遵循公平合理、平等自愿的原则,充分考虑集体和退出成员的利益平衡。补偿协议应以书面形式签订,明确补偿金额、支付方式、支付时间等内容,经双方签字盖章后生效,并报乡镇人民政府、街道办事处和县级人民政府农业农村主管部门备案。

### 46. 如何合理设置退出成员的权益保留期限?

退出成员的权益保留期限应根据其在农村集体经济组织中的权益类型和贡献大小等因素合理确定,一般建议设定为3~5年。对于土地承包经营权,可在保留期限内允许退出成员继续承包经营土地,但需按照规定缴纳土地承包费;对于集体经营性资产收益分配权,可在保留期限内按其原享有份额进行分配,但不参与组织的经营管理。保留期限届满后,退出成员的权益自动终止,相关权益由农村集体经济组织收回并进行重新分配。在保留期限内,如退出成员有特殊情况需提前终止权益保留,应提前书面通知农村集体经济组织,并协商处理相关事宜。

### 47. 如何防止退出成员要求分割集体财产?

在成员退出过程中,农村集体经济组织应明确告知退出成员不得要求分割集体财产的法律规定,并在退出协议中予以强调。补偿或权益保留的安排应严格按照法律规定和组织章程进行,确保集体财产的完整性。如退出成员提出分割集体财产的要求,农村集体经济组织应坚决予以拒绝,并做好法律解释和政策宣传工作。建议退出成员通过合法途径解决其财产权益问题,如协商补偿、权益保留等。

### 48. 如何处理退出成员的补偿资金来源和使用?

农村集体经济组织应设立专门的补偿资金账户,用于存放和管理退出成员的补偿资金。补偿资金来源包括集体经营性收入、土地整治收益、财政补贴等。在使用补偿资金时,应严格按照财务管理制度进行操作,确保资金专款专用,不得挪作他用。补偿资金的支付应按照协商确定的补偿协议执行,支付过程要有详细的记录和凭证,确保支付的准确性和规范性。支付完成后,应及时对补偿资金的使用情况进行公示,接受成员的监督和质询。

### 49. 如何认定成员因取得其他农村集体经济组织成员身份而丧失原身份?

认定成员因取得其他农村集体经济组织成员身份而丧失原身份,需由成员本人或其所在的新农村集体经济组织提供相关证明材料,如新组织的成员资格证书、成员名册等。原农村集体经济组织应对其提供的材料进行审核,并进行实地调查核实,确认其确实在新组织中取得成员身份。同时,原组织应召开成员大会或理事会,讨论决定是否取消其成员身份,并将结果告知当事人。如果当事人对结果有异议,可申请复查或向上级主管部门反映情况。

### 50. 如何处理公务员丧失农村集体经济组织成员身份的情况?

对于已经成为公务员的成员(聘任制公务员除外),农村集体经济组织应要求其提供公务员录用通知等相关证明材料,核实其身份。核实后,召开成员大会或理事会,讨论决定是否取消其成员身份。取消成员身份后,应与其签订书面协议,明确双方的权利义务,包括其在一定期限内可保留的相关权益。如该成员对处理结果有异议,可依据法律法规和组织章程进行申诉或通过法律途径解决。

### 51. 如何设置成员丧失身份后权益保留的协商机制?

成员因法定情形丧失身份后,如需协商保留相关权益,应首先向农村集体经济组织提出书面申请,说明申请保留的权益类型和期限等。农村集体经济组织收到申请后，应及时组织召开成员大会或理事会进行审议，审议过程中要充分考虑集体利益和其他成员的意见。协商结果应以书面形式告知申请人，如同意保留权益，应签订书面协议，明确保留的权益内容、期限、义务等；如不同意保留权益，应说明理由。

**52. 哪些情况会丧失中华人民共和国国籍？**

中华人民共和国不承认中国公民具有双重国籍，根据《国籍法》的规定，公民经批准退出中国国籍或定居国外自愿加入或取得外国国籍的，丧失中国国籍。

**53. 因上大学将农村户口迁出农村是否丧失农村集体经济组织成员身份？**

因上大学导致的户口迁移，属于“就学”的范畴，按照《农村集体经济组织法》第 18 条的规定，应当确认其成员身份。

**54. 如何监督管理丧失身份成员的权益保留情况？**

建立丧失身份成员权益保留的监督管理机制，由监事会或监事负责对权益保留的执行情况进行监督检查。定期对丧失身份成员的权益享有和义务履行情况进行评估和考核，如发现其未履行协议约定的义务或存在损害集体利益的行为，应及时督促其整改，情节严重的可暂停或取消其相应权益。同时，建立权益保留情况公示制度，定期向全体成员公开丧失身份成员的权益保留情况，接受成员的监督和质询。成员如有异议，可向组织提出，由组织进行调查和处理。

**55. 如何处理因成员丧失身份引发的权益纠纷？**

因成员丧失身份引发的权益纠纷，农村集体经济组织应首先进行内部调解，由村两委成员、村民代表等组成的调解小组，主动与双方沟通，了解诉求，依据法律法规和组织章程，提出调解方案。调解过程中，要坚持公平公正、依法依规、尊重历史、照顾现实的原则，充分考虑各方利益。如调解不成，引导当事人通过诉讼等法律途径解决纠纷。在纠纷处理期间，农村集体经济组织应暂停与该成员权益相关的分配和变更等事项，避免激化矛盾。

**56. 如何处理成员因就学、服役等原因户籍迁出但未丧失成员身份的情况？**

对于因就学、服役等原因户籍迁出但未丧失成员身份的成员，农村集体经济组织应与其保持联系，了解其学习、服役等情况。成员在就学、服役期间，仍享有组织的合法权益，如土地承包经营权、集体收益分配权等。应为其保留相应的权益份额，并在权益分配时予以考虑。同时，成员在就学、服役期间应履行相应的义务，如遵守组织章程、关心组织发展等。如成员在就学、服役期间有特殊贡献，可给予一定的奖励或优惠待遇。

**57. 如何保障外嫁女的成员权益？**

外嫁女未取得其他农村集体经济组织成员身份的，原农村集体经济组织不得取消其成员身份。应保障其合法权益，包括土地承包经营权、集体收益分配权等。在外嫁女的权益受到侵害时，应及时进行调解和处理，必要时可提供法律援助。同时，外嫁女也应履行相应的义务，如关心组织发展、参加组织活动等。如外嫁女在夫家集体取得成员身份，原农村集体经济组织应按照规定取消其成员身份，并做好相关权益的清算和移交工作。

**58. 如何处理成员因服刑等原因暂时脱离组织的情况？**

成员因服刑等原因暂时脱离组织的，其成员身份不予丧失。在服刑期间，组织应为其保留相应的权益份额，如土地承包经营权、集体收益分配权等。同时，组织可与其签订协议，明确在服刑期间的权利和义务，如服刑期间不参与组织的经营管理等。成员刑满释放后，组织应及时恢复其成员权益，并帮助其融入组织生活。如成员在服刑期间表现良好，组织可给予一定的奖励或优惠待遇。

**59. 如何处理成员因离婚、丧偶等原因户籍迁回原组织的情况？**

成员因离婚、丧偶等原因户籍迁回原农村集体经济组织的，经审核其符合成员资格条件的，应恢复其成员身份。组织应及时将其纳入成员名册管理，保障其合法权益，如土地承包经营权、集体收益分配权等。同时，成员也应履行相应的义务，如遵守组织章程、参加组织活动等。

**60. 如何加强成员身份动态管理？**

农村集体经济组织应建立成员身份动态管理机制，定期对成员的户籍变动、生活状况等进行排查和更新。利用信息化手段，建立成员身份管理数据库，实时记录成员身份的取得、保留、丧失等情况。对于成员身份发生变化的，建立成员身份定期公示制度，及时按照规定程序进行调整和处理，并报乡镇人民政府、街道办事处和县级人民政府农业农村主管部门备案。

**61. 成为聘任制公务员、国有企事业单位员工是否会丧失农村集体经济组织成员资格？**

根据我国《公务员法》第103条第2款的规定，聘任制公务员的聘任合同期限为1年至5年，与通过选任、考任等方式录用的公务员存在较大差别，而国有企事业单位存在拨款不同、用工形式多样等因素，因此，本法没有“一刀切”地规定聘任制公务员、国有企事业单位员工一概丧失农村集体经济组织成员身份。而是根据本法第 17 条第 1 款第 5 项的授权，可以由地方立法或者农村集体经济组织章程根据实际情况确定。

**62. 需要达到什么条件才能成为农村集体经济组织成员？**

根据《农村集体经济组织法》第 11 条的规定，农村集体经济组织成员需要户籍在或者曾经在农村集体经济组织并与农村集体经济组织形成稳定的权利义务关系，以农村集体经济组织成员集体所有的土地等财产为基本生活保障的居民才能被认定为农村集体经济组织成员。

**63. 农村集体经济组织成员结婚以后的另一半或者生育的小孩子属不属于农村集体经济组织成员？**

《农村集体经济组织法》第 12 条第 2 款，对因成员生育而增加的人员，农村集体经济组织应当确认为农村集体经济组织成员。对因成员结婚、收养或者因政策性移民而增加的人员，农村集体经济组织一般应当确认为农村集体经济组织成员。所以农村集体经济组织成员结婚以后的另一半或者生育的小孩子也是农村集体经济组织成员，可以及时向农村集体经济组织报备，便于其变更成员名册。

**64. 作为农村集体经济组织成员主要享有哪些权利？**

根据《农村集体经济组织法》第 13 条的规定，成员主要享有下列权利：

（1）依照法律法规和农村集体经济组织章程选举和被选举为成员代表、理事会成员、监事会成员或者监事；

（2）依照法律法规和农村集体经济组织章程参加成员大会、成员代表大会，参与表决决定农村集体经济组织重大事项和重要事务；

(3)查阅、复制农村集体经济组织财务会计报告、会议记录等资料,了解有关情况;

(4)监督农村集体经济组织的生产经营管理活动和集体收益的分配、使用,并提出意见和建议;

(5)依法承包农村集体经济组织发包的农村土地;

(6)依法申请取得宅基地使用权;

(7)参与分配集体收益;

(8)集体土地被征收征用时参与分配土地补偿费等;

(9)享受农村集体经济组织提供的服务和福利;

(10)法律法规和农村集体经济组织章程规定的其他权利。

**65. 作为农村集体经济组织成员主要履行哪些义务?**

根据《农村集体经济组织法》第 14 条的规定,成员主要履行下列义务:

(1)遵守法律法规和农村集体经济组织章程;

(2)执行农村集体经济组织依照法律法规和农村集体经济组织章程作出的决定;

(3)维护农村集体经济组织合法权益;

(4)合理利用和保护集体土地等资源;

(5)参与、支持农村集体经济组织的生产经营管理活动和公益活动;

(6)法律法规和农村集体经济组织章程规定的其他义务。

**66. 不是农村集体经济组织成员的,在何种情况下可以参与分配集体收益、享受农村集体经济组织提供的服务和福利等?**

《农村集体经济组织法》第 11 条规定,农村集体经济组织成员是指户籍在或者曾经在农村集体经济组织并与农村集体经济组织形成稳定的权利义务关系，以农村集体经济组织成员集体所有的土地等财产为基本生活保障的居民，除此之外的非农村集体经济组织成员，只有长期在农村集体经济组织工作，对集体做出贡献的，经农村集体经济组织成员大会全体成员 3/4 以上同意的才可享有参与分配集体收益、享受农村集体经济组织提供的服务和福利及法律法规和农村集体经济组织章程规定的其他权利。

**67. 作为农村集体经济组织成员，自愿退出农村集体经济组织后是否可以一直保留之前所享有的财产权益？**

农村集体经济组织成员通过书面申请的形式向农村集体经济组织提出申请并经组织同意后退出的，根据《农村集体经济组织法》第 16 条第 2 款的规定，可以在退出时与农村集体经济组织协商获得适当补偿或者在一定期限内保留其已经享有的财产权益，并非无限期享有，同时成员不得要求分割集体财产。

**68. 农村集体经济组织成员结婚后是否可以保留原组织的成员身份？**

农村集体经济组织成员结婚后只要在新居住地的农村集体经济组织未取得成员身份的，原农村集体经济组织就不能取消其成员身份，其在原农村集体经济组织仍享有权利并承担相应的义务。合理维护成员的合法权益，并促进农村社会和谐稳定。

**69. 成为农村集体经济组织成员后离婚的，是否丧失农村集体经济组织成员身份？**

《农村集体经济组织法》第 18 条规定，农村集体经济组织成员不因就学、服役、务工、经商、离婚、丧偶、服刑等原因而丧失农村集体经济组织成员身份。

**70. 农村集体经济组织开展生产经营管理活动的过程中是否需要纳税?**

《农村集体经济组织法》第50条规定农村集体经济组织依法履行纳税义务,依法享受税收优惠。

**71. 城镇居民或退休干部可以到农村购买农房或宅基地建房吗?**

我国现行法律规定明确规定,国家政策文件也多次强调:不允许城镇居民到农村购买农房和宅基地。2025年中央一号文件——《中共中央、国务院关于进一步深化农村改革　扎实推进乡村全面振兴的意见》第26条更是首次明确规定不允许退休干部到农村占地建房。

**72. 城镇居民在什么情况下可以将户口回迁到农村?**

我国《户口登记条例》规定,公民因结婚、离婚、收养、认领、分户、并户、失踪、寻回或者其他事由引起户口变动的时候,可以申请变更登记。常见的有以下两种情况:(1)夫妻投靠,即夫或妻有一方户籍在农村;(2)子女投靠父母,如父母户籍在农村;有上述情况且符合当地迁入政策的,可以申请回迁户口。除此之外,根据《农村集体经济组织法》第12条、第17条和第18条的规定,在结婚的情形外还规定存在以下情况并符合当地条件的,可以申请将户口迁到农村:(1)对因成员收养或者因政策性移民而增加的人员,农村集体经济组织一般应当确认为农村集体经济组织成员;(2)虽然已经取得其他农村集体经济组织成员身份或者成为公务员(聘任制公务员除外),但依法依规与农村集体经济组织协商一致的;(3)原系农村集体经济组织成员,因异地就学、入伍服役、外出务工、在外经商、离婚、丧偶、服刑等原因将户口迁出的,但存在丧失成员身份情形的除外。

### 73. 具有农村户口是否当然属于农村集体经济组织成员？

不一定。《农村集体经济组织法》第 11 条对农村集体经济组织成员采取“户籍+权利义务关系”的双重认定标准。仅具有农村户口但未与农村集体经济组织形成稳定的权利义务关系，不以农村集体经济组织成员集体所有的土地等财产为基本生活保障的居民，并不具有成员身份。如户口在农村但实际不在村里生活的“空挂户”。

## 第三章　组织登记

### 74. 农村集体经济组织设立的具体条件是什么？

依据《农村集体经济组织法》第 19 条的规定，设立农村集体经济组织，应当具备下列条件：(1)有符合本法规定的成员；(2)有符合本法规定的集体财产；(3)有符合本法规定的农村集体经济组织章程；(4)有符合本法规定的名称和住所；(5)有符合本法规定的组织机构。

### 75. 如何解决成员确认中可能存在的标准模糊、管理复杂的问题？

地方政府可以根据法律规定，结合本地实际情况，制定更加详细、具体的成员界定标准和操作办法，明确各类特殊情况人员的成员资格认定方式。例如，对于外出务工人员，规定在一定期限内保留其成员资格；对于嫁入或入赘但户口未迁移人员，根据其在本村的生产生活情况进行认定。可以成立专门的成员资格认定小组，由乡镇政府、村委会、村民代表等组成，负责处理成员资格认定的相关事宜，包括对历史遗留问题的调查和处理。

### 76. 住宅商品房能否登记为农村集体经济组织的住所?

可以,但需符合条件。根据《民法典》第 279 条及参照《公司登记管理实施办法》第 18 条的规定,需征得有利害关系的业主的一致同意。

### 77. 如何全面、客观地确定集体财产?

组织专业的清查队伍,对农村集体财产进行全面清查,包括资产的数量、质量、权属等情况。清查过程中要做好记录和登记工作,建立详细的财产台账。对于产权不清的财产,要通过协商、调解、仲裁或诉讼等方式进行确权。由相关部门制定统一的农村集体财产评估标准和方法,规范评估机构的行为。清查后在进行财产评估时,要选择具有资质的评估机构,并要求其出具客观、公正的评估报告。加强对财产清查、评估、处置等环节的监督。设立专门的监督小组,定期对集体财产的管理和使用情况进行检查,发现问题及时处理。

### 78. 如何确保制定的章程符合法律规定?

制定前要深入学习法律法规,收集并优先参考政府相关部门编写的章程示范文本。对本组织的历史沿革、成员构成、资产状况、经营模式等进行全面深入的调研,了解成员的需求和期望,以及组织在发展过程中遇到的问题和挑战,为章程制定提供实际依据。成立专业起草小组,由熟悉农村集体经济组织情况的成员、法律专业人士、财务人员等组成,明确起草小组各成员的职责和分工,制定详细的工作方案和时间节点,确保章程起草工作有序进行。在章程起草过程中,要广泛征求成员的意见和建议。通过召开成员大会、成员代表会议、座谈会等形式,让成员充分发表自己的看法。对于成员提出的合理意见,要认真研究并纳入章程草案。章程草案形成后,要提交成员大会或成员代表会议进行集体讨论。在讨论过程中,要充分保障成员的知情权、参与权和表决权,对章程草案进行逐章、逐条的审议和修改,确保章程内容得到成员的广泛认可。

### 79. 如何对集体经营性财产收益权进行量化与分配?

农村集体经济组织应根据自身的实际情况,制定适合本组织的集体经营性财产收益权量化标准。可以综合考虑成员的劳动贡献、土地入股情况、资金投入等因素,制定科学合理的量化方案。可以设置多种分配方式,如按股分配、按劳分配、按人头分配等,根据不同的情况进行合理组合。并定期对量化与分配方案进行评估和调整,根据组织的发展情况、成员的变化等因素,及时对方案进行优化和完善。同时,要将调整情况及时向成员公开,接受成员的监督。

### 80. 集体财产清查的方法有哪些?

一般有全面清查法和重点清查法,其中全面清查法包括资产负债表法、实地调查法、盘点法等;重点清查法则含抽样清查法、重点对象清查法等。另外可以利用大数据和信息化技术以及物联网技术,提高清查工作的效率和准确性。

### 81. 如何解决农村集体经济组织名称重复或相似问题?

在同一县、乡、村等较小的地域范围内,可能存在多个农村集体经济组织,由于可选择的地域名称有限,容易出现名称重复或相似的情况。可以建立农村集体经济组织名称数据库,收录本地区所有组织的名称信息。在审核新名称时,严格通过数据库进行查询比对,确保名称的唯一性。同时,利用数据库对名称进行动态管理,及时更新组织名称的变更情况。

## 82. 如何避免农村集体经济组织在取名时发生冲突或重复?

地方政府主管部门可以制定命名规则或指引,鼓励农村集体经济组织结合当地的历史文化、民俗传统等元素,创新命名方式,制定具有特色的名称方案。例如,可以在名称中融入当地的地名、传说、产业特色等内容,既满足了法律要求,又保留了文化特色。对于具有重要历史文化价值的名称,可以建立专门的保护机制,允许在新名称中适当体现原名称的文化内涵,或者将原名称作为农村集体经济组织的曾用名进行保留和记录,以传承和弘扬当地的文化传统。

## 83. 农村集体经济组织成员大会如何建立协调机制?

有的农村地区尤其是西部欠发达省市农村外出务工的人员较多,应当建立农村集体经济组织成员大会沟通协调机制,可以从会前、会中、会后三个阶段实施,会前加强信息收集与整理,如设立专门的意见箱、电子邮箱、热线电话等,及时发布会议议程和开会方式(如线上线下相结合等)。会中安排专人对会议内容进行详细记录,包括成员的发言、讨论情况、决策结果等,引导成员理性发言讨论。在会议结束后,及时将会议记录和决策结果反馈给成员,加强执行与监督,不断改进成员大会沟通协调机制。

## 84. 农村集体经济组织成员大会的意见收集新渠道有哪些?

除了传统的电话询问、面谈等方式,还可以利用微信公众号、小程序、App、智能语音系统、社区论坛、问卷调查、直播互动等渠道提高意见收集的效率,还能增强成员的参与感和归属感,促进农村集体经济组织的健康发展。

**85. 不同地区、部门之间对于合并审核标准、尺度可能存在差异，如何解决？**

政府相关部门应当制定明确、具体的审核标准和操作规范，统一审核尺度，推行一站式服务，减少不必要的环节和手续，提高审核效率。

**86. 如何确保合并通知程序合法？**

农村集体经济组织的债权人可能涉及多个方面，包括金融机构、供应商、个人等，有些债权人的信息可能不完整或不准确，导致组织难以全面、及时地通知到所有债权人。因此，应当建立健全债权人信息管理制度，及时、准确地记录债权人的相关信息。在合并前，对债权人信息进行全面梳理和更新，通过电话、短信、微信、快递等方式确保能够顺利通知到所有债权人；确实无法联系的，应当及时登报公告。

**87. 农村集体经济组织合并后，之前已签订合同未履行的合同如何处理？**

依法进行的合并程序产生债权债务转移的法定后果，合并各方的债权债务由合并后的农村集体经济组织承继，已签订未履行或未履行完毕的合同由合并后的主体继续承继处理。

**88. 农村集体经济组织分立后员工如何有效安置？**

决定分立前应当充分了解员工的需求和意愿，在制定安置方案时依据业务需求、专业技能等合理分配人员，及时签订新劳动合同。对于不符合安置条件或不接受安置方案的员工，依法解除劳动关系并给予补偿，保障员工的合法权益。

# 第四章 组织机构

## 89. 农村集体经济组织成员大会有哪些权利？

农村集体经济组织成员大会作为农村集体经济组织的最高权力机构，享有以下权利：(1)制定、修改农村集体经济组织章程；(2)制定、修改农村集体经济组织内部管理制度；(3)确认农村集体经济组织成员；(4)选举、罢免农村集体经济组织理事会成员、监事会成员或者监事；(5)审议农村集体经济组织理事会、监事会或者监事的工作报告；(6)决定农村集体经济组织理事会成员、监事会成员或者监事的报酬及主要经营管理人员的聘任、解聘和报酬；(7)批准农村集体经济组织的集体经济发展规划、业务经营计划、年度财务预决算、收益分配方案；(8)对农村土地承包、宅基地使用和集体经营性财产收益权份额量化方案等事项作出决定；(9)对集体经营性建设用地使用、出让、出租方案等事项作出决定；(10)决定土地补偿费等的分配、使用办法；(11)决定投资等重大事项；(12)决定农村集体经济组织合并、分立等重大事项。除以上职权之外，可由农村集体经济组织根据自身实际情况及法律法规规定通过章程进行详细规定。

## 90. 已满16岁未满18岁的成员是否可以参与农村集体经济组织成员大会？

根据《民法典》第18条的规定，16周岁以上的未成年人系以自己的劳动收入为主要生活来源的，视为完全民事行为能力人。故满足前述条件的未成年人有权参与农村集体经济组织成员大会，表达自己的观点和意见，参与集体事务的决策。但因智力、精神健康状况等导致其不具有完全民事行为能力的，成员大会应当及时进行调整。

### 91. 哪些重要事项属于需要党组织先行研究讨论的？

本法虽未对“重要事项”进行详细规定，但以下事宜应当经过党组织研究讨论，具体为：(1)审议农村集体经济组织理事会、监事会或者监事的工作报告；(2)决定农村集体经济组织理事会成员、监事会成员或者监事的报酬及主要经营管理人员的聘任、解聘和报酬；(3)批准农村集体经济组织的集体经济发展规划、业务经营计划、年度财务预决算、收益分配方案；(4)对农村土地承包、宅基地使用和集体经营性财产收益权份额量化方案等事项作出决定；(5)对集体经营性建设用地使用、出让、出租方案等事项作出决定；(6)决定土地补偿费等的分配、使用办法；(7)决定投资等重大事项；(8)决定农村集体经济组织合并、分立等重大事项。除此之外，农村集体经济组织还可在其章程中进行明确。

### 92. 若成员大会参会人数不足 2/3 的，会议是否有效？

召开农村集体经济组织成员大会需要有 2/3 以上具有完全民事行为能力的成员参加，如果不能现场参加会议的，可以通过线上会议参与，也可委托本农村集体经济组织同一户内具有完全民事行为能力的其他家庭成员代为参加会议。故在参会人员不足的情况下，会议无效。

### 93. 召开成员大会需要提前多长时间通知参会人员？

为保障成员的知情权和参与权，确保成员可以充分表达自己意见和建议的，成员大会在召开 10 日前应当将会议召开的时间、地点和审议的事项通知全体成员，便于成员有足够的时间了解会议相关信息。

### 94. 农村集体经济组织成员参与成员大会如何行使表决权？

参与成员大会的成员可在会议中充分表达自己的意见和建议，并对审议事项进行表决，实行一人一票的表决方式。最终经本农村集体经济组织成员大会全体成员 2/3 以上同意的审议事项，由成员大会作出相应决定。但如果农村集体经济组织章程中对表决方式由更严格的规定，可以从其规定，以此提高决策的门槛，避免决策僵局，保证决策的慎重性和科学性。

### 95. 什么情况下需要设立成员代表大会？

当农村集体经济组织成员较多，或成员大会召开困难时，可依据章程设立成员代表大会。法律未设定具体人数阈值，由各村根据实际情况在章程中明确。同时如设立成员代表大会的，一般每 5 户至 15 户选举代表一人，代表人数应当多于 20 人，并且有适当数量的妇女代表。

### 96. 成员代表大会的职权有哪些？

成员代表大会按照农村集体经济组织章程规定可行使成员大会部分职权，但是制定、修改农村集体经济组织章程；确认农村集体经济组织成员；对农村土地承包、宅基地使用和集体经营性财产收益权份额量化方案等事项作出决定；决定土地补偿费等的分配、使用办法；决定农村集体经济组织合并、分立等重大事项除外。即如涉及组织重大利益和成员根本权益等重要事项的职权应当由全体成员大会决定，以此能够充分保障成员对组织重大事务的决策权，确保成员的合法权益得到有效维护。

### 97. 成员代表大会的成员代表任期是多久？

任期 5 年，可连选连任，有助于成员代表熟悉集体事务，更好地履行职责，同时也为表现优秀、得到成员认可的代表提供了继续为集体服务的机会，有利于保持代表大会决策的稳定性和连续性。

### 98. 成员代表大会与成员大会的关系？

成员代表大会与成员大会相互配合，形成多层次的决策机制，促进农村集体经济组织健康发展。成员代表大会是成员大会的补充形式，行使成员大会的部分职权（如审议财务预决算、选举理事会成员等），但核心事项（如修改章程、确认成员身份、土地承包方案等）仍需由成员大会决定。

### 99. 农村集体经济组织如何成立理事会？

理事会作为农村集体经济组织的执行机构，一般由3~7名单数成员组成，保证理事会充分汇聚不同意见和建议的同时，避免出现表决平局的情况，以此提高决策的科学性和效率。另因农村集体经济组织具有一定的自治性，不同地区、不同组织的情况存在差异，由农村集体经济组织章程具体规定理事长、副理事长、理事的产生办法，充分尊重了农村集体经济组织的自治权。

### 100. 党组织负责人是否可以担任农村集体经济组织理事会的理事长？

确保党的路线方针政策在农村集体经济组织中得以贯彻落实的，乡镇党委、街道党工委或者村党组织可以提名推荐农村集体经济组织理事会成员候选人，党组织负责人可以通过法定程序担任农村集体经济组织理事长。但是党组织负责人提名推荐的理事会成员应当限于其所领导的农村集体经济组织，如村党支部提名推荐村级农村集体经济组织的理事会成员。

### 101. 理事会有哪些权利？

理事会作为农村集体经济组织的执行机构，在行使职权时应当对成员大会、成员代表大会负责，具体可行使以下职权：

（1）召集、主持成员大会、成员代表大会，并向其报告工作；

（2）执行成员大会、成员代表大会的决定；

（3）起草农村集体经济组织章程修改草案；

（4）起草集体经济发展规划、业务经营计划、内部管理制度等；

（5）起草农村土地承包、宅基地使用、集体经营性财产收益权份额量化，以及集体经营性建设用地使用、出让或者出租等方案；

（6）起草投资方案；

（7）起草年度财务预决算、收益分配方案等；

（8）提出聘任、解聘主要经营管理人员及决定其报酬的建议；

（9）依照法律法规和农村集体经济组织章程管理集体财产和财务，保障集体财产安全；

（10）代表农村集体经济组织签订承包、出租、入股等合同，监督、督促承包方、承租方、被投资方等履行合同；

（11）接受、处理有关质询、建议并作出答复。

除以上职权之外，可由农村集体经济组织根据自身实际情况通过章程进行详细规定。

### 102. 理事会如何保障集体财产安全？

理事会依法管理集体财产时可通过建立财务管理制度、定期公开收支明细、对集体资产进行登记造册、对重大投资项目进行风险评估等方式进行。若管理过程中发现财产被侵占，可依据《民法典》第 262 条及《村民委员会组织法》第 8 条，由农村集体经济组织或村委会提起诉讼。

### 103. 理事会会议召开的条件有哪些？

理事会会议作为理事会成员履行职责的重要平台，其所作出的决策要能够代表大多数理事的意见和意愿。因此理事会会议要求应当有2/3以上的理事会成员出席，对于讨论事项实行一人一票的表决方式，经全体理事过半数同意的事项，由理事会作出相应决定。

### 104. 集体经济组织是否必须设立监事会？

农村集体经济组织需设监事会，成员较少的则可设1～2名监事。由监事会或监事通过监督理事会的工作和集体财产的管理，切实维护成员的利益在组织的运营过程中得到保障，确保组织的重大决策能够得到有效落实，防止理事会在执行过程中出现偏差或擅自改变决策，保障成员的意愿能够得以实现。

### 105. 监事会如何监督理事会执行决策？

监事会可以通过列席理事会会议、查阅合同、账簿等资料、对理事会决策提出质疑、审核组织财务状况等方式进行监督。农村集体经济组织可以自主制定监事会或监事的相关制度，根据自身的特点和发展战略，设计出更具针对性和有效性的监督机制。

### 106. 监事会如何开展财务监督？

监事会可以对每季度的财务报表进行定期审查，重点关注土地承包收益、集体资产处置等资金流向，出现成员联名申请、连续亏损等情况时可委托第三方开展审计工作，相应产生的费用由农村集体经济组织承担。同时在审计报告出具后及时向成员大会进行公开，并将此作为理事会的考核依据。

### 107. 未按规定制作或保存各项会议记录的后果是什么？

农村集体经济组织作为民事主体之一，其会议活动的规范记录是保障组织有序运行的重要环节。如未按照规定制作、保存成员大会、成员代表大会、理事会、监事会或者监事召开会议的会议记录的，可能存在因记录缺失导致决策程序出现瑕疵，从而被认定无效的风险。

**108. 哪些情况下不得担任监事会成员或者监事？**

农村集体经济组织理事会成员、财务人员、会计人员及其近亲属不得担任监事会成员或者监事。监事会的主要职责是对理事会的决策和执行情况、财务人员的财务管理情况进行监督，而理事会的职权范围包括但不限于财务管理和核算，如理事会成员、财务人员、会计人员及其近亲属担任监事会成员或者监事的，可能会因为亲情、利益等因素对理事会或财务人员的违规行为视而不见，从而影响监督的公正性和独立性，无法有效履行监督职责。

**109. 农村集体经济组织理事会成员、监事会成员或者监事、主要经营管理人员不得出现哪些行为？**

集体财产是农村集体经济组织发展的重要物质基础，农村集体经济组织理事会成员、监事会成员或者监事、主要经营管理人员应当积极履行诚实信用、勤勉谨慎的义务，在履职过程中不得：

(1)侵占、挪用、截留、哄抢、私分、破坏集体财产；

(2)直接或者间接向农村集体经济组织借款；

(3)以集体财产为本人或者他人债务提供担保；

(4)违反法律法规或者国家有关规定为地方政府举借债务；

(5)以农村集体经济组织名义开展非法集资等非法金融活动；

(6)将集体财产低价折股、转让、租赁；

(7)以集体财产加入合伙企业成为普通合伙人；

(8)接受他人与农村集体经济组织交易的佣金归为己有；

(9)泄露农村集体经济组织的商业秘密；

(10)其他损害农村集体经济组织合法权益的行为。

# 第五章 财产经营管理和收益分配

### 110. 村民的承包经营权与集体财产所有权的关系?

根据《农村集体经济组织法》第36条及相关法律规定,已承包给村民的财产在所有权性质上仍属集体所有,承包仅涉及使用权的让渡。根据《民法典》第331条的规定,土地承包经营权属于用益物权,承包方享有对土地的占有、使用和收益权,但土地所有权仍归集体所有。若已承包财产被重新认定为集体财产,不影响其原来的合法经营权。且集体收回承包财产需履行法定程序,如经民主决议、公示等,否则可能因程序违法导致收回行为无效。

### 111. 在集体土地上的建筑物构筑物等因所有权权属发生争议如何区分?

合法建造的建筑物、构筑物自建成时由建设主体原始取得所有权(《民法典》第231条)。若村民在宅基地或集体建设用地上合法建造房屋,其所有权归村民;村集体投资建设的公共设施(如道路、祠堂)所有权归集体。

### 112. 部分村民出承包地修建的行车道路权属归集体还是该部分村民?

农村道路作为公共基础设施,原则上归集体所有。若道路用于集体生产生活(如连接农田、村寨),即使由部分村民出资修建,仍属集体财产。村民自愿贡献承包地修路,一般视为对集体公益事业的支持,可通过协商获得补偿或优先使用权,但不改变所有权归属。若村民与集体签订协议明确道路权属,且经村民会议或集体经济组织决议同意,可按约定处理(如部分地区允许村民在承包期内保留道路管理权)。未经集体同意私自占用承包地修路,可能被认定为违规占地,集体有权要求恢复原状或调整承包地(《土地管理法》第77条)。

**113. 怎么确定是否符合国家规定的集体经营性建设用地?**

土地的性质必须是集体所有,符合土地利用总体规划、城乡规划等相关规划要求,经过合法的土地征收、农用地转用等审批程序,同时,该土地在用途、规模、位置等方面都要与相关规划相契合,如工业、商业、旅游等用途,明确为集体经营性建设用地的土地。

**114. 农村集体经济组织法中的公积公益金提取到多少可以不再提取?**

目前法律未规定公积公益金提取的上限,但各地普遍设定了最低比例(通常在10%~30%)。具体提取额度由集体经济组织根据发展需求、成员意愿及地方政策在章程中明确,需兼顾集体积累与成员分红,保障可持续发展。

**115. 农村集体经济组织接受、运用财政资金如不具有真实、合法和效益性,可能涉嫌哪些刑事犯罪?**

(1)挪用公款罪:如果农村集体经济组织工作人员在协助人民政府从事行政管理工作时,利用职务便利,挪用财政资金归个人使用,进行非法活动,或者挪用数额较大、进行营利活动,或者挪用数额较大、超过3个月未还,就可能构成挪用公款罪。

(2)挪用资金罪:当农村集体经济组织人员利用职务上的便利,挪用本单位资金归个人使用或者借贷给他人,数额较大、超过3个月未还的,或者虽未超过3个月,但数额较大、进行营利活动的,或者进行非法活动的，构成挪用资金罪。

（3）贪污罪：农村集体经济组织工作人员利用职务便利，通过侵吞、窃取、骗取或者以其他手段非法占有财政资金，达到一定数额标准的，构成贪污罪。

（4）职务侵占罪：如果农村集体经济组织人员利用职务上的便利，将本单位财物非法占为己有，数额较大的，可能构成职务侵占罪。

（5）诈骗罪：农村集体经济组织通过虚构事实、隐瞒真相的方法，骗取财政资金，可能构成诈骗罪。比如，通过编造虚假的项目、虚增工程量、提供虚假的资金使用记录等手段，骗取财政资金用于非指定用途或非法占有。

（6）滥用职权罪或玩忽职守罪：如果农村集体经济组织的相关负责人在管理、使用财政资金过程中，滥用职权或者玩忽职守，致使公共财产、国家和人民利益遭受重大损失，可能构成滥用职权罪或玩忽职守罪。例如，在财政资金使用过程中，严重不负责任，导致资金被骗取、被挪用无法追回，或者盲目决策致使资金投入无效益甚至亏损的项目中，造成重大经济损失等情况。如果是国家机关工作人员在对农村集体经济组织财政资金监管等过程中有上述行为，也可能构成相应犯罪。

# 第六章　扶持措施

### 116. 农村集体经济组织优先“承担”范围包括哪些？

“承担”意味着农村集体经济组织成为项目的实施主体，只要符合条件，项目交由农村集体经济组织实施能够保证项目质量、按照规定的时间节点完成项目，项目的各个环节负责，包括项目的规划、筹备、具体施工建设以及后续的运营维护等都可以交由农村集体经济组织承担。例如，在农村农田水利设施建设项目中，承担该项目的农村集体经济组织需要组织人力、物力和财力,按照项目要求和标准进行工程建设,确保项目能够顺利完成并达到预期效果,为农业生产提供良好的水利保障。

### 117. 如何提升农村集体经济组织融资能力?

加快推进农村集体资产产权制度改革,明确资产产权归属,完善产权登记、评估等配套制度,盘活农村集体资产。加强对农村集体经济组织财务人员培训,提高其财务管理能力,规范财务制度,建立健全财务报表体系,提高财务信息透明度。增强农村集体经济组织融资能力,吸引金融机构加大支持力度。

### 118. 如何解决金融机构积极性不足?

政府应进一步出台具体的激励措施和农村集体资产入市措施,如对支持农村集体经济发展的金融机构给予税收优惠、财政补贴、风险补偿等,完善土地指标交易和土地流转制度。

### 119. 如何协调各方利益,避免分配不合理引发纠纷和矛盾?

在土地指标交易收益分配中,涉及农村集体经济组织、成员、相关投资方等多个主体,如何确定合理的分配比例,协调各方利益,避免出现利益纠纷和矛盾,是一个较为复杂且重要的问题。政府应当制定具体的土地指标交易收益分配指导意见,明确农村集体经济组织、成员和相关权利人的分配原则和程序等,确保土地整理新增耕地收益的分配合法、公平、合理。农村集体经济组织应当依据指导意见和组织章程的规定,在交易前通过公开、民主的方式,协商制定符合本组织和交易项目实际情况的分配方案,并进行公示,接受群众监督。

### 120. 农村集体经济组织土地开发利用和指标交易的专业知识和管理能力不足？

土地开发利用和指标交易需要比较专业的知识和管理能力。农村集体经济组织成员和管理人员应当通过自主学习或参与培训，提升土地管理、市场运营、财务管理等方面的专业知识和技能，也可委托专业的第三方机构提供土地整理、指标交易等方面的咨询和服务，以提高土地整理和指标交易活动效率和效益。

## 第七章　争议的解决和法律责任

### 121. 调解是否为提起诉讼或仲裁的必经前置程序？

调解并非强制性前置程序。根据《农村土地承包经营纠纷调解仲裁法》第4条，当事人可自行选择调解、仲裁或诉讼。但实务中建议优先尝试调解，因其具有高效低成本优势，且调解协议可申请司法确认，获得强制执行力。

### 122. 如何选择仲裁与诉讼，二者有何区别？

仲裁具有专业和一裁终局的特点，裁决书自作出之日起生效，不可上诉。适用范围：主要针对土地承包、收益分配等经济纠纷。诉讼具有全面和两审终审的特点，对判决不服可上诉，程序周期较长。建议涉及复杂法律争议选诉讼，如成员资格认定；单纯经济纠纷可优先仲裁，如分红金额争议。

### 123. 成员身份争议诉讼需提交哪些关键证据？

（1）户籍证明：证明户籍与集体经济组织的关联性（如户口簿、迁出/迁入记录）；

(2)土地承包关系:土地承包合同、股权证书等;

(3)集体生活基础:居住证明、社保缴纳记录、村民代表大会表决记录;

(4)侵权行为证据:集体决议文件、收益分配方案等。

**124. 农村土地承包仲裁的时效如何计算?**

普通时效:自知道或应当知道权利被侵害之日起2年;最长保护期:自纠纷发生之日起超过20年的,仲裁机构不予受理。需要注意的是,时效可因申请调解、提出书面异议等行为中断,重新计算。

**125. 公益诉讼中妇女个人能否获得直接赔偿?**

不能直接获赔。公益诉讼目的是修复受损的公共利益,如责令集体修改章程、重新分配资产,而非补偿个人损失。但妇女可同步提起民事诉讼,主张个人损害赔偿。在公益诉讼胜诉后,可依据生效判决书中的事实认定,作为民事索赔的证据,降低举证难度。

**126. 如何证明集体决定"侵害合法权益",需满足哪些条件?**

需同时满足以下要件:

(1)内容违法或违规:违反法律或章程,如章程规定"征地补偿需全体成员表决",但实际未召开会议;

(2)直接损害个人权益:损害需具体明确,如剥夺分红资格、取消土地承包权,而非抽象利益,如集体声誉受损;

(3)因果关系:证明损害结果与决议内容存在直接关联,如决议作出后即停发分红。

**127. 农村集体经济组织成员行使撤销权是否有时间限制?**

农村集体经济组织成员的合法权益因农村集体经济组织成员大

会、成员代表大会、理事会或者农村集体经济组织负责人作出的决定而受到侵害时，该成员可以向人民法院请求予以撤销，打破了实践过程中可能存在的“内部自治绝对化”“多数决”的情况，合理保障了成员的权利。但受权益受到侵害的成员应当在知道或者应当知道撤销事由之日起1年内或者自侵害其权益的决定作出之日起5年内未行使撤销权，否则撤销权消灭。

**128. 超过撤销权期限后，是否还有其他救济途径？**

可尝试以下替代路径：

（1）侵权赔偿之诉：可依据我国《民法典》第1165条，主张集体或责任人赔偿损失（需证明过错与损害）；

（2）行政投诉：可请求农业农村部门责令集体整改；

（3）检察公益诉讼：若涉及妇女权益等公共利益，可申请检察机关介入。

**129. 哪些情形可能触发刑事追责？**

挪用资金超3万元且超3个月未还可能涉嫌挪用资金犯罪，又如侵占集体财产超6万元可能涉嫌职务侵占犯罪。

**130. 集体如何追偿财产损失？举证责任如何分配？**

追偿主体包含集体经济组织及其成员，集体经济组织直接起诉责任人，要求赔偿。成员可依据《农村集体经济组织法》第60条提起诉讼。

**131. 担保无效的法律后果是什么？**

根据《民法典》第157条的规定，无效后果有：担保合同自始无效；集体财产应返还（如已抵押的土地解除登记）；过错方（责任人、债权人)按过错分担损失。

**132. 集体如何追回已履行的担保财产?**

追回方式主要为起诉债权人要求返还担保财产,或者申请法院强制执行解除抵押登记。

**133. 集体经济组织如何证明其“诉讼主体资格”?**

提交法人登记证书、法定代表人身份证明以及法定代表人身份证复印件。若委托代理人起诉,需提交加盖公章的授权委托书。

**134. 起诉前需履行哪些内部程序?是否需要成员大会授权?**

若章程规定“重大诉讼需经成员代表大会表决”,则必须履行内部程序。章程未明确的,理事会可直接决定起诉。

**135. 成员代位诉讼的原告主体资格如何认定,是否需要全体联名成员参与?**

下列成员具有原告主体资格:

(1)参与联名请求的 10 名成员中,任意 1 名或多名均可起诉;

(2)未参与联名的其他成员无权单独起诉。

建议推选 1~2 名代表起诉,避免程序混乱。

**136. 胜诉利益如何处理?**

胜诉获得的赔偿金、返还财产等直接归属于集体经济组织,成员不得直接分配胜诉利益。

**137. 如何认定章程或决定“违反法律法规”?**

一是审查内容是否存在与法律强制性规定冲突,如剥夺妇女成员资格、违规处置集体土地。二是审查程序是否违反法定民主程序，如未召开成员大会或未达表决比例。

**138. 常见的“非法干预”形式有哪些？**

行政机关超越法定权限或违反法定程序，对集体经济组织的自主经营、财产处置等事项进行强制干预，常见违法情形：

(1)强制交易：要求集体与指定企业签订土地流转协议；

(2)越权决策：擅自调整集体收益分配方案；

(3)截留资金：挪用集体土地征收补偿款；

(4)人事干预：未经法定程序撤换集体经济组织负责人。

**139. 证明行政机关“未依法履行监管职责”需提交哪些证据？**

一是举证法定职责依据，提供法律法规规定行政机关应履行的具体监管职责；二是举证不作为事实，如集体财务长期未公开，但行政机关未责令整改；三是行政机关的书面答复或无答复证明。

## 第八章　附　　则

**140. 没有设立农村集体经济组织的，由谁来代替行使其职能？**

《农村集体经济组织法》第64条规定，未设立农村集体经济组织的，村民委员会、村民小组可以依法代行农村集体经济组织的职能。同时，村民委员会、村民小组依法代行农村集体经济组织职能的，讨论决定有关集体财产和成员权益的事项参照适用本法的相关规定。

**141.《农村集体经济组织法》在2025年5月1日开始施行，那在此之前已经依法登记的农村集体经济组织及其名称是否还有效？**

有效。为了避免因法律变动影响农村集体经济组织的正常运作，维护已登记农村集体经济组织的合法权益，本法施行前已经按照国家规定登记的农村集体经济组织及其名称，本法施行后在法人登记证书有效期限内继续有效。

**142. 在农村集体产权制度改革时已经确认成员身份的，在《农村集体经济组织法》施行后需不需要重新申请确认？**

不需要重新确认。《农村集体经济组织法》第66条明确本法施行前农村集体经济组织开展农村集体产权制度改革时已经被确认的成员，本法施行后不需要重新确认。

# 关联法规

# 《中华人民共和国民法典》(节选)

(《中华人民共和国民法典》由中华人民共和国第十三届全国人民代表大会第三次会议于2020年5月28日通过,自2021年1月1日起施行)

**第十八条** 成年人为完全民事行为能力人,可以独立实施民事法律行为。

十六周岁以上的未成年人,以自己的劳动收入为主要生活来源的,视为完全民事行为能力人。

**第六十一条** 依照法律或者法人章程的规定,代表法人从事民事活动的负责人,为法人的法定代表人。

法定代表人以法人名义从事的民事活动,其法律后果由法人承受。

法人章程或者法人权力机构对法定代表人代表权的限制,不得对抗善意相对人。

**第六十七条** 法人合并的,其权利和义务由合并后的法人享有和承担。

法人分立的,其权利和义务由分立后的法人享有连带债权,承担连带债务,但是债权人和债务人另有约定的除外。

**第六十四条** 法人存续期间登记事项发生变化的,应当依法向登记机关申请变更登记。

**第七十三条** 法人被宣告破产的,依法进行破产清算并完成法人注销登记时,法人终止。

**第八十五条** 营利法人的权力机构、执行机构作出决议的会议召集程序、表决方式违反法律、行政法规、法人章程,或者决议内容违反法人章程的,营利法人的出资人可以请求人民法院撤销该决议。但是,营利法人依据该决议与善意相对人形成的民事法律关系不受影响。

**第九十六条** 本节规定的机关法人、农村集体经济组织法人、城镇农村的合作经济组织法人、基层群众性自治组织法人，为特别法人。

**第九十九条** 农村集体经济组织依法取得法人资格。

法律、行政法规对农村集体经济组织有规定的，依照其规定。

**第一百条** 城镇农村的合作经济组织依法取得法人资格。

法律、行政法规对城镇农村的合作经济组织有规定的，依照其规定。

**第一百五十二条** 有下列情形之一的，撤销权消灭：

（一）当事人自知道或者应当知道撤销事由之日起一年内、重大误解的当事人自知道或者应当知道撤销事由之日起九十日内没有行使撤销权；

（二）当事人受胁迫，自胁迫行为终止之日起一年内没有行使撤销权；

（三）当事人知道撤销事由后明确表示或者以自己的行为表明放弃撤销权。

当事人自民事法律行为发生之日起五年内没有行使撤销权的，撤销权消灭。

**第一百五十七条** 民事法律行为无效、被撤销或者确定不发生效力后，行为人因该行为取得的财产，应当予以返还；不能返还或者没有必要返还的，应当折价补偿。有过错的一方应当赔偿对方由此所受到的损失；各方都有过错的，应当各自承担相应的责任。法律另有规定的，依照其规定。

**第一百七十条** 执行法人或者非法人组织工作任务的人员，就其职权范围内的事项，以法人或者非法人组织的名义实施的民事法律行为，对法人或者非法人组织发生效力。

法人或者非法人组织对执行其工作任务的人员职权范围的限制，不得对抗善意相对人。

**第二百四十三条** 为了公共利益的需要，依照法律规定的权限和程序可以征收集体所有的土地和组织、个人的房屋以及其他不动产。

征收集体所有的土地，应当依法及时足额支付土地补偿费、安置补助费以及农村村民住宅、其他地上附着物和青苗等的补偿费用，并安排被征地农民的社会保障费用，保障被征地农民的生活，维护被征地农民的合法权益。

征收组织、个人的房屋以及其他不动产，应当依法给予征收补偿，维护被征收人的合法权益；征收个人住宅的，还应当保障被征收人的居住条件。

任何组织或者个人不得贪污、挪用、私分、截留、拖欠征收补偿费等费用。

**第二百四十四条** 国家对耕地实行特殊保护，严格限制农用地转为建设用地，控制建设用地总量。不得违反法律规定的权限和程序征收集体所有的土地。

**第二百六十条** 集体所有的不动产和动产包括：

（一）法律规定属于集体所有的土地和森林、山岭、草原、荒地、滩涂；

（二）集体所有的建筑物、生产设施、农田水利设施；

（三）集体所有的教育、科学、文化、卫生、体育等设施；

（四）集体所有的其他不动产和动产。

**第二百六十一条** 农民集体所有的不动产和动产，属于本集体成员集体所有。下列事项应当依照法定程序经本集体成员决定：

（一）土地承包方案以及将土地发包给本集体以外的组织或者个人承包；

（二）个别土地承包经营权人之间承包地的调整；

（三）土地补偿费等费用的使用、分配办法；

（四）集体出资的企业的所有权变动等事项；

（五）法律规定的其他事项。

**第二百六十二条** 对于集体所有的土地和森林、山岭、草原、荒地、滩涂等，依照下列规定行使所有权：

（一）属于村农民集体所有的，由村集体经济组织或者村民委员会依法代表集体行使所有权；

（二）分别属于村内两个以上农民集体所有的，由村内各该集体经济组织或者村民小组依法代表集体行使所有权；

（三）属于乡镇农民集体所有的，由乡镇集体经济组织代表集体行使所有权。

**第二百六十三条** 城镇集体所有的不动产和动产，依照法律、行政法规的规定由本集体享有占有、使用、收益和处分的权利。

**第二百六十四条** 农村集体经济组织或者村民委员会、村民小组应当依照法律、行政法规以及章程、村规民约向本集体成员公布集体财产的状况。集体成员有权查阅、复制相关资料。

**第二百六十五条** 集体所有的财产受法律保护，禁止任何组织或者个人侵占、哄抢、私分、破坏。

农村集体经济组织、村民委员会或者其负责人作出的决定侵害集体成员合法权益的，受侵害的集体成员可以请求人民法院予以撤销。

**第二百六十八条** 国家、集体和私人依法可以出资设立有限责任公司、股份有限公司或者其他企业。国家、集体和私人所有的不动产或者动产投到企业的，由出资人按照约定或者出资比例享有资产收益、重大决策以及选择经营管理者等权利并履行义务。

**第三百三十条** 农村集体经济组织实行家庭承包经营为基础、统分结合的双层经营体制。

农民集体所有和国家所有由农民集体使用的耕地、林地、草地以及其他用于农业的土地，依法实行土地承包经营制度。

**第三百三十一条** 土地承包经营权人依法对其承包经营的耕地、林地、草地等享有占有、使用和收益的权利，有权从事种植业、林业、畜牧业等农业生产。

**第三百三十二条** 耕地的承包期为三十年。草地的承包期为三十年至五十年。林地的承包期为三十年至七十年。

前款规定的承包期限届满，由土地承包经营权人依照农村土地承包的法律规定继续承包。

**第三百三十三条** 土地承包经营权自土地承包经营权合同生效时设立。

登记机构应当向土地承包经营权人发放土地承包经营权证、林权证等证书，并登记造册，确认土地承包经营权。

**第三百三十四条** 土地承包经营权人依照法律规定，有权将土地承包经营权互换、转让。未经依法批准，不得将承包地用于非农建设。

**第三百三十五条** 土地承包经营权互换、转让的，当事人可以向登记机构申请登记；未经登记，不得对抗善意第三人。

**第三百三十六条** 承包期内发包人不得调整承包地。

因自然灾害严重毁损承包地等特殊情形，需要适当调整承包的耕地和草地的，应当依照农村土地承包的法律规定办理。

**第三百三十七条** 承包期内发包人不得收回承包地。法律另有规定的，依照其规定。

**第三百三十八条** 承包地被征收的，土地承包经营权人有权依据本法第二百四十三条的规定获得相应补偿。

**第三百三十九条** 土地承包经营权人可以自主决定依法采取出租、入股或者其他方式向他人流转土地经营权。

**第三百四十条** 土地经营权人有权在合同约定的期限内占有农村土地，自主开展农业生产经营并取得收益。

**第三百四十一条** 流转期限为五年以上的土地经营权,自流转合同生效时设立。当事人可以向登记机构申请土地经营权登记;未经登记,不得对抗善意第三人。

**第三百四十二条** 通过招标、拍卖、公开协商等方式承包农村土地,经依法登记取得权属证书的,可以依法采取出租、入股、抵押或者其他方式流转土地经营权。

**第三百四十三条** 国家所有的农用地实行承包经营的,参照适用本编的有关规定。

**第一千一百六十五条** 行为人因过错侵害他人民事权益造成损害的,应当承担侵权责任。

依照法律规定推定行为人有过错,其不能证明自己没有过错的,应当承担侵权责任。

# 《中华人民共和国刑法》(节选)

(《中华人民共和国刑法修正案(十二)》由中华人民共和国第十四届全国人民代表大会常务委员会第七次会议于2023年12月29日通过,自2024年3月1日起施行)

**第二百七十一条** **【职务侵占罪】**公司、企业或者其他单位的工作人员,利用职务上的便利,将本单位财物非法占为己有,数额较大的,处三年以下有期徒刑或者拘役,并处罚金;数额巨大的,处三年以上十年以下有期徒刑,并处罚金;数额特别巨大的,处十年以上有期徒刑或者无期徒刑,并处罚金。

**【贪污罪】**国有公司、企业或者其他国有单位中从事公务的人员和国有公司、企业或者其他国有单位委派到非国有公司、企业以及其他单位从事公务的人员有前款行为的,依照本法第三百八十二条、第三百八十三条的规定定罪处罚。

**第二百七十二条** **【挪用资金罪】**公司、企业或者其他单位的工作人员,利用职务上的便利，挪用本单位资金归个人使用或者借贷给他人，数额较大、超过三个月未还的，或者虽未超过三个月，但数额较大、进行营利活动的，或者进行非法活动的，处三年以下有期徒刑或者拘役；挪用本单位资金数额巨大的，处三年以上七年以下有期徒刑；数额特别巨大的，处七年以上有期徒刑。

**【挪用公款罪】**国有公司、企业或者其他国有单位中从事公务的人员和国有公司、企业或者其他国有单位委派到非国有公司、企业以及其他单位从事公务的人员有前款行为的，依照本法第三百八十四条的规定定罪处罚。

有第一款行为，在提起公诉前将挪用的资金退还的，可以从轻或者减轻处罚。其中，犯罪较轻的，可以减轻或者免除处罚。

**第三百九十七条　【滥用职权罪】【玩忽职守罪】**国家机关工作人员滥用职权或者玩忽职守，致使公共财产、国家和人民利益遭受重大损失的，处三年以下有期徒刑或者拘役；情节特别严重的，处三年以上七年以下有期徒刑。本法另有规定的，依照规定。

国家机关工作人员徇私舞弊，犯前款罪的，处五年以下有期徒刑或者拘役；情节特别严重的，处五年以上十年以下有期徒刑。本法另有规定的，依照规定。

**第三百八十二条　【贪污罪】**国家工作人员利用职务上的便利，侵吞、窃取、骗取或者以其他手段非法占有公共财物的，是贪污罪。

受国家机关、国有公司、企业、事业单位、人民团体委托管理、经营国有财产的人员，利用职务上的便利，侵吞、窃取、骗取或者以其他手段非法占有国有财物的，以贪污论。

与前两款所列人员勾结，伙同贪污的，以共犯论处。

# 《中华人民共和国公司法》(节选)

(《中华人民共和国公司法》由中华人民共和国第十四届全国人民代表大会常务委员会第七次会议于 2023 年 12 月 29 日修订通过,自 2024 年 7 月 1 日起施行)

**第八条** 公司以其主要办事机构所在地为住所。

**第三十四条** 公司登记事项发生变更的,应当依法办理变更登记。

公司登记事项未经登记或者未经变更登记,不得对抗善意相对人。

**第一百八十九条** 董事、高级管理人员有前条规定的情形的,有限责任公司的股东、股份有限公司连续一百八十日以上单独或者合计持有公司百分之一以上股份的股东,可以书面请求监事会向人民法院提起诉讼;监事有前条规定的情形的,前述股东可以书面请求董事会向人民法院提起诉讼。

监事会或者董事会收到前款规定的股东书面请求后拒绝提起诉讼,或者自收到请求之日起三十日内未提起诉讼,或者情况紧急、不立即提起诉讼将会使公司利益受到难以弥补的损害的,前款规定的股东有权为公司利益以自己的名义直接向人民法院提起诉讼。

他人侵犯公司合法权益,给公司造成损失的,本条第一款规定的股东可以依照前两款的规定向人民法院提起诉讼。

公司全资子公司的董事、监事、高级管理人员有前条规定情形,或者他人侵犯公司全资子公司合法权益造成损失的,有限责任公司的股东、股份有限公司连续一百八十日以上单独或者合计持有公司百分之一以上股份的股东,可以依照前三款规定书面请求全资子公司的监事会、董事会向人民法院提起诉讼或者以自己的名义直接向人民法院提起诉讼。

# 《中华人民共和国土地管理法》(2019修正)

(1986年6月25日第六届全国人民代表大会常务委员会第十六次会议通过　根据1988年12月29日第七届全国人民代表大会常务委员会第五次会议《关于修改〈中华人民共和国土地管理法〉的决定》第一次修正　1998年8月29日第九届全国人民代表大会常务委员会第四次会议修订　根据2004年8月28日第十届全国人民代表大会常务委员会第十一次会议《关于修改〈中华人民共和国土地管理法〉的决定》第二次修正　根据2019年8月26日第十三届全国人民代表大会常务委员会第十二次会议《关于修改〈中华人民共和国土地管理法〉、〈中华人民共和国城市房地产管理法〉的决定》第三次修正)

## 第一章　总　　则

**第一条**　为了加强土地管理，维护土地的社会主义公有制，保护、开发土地资源，合理利用土地，切实保护耕地，促进社会经济的可持续发展，根据宪法，制定本法。

**第二条**　中华人民共和国实行土地的社会主义公有制，即全民所有制和劳动群众集体所有制。

全民所有，即国家所有土地的所有权由国务院代表国家行使。

任何单位和个人不得侵占、买卖或者以其他形式非法转让土地。土地使用权可以依法转让。

国家为了公共利益的需要，可以依法对土地实行征收或者征用并给予补偿。

国家依法实行国有土地有偿使用制度。但是，国家在法律规定的范围内划拨国有土地使用权的除外。

**第三条** 十分珍惜、合理利用土地和切实保护耕地是我国的基本国策。各级人民政府应当采取措施,全面规划,严格管理,保护、开发土地资源,制止非法占用土地的行为。

**第四条** 国家实行土地用途管制制度。

国家编制土地利用总体规划,规定土地用途,将土地分为农用地、建设用地和未利用地。严格限制农用地转为建设用地,控制建设用地总量,对耕地实行特殊保护。

前款所称农用地是指直接用于农业生产的土地,包括耕地、林地、草地、农田水利用地、养殖水面等;建设用地是指建造建筑物、构筑物的土地,包括城乡住宅和公共设施用地、工矿用地、交通水利设施用地、旅游用地、军事设施用地等;未利用地是指农用地和建设用地以外的土地。

使用土地的单位和个人必须严格按照土地利用总体规划确定的用途使用土地。

**第五条** 国务院自然资源主管部门统一负责全国土地的管理和监督工作。

县级以上地方人民政府自然资源主管部门的设置及其职责,由省、自治区、直辖市人民政府根据国务院有关规定确定。

**第六条** 国务院授权的机构对省、自治区、直辖市人民政府以及国务院确定的城市人民政府土地利用和土地管理情况进行督察。

**第七条** 任何单位和个人都有遵守土地管理法律、法规的义务,并有权对违反土地管理法律、法规的行为提出检举和控告。

**第八条** 在保护和开发土地资源、合理利用土地以及进行有关的科学研究等方面成绩显著的单位和个人,由人民政府给予奖励。

## 第二章 土地的所有权和使用权

**第九条** 城市市区的土地属于国家所有。

农村和城市郊区的土地,除由法律规定属于国家所有的以外,属于农民集体所有;宅基地和自留地、自留山,属于农民集体所有。

**第十条** 国有土地和农民集体所有的土地,可以依法确定给单位或者个人使用。使用土地的单位和个人,有保护、管理和合理利用土地的义务。

**第十一条** 农民集体所有的土地依法属于村农民集体所有的,由村集体经济组织或者村民委员会经营、管理；已经分别属于村内两个以上农村集体经济组织的农民集体所有的，由村内各该农村集体经济组织或者村民小组经营、管理；已经属于乡（镇）农民集体所有的，由乡（镇）农村集体经济组织经营、管理。

**第十二条** 土地的所有权和使用权的登记，依照有关不动产登记的法律、行政法规执行。

依法登记的土地的所有权和使用权受法律保护，任何单位和个人不得侵犯。

**第十三条** 农民集体所有和国家所有依法由农民集体使用的耕地、林地、草地，以及其他依法用于农业的土地，采取农村集体经济组织内部的家庭承包方式承包，不宜采取家庭承包方式的荒山、荒沟、荒丘、荒滩等，可以采取招标、拍卖、公开协商等方式承包，从事种植业、林业、畜牧业、渔业生产。家庭承包的耕地的承包期为三十年，草地的承包期为三十年至五十年，林地的承包期为三十年至七十年；耕地承包期届满后再延长三十年，草地、林地承包期届满后依法相应延长。

国家所有依法用于农业的土地可以由单位或者个人承包经营，从事种植业、林业、畜牧业、渔业生产。

发包方和承包方应当依法订立承包合同，约定双方的权利和义务。承包经营土地的单位和个人，有保护和按照承包合同约定的用途合理利用土地的义务。

**第十四条** 土地所有权和使用权争议，由当事人协商解决；协商不成的，由人民政府处理。

单位之间的争议，由县级以上人民政府处理；个人之间、个人与单位之间的争议，由乡级人民政府或者县级以上人民政府处理。

当事人对有关人民政府的处理决定不服的，可以自接到处理决定通知之日起三十日内，向人民法院起诉。

在土地所有权和使用权争议解决前，任何一方不得改变土地利用现状。

## 第三章 土地利用总体规划

**第十五条** 各级人民政府应当依据国民经济和社会发展规划、国土整治和资源环境保护的要求、土地供给能力以及各项建设对土地的需求，组织编制土地利用总体规划。

土地利用总体规划的规划期限由国务院规定。

**第十六条** 下级土地利用总体规划应当依据上一级土地利用总体规划编制。

地方各级人民政府编制的土地利用总体规划中的建设用地总量不得超过上一级土地利用总体规划确定的控制指标,耕地保有量不得低于上一级土地利用总体规划确定的控制指标。

省、自治区、直辖市人民政府编制的土地利用总体规划,应当确保本行政区域内耕地总量不减少。

**第十七条** 土地利用总体规划按照下列原则编制:

(一)落实国土空间开发保护要求,严格土地用途管制;

(二)严格保护永久基本农田,严格控制非农业建设占用农用地;

(三)提高土地节约集约利用水平;

(四)统筹安排城乡生产、生活、生态用地,满足乡村产业和基础设施用地合理需求,促进城乡融合发展;

(五)保护和改善生态环境,保障土地的可持续利用;

(六)占用耕地与开发复垦耕地数量平衡、质量相当。

**第十八条** 国家建立国土空间规划体系。编制国土空间规划应当坚持生态优先,绿色、可持续发展,科学有序统筹安排生态、农业、城镇等功能空间,优化国土空间结构和布局,提升国土空间开发、保护的质量和效率。

经依法批准的国土空间规划是各类开发、保护、建设活动的基本依据。已经编制国土空间规划的,不再编制土地利用总体规划和城乡规划。

**第十九条** 县级土地利用总体规划应当划分土地利用区,明确土地用途。

乡(镇)土地利用总体规划应当划分土地利用区,根据土地使用条件,确定每一块土地的用途,并予以公告。

**第二十条** 土地利用总体规划实行分级审批。

省、自治区、直辖市的土地利用总体规划,报国务院批准。

省、自治区人民政府所在地的市、人口在一百万以上的城市以及国务院指定的城市的土地利用总体规划,经省、自治区人民政府审查同意后,报国务院批准。

本条第二款、第三款规定以外的土地利用总体规划,逐级上报省、自治区、直辖市人民政府批准;其中,乡(镇)土地利用总体规划可以由省级人民政府授权的设区的市、自治州人民政府批准。

土地利用总体规划一经批准,必须严格执行。

**第二十一条** 城市建设用地规模应当符合国家规定的标准,充分利用现有建设用地，不占或者尽量少占农用地。

城市总体规划、村庄和集镇规划，应当与土地利用总体规划相衔接，城市总体规划、村庄和集镇规划中建设用地规模不得超过土地利用总体规划确定的城市和村庄、集镇建设用地规模。

在城市规划区内、村庄和集镇规划区内，城市和村庄、集镇建设用地应当符合城市规划、村庄和集镇规划。

**第二十二条** 江河、湖泊综合治理和开发利用规划，应当与土地利用总体规划相衔接。在江河、湖泊、水库的管理和保护范围以及蓄洪滞洪区内，土地利用应当符合江河、湖泊综合治理和开发利用规划，符合河道、湖泊行洪、蓄洪和输水的要求。

**第二十三条** 各级人民政府应当加强土地利用计划管理，实行建设用地总量控制。

土地利用年度计划，根据国民经济和社会发展计划、国家产业政策、土地利用总体规划以及建设用地和土地利用的实际状况编制。土地利用年度计划应当对本法第六十三条规定的集体经营性建设用地作出合理安排。土地利用年度计划的编制审批程序与土地利用总体规划的编制审批程序相同，一经审批下达，必须严格执行。

**第二十四条** 省、自治区、直辖市人民政府应当将土地利用年度计划的执行情况列为国民经济和社会发展计划执行情况的内容，向同级人民代表大会报告。

**第二十五条** 经批准的土地利用总体规划的修改，须经原批准机关批准；未经批准，不得改变土地利用总体规划确定的土地用途。

经国务院批准的大型能源、交通、水利等基础设施建设用地，需要改变土地利用总体规划的，根据国务院的批准文件修改土地利用总体规划。

经省、自治区、直辖市人民政府批准的能源、交通、水利等基础设施建设用地，需要改变土地利用总体规划的，属于省级人民政府土地利用总体规划批准权限内的，根据省级人民政府的批准文件修改土地利用总体规划。

**第二十六条** 国家建立土地调查制度。

县级以上人民政府自然资源主管部门会同同级有关部门进行土地调查。土地所有者或者使用者应当配合调查，并提供有关资料。

**第二十七条** 县级以上人民政府自然资源主管部门会同同级有关部门根据

土地调查成果、规划土地用途和国家制定的统一标准，评定土地等级。

**第二十八条** 国家建立土地统计制度。

县级以上人民政府统计机构和自然资源主管部门依法进行土地统计调查，定期发布土地统计资料。土地所有者或者使用者应当提供有关资料，不得拒报、迟报，不得提供不真实、不完整的资料。

统计机构和自然资源主管部门共同发布的土地面积统计资料是各级人民政府编制土地利用总体规划的依据。

**第二十九条** 国家建立全国土地管理信息系统，对土地利用状况进行动态监测。

## 第四章 耕地保护

**第三十条** 国家保护耕地，严格控制耕地转为非耕地。

国家实行占用耕地补偿制度。非农业建设经批准占用耕地的，按照“占多少，垦多少”的原则，由占用耕地的单位负责开垦与所占用耕地的数量和质量相当的耕地；没有条件开垦或者开垦的耕地不符合要求的，应当按照省、自治区、直辖市的规定缴纳耕地开垦费，专款用于开垦新的耕地。

省、自治区、直辖市人民政府应当制定开垦耕地计划，监督占用耕地的单位按照计划开垦耕地或者按照计划组织开垦耕地，并进行验收。

**第三十一条** 县级以上地方人民政府可以要求占用耕地的单位将所占用耕地耕作层的土壤用于新开垦耕地、劣质地或者其他耕地的土壤改良。

**第三十二条** 省、自治区、直辖市人民政府应当严格执行土地利用总体规划和土地利用年度计划，采取措施，确保本行政区域内耕地总量不减少、质量不降低。耕地总量减少的，由国务院责令在规定期限内组织开垦与所减少耕地的数量与质量相当的耕地；耕地质量降低的，由国务院责令在规定期限内组织整治。新开垦和整治的耕地由国务院自然资源主管部门会同农业农村主管部门验收。

个别省、直辖市确因土地后备资源匮乏，新增建设用地后，新开垦耕地的数量不足以补偿所占用耕地的数量的，必须报经国务院批准减免本行政区域内开垦耕地的数量，易地开垦数量和质量相当的耕地。

**第三十三条** 国家实行永久基本农田保护制度。下列耕地应当根据土地利用总体规划划为永久基本农田，实行严格保护：

（一）经国务院农业农村主管部门或者县级以上地方人民政府批准确定的粮、棉、油、糖等重要农产品生产基地内的耕地；

（二）有良好的水利与水土保持设施的耕地，正在实施改造计划以及可以改造的中、低产田和已建成的高标准农田；

（三）蔬菜生产基地；

（四）农业科研、教学试验田；

（五）国务院规定应当划为永久基本农田的其他耕地。

各省、自治区、直辖市划定的永久基本农田一般应当占本行政区域内耕地的百分之八十以上，具体比例由国务院根据各省、自治区、直辖市耕地实际情况规定。

**第三十四条** 永久基本农田划定以乡（镇）为单位进行，由县级人民政府自然资源主管部门会同同级农业农村主管部门组织实施。永久基本农田应当落实到地块，纳入国家永久基本农田数据库严格管理。

乡（镇）人民政府应当将永久基本农田的位置、范围向社会公告，并设立保护标志。

**第三十五条** 永久基本农田经依法划定后，任何单位和个人不得擅自占用或者改变其用途。国家能源、交通、水利、军事设施等重点建设项目选址确实难以避让永久基本农田，涉及农用地转用或者土地征收的，必须经国务院批准。

禁止通过擅自调整县级土地利用总体规划、乡（镇）土地利用总体规划等方式规避永久基本农田农用地转用或者土地征收的审批。

**第三十六条** 各级人民政府应当采取措施，引导因地制宜轮作休耕，改良土壤，提高地力，维护排灌工程设施，防止土地荒漠化、盐渍化、水土流失和土壤污染。

**第三十七条** 非农业建设必须节约使用土地，可以利用荒地的，不得占用耕地；可以利用劣地的，不得占用好地。

禁止占用耕地建窑、建坟或者擅自在耕地上建房、挖砂、采石、采矿、取土等。

禁止占用永久基本农田发展林果业和挖塘养鱼。

**第三十八条** 禁止任何单位和个人闲置、荒芜耕地。已经办理审批手续的非农业建设占用耕地，一年内不用而又可以耕种并收获的，应当由原耕种该幅耕地的集体或者个人恢复耕种，也可以由用地单位组织耕种；一年以上未动工建设的，应当按照省、自治区、直辖市的规定缴纳闲置费；连续二年未使用的，经原批准机关批准，由县级以上人民政府无偿收回用地单位的土地使用权；该幅土地原为农民集体所有的，应当交由原农村集体经济组织恢复耕种。

在城市规划区范围内，以出让方式取得土地使用权进行房地产开发的闲置土地，依照《中华人民共和国城市房地产管理法》的有关规定办理。

**第三十九条** 国家鼓励单位和个人按照土地利用总体规划，在保护和改善生态环境、防止水土流失和土地荒漠化的前提下，开发未利用的土地；适宜开发为农用地的，应当优先开发成农用地。

国家依法保护开发者的合法权益。

**第四十条** 开垦未利用的土地，必须经过科学论证和评估，在土地利用总体规划划定的可开垦的区域内，经依法批准后进行。禁止毁坏森林、草原开垦耕地，禁止围湖造田和侵占江河滩地。

根据土地利用总体规划，对破坏生态环境开垦、围垦的土地，有计划有步骤地退耕还林、还牧、还湖。

**第四十一条** 开发未确定使用权的国有荒山、荒地、荒滩从事种植业、林业、畜牧业、渔业生产的，经县级以上人民政府依法批准，可以确定给开发单位或者个人长期使用。

**第四十二条** 国家鼓励土地整理。县、乡（镇）人民政府应当组织农村集体经济组织，按照土地利用总体规划，对田、水、路、林、村综合整治，提高耕地质量，增加有效耕地面积，改善农业生产条件和生态环境。

地方各级人民政府应当采取措施，改造中、低产田，整治闲散地和废弃地。

**第四十三条** 因挖损、塌陷、压占等造成土地破坏，用地单位和个人应当按照国家有关规定负责复垦；没有条件复垦或者复垦不符合要求的，应当缴纳土地复垦费，专项用于土地复垦。复垦的土地应当优先用于农业。

## 第五章 建设用地

**第四十四条** 建设占用土地，涉及农用地转为建设用地的，应当办理农用地转用审批手续。

永久基本农田转为建设用地的，由国务院批准。

在土地利用总体规划确定的城市和村庄、集镇建设用地规模范围内，为实施该规划而将永久基本农田以外的农用地转为建设用地的，按土地利用年度计划分批次按照国务院规定由原批准土地利用总体规划的机关或者其授权的机关批准。在已批准的农用地转用范围内，具体建设项目用地可以由市、县人民政府批准。

在土地利用总体规划确定的城市和村庄、集镇建设用地规模范围外，将永久基本农田以外的农用地转为建设用地的，由国务院或者国务院授权的省、自治区、直辖市人民政府批准。

**第四十五条**　为了公共利益的需要，有下列情形之一，确需征收农民集体所有的土地的，可以依法实施征收：

（一）军事和外交需要用地的；

（二）由政府组织实施的能源、交通、水利、通信、邮政等基础设施建设需要用地的；

（三）由政府组织实施的科技、教育、文化、卫生、体育、生态环境和资源保护、防灾减灾、文物保护、社区综合服务、社会福利、市政公用、优抚安置、英烈保护等公共事业需要用地的；

（四）由政府组织实施的扶贫搬迁、保障性安居工程建设需要用地的；

（五）在土地利用总体规划确定的城镇建设用地范围内，经省级以上人民政府批准由县级以上地方人民政府组织实施的成片开发建设需要用地的；

（六）法律规定为公共利益需要可以征收农民集体所有的土地的其他情形。

前款规定的建设活动，应当符合国民经济和社会发展规划、土地利用总体规划、城乡规划和专项规划；第（四）项、第（五）项规定的建设活动，还应当纳入国民经济和社会发展年度计划；第（五）项规定的成片开发并应当符合国务院自然资源主管部门规定的标准。

**第四十六条**　征收下列土地的，由国务院批准：

（一）永久基本农田；

（二）永久基本农田以外的耕地超过三十五公顷的；

（三）其他土地超过七十公顷的。

征收前款规定以外的土地的，由省、自治区、直辖市人民政府批准。

征收农用地的，应当依照本法第四十四条的规定先行办理农用地转用审批。其中，经国务院批准农用地转用的，同时办理征地审批手续，不再另行办理征地审批；经省、自治区、直辖市人民政府在征地批准权限内批准农用地转用的，同时办理征地审批手续，不再另行办理征地审批，超过征地批准权限的，应当依照本条第一款的规定另行办理征地审批。

**第四十七条** 国家征收土地的，依照法定程序批准后，由县级以上地方人民政府予以公告并组织实施。

县级以上地方人民政府拟申请征收土地的，应当开展拟征收土地现状调查和社会稳定风险评估，并将征收范围、土地现状、征收目的、补偿标准、安置方式和社会保障等在拟征收土地所在的乡（镇）和村、村民小组范围内公告至少三十日，听取被征地的农村集体经济组织及其成员、村民委员会和其他利害关系人的意见。

多数被征地的农村集体经济组织成员认为征地补偿安置方案不符合法律、法规规定的，县级以上地方人民政府应当组织召开听证会，并根据法律、法规的规定和听证会情况修改方案。

拟征收土地的所有权人、使用权人应当在公告规定期限内，持不动产权属证明材料办理补偿登记。县级以上地方人民政府应当组织有关部门测算并落实有关费用，保证足额到位，与拟征收土地的所有权人、使用权人就补偿、安置等签订协议；个别确实难以达成协议的，应当在申请征收土地时如实说明。

相关前期工作完成后，县级以上地方人民政府方可申请征收土地。

**第四十八条** 征收土地应当给予公平、合理的补偿，保障被征地农民原有生活水平不降低、长远生计有保障。

征收土地应当依法及时足额支付土地补偿费、安置补助费以及农村村民住宅、其他地上附着物和青苗等的补偿费用，并安排被征地农民的社会保障费用。

征收农用地的土地补偿费、安置补助费标准由省、自治区、直辖市通过制定公布区片综合地价确定。制定区片综合地价应当综合考虑土地原用途、土地资源条件、土地产值、土地区位、土地供求关系、人口以及经济社会发展水平等因素，并至少每三年调整或者重新公布一次。

征收农用地以外的其他土地、地上附着物和青苗等的补偿标准，由省、自治区、直辖市制定。对其中的农村村民住宅，应当按照先补偿后搬迁、居住条件有改善的原则，尊重农村村民意愿，采取重新安排宅基地建房、提供安置房或者货币补偿等方式给予公平、合理的补偿，并对因征收造成的搬迁、临时安置等费用予以补偿，保障农村村民居住的权利和合法的住房财产权益。

县级以上地方人民政府应当将被征地农民纳入相应的养老等社会保障体系。

被征地农民的社会保障费用主要用于符合条件的被征地农民的养老保险等社会保险缴费补贴。被征地农民社会保障费用的筹集、管理和使用办法，由省、自治区、直辖市制定。

**第四十九条** 被征地的农村集体经济组织应当将征收土地的补偿费用的收支状况向本集体经济组织的成员公布，接受监督。

禁止侵占、挪用被征收土地单位的征地补偿费用和其他有关费用。

**第五十条** 地方各级人民政府应当支持被征地的农村集体经济组织和农民从事开发经营，兴办企业。

**第五十一条** 大中型水利、水电工程建设征收土地的补偿费标准和移民安置办法，由国务院另行规定。

**第五十二条** 建设项目可行性研究论证时，自然资源主管部门可以根据土地利用总体规划、土地利用年度计划和建设用地标准，对建设用地有关事项进行审查，并提出意见。

**第五十三条** 经批准的建设项目需要使用国有建设用地的，建设单位应当持法律、行政法规规定的有关文件，向有批准权的县级以上人民政府自然资源主管部门提出建设用地申请，经自然资源主管部门审查，报本级人民政府批准。

**第五十四条** 建设单位使用国有土地，应当以出让等有偿使用方式取得；但是，下列建设用地，经县级以上人民政府依法批准，可以以划拨方式取得：

（一）国家机关用地和军事用地；

（二）城市基础设施用地和公益事业用地；

（三）国家重点扶持的能源、交通、水利等基础设施用地；

（四）法律、行政法规规定的其他用地。

**第五十五条** 以出让等有偿使用方式取得国有土地使用权的建设单位，按照国务院规定的标准和办法，缴纳土地使用权出让金等土地有偿使用费和其他费用后，方可使用土地。

自本法施行之日起，新增建设用地的土地有偿使用费，百分之三十上缴中央财政，百分之七十留给有关地方人民政府。具体使用管理办法由国务院财政部门会同有关部门制定，并报国务院批准。

**第五十六条** 建设单位使用国有土地的，应当按照土地使用权出让等有偿使用合同的约定或者土地使用权划拨批准文件的规定使用土地；确需改变该幅土地建设用途的，应当经有关人民政府自然资源主管部门同意，报原批准用地的人民政府批准。其中，在城市规划区内改变土地用途的，在报批前，应当先经有关城市规划行政主管部门同意。

**第五十七条** 建设项目施工和地质勘查需要临时使用国有土地或者农民集体所有的土地的，由县级以上人民政府自然资源主管部门批准。其中，在城市规划区内的临时用地，在报批前，应当先经有关城市规划行政主管部门同意。土地使用者应当根据土地权属，与有关自然资源主管部门或者农村集体经济组织、村民委员会签订临时使用土地合同，并按照合同的约定支付临时使用土地补偿费。

临时使用土地的使用者应当按照临时使用土地合同约定的用途使用土地，并不得修建永久性建筑物。

临时使用土地期限一般不超过二年。

**第五十八条** 有下列情形之一的，由有关人民政府自然资源主管部门报经原批准用地的人民政府或者有批准权的人民政府批准，可以收回国有土地使用权：

（一）为实施城市规划进行旧城区改建以及其他公共利益需要，确需使用土地的；

（二）土地出让等有偿使用合同约定的使用期限届满，土地使用者未申请续期或者申请续期未获批准的；

（三）因单位撤销、迁移等原因，停止使用原划拨的国有土地的；

（四）公路、铁路、机场、矿场等经核准报废的。

依照前款第（一）项的规定收回国有土地使用权的，对土地使用权人应当给予适当补偿。

**第五十九条** 乡镇企业、乡（镇）村公共设施、公益事业、农村村民住宅等乡（镇）村建设，应当按照村庄和集镇规划，合理布局，综合开发，配套建设；建设用地，应当符合乡（镇）土地利用总体规划和土地利用年度计划，并依照本法第四十四条、第六十条、第六十一条、第六十二条的规定办理审批手续。

**第六十条** 农村集体经济组织使用乡（镇）土地利用总体规划确定的建设用地兴办企业或者与其他单位、个人以土地使用权入股、联营等形式共同举办企业的，应当持有关批准文件，向县级以上地方人民政府自然资源主管部门提出申请，按照省、自治区、直辖市规定的批准权限，由县级以上地方人民政府批准；其中，涉及占用农用地的，依照本法第四十四条的规定办理审批手续。

按照前款规定兴办企业的建设用地，必须严格控制。省、自治区、直辖市可以按照乡镇企业的不同行业和经营规模，分别规定用地标准。

**第六十一条** 乡（镇）村公共设施、公益事业建设，需要使用土地的，经乡（镇）人民政府审核，向县级以上地方人民政府自然资源主管部门提出申请，按照省、自治区、直辖市规定的批准权限，由县级以上地方人民政府批准；其中，涉及占用农用地的，依照本法第四十四条的规定办理审批手续。

**第六十二条** 农村村民一户只能拥有一处宅基地，其宅基地的面积不得超过省、自治区、直辖市规定的标准。

人均土地少、不能保障一户拥有一处宅基地的地区，县级人民政府在充分尊重农村村民意愿的基础上，可以采取措施，按照省、自治区、直辖市规定的标准保障农村村民实现户有所居。

农村村民建住宅，应当符合乡（镇）土地利用总体规划、村庄规划，不得占用永久基本农田，并尽量使用原有的宅基地和村内空闲地。编制乡（镇）土地利用总体规划、村庄规划应当统筹并合理安排宅基地用地，改善农村村民居住环境和条件。

农村村民住宅用地，由乡（镇）人民政府审核批准；其中，涉及占用农用地的，依照本法第四十四条的规定办理审批手续。

农村村民出卖、出租、赠与住宅后，再申请宅基地的，不予批准。

国家允许进城落户的农村村民依法自愿有偿退出宅基地，鼓励农村集体经济组织及其成员盘活利用闲置宅基地和闲置住宅。

国务院农业农村主管部门负责全国农村宅基地改革和管理有关工作。

**第六十三条** 土地利用总体规划、城乡规划确定为工业、商业等经营性用途，并经依法登记的集体经营性建设用地，土地所有权人可以通过出让、出租等方式交由单位或者个人使用，并应当签订书面合同，载明土地界址、面积、动工期限、使用期限、土地用途、规划条件和双方其他权利义务。

前款规定的集体经营性建设用地出让、出租等，应当经本集体经济组织成员的村民会议三分之二以上成员或者三分之二以上村民代表的同意。

通过出让等方式取得的集体经营性建设用地使用权可以转让、互换、出资、赠与或者抵押，但法律、行政法规另有规定或者土地所有权人、土地使用权人签订的书面合同另有约定的除外。

集体经营性建设用地的出租，集体建设用地使用权的出让及其最高年限、转让、互换、出资、赠与、抵押等，参照同类用途的国有建设用地执行。具体办法由国务院制定。

**第六十四条** 集体建设用地的使用者应当严格按照土地利用总体规划、城乡规划确定的用途使用土地。

**第六十五条** 在土地利用总体规划制定前已建的不符合土地利用总体规划确定的用途的建筑物、构筑物，不得重建、扩建。

**第六十六条** 有下列情形之一的，农村集体经济组织报经原批准用地的人民政府批准，可以收回土地使用权：

（一）为乡（镇）村公共设施和公益事业建设，需要使用土地的；

（二）不按照批准的用途使用土地的；

（三）因撤销、迁移等原因而停止使用土地的。

依照前款第（一）项规定收回农民集体所有的土地的，对土地使用权人应当给予适当补偿。

收回集体经营性建设用地使用权，依照双方签订的书面合同办理，法律、行政法规另有规定的除外。

## 第六章 监督检查

**第六十七条** 县级以上人民政府自然资源主管部门对违反土地管理法律、法规的行为进行监督检查。

县级以上人民政府农业农村主管部门对违反农村宅基地管理法律、法规的行为进行监督检查的，适用本法关于自然资源主管部门监督检查的规定。

土地管理监督检查人员应当熟悉土地管理法律、法规，忠于职守、秉公执法。

**第六十八条** 县级以上人民政府自然资源主管部门履行监督检查职责时，有权采取下列措施：

（一）要求被检查的单位或者个人提供有关土地权利的文件和资料，进行查阅或者予以复制；

（二）要求被检查的单位或者个人就有关土地权利的问题作出说明；

（三）进入被检查单位或者个人非法占用的土地现场进行勘测；

（四）责令非法占用土地的单位或者个人停止违反土地管理法律、法规的行为。

**第六十九条** 土地管理监督检查人员履行职责，需要进入现场进行勘测、要求有关单位或者个人提供文件、资料和作出说明的，应当出示土地管理监督检查证件。

**第七十条** 有关单位和个人对县级以上人民政府自然资源主管部门就土地违法行为进行的监督检查应当支持与配合，并提供工作方便，不得拒绝与阻碍土地管理监督检查人员依法执行职务。

**第七十一条** 县级以上人民政府自然资源主管部门在监督检查工作中发现国家工作人员的违法行为，依法应当给予处分的，应当依法予以处理；自己无权处理的，应当依法移送监察机关或者有关机关处理。

**第七十二条** 县级以上人民政府自然资源主管部门在监督检查工作中发现土地违法行为构成犯罪的，应当将案件移送有关机关，依法追究刑事责任；尚不构成犯罪的，应当依法给予行政处罚。

**第七十三条** 依照本法规定应当给予行政处罚，而有关自然资源主管部门不给予行政处罚的，上级人民政府自然资源主管部门有权责令有关自然资源主管部门作出行政处罚决定或者直接给予行政处罚，并给予有关自然资源主管部门的负责人处分。

## 第七章 法律责任

**第七十四条** 买卖或者以其他形式非法转让土地的，由县级以上人民政府自然资源主管部门没收违法所得；对违反土地利用总体规划擅自将农用地改为建设用地的，限期拆除在非法转让的土地上新建的建筑物和其他设施，恢复土地原状，对符合土地利用总体规划的，没收在非法转让的土地上新建的建筑物和其他设施；可以并处罚款；对直接负责的主管人员和其他直接责任人员，依法给予处分；构成犯罪的，依法追究刑事责任。

**第七十五条** 违反本法规定，占用耕地建窑、建坟或者擅自在耕地上建房、挖砂、采石、采矿、取土等，破坏种植条件的，或者因开发土地造成土地荒漠化、盐渍化的，由县级以上人民政府自然资源主管部门、农业农村主管部门等按照职责责令限期改正或者治理，可以并处罚款；构成犯罪的，依法追究刑事责任。

**第七十六条** 违反本法规定，拒不履行土地复垦义务的，由县级以上人民政府自然资源主管部门责令限期改正；逾期不改正的，责令缴纳复垦费，专项用于土地复垦,可以处以罚款。

**第七十七条** 未经批准或者采取欺骗手段骗取批准,非法占用土地的,由县级以上人民政府自然资源主管部门责令退还非法占用的土地,对违反土地利用总体规划擅自将农用地改为建设用地的,限期拆除在非法占用的土地上新建的建筑物和其他设施,恢复土地原状,对符合土地利用总体规划的,没收在非法占用的土地上新建的建筑物和其他设施,可以并处罚款;对非法占用土地单位的直接负责的主管人员和其他直接责任人员,依法给予处分;构成犯罪的,依法追究刑事责任。

超过批准的数量占用土地,多占的土地以非法占用土地论处。

**第七十八条** 农村村民未经批准或者采取欺骗手段骗取批准,非法占用土地建住宅的,由县级以上人民政府农业农村主管部门责令退还非法占用的土地,限期拆除在非法占用的土地上新建的房屋。

超过省、自治区、直辖市规定的标准,多占的土地以非法占用土地论处。

**第七十九条** 无权批准征收、使用土地的单位或者个人非法批准占用土地的,超越批准权限非法批准占用土地的,不按照土地利用总体规划确定的用途批准用地的,或者违反法律规定的程序批准占用、征收土地的,其批准文件无效,对非法批准征收、使用土地的直接负责的主管人员和其他直接责任人员,依法给予处分;构成犯罪的,依法追究刑事责任。非法批准、使用的土地应当收回,有关当事人拒不归还的,以非法占用土地论处。

非法批准征收、使用土地,对当事人造成损失的,依法应当承担赔偿责任。

**第八十条** 侵占、挪用被征收土地单位的征地补偿费用和其他有关费用,构成犯罪的,依法追究刑事责任;尚不构成犯罪的,依法给予处分。

**第八十一条** 依法收回国有土地使用权当事人拒不交出土地的,临时使用土地期满拒不归还的,或者不按照批准的用途使用国有土地的,由县级以上人民政府自然资源主管部门责令交还土地,处以罚款。

**第八十二条** 擅自将农民集体所有的土地通过出让、转让使用权或者出租等方式用于非农业建设,或者违反本法规定,将集体经营性建设用地通过出让、出租等方式交由单位或者个人使用的,由县级以上人民政府自然资源主管部门责令限期改正,没收违法所得,并处罚款。

**第八十三条** 依照本法规定,责令限期拆除在非法占用的土地上新建的建筑物和其他设施的，建设单位或者个人必须立即停止施工，自行拆除；对继续施工的，作出处罚决定的机关有权制止。建设单位或者个人对责令限期拆除的行政处罚决定不服的，可以在接到责令限期拆除决定之日起十五日内，向人民法院起诉；期满不起诉又不自行拆除的，由作出处罚决定的机关依法申请人民法院强制执行，费用由违法者承担。

**第八十四条** 自然资源主管部门、农业农村主管部门的工作人员玩忽职守、滥用职权、徇私舞弊，构成犯罪的，依法追究刑事责任；尚不构成犯罪的，依法给予处分。

## 第八章 附 则

**第八十五条** 外商投资企业使用土地的，适用本法；法律另有规定的，从其规定。

**第八十六条** 在根据本法第十八条的规定编制国土空间规划前，经依法批准的土地利用总体规划和城乡规划继续执行。

**第八十七条** 本法自 1999 年 1 月 1 日起施行。

# 《中华人民共和国农村土地承包法》(2018 修正)

(2002 年 8 月 29 日，第九届全国人民代表大会常务委员会第二十九次会议通过，2009 年 8 月 27 日第十一届全国人民代表大会常务委员会第十次会议《关于修改部分法律的决定》第一次修正，2018 年 12 月 29 日第十三届全国人民代表大会常务委员会第七次会议《关于修改〈中华人民共和国农村土地承包法〉的决定》第二次修正)

## 第一章 总 则

**第一条** 为了巩固和完善以家庭承包经营为基础、统分结合的双层经营体制，保持农村土地承包关系稳定并长久不变，维护农村土地承包经营当事人的合法权益，促进农业、农村经济发展和农村社会和谐稳定，根据宪法，制定本法。

**第二条** 本法所称农村土地，是指农民集体所有和国家所有依法由农民集体使用的耕地、林地、草地，以及其他依法用于农业的土地。

**第三条** 国家实行农村土地承包经营制度。

农村土地承包采取农村集体经济组织内部的家庭承包方式，不宜采取家庭承包方式的荒山、荒沟、荒丘、荒滩等农村土地，可以采取招标、拍卖、公开协商等方式承包。

**第四条** 农村土地承包后，土地的所有权性质不变。承包地不得买卖。

**第五条** 农村集体经济组织成员有权依法承包由本集体经济组织发包的农村土地。

任何组织和个人不得剥夺和非法限制农村集体经济组织成员承包土地的权利。

**第六条** 农村土地承包，妇女与男子享有平等的权利。承包中应当保护妇女的合法权益，任何组织和个人不得剥夺、侵害妇女应当享有的土地承包经营权。

**第七条** 农村土地承包应当坚持公开、公平、公正的原则，正确处理国家、集体、个人三者的利益关系。

**第八条** 国家保护集体土地所有者的合法权益，保护承包方的土地承包经营权，任何组织和个人不得侵犯。

**第九条** 承包方承包土地后，享有土地承包经营权，可以自己经营，也可以保留土地承包权，流转其承包地的土地经营权，由他人经营。

**第十条** 国家保护承包方依法、自愿、有偿流转土地经营权，保护土地经营权人的合法权益，任何组织和个人不得侵犯。

**第十一条** 农村土地承包经营应当遵守法律、法规，保护土地资源的合理开发和可持续利用。未经依法批准不得将承包地用于非农建设。

国家鼓励增加对土地的投入，培肥地力，提高农业生产能力。

**第十二条** 国务院农业农村、林业和草原主管部门分别依照国务院规定的职责负责全国农村土地承包经营及承包经营合同管理的指导。

县级以上地方人民政府农业农村、林业和草原等主管部门分别依照各自职责，负责本行政区域内农村土地承包经营及承包经营合同管理。

乡（镇）人民政府负责本行政区域内农村土地承包经营及承包经营合同管理。

## 第二章　家庭承包

### 第一节　发包方和承包方的权利和义务

**第十三条**　农民集体所有的土地依法属于村农民集体所有的，由村集体经济组织或者村民委员会发包；已经分别属于村内两个以上农村集体经济组织的农民集体所有的，由村内各该农村集体经济组织或者村民小组发包。村集体经济组织或者村民委员会发包的，不得改变村内各集体经济组织农民集体所有的土地的所有权。

国家所有依法由农民集体使用的农村土地，由使用该土地的农村集体经济组织、村民委员会或者村民小组发包。

**第十四条**　发包方享有下列权利：

（一）发包本集体所有的或者国家所有依法由本集体使用的农村土地；

（二）监督承包方依照承包合同约定的用途合理利用和保护土地；

（三）制止承包方损害承包地和农业资源的行为；

（四）法律、行政法规规定的其他权利。

**第十五条**　发包方承担下列义务：

（一）维护承包方的土地承包经营权，不得非法变更、解除承包合同；

（二）尊重承包方的生产经营自主权，不得干涉承包方依法进行正常的生产经营活动；

（三）依照承包合同约定为承包方提供生产、技术、信息等服务；

（四）执行县、乡（镇）土地利用总体规划，组织本集体经济组织内的农业基础设施建设；

（五）法律、行政法规规定的其他义务。

**第十六条**　家庭承包的承包方是本集体经济组织的农户。

农户内家庭成员依法平等享有承包土地的各项权益。

**第十七条**　承包方享有下列权利：

（一）依法享有承包地使用、收益的权利，有权自主组织生产经营和处置产品；

（二）依法互换、转让土地承包经营权；

（三）依法流转土地经营权；

（四）承包地被依法征收、征用、占用的，有权依法获得相应的补偿；

（五）法律、行政法规规定的其他权利。

**第十八条** 承包方承担下列义务：

（一）维持土地的农业用途，未经依法批准不得用于非农建设；

（二）依法保护和合理利用土地，不得给土地造成永久性损害；

（三）法律、行政法规规定的其他义务。

## 第二节 承包的原则和程序

**第十九条** 土地承包应当遵循以下原则：

（一）按照规定统一组织承包时，本集体经济组织成员依法平等地行使承包土地的权利，也可以自愿放弃承包土地的权利；

（二）民主协商，公平合理；

（三）承包方案应当按照本法第十三条的规定，依法经本集体经济组织成员的村民会议三分之二以上成员或者三分之二以上村民代表的同意；

（四）承包程序合法。

**第二十条** 土地承包应当按照以下程序进行：

（一）本集体经济组织成员的村民会议选举产生承包工作小组；

（二）承包工作小组依照法律、法规的规定拟订并公布承包方案；

（三）依法召开本集体经济组织成员的村民会议，讨论通过承包方案；

（四）公开组织实施承包方案；

（五）签订承包合同。

## 第三节 承包期限和承包合同

**第二十一条** 耕地的承包期为三十年。草地的承包期为三十年至五十年。林地的承包期为三十年至七十年。

前款规定的耕地承包期届满后再延长三十年，草地、林地承包期届满后依照前款规定相应延长。

**第二十二条** 发包方应当与承包方签订书面承包合同。

承包合同一般包括以下条款：

（一）发包方、承包方的名称，发包方负责人和承包方代表的姓名、住所；

（二）承包土地的名称、坐落、面积、质量等级；

（三）承包期限和起止日期；

（四）承包土地的用途；

（五）发包方和承包方的权利和义务；

（六）违约责任。

**第二十三条** 承包合同自成立之日起生效。承包方自承包合同生效时取得土地承包经营权。

**第二十四条** 国家对耕地、林地和草地等实行统一登记，登记机构应当向承包方颁发土地承包经营权证或者林权证等证书，并登记造册，确认土地承包经营权。

土地承包经营权证或者林权证等证书应当将具有土地承包经营权的全部家庭成员列入。

登记机构除按规定收取证书工本费外，不得收取其他费用。

**第二十五条** 承包合同生效后，发包方不得因承办人或者负责人的变动而变更或者解除，也不得因集体经济组织的分立或者合并而变更或者解除。

**第二十六条** 国家机关及其工作人员不得利用职权干涉农村土地承包或者变更、解除承包合同。

### 第四节　土地承包经营权的保护和互换、转让

**第二十七条** 承包期内，发包方不得收回承包地。

国家保护进城农户的土地承包经营权。不得以退出土地承包经营权作为农户进城落户的条件。

承包期内，承包农户进城落户的，引导支持其按照自愿有偿原则依法在本集体经济组织内转让土地承包经营权或者将承包地交回发包方，也可以鼓励其流转土地经营权。

承包期内，承包方交回承包地或者发包方依法收回承包地时，承包方对其在承包地上投入而提高土地生产能力的，有权获得相应的补偿。

**第二十八条** 承包期内，发包方不得调整承包地。

承包期内，因自然灾害严重毁损承包地等特殊情形对个别农户之间承包的耕

地和草地需要适当调整的，必须经本集体经济组织成员的村民会议三分之二以上成员或者三分之二以上村民代表的同意，并报乡（镇）人民政府和县级人民政府农业农村、林业和草原等主管部门批准。承包合同中约定不得调整的，按照其约定。

**第二十九条** 下列土地应当用于调整承包土地或者承包给新增人口：

（一）集体经济组织依法预留的机动地；

（二）通过依法开垦等方式增加的；

（三）发包方依法收回和承包方依法、自愿交回的。

**第三十条** 承包期内，承包方可以自愿将承包地交回发包方。承包方自愿交回承包地的，可以获得合理补偿，但是应当提前半年以书面形式通知发包方。承包方在承包期内交回承包地的，在承包期内不得再要求承包土地。

**第三十一条** 承包期内，妇女结婚，在新居住地未取得承包地的，发包方不得收回其原承包地；妇女离婚或者丧偶，仍在原居住地生活或者不在原居住地生活但在新居住地未取得承包地的，发包方不得收回其原承包地。

**第三十二条** 承包人应得的承包收益，依照继承法的规定继承。

林地承包的承包人死亡，其继承人可以在承包期内继续承包。

**第三十三条** 承包方之间为方便耕种或者各自需要，可以对属于同一集体经济组织的土地的土地承包经营权进行互换，并向发包方备案。

**第三十四条** 经发包方同意，承包方可以将全部或者部分的土地承包经营权转让给本集体经济组织的其他农户，由该农户同发包方确立新的承包关系，原承包方与发包方在该土地上的承包关系即行终止。

**第三十五条** 土地承包经营权互换、转让的，当事人可以向登记机构申请登记。未经登记，不得对抗善意第三人。

### 第五节 土地经营权

**第三十六条** 承包方可以自主决定依法采取出租（转包）、入股或者其他方式向他人流转土地经营权，并向发包方备案。

**第三十七条** 土地经营权人有权在合同约定的期限内占有农村土地，自主开展农业生产经营并取得收益。

**第三十八条** 土地经营权流转应当遵循以下原则：

（一）依法、自愿、有偿，任何组织和个人不得强迫或者阻碍土地经营权流转；

（二）不得改变土地所有权的性质和土地的农业用途，不得破坏农业综合生产能力和农业生态环境；

（三）流转期限不得超过承包期的剩余期限；

（四）受让方须有农业经营能力或者资质；

（五）在同等条件下，本集体经济组织成员享有优先权。

**第三十九条** 土地经营权流转的价款，应当由当事人双方协商确定。流转的收益归承包方所有，任何组织和个人不得擅自截留、扣缴。

**第四十条** 土地经营权流转，当事人双方应当签订书面流转合同。

土地经营权流转合同一般包括以下条款：

（一）双方当事人的姓名、住所；

（二）流转土地的名称、坐落、面积、质量等级；

（三）流转期限和起止日期；

（四）流转土地的用途；

（五）双方当事人的权利和义务；

（六）流转价款及支付方式；

（七）土地被依法征收、征用、占用时有关补偿费的归属；

（八）违约责任。

承包方将土地交由他人代耕不超过一年的，可以不签订书面合同。

**第四十一条** 土地经营权流转期限为五年以上的，当事人可以向登记机构申请土地经营权登记。未经登记，不得对抗善意第三人。

**第四十二条** 承包方不得单方解除土地经营权流转合同，但受让方有下列情形之一的除外：

（一）擅自改变土地的农业用途；

（二）弃耕抛荒连续两年以上；

（三）给土地造成严重损害或者严重破坏土地生态环境；

（四）其他严重违约行为。

**第四十三条** 经承包方同意，受让方可以依法投资改良土壤，建设农业生产附属、配套设施，并按照合同约定对其投资部分获得合理补偿。

**第四十四条** 承包方流转土地经营权的，其与发包方的承包关系不变。

**第四十五条** 县级以上地方人民政府应当建立工商企业等社会资本通过流

转取得土地经营权的资格审查、项目审核和风险防范制度。

工商企业等社会资本通过流转取得土地经营权的,本集体经济组织可以收取适量管理费用。

具体办法由国务院农业农村、林业和草原主管部门规定。

**第四十六条** 经承包方书面同意,并向本集体经济组织备案,受让方可以再流转土地经营权。

**第四十七条** 承包方可以用承包地的土地经营权向金融机构融资担保,并向发包方备案。受让方通过流转取得的土地经营权,经承包方书面同意并向发包方备案,可以向金融机构融资担保。

担保物权自融资担保合同生效时设立。当事人可以向登记机构申请登记;未经登记,不得对抗善意第三人。

实现担保物权时,担保物权人有权就土地经营权优先受偿。

土地经营权融资担保办法由国务院有关部门规定。

## 第三章 其他方式的承包

**第四十八条** 不宜采取家庭承包方式的荒山、荒沟、荒丘、荒滩等农村土地,通过招标、拍卖、公开协商等方式承包的,适用本章规定。

**第四十九条** 以其他方式承包农村土地的,应当签订承包合同,承包方取得土地经营权。当事人的权利和义务、承包期限等,由双方协商确定。以招标、拍卖方式承包的,承包费通过公开竞标、竞价确定;以公开协商等方式承包的,承包费由双方议定。

**第五十条** 荒山、荒沟、荒丘、荒滩等可以直接通过招标、拍卖、公开协商等方式实行承包经营,也可以将土地经营权折股分给本集体经济组织成员后,再实行承包经营或者股份合作经营。

承包荒山、荒沟、荒丘、荒滩的,应当遵守有关法律、行政法规的规定,防止水土流失,保护生态环境。

**第五十一条** 以其他方式承包农村土地,在同等条件下,本集体经济组织成员有权优先承包。

**第五十二条** 发包方将农村土地发包给本集体经济组织以外的单位或者个人承包,应当事先经本集体经济组织成员的村民会议三分之二以上成员或者三分之二以上村民代表的同意，并报乡（镇）人民政府批准。

由本集体经济组织以外的单位或者个人承包的，应当对承包方的资信情况和经营能力进行审查后，再签订承包合同。

**第五十三条** 通过招标、拍卖、公开协商等方式承包农村土地，经依法登记取得权属证书的，可以依法采取出租、入股、抵押或者其他方式流转土地经营权。

**第五十四条** 依照本章规定通过招标、拍卖、公开协商等方式取得土地经营权的，该承包人死亡，其应得的承包收益，依照继承法的规定继承；在承包期内，其继承人可以继续承包。

## 第四章 争议的解决和法律责任

**第五十五条** 因土地承包经营发生纠纷的，双方当事人可以通过协商解决，也可以请求村民委员会、乡（镇）人民政府等调解解决。

当事人不愿协商、调解或者协商、调解不成的，可以向农村土地承包仲裁机构申请仲裁，也可以直接向人民法院起诉。

**第五十六条** 任何组织和个人侵害土地承包经营权、土地经营权的，应当承担民事责任。

**第五十七条** 发包方有下列行为之一的，应当承担停止侵害、排除妨碍、消除危险、返还财产、恢复原状、赔偿损失等民事责任：

（一）干涉承包方依法享有的生产经营自主权；

（二）违反本法规定收回、调整承包地；

（三）强迫或者阻碍承包方进行土地承包经营权的互换、转让或者土地经营权流转；

（四）假借少数服从多数强迫承包方放弃或者变更土地承包经营权；

（五）以划分"口粮田"和"责任田"等为由收回承包地搞招标承包；

（六）将承包地收回抵顶欠款；

（七）剥夺、侵害妇女依法享有的土地承包经营权；

（八）其他侵害土地承包经营权的行为。

**第五十八条** 承包合同中违背承包方意愿或者违反法律、行政法规有关不得收回、调整承包地等强制性规定的约定无效。

**第五十九条** 当事人一方不履行合同义务或者履行义务不符合约定的，应当依法承担违约责任。

**第六十条** 任何组织和个人强迫进行土地承包经营权互换、转让或者土地经营权流转的，该互换、转让或者流转无效。

**第六十一条** 任何组织和个人擅自截留、扣缴土地承包经营权互换、转让或者土地经营权流转收益的，应当退还。

**第六十二条** 违反土地管理法规，非法征收、征用、占用土地或者贪污、挪用土地征收、征用补偿费用，构成犯罪的，依法追究刑事责任；造成他人损害的，应当承担损害赔偿等责任。

**第六十三条** 承包方、土地经营权人违法将承包地用于非农建设的，由县级以上地方人民政府有关主管部门依法予以处罚。

承包方给承包地造成永久性损害的，发包方有权制止，并有权要求赔偿由此造成的损失。

**第六十四条** 土地经营权人擅自改变土地的农业用途、弃耕抛荒连续两年以上、给土地造成严重损害或者严重破坏土地生态环境，承包方在合理期限内不解除土地经营权流转合同的，发包方有权要求终止土地经营权流转合同。土地经营权人对土地和土地生态环境造成的损害应当予以赔偿。

**第六十五条** 国家机关及其工作人员有利用职权干涉农村土地承包经营，变更、解除承包经营合同，干涉承包经营当事人依法享有的生产经营自主权，强迫、阻碍承包经营当事人进行土地承包经营权互换、转让或者土地经营权流转等侵害土地承包经营权、土地经营权的行为，给承包经营当事人造成损失的，应当承担损害赔偿等责任；情节严重的，由上级机关或者所在单位给予直接责任人员处分；构成犯罪的，依法追究刑事责任。

## 第五章　附　　则

**第六十六条** 本法实施前已经按照国家有关农村土地承包的规定承包，包括承包期限长于本法规定的，本法实施后继续有效，不得重新承包土地。未向承包方颁发土地承包经营权证或者林权证等证书的，应当补发证书。

**第六十七条** 本法实施前已经预留机动地的，机动地面积不得超过本集体经济组织耕地总面积的百分之五。不足百分之五的，不得再增加机动地。

本法实施前未留机动地的，本法实施后不得再留机动地。

**第六十八条** 各省、自治区、直辖市人民代表大会常务委员会可以根据本法，结合本行政区域的实际情况，制定实施办法。

**第六十九条** 确认农村集体经济组织成员身份的原则、程序等，由法律、法规规定。

**第七十条** 本法自2003年3月1日起施行。

# 《中华人民共和国农村土地承包经营纠纷调解仲裁法》

（《中华人民共和国农村土地承包经营纠纷调解仲裁法》由中华人民共和国第十一届全国人民代表大会常务委员会第九次会议于2009年6月27日通过，自2010年1月1日起施行）

## 第一章 总 则

**第一条** 为了公正、及时解决农村土地承包经营纠纷，维护当事人的合法权益，促进农村经济发展和社会稳定，制定本法。

**第二条** 农村土地承包经营纠纷调解和仲裁，适用本法。

农村土地承包经营纠纷包括：

（一）因订立、履行、变更、解除和终止农村土地承包合同发生的纠纷；

（二）因农村土地承包经营权转包、出租、互换、转让、入股等流转发生的纠纷；

（三）因收回、调整承包地发生的纠纷；

（四）因确认农村土地承包经营权发生的纠纷；

（五）因侵害农村土地承包经营权发生的纠纷；

（六）法律、法规规定的其他农村土地承包经营纠纷。

因征收集体所有的土地及其补偿发生的纠纷，不属于农村土地承包仲裁委员会的受理范围，可以通过行政复议或者诉讼等方式解决。

**第三条** 发生农村土地承包经营纠纷的，当事人可以自行和解，也可以请求村民委员会、乡（镇）人民政府等调解。

**第四条** 当事人和解、调解不成或者不愿和解、调解的，可以向农村土地承包仲裁委员会申请仲裁，也可以直接向人民法院起诉。

**第五条** 农村土地承包经营纠纷调解和仲裁，应当公开、公平、公正，便民高效，根据事实，符合法律，尊重社会公德。

**第六条** 县级以上人民政府应当加强对农村土地承包经营纠纷调解和仲裁工作的指导。

县级以上人民政府农村土地承包管理部门及其他有关部门应当依照职责分工，支持有关调解组织和农村土地承包仲裁委员会依法开展工作。

## 第二章　调　　解

**第七条** 村民委员会、乡（镇）人民政府应当加强农村土地承包经营纠纷的调解工作，帮助当事人达成协议解决纠纷。

**第八条** 当事人申请农村土地承包经营纠纷调解可以书面申请，也可以口头申请。口头申请的，由村民委员会或者乡（镇）人民政府当场记录申请人的基本情况、申请调解的纠纷事项、理由和时间。

**第九条** 调解农村土地承包经营纠纷，村民委员会或者乡（镇）人民政府应当充分听取当事人对事实和理由的陈述，讲解有关法律以及国家政策，耐心疏导，帮助当事人达成协议。

**第十条** 经调解达成协议的，村民委员会或者乡（镇）人民政府应当制作调解协议书。

调解协议书由双方当事人签名、盖章或者按指印，经调解人员签名并加盖调解组织印章后生效。

**第十一条** 仲裁庭对农村土地承包经营纠纷应当进行调解。调解达成协议的，仲裁庭应当制作调解书；调解不成的，应当及时作出裁决。

调解书应当写明仲裁请求和当事人协议的结果。调解书由仲裁员签名，加盖农村土地承包仲裁委员会印章，送达双方当事人。

调解书经双方当事人签收后，即发生法律效力。在调解书签收前当事人反悔的，仲裁庭应当及时作出裁决。

# 第三章　仲　　裁

## 第一节　仲裁委员会和仲裁员

**第十二条**　农村土地承包仲裁委员会,根据解决农村土地承包经营纠纷的实际需要设立。农村土地承包仲裁委员会可以在县和不设区的市设立,也可以在设区的市或者其市辖区设立。

农村土地承包仲裁委员会在当地人民政府指导下设立。设立农村土地承包仲裁委员会的,其日常工作由当地农村土地承包管理部门承担。

**第十三条**　农村土地承包仲裁委员会由当地人民政府及其有关部门代表、有关人民团体代表、农村集体经济组织代表、农民代表和法律、经济等相关专业人员兼任组成,其中农民代表和法律、经济等相关专业人员不得少于组成人员的二分之一。

农村土地承包仲裁委员会设主任一人、副主任一至二人和委员若干人。主任、副主任由全体组成人员选举产生。

**第十四条**　农村土地承包仲裁委员会依法履行下列职责：

(一)聘任、解聘仲裁员；

(二)受理仲裁申请；

(三)监督仲裁活动。

农村土地承包仲裁委员会应当依照本法制定章程,对其组成人员的产生方式及任期、议事规则等作出规定。

**第十五条**　农村土地承包仲裁委员会应当从公道正派的人员中聘任仲裁员。

仲裁员应当符合下列条件之一：

(一)从事农村土地承包管理工作满五年；

(二)从事法律工作或者人民调解工作满五年；

(三)在当地威信较高,并熟悉农村土地承包法律以及国家政策的居民。

**第十六条**　农村土地承包仲裁委员会应当对仲裁员进行农村土地承包法律以及国家政策的培训。

省、自治区、直辖市人民政府农村土地承包管理部门应当制定仲裁员培训计划,加强对仲裁员培训工作的组织和指导。

**第十七条** 农村土地承包仲裁委员会组成人员、仲裁员应当依法履行职责,遵守农村土地承包仲裁委员会章程和仲裁规则,不得索贿受贿、徇私舞弊,不得侵害当事人的合法权益。

仲裁员有索贿受贿、徇私舞弊、枉法裁决以及接受当事人请客送礼等违法违纪行为的,农村土地承包仲裁委员会应当将其除名;构成犯罪的,依法追究刑事责任。

县级以上地方人民政府及有关部门应当受理对农村土地承包仲裁委员会组成人员、仲裁员违法违纪行为的投诉和举报,并依法组织查处。

## 第二节 申请和受理

**第十八条** 农村土地承包经营纠纷申请仲裁的时效期间为二年,自当事人知道或者应当知道其权利被侵害之日起计算。

**第十九条** 农村土地承包经营纠纷仲裁的申请人、被申请人为当事人。家庭承包的,可以由农户代表人参加仲裁。当事人一方人数众多的,可以推选代表人参加仲裁。

与案件处理结果有利害关系的,可以申请作为第三人参加仲裁,或者由农村土地承包仲裁委员会通知其参加仲裁。

当事人、第三人可以委托代理人参加仲裁。

**第二十条** 申请农村土地承包经营纠纷仲裁应当符合下列条件:

(一)申请人与纠纷有直接的利害关系;

(二)有明确的被申请人;

(三)有具体的仲裁请求和事实、理由;

(四)属于农村土地承包仲裁委员会的受理范围。

**第二十一条** 当事人申请仲裁,应当向纠纷涉及的土地所在地的农村土地承包仲裁委员会递交仲裁申请书。仲裁申请书可以邮寄或者委托他人代交。仲裁申请书应当载明申请人和被申请人的基本情况,仲裁请求和所根据的事实、理由,并提供相应的证据和证据来源。

书面申请确有困难的,可以口头申请,由农村土地承包仲裁委员会记入笔录,经申请人核实后由其签名、盖章或者按指印。

**第二十二条** 农村土地承包仲裁委员会应当对仲裁申请予以审查,认为符合本法第二十条规定的，应当受理。有下列情形之一的，不予受理；已受理的，终止仲裁程序：

（一）不符合申请条件；

（二）人民法院已受理该纠纷；

（三）法律规定该纠纷应当由其他机构处理；

（四）对该纠纷已有生效的判决、裁定、仲裁裁决、行政处理决定等。

**第二十三条** 农村土地承包仲裁委员会决定受理的，应当自收到仲裁申请之日起五个工作日内，将受理通知书、仲裁规则和仲裁员名册送达申请人；决定不予受理或者终止仲裁程序的，应当自收到仲裁申请或者发现终止仲裁程序情形之日起五个工作日内书面通知申请人，并说明理由。

**第二十四条** 农村土地承包仲裁委员会应当自受理仲裁申请之日起五个工作日内，将受理通知书、仲裁申请书副本、仲裁规则和仲裁员名册送达被申请人。

**第二十五条** 被申请人应当自收到仲裁申请书副本之日起十日内向农村土地承包仲裁委员会提交答辩书；书面答辩确有困难的，可以口头答辩，由农村土地承包仲裁委员会记入笔录，经被申请人核实后由其签名、盖章或者按指印。农村土地承包仲裁委员会应当自收到答辩书之日起五个工作日内将答辩书副本送达申请人。被申请人未答辩的，不影响仲裁程序的进行。

**第二十六条** 一方当事人因另一方当事人的行为或者其他原因，可能使裁决不能执行或者难以执行的，可以申请财产保全。

当事人申请财产保全的，农村土地承包仲裁委员会应当将当事人的申请提交被申请人住所地或者财产所在地的基层人民法院。

申请有错误的，申请人应当赔偿被申请人因财产保全所遭受的损失。

### 第三节　仲裁庭的组成

**第二十七条** 仲裁庭由三名仲裁员组成，首席仲裁员由当事人共同选定，其他二名仲裁员由当事人各自选定；当事人不能选定的，由农村土地承包仲裁委员会主任指定。

事实清楚、权利义务关系明确、争议不大的农村土地承包经营纠纷，经双方当事人同意，可以由一名仲裁员仲裁。仲裁员由当事人共同选定或者由农村土地承包仲裁委员会主任指定。

农村土地承包仲裁委员会应当自仲裁庭组成之日起二个工作日内将仲裁庭组成情况通知当事人。

**第二十八条** 仲裁员有下列情形之一的,必须回避,当事人也有权以口头或者书面方式申请其回避:

(一)是本案当事人或者当事人、代理人的近亲属;

(二)与本案有利害关系;

(三)与本案当事人、代理人有其他关系,可能影响公正仲裁;

(四)私自会见当事人、代理人,或者接受当事人、代理人的请客送礼。

当事人提出回避申请,应当说明理由,在首次开庭前提出。回避事由在首次开庭后知道的,可以在最后一次开庭终结前提出。

**第二十九条** 农村土地承包仲裁委员会对回避申请应当及时作出决定,以口头或者书面方式通知当事人,并说明理由。

仲裁员是否回避,由农村土地承包仲裁委员会主任决定;农村土地承包仲裁委员会主任担任仲裁员时,由农村土地承包仲裁委员会集体决定。

仲裁员因回避或者其他原因不能履行职责的,应当依照本法规定重新选定或者指定仲裁员。

## 第四节　开庭和裁决

**第三十条** 农村土地承包经营纠纷仲裁应当开庭进行。

开庭可以在纠纷涉及的土地所在地的乡(镇)或者村进行,也可以在农村土地承包仲裁委员会所在地进行。当事人双方要求在乡(镇)或者村开庭的,应当在该乡(镇)或者村开庭。

开庭应当公开,但涉及国家秘密、商业秘密和个人隐私以及当事人约定不公开的除外。

**第三十一条** 仲裁庭应当在开庭五个工作日前将开庭的时间、地点通知当事人和其他仲裁参与人。

当事人有正当理由的,可以向仲裁庭请求变更开庭的时间、地点。是否变更,由仲裁庭决定。

**第三十二条** 当事人申请仲裁后,可以自行和解。达成和解协议的,可以请求仲裁庭根据和解协议作出裁决书,也可以撤回仲裁申请。

**第三十三条** 申请人可以放弃或者变更仲裁请求。被申请人可以承认或者反驳仲裁请求，有权提出反请求。

**第三十四条** 仲裁庭作出裁决前，申请人撤回仲裁申请的，除被申请人提出反请求的外，仲裁庭应当终止仲裁。

**第三十五条** 申请人经书面通知，无正当理由不到庭或者未经仲裁庭许可中途退庭的，可以视为撤回仲裁申请。

被申请人经书面通知，无正当理由不到庭或者未经仲裁庭许可中途退庭的，可以缺席裁决。

**第三十六条** 当事人在开庭过程中有权发表意见、陈述事实和理由、提供证据、进行质证和辩论。对不通晓当地通用语言文字的当事人，农村土地承包仲裁委员会应当为其提供翻译。

**第三十七条** 当事人应当对自己的主张提供证据。与纠纷有关的证据由作为当事人一方的发包方等掌握管理的，该当事人应当在仲裁庭指定的期限内提供，逾期不提供的，应当承担不利后果。

**第三十八条** 仲裁庭认为有必要收集的证据，可以自行收集。

**第三十九条** 仲裁庭对专门性问题认为需要鉴定的，可以交由当事人约定的鉴定机构鉴定；当事人没有约定的，由仲裁庭指定的鉴定机构鉴定。

根据当事人的请求或者仲裁庭的要求，鉴定机构应当派鉴定人参加开庭。当事人经仲裁庭许可，可以向鉴定人提问。

**第四十条** 证据应当在开庭时出示，但涉及国家秘密、商业秘密和个人隐私的证据不得在公开开庭时出示。

仲裁庭应当依照仲裁规则的规定开庭，给予双方当事人平等陈述、辩论的机会，并组织当事人进行质证。

经仲裁庭查证属实的证据，应当作为认定事实的根据。

**第四十一条** 在证据可能灭失或者以后难以取得的情况下，当事人可以申请证据保全。当事人申请证据保全的，农村土地承包仲裁委员会应当将当事人的申请提交证据所在地的基层人民法院。

**第四十二条** 对权利义务关系明确的纠纷，经当事人申请，仲裁庭可以先行裁定维持现状、恢复农业生产以及停止取土、占地等行为。

一方当事人不履行先行裁定的，另一方当事人可以向人民法院申请执行，但应当提供相应的担保。

**第四十三条** 仲裁庭应当将开庭情况记入笔录，由仲裁员、记录人员、当事人和其他仲裁参与人签名、盖章或者按指印。

当事人和其他仲裁参与人认为对自己陈述的记录有遗漏或者差错的，有权申请补正。如果不予补正，应当记录该申请。

**第四十四条** 仲裁庭应当根据认定的事实和法律以及国家政策作出裁决并制作裁决书。

裁决应当按照多数仲裁员的意见作出，少数仲裁员的不同意见可以记入笔录。仲裁庭不能形成多数意见时，裁决应当按照首席仲裁员的意见作出。

**第四十五条** 裁决书应当写明仲裁请求、争议事实、裁决理由、裁决结果、裁决日期以及当事人不服仲裁裁决的起诉权利、期限，由仲裁员签名，加盖农村土地承包仲裁委员会印章。

农村土地承包仲裁委员会应当在裁决作出之日起三个工作日内将裁决书送达当事人，并告知当事人不服仲裁裁决的起诉权利、期限。

**第四十六条** 仲裁庭依法独立履行职责，不受行政机关、社会团体和个人的干涉。

**第四十七条** 仲裁农村土地承包经营纠纷，应当自受理仲裁申请之日起六十日内结束；案情复杂需要延长的，经农村土地承包仲裁委员会主任批准可以延长，并书面通知当事人，但延长期限不得超过三十日。

**第四十八条** 当事人不服仲裁裁决的，可以自收到裁决书之日起三十日内向人民法院起诉。逾期不起诉的，裁决书即发生法律效力。

**第四十九条** 当事人对发生法律效力的调解书、裁决书，应当依照规定的期限履行。一方当事人逾期不履行的，另一方当事人可以向被申请人住所地或者财产所在地的基层人民法院申请执行。受理申请的人民法院应当依法执行。

## 第四章　附　　则

**第五十条** 本法所称农村土地，是指农民集体所有和国家所有依法由农民集体使用的耕地、林地、草地，以及其他依法用于农业的土地。

**第五十一条** 农村土地承包经营纠纷仲裁规则和农村土地承包仲裁委员会示范章程，由国务院农业、林业行政主管部门依照本法规定共同制定。

**第五十二条** 农村土地承包经营纠纷仲裁不得向当事人收取费用，仲裁工作经费纳入财政预算予以保障。

**第五十三条** 本法自2010年1月1日起施行。

# 《中华人民共和国城乡规划法》（2019修正）

（2007年10月28日，第十届全国人民代表大会常务委员会第三十次会议通过，2015年4月24日第十二届全国人民代表大会常务委员会第十四次会议《关于修改〈中华人民共和国港口法〉等七部法律的决定》第一次修正，2019年4月23日第十三届全国人民代表大会常务委员会第十次会议《关于修改〈中华人民共和国建筑法〉等八部法律的决定》第二次修正）

## 第一章 总　　则

**第一条** 为了加强城乡规划管理，协调城乡空间布局，改善人居环境，促进城乡经济社会全面协调可持续发展，制定本法。

**第二条** 制定和实施城乡规划，在规划区内进行建设活动，必须遵守本法。

本法所称城乡规划，包括城镇体系规划、城市规划、镇规划、乡规划和村庄规划。城市规划、镇规划分为总体规划和详细规划。详细规划分为控制性详细规划和修建性详细规划。

本法所称规划区，是指城市、镇和村庄的建成区以及因城乡建设和发展需要，必须实行规划控制的区域。规划区的具体范围由有关人民政府在组织编制的城市总体规划、镇总体规划、乡规划和村庄规划中，根据城乡经济社会发展水平和统筹城乡发展的需要划定。

**第三条** 城市和镇应当依照本法制定城市规划和镇规划。城市、镇规划区内的建设活动应当符合规划要求。

县级以上地方人民政府根据本地农村经济社会发展水平，按照因地制宜、切实可行的原则，确定应当制定乡规划、村庄规划的区域。在确定区域内的乡、村庄，应当依照本法制定规划，规划区内的乡、村庄建设应当符合规划要求。

县级以上地方人民政府鼓励、指导前款规定以外的区域的乡、村庄制定和实施乡规划、村庄规划。

**第四条** 制定和实施城乡规划，应当遵循城乡统筹、合理布局、节约土地、集约发展和先规划后建设的原则，改善生态环境，促进资源、能源节约和综合利用，保护耕地等自然资源和历史文化遗产，保持地方特色、民族特色和传统风貌，防止污染和其他公害，并符合区域人口发展、国防建设、防灾减灾和公共卫生、公共安全的需要。

在规划区内进行建设活动，应当遵守土地管理、自然资源和环境保护等法律、法规的规定。

县级以上地方人民政府应当根据当地经济社会发展的实际，在城市总体规划、镇总体规划中合理确定城市、镇的发展规模、步骤和建设标准。

**第五条** 城市总体规划、镇总体规划以及乡规划和村庄规划的编制，应当依据国民经济和社会发展规划，并与土地利用总体规划相衔接。

**第六条** 各级人民政府应当将城乡规划的编制和管理经费纳入本级财政预算。

**第七条** 经依法批准的城乡规划，是城乡建设和规划管理的依据，未经法定程序不得修改。

**第八条** 城乡规划组织编制机关应当及时公布经依法批准的城乡规划。但是，法律、行政法规规定不得公开的内容除外。

**第九条** 任何单位和个人都应当遵守经依法批准并公布的城乡规划，服从规划管理，并有权就涉及其利害关系的建设活动是否符合规划的要求向城乡规划主管部门查询。

任何单位和个人都有权向城乡规划主管部门或者其他有关部门举报或者控告违反城乡规划的行为。城乡规划主管部门或者其他有关部门对举报或者控告，应当及时受理并组织核查、处理。

**第十条** 国家鼓励采用先进的科学技术，增强城乡规划的科学性，提高城乡规划实施及监督管理的效能。

**第十一条** 国务院城乡规划主管部门负责全国的城乡规划管理工作。

县级以上地方人民政府城乡规划主管部门负责本行政区域内的城乡规划管理工作。

## 第二章 城乡规划的制定

**第十二条** 国务院城乡规划主管部门会同国务院有关部门组织编制全国城镇体系规划，用于指导省域城镇体系规划、城市总体规划的编制。

全国城镇体系规划由国务院城乡规划主管部门报国务院审批。

**第十三条** 省、自治区人民政府组织编制省域城镇体系规划，报国务院审批。

省域城镇体系规划的内容应当包括：城镇空间布局和规模控制，重大基础设施的布局，为保护生态环境、资源等需要严格控制的区域。

**第十四条** 城市人民政府组织编制城市总体规划。

直辖市的城市总体规划由直辖市人民政府报国务院审批。省、自治区人民政府所在地的城市以及国务院确定的城市的总体规划，由省、自治区人民政府审查同意后，报国务院审批。其他城市的总体规划，由城市人民政府报省、自治区人民政府审批。

**第十五条** 县人民政府组织编制县人民政府所在地镇的总体规划，报上一级人民政府审批。其他镇的总体规划由镇人民政府组织编制，报上一级人民政府审批。

**第十六条** 省、自治区人民政府组织编制的省域城镇体系规划，城市、县人民政府组织编制的总体规划，在报上一级人民政府审批前，应当先经本级人民代表大会常务委员会审议，常务委员会组成人员的审议意见交由本级人民政府研究处理。

镇人民政府组织编制的镇总体规划，在报上一级人民政府审批前，应当先经镇人民代表大会审议，代表的审议意见交由本级人民政府研究处理。

规划的组织编制机关报送审批省域城镇体系规划、城市总体规划或者镇总体规划，应当将本级人民代表大会常务委员会组成人员或者镇人民代表大会代表的审议意见和根据审议意见修改规划的情况一并报送。

**第十七条** 城市总体规划、镇总体规划的内容应当包括：城市、镇的发展布局，功能分区，用地布局，综合交通体系，禁止、限制和适宜建设的地域范围，各类专项规划等。

规划区范围、规划区内建设用地规模、基础设施和公共服务设施用地、水源地和水系、基本农田和绿化用地、环境保护、自然与历史文化遗产保护以及防灾减灾等内容，应当作为城市总体规划、镇总体规划的强制性内容。

城市总体规划、镇总体规划的规划期限一般为二十年。城市总体规划还应当对城市更长远的发展作出预测性安排。

**第十八条** 乡规划、村庄规划应当从农村实际出发，尊重村民意愿，体现地方和农村特色。

乡规划、村庄规划的内容应当包括：规划区范围，住宅、道路、供水、排水、供电、垃圾收集、畜禽养殖场所等农村生产、生活服务设施、公益事业等各项建设的用地布局、建设要求，以及对耕地等自然资源和历史文化遗产保护、防灾减灾等的具体安排。乡规划还应当包括本行政区域内的村庄发展布局。

**第十九条** 城市人民政府城乡规划主管部门根据城市总体规划的要求，组织编制城市的控制性详细规划，经本级人民政府批准后，报本级人民代表大会常务委员会和上一级人民政府备案。

**第二十条** 镇人民政府根据镇总体规划的要求，组织编制镇的控制性详细规划，报上一级人民政府审批。县人民政府所在地镇的控制性详细规划，由县人民政府城乡规划主管部门根据镇总体规划的要求组织编制，经县人民政府批准后，报本级人民代表大会常务委员会和上一级人民政府备案。

**第二十一条** 城市、县人民政府城乡规划主管部门和镇人民政府可以组织编制重要地块的修建性详细规划。修建性详细规划应当符合控制性详细规划。

**第二十二条** 乡、镇人民政府组织编制乡规划、村庄规划，报上一级人民政府审批。村庄规划在报送审批前，应当经村民会议或者村民代表会议讨论同意。

**第二十三条** 首都的总体规划、详细规划应当统筹考虑中央国家机关用地布局和空间安排的需要。

**第二十四条** 城乡规划组织编制机关应当委托具有相应资质等级的单位承担城乡规划的具体编制工作。

从事城乡规划编制工作应当具备下列条件，并经国务院城乡规划主管部门或者省、自治区、直辖市人民政府城乡规划主管部门依法审查合格，取得相应等级的资质证书后，方可在资质等级许可的范围内从事城乡规划编制工作：

（一）有法人资格；

（二）有规定数量的经相关行业协会注册的规划师；

（三）有规定数量的相关专业技术人员；

（四）有相应的技术装备；

（五）有健全的技术、质量、财务管理制度。

编制城乡规划必须遵守国家有关标准。

**第二十五条** 编制城乡规划，应当具备国家规定的勘察、测绘、气象、地震、水文、环境等基础资料。

县级以上地方人民政府有关主管部门应当根据编制城乡规划的需要，及时提供有关基础资料。

**第二十六条** 城乡规划报送审批前，组织编制机关应当依法将城乡规划草案予以公告，并采取论证会、听证会或者其他方式征求专家和公众的意见。公告的时间不得少于三十日。

组织编制机关应当充分考虑专家和公众的意见，并在报送审批的材料中附具意见采纳情况及理由。

**第二十七条** 省域城镇体系规划、城市总体规划、镇总体规划批准前，审批机关应当组织专家和有关部门进行审查。

## 第三章 城乡规划的实施

**第二十八条** 地方各级人民政府应当根据当地经济社会发展水平，量力而行，尊重群众意愿，有计划、分步骤地组织实施城乡规划。

**第二十九条** 城市的建设和发展，应当优先安排基础设施以及公共服务设施的建设，妥善处理新区开发与旧区改建的关系，统筹兼顾进城务工人员生活和周边农村经济社会发展、村民生产与生活的需要。

镇的建设和发展，应当结合农村经济社会发展和产业结构调整，优先安排供水、排水、供电、供气、道路、通信、广播电视等基础设施和学校、卫生院、文化站、幼儿园、福利院等公共服务设施的建设，为周边农村提供服务。

乡、村庄的建设和发展，应当因地制宜、节约用地，发挥村民自治组织的作用，引导村民合理进行建设，改善农村生产、生活条件。

**第三十条** 城市新区的开发和建设，应当合理确定建设规模和时序，充分利用现有市政基础设施和公共服务设施，严格保护自然资源和生态环境，体现地方特色。

在城市总体规划、镇总体规划确定的建设用地范围以外，不得设立各类开发区和城市新区。

**第三十一条** 旧城区的改建，应当保护历史文化遗产和传统风貌，合理确定拆迁和建设规模，有计划地对危房集中、基础设施落后等地段进行改建。

历史文化名城、名镇、名村的保护以及受保护建筑物的维护和使用，应当遵守有关法律、行政法规和国务院的规定。

**第三十二条** 城乡建设和发展，应当依法保护和合理利用风景名胜资源，统筹安排风景名胜区及周边乡、镇、村庄的建设。

风景名胜区的规划、建设和管理，应当遵守有关法律、行政法规和国务院的规定。

**第三十三条** 城市地下空间的开发和利用，应当与经济和技术发展水平相适应，遵循统筹安排、综合开发、合理利用的原则，充分考虑防灾减灾、人民防空和通信等需要，并符合城市规划，履行规划审批手续。

**第三十四条** 城市、县、镇人民政府应当根据城市总体规划、镇总体规划、土地利用总体规划和年度计划以及国民经济和社会发展规划，制定近期建设规划，报总体规划审批机关备案。

近期建设规划应当以重要基础设施、公共服务设施和中低收入居民住房建设以及生态环境保护为重点内容，明确近期建设的时序、发展方向和空间布局。近期建设规划的规划期限为五年。

**第三十五条** 城乡规划确定的铁路、公路、港口、机场、道路、绿地、输配电设施及输电线路走廊、通信设施、广播电视设施、管道设施、河道、水库、水源地、自然保护区、防汛通道、消防通道、核电站、垃圾填埋场及焚烧厂、污水处理厂和公共服务设施的用地以及其他需要依法保护的用地，禁止擅自改变用途。

**第三十六条** 按照国家规定需要有关部门批准或者核准的建设项目，以划拨方式提供国有土地使用权的，建设单位在报送有关部门批准或者核准前，应当向城乡规划主管部门申请核发选址意见书。

前款规定以外的建设项目不需要申请选址意见书。

**第三十七条** 在城市、镇规划区内以划拨方式提供国有土地使用权的建设项目，经有关部门批准、核准、备案后，建设单位应当向城市、县人民政府城乡规划主管部门提出建设用地规划许可申请，由城市、县人民政府城乡规划主管部门依据控制性详细规划核定建设用地的位置、面积、允许建设的范围，核发建设用地规划许可证。

建设单位在取得建设用地规划许可证后，方可向县级以上地方人民政府土地主管部门申请用地，经县级以上人民政府审批后，由土地主管部门划拨土地。

**第三十八条** 在城市、镇规划区内以出让方式提供国有土地使用权的，在国有土地使用权出让前，城市、县人民政府城乡规划主管部门应当依据控制性详细规划，提出出让地块的位置、使用性质、开发强度等规划条件，作为国有土地使用权出让合同的组成部分。未确定规划条件的地块，不得出让国有土地使用权。

以出让方式取得国有土地使用权的建设项目，建设单位在取得建设项目的批准、核准、备案文件和签订国有土地使用权出让合同后，向城市、县人民政府城乡规划主管部门领取建设用地规划许可证。

城市、县人民政府城乡规划主管部门不得在建设用地规划许可证中，擅自改变作为国有土地使用权出让合同组成部分的规划条件。

**第三十九条** 规划条件未纳入国有土地使用权出让合同的，该国有土地使用权出让合同无效；对未取得建设用地规划许可证的建设单位批准用地的，由县级以上人民政府撤销有关批准文件；占用土地的，应当及时退回；给当事人造成损失的，应当依法给予赔偿。

**第四十条** 在城市、镇规划区内进行建筑物、构筑物、道路、管线和其他工程建设的，建设单位或者个人应当向城市、县人民政府城乡规划主管部门或者省、自治区、直辖市人民政府确定的镇人民政府申请办理建设工程规划许可证。

申请办理建设工程规划许可证，应当提交使用土地的有关证明文件、建设工程设计方案等材料。需要建设单位编制修建性详细规划的建设项目，还应当提交修建性详细规划。对符合控制性详细规划和规划条件的，由城市、县人民政府城乡规划主管部门或者省、自治区、直辖市人民政府确定的镇人民政府核发建设工程规划许可证。

城市、县人民政府城乡规划主管部门或者省、自治区、直辖市人民政府确定的镇人民政府应当依法将经审定的修建性详细规划、建设工程设计方案的总平面图予以公布。

**第四十一条** 在乡、村庄规划区内进行乡镇企业、乡村公共设施和公益事业建设的,建设单位或者个人应当向乡、镇人民政府提出申请,由乡、镇人民政府报城市、县人民政府城乡规划主管部门核发乡村建设规划许可证。

在乡、村庄规划区内使用原有宅基地进行农村村民住宅建设的规划管理办法,由省、自治区、直辖市制定。

在乡、村庄规划区内进行乡镇企业、乡村公共设施和公益事业建设以及农村村民住宅建设,不得占用农用地;确需占用农用地的,应当依照《中华人民共和国土地管理法》有关规定办理农用地转用审批手续后,由城市、县人民政府城乡规划主管部门核发乡村建设规划许可证。

建设单位或者个人在取得乡村建设规划许可证后,方可办理用地审批手续。

**第四十二条** 城乡规划主管部门不得在城乡规划确定的建设用地范围以外作出规划许可。

**第四十三条** 建设单位应当按照规划条件进行建设;确需变更的,必须向城市、县人民政府城乡规划主管部门提出申请。变更内容不符合控制性详细规划的,城乡规划主管部门不得批准。城市、县人民政府城乡规划主管部门应当及时将依法变更后的规划条件通报同级土地主管部门并公示。

建设单位应当及时将依法变更后的规划条件报有关人民政府土地主管部门备案。

**第四十四条** 在城市、镇规划区内进行临时建设的,应当经城市、县人民政府城乡规划主管部门批准。临时建设影响近期建设规划或者控制性详细规划的实施以及交通、市容、安全等的,不得批准。

临时建设应当在批准的使用期限内自行拆除。

临时建设和临时用地规划管理的具体办法,由省、自治区、直辖市人民政府制定。

**第四十五条** 县级以上地方人民政府城乡规划主管部门按照国务院规定对建设工程是否符合规划条件予以核实。未经核实或者经核实不符合规划条件的,建设单位不得组织竣工验收。

建设单位应当在竣工验收后六个月内向城乡规划主管部门报送有关竣工验收资料。

## 第四章　城乡规划的修改

**第四十六条**　省域城镇体系规划、城市总体规划、镇总体规划的组织编制机关，应当组织有关部门和专家定期对规划实施情况进行评估，并采取论证会、听证会或者其他方式征求公众意见。组织编制机关应当向本级人民代表大会常务委员会、镇人民代表大会和原审批机关提出评估报告并附具征求意见的情况。

**第四十七条**　有下列情形之一的，组织编制机关方可按照规定的权限和程序修改省域城镇体系规划、城市总体规划、镇总体规划：

（一）上级人民政府制定的城乡规划发生变更，提出修改规划要求的；

（二）行政区划调整确需修改规划的；

（三）因国务院批准重大建设工程确需修改规划的；

（四）经评估确需修改规划的；

（五）城乡规划的审批机关认为应当修改规划的其他情形。

修改省域城镇体系规划、城市总体规划、镇总体规划前，组织编制机关应当对原规划的实施情况进行总结，并向原审批机关报告；修改涉及城市总体规划、镇总体规划强制性内容的，应当先向原审批机关提出专题报告，经同意后，方可编制修改方案。

修改后的省域城镇体系规划、城市总体规划、镇总体规划，应当依照本法第十三条、第十四条、第十五条和第十六条规定的审批程序报批。

**第四十八条**　修改控制性详细规划的，组织编制机关应当对修改的必要性进行论证，征求规划地段内利害关系人的意见，并向原审批机关提出专题报告，经原审批机关同意后，方可编制修改方案。修改后的控制性详细规划，应当依照本法第十九条、第二十条规定的审批程序报批。控制性详细规划修改涉及城市总体规划、镇总体规划的强制性内容的，应当先修改总体规划。

修改乡规划、村庄规划的，应当依照本法第二十二条规定的审批程序报批。

**第四十九条**　城市、县、镇人民政府修改近期建设规划的，应当将修改后的近期建设规划报总体规划审批机关备案。

**第五十条**　在选址意见书、建设用地规划许可证、建设工程规划许可证或者乡村建设规划许可证发放后，因依法修改城乡规划给被许可人合法权益造成损失的，应当依法给予补偿。

经依法审定的修建性详细规划、建设工程设计方案的总平面图不得随意修改;确需修改的,城乡规划主管部门应当采取听证会等形式,听取利害关系人的意见;因修改给利害关系人合法权益造成损失的,应当依法给予补偿。

## 第五章 监督检查

**第五十一条** 县级以上人民政府及其城乡规划主管部门应当加强对城乡规划编制、审批、实施、修改的监督检查。

**第五十二条** 地方各级人民政府应当向本级人民代表大会常务委员会或者乡、镇人民代表大会报告城乡规划的实施情况,并接受监督。

**第五十三条** 县级以上人民政府城乡规划主管部门对城乡规划的实施情况进行监督检查,有权采取以下措施:

(一)要求有关单位和人员提供与监督事项有关的文件、资料,并进行复制;

(二)要求有关单位和人员就监督事项涉及的问题作出解释和说明,并根据需要进入现场进行勘测;

(三)责令有关单位和人员停止违反有关城乡规划的法律、法规的行为。

城乡规划主管部门的工作人员履行前款规定的监督检查职责,应当出示执法证件。被监督检查的单位和人员应当予以配合,不得妨碍和阻挠依法进行的监督检查活动。

**第五十四条** 监督检查情况和处理结果应当依法公开,供公众查阅和监督。

**第五十五条** 城乡规划主管部门在查处违反本法规定的行为时,发现国家机关工作人员依法应当给予行政处分的,应当向其任免机关或者监察机关提出处分建议。

**第五十六条** 依照本法规定应当给予行政处罚,而有关城乡规划主管部门不给予行政处罚的,上级人民政府城乡规划主管部门有权责令其作出行政处罚决定或者建议有关人民政府责令其给予行政处罚。

**第五十七条** 城乡规划主管部门违反本法规定作出行政许可的,上级人民政府城乡规划主管部门有权责令其撤销或者直接撤销该行政许可。因撤销行政许可给当事人合法权益造成损失的,应当依法给予赔偿。

## 第六章 法律责任

**第五十八条** 对依法应当编制城乡规划而未组织编制,或者未按法定程序编制、审批、修改城乡规划的，由上级人民政府责令改正，通报批评；对有关人民政府负责人和其他直接责任人员依法给予处分。

**第五十九条** 城乡规划组织编制机关委托不具有相应资质等级的单位编制城乡规划的，由上级人民政府责令改正，通报批评；对有关人民政府负责人和其他直接责任人员依法给予处分。

**第六十条** 镇人民政府或者县级以上人民政府城乡规划主管部门有下列行为之一的，由本级人民政府、上级人民政府城乡规划主管部门或者监察机关依据职权责令改正，通报批评；对直接负责的主管人员和其他直接责任人员依法给予处分：

（一）未依法组织编制城市的控制性详细规划、县人民政府所在地镇的控制性详细规划的；

（二）超越职权或者对不符合法定条件的申请人核发选址意见书、建设用地规划许可证、建设工程规划许可证、乡村建设规划许可证的；

（三）对符合法定条件的申请人未在法定期限内核发选址意见书、建设用地规划许可证、建设工程规划许可证、乡村建设规划许可证的；

（四）未依法对经审定的修建性详细规划、建设工程设计方案的总平面图予以公布的；

（五）同意修改修建性详细规划、建设工程设计方案的总平面图前未采取听证会等形式听取利害关系人的意见的；

（六）发现未依法取得规划许可或者违反规划许可的规定在规划区内进行建设的行为，而不予查处或者接到举报后不依法处理的。

**第六十一条** 县级以上人民政府有关部门有下列行为之一的，由本级人民政府或者上级人民政府有关部门责令改正，通报批评；对直接负责的主管人员和其他直接责任人员依法给予处分：

（一）对未依法取得选址意见书的建设项目核发建设项目批准文件的；

（二）未依法在国有土地使用权出让合同中确定规划条件或者改变国有土地使用权出让合同中依法确定的规划条件的；

（三）对未依法取得建设用地规划许可证的建设单位划拨国有土地使用权的。

**第六十二条** 城乡规划编制单位有下列行为之一的，由所在地城市、县人民政府城乡规划主管部门责令限期改正，处合同约定的规划编制费一倍以上二倍以

下的罚款;情节严重的,责令停业整顿,由原发证机关降低资质等级或者吊销资质证书;造成损失的,依法承担赔偿责任:

(一)超越资质等级许可的范围承揽城乡规划编制工作的;

(二)违反国家有关标准编制城乡规划的。

未依法取得资质证书承揽城乡规划编制工作的,由县级以上地方人民政府城乡规划主管部门责令停止违法行为,依照前款规定处以罚款;造成损失的,依法承担赔偿责任。

以欺骗手段取得资质证书承揽城乡规划编制工作的,由原发证机关吊销资质证书,依照本条第一款规定处以罚款;造成损失的,依法承担赔偿责任。

**第六十三条** 城乡规划编制单位取得资质证书后,不再符合相应的资质条件的,由原发证机关责令限期改正;逾期不改正的,降低资质等级或者吊销资质证书。

**第六十四条** 未取得建设工程规划许可证或者未按照建设工程规划许可证的规定进行建设的,由县级以上地方人民政府城乡规划主管部门责令停止建设;尚可采取改正措施消除对规划实施的影响的,限期改正,处建设工程造价百分之五以上百分之十以下的罚款;无法采取改正措施消除影响的,限期拆除,不能拆除的,没收实物或者违法收入,可以并处建设工程造价百分之十以下的罚款。

**第六十五条** 在乡、村庄规划区内未依法取得乡村建设规划许可证或者未按照乡村建设规划许可证的规定进行建设的,由乡、镇人民政府责令停止建设、限期改正;逾期不改正的,可以拆除。

**第六十六条** 建设单位或者个人有下列行为之一的,由所在地城市、县人民政府城乡规划主管部门责令限期拆除,可以并处临时建设工程造价一倍以下的罚款:

(一)未经批准进行临时建设的;

(二)未按照批准内容进行临时建设的;

(三)临时建筑物、构筑物超过批准期限不拆除的。

**第六十七条** 建设单位未在建设工程竣工验收后六个月内向城乡规划主管部门报送有关竣工验收资料的,由所在地城市、县人民政府城乡规划主管部门责令限期补报;逾期不补报的,处一万元以上五万元以下的罚款。

**第六十八条** 城乡规划主管部门作出责令停止建设或者限期拆除的决定后,

当事人不停止建设或者逾期不拆除的，建设工程所在地县级以上地方人民政府可以责成有关部门采取查封施工现场、强制拆除等措施。

**第六十九条** 违反本法规定，构成犯罪的，依法追究刑事责任。

## 第七章 附　　则

**第七十条** 本法自 2008 年 1 月 1 日起施行。《中华人民共和国城市规划法》同时废止。

# 《中华人民共和国建筑法》（节选）

（1997 年 11 月 1 日，第八届全国人民代表大会常务委员会第二十八次会议通过，自 1998 年 3 月 1 日起施行。2011 年 4 月 22 日第十一届全国人民代表大会常务委员会第二十次会议《关于修改〈中华人民共和国建筑法〉的决定》第一次修正，2019 年 4 月 23 日第十三届全国人民代表大会常务委员会第十次会议《关于修改〈中华人民共和国建筑法〉等八部法律的决定》第二次修正）

**第十三条** 从事建筑活动的建筑施工企业、勘察单位、设计单位和工程监理单位，按照其拥有的注册资本、专业技术人员、技术装备和已完成的建筑工程业绩等资质条件，划分为不同的资质等级，经资质审查合格，取得相应等级的资质证书后，方可在其资质等级许可的范围内从事建筑活动。

**第二十六条** 承包建筑工程的单位应当持有依法取得的资质证书，并在其资质等级许可的业务范围内承揽工程。

禁止建筑施工企业超越本企业资质等级许可的业务范围或者以任何形式用其他建筑施工企业的名义承揽工程。禁止建筑施工企业以任何形式允许其他单位或者个人使用本企业的资质证书、营业执照，以本企业的名义承揽工程。

# 《中华人民共和国农业法》(2012修正)

(1993年7月2日,第八届全国人民代表大会常务委员会第二次会议通过,2002年12月28日第九届全国人民代表大会常务委员会第三十一次会议修订,2009年8月27日第十一届全国人民代表大会常务委员会第十次会议《关于修改部分法律的决定》第一次修正,2012年12月28日第十一届全国人民代表大会常务委员会第三十次会议《关于修改〈中华人民共和国农业法〉的决定》第二次修正)

## 第一章 总 则

**第一条** 为了巩固和加强农业在国民经济中的基础地位,深化农村改革,发展农业生产力,推进农业现代化,维护农民和农业生产经营组织的合法权益,增加农民收入,提高农民科学文化素质,促进农业和农村经济的持续、稳定、健康发展,实现全面建设小康社会的目标,制定本法。

**第二条** 本法所称农业,是指种植业、林业、畜牧业和渔业等产业,包括与其直接相关的产前、产中、产后服务。

本法所称农业生产经营组织,是指农村集体经济组织、农民专业合作经济组织、农业企业和其他从事农业生产经营的组织。

**第三条** 国家把农业放在发展国民经济的首位。

农业和农村经济发展的基本目标是:建立适应发展社会主义市场经济要求的农村经济体制,不断解放和发展农村生产力,提高农业的整体素质和效益,确保农产品供应和质量,满足国民经济发展和人口增长、生活改善的需求,提高农民的收入和生活水平,促进农村富余劳动力向非农产业和城镇转移,缩小城乡差别和区域差别,建设富裕、民主、文明的社会主义新农村,逐步实现农业和农村现代化。

**第四条** 国家采取措施，保障农业更好地发挥在提供食物、工业原料和其他农产品，维护和改善生态环境，促进农村经济社会发展等多方面的作用。

**第五条** 国家坚持和完善公有制为主体、多种所有制经济共同发展的基本经济制度，振兴农村经济。

国家长期稳定农村以家庭承包经营为基础、统分结合的双层经营体制，发展社会化服务体系，壮大集体经济实力，引导农民走共同富裕的道路。

国家在农村坚持和完善以按劳分配为主体、多种分配方式并存的分配制度。

**第六条** 国家坚持科教兴农和农业可持续发展的方针。

国家采取措施加强农业和农村基础设施建设，调整、优化农业和农村经济结构，推进农业产业化经营，发展农业科技、教育事业，保护农业生态环境，促进农业机械化和信息化，提高农业综合生产能力。

**第七条** 国家保护农民和农业生产经营组织的财产及其他合法权益不受侵犯。

各级人民政府及其有关部门应当采取措施增加农民收入，切实减轻农民负担。

**第八条** 全社会应当高度重视农业，支持农业发展。

国家对发展农业和农村经济有显著成绩的单位和个人，给予奖励。

**第九条** 各级人民政府对农业和农村经济发展工作统一负责，组织各有关部门和全社会做好发展农业和为发展农业服务的各项工作。

国务院农业行政主管部门主管全国农业和农村经济发展工作，国务院林业行政主管部门和其他有关部门在各自的职责范围内，负责有关的农业和农村经济发展工作。

县级以上地方人民政府各农业行政主管部门负责本行政区域内的种植业、畜牧业、渔业等农业和农村经济发展工作，林业行政主管部门负责本行政区域内的林业工作。县级以上地方人民政府其他有关部门在各自的职责范围内，负责本行政区域内有关的为农业生产经营服务的工作。

## 第二章　农业生产经营体制

**第十条** 国家实行农村土地承包经营制度，依法保障农村土地承包关系的长期稳定，保护农民对承包土地的使用权。

农村土地承包经营的方式、期限、发包方和承包方的权利义务、土地承包经营权的保护和流转等，适用《中华人民共和国土地管理法》和《中华人民共和国农村土地承包法》。

农村集体经济组织应当在家庭承包经营的基础上，依法管理集体资产，为其成员提供生产、技术、信息等服务，组织合理开发、利用集体资源，壮大经济实力。

**第十一条** 国家鼓励农民在家庭承包经营的基础上自愿组成各类专业合作经济组织。

农民专业合作经济组织应当坚持为成员服务的宗旨，按照加入自愿、退出自由、民主管理、盈余返还的原则，依法在其章程规定的范围内开展农业生产经营和服务活动。

农民专业合作经济组织可以有多种形式，依法成立、依法登记。任何组织和个人不得侵犯农民专业合作经济组织的财产和经营自主权。

**第十二条** 农民和农业生产经营组织可以自愿按照民主管理、按劳分配和按股分红相结合的原则，以资金、技术、实物等入股，依法兴办各类企业。

**第十三条** 国家采取措施发展多种形式的农业产业化经营，鼓励和支持农民和农业生产经营组织发展生产、加工、销售一体化经营。

国家引导和支持从事农产品生产、加工、流通服务的企业、科研单位和其他组织，通过与农民或者农民专业合作经济组织订立合同或者建立各类企业等形式，形成收益共享、风险共担的利益共同体，推进农业产业化经营，带动农业发展。

**第十四条** 农民和农业生产经营组织可以按照法律、行政法规成立各种农产品行业协会，为成员提供生产、营销、信息、技术、培训等服务，发挥协调和自律作用，提出农产品贸易救济措施的申请，维护成员和行业的利益。

## 第三章 农业生产

**第十五条** 县级以上人民政府根据国民经济和社会发展的中长期规划、农业和农村经济发展的基本目标和农业资源区划，制定农业发展规划。

省级以上人民政府农业行政主管部门根据农业发展规划，采取措施发挥区域优势，促进形成合理的农业生产区域布局，指导和协调农业和农村经济结构调整。

**第十六条** 国家引导和支持农民和农业生产经营组织结合本地实际按照市场需求，调整和优化农业生产结构，协调发展种植业、林业、畜牧业和渔业，发展优质、高产、高效益的农业，提高农产品国际竞争力。

种植业以优化品种、提高质量、增加效益为中心，调整作物结构、品种结构和品质结构。

加强林业生态建设，实施天然林保护、退耕还林和防沙治沙工程，加强防护林体系建设，加速营造速生丰产林、工业原料林和薪炭林。

加强草原保护和建设，加快发展畜牧业，推广圈养和舍饲，改良畜禽品种，积极发展饲料工业和畜禽产品加工业。

渔业生产应当保护和合理利用渔业资源，调整捕捞结构，积极发展水产养殖业、远洋渔业和水产品加工业。

县级以上人民政府应当制定政策，安排资金，引导和支持农业结构调整。

**第十七条** 各级人民政府应当采取措施，加强农业综合开发和农田水利、农业生态环境保护、乡村道路、农村能源和电网、农产品仓储和流通、渔港、草原围栏、动植物原种良种基地等农业和农村基础设施建设，改善农业生产条件，保护和提高农业综合生产能力。

**第十八条** 国家扶持动植物品种的选育、生产、更新和良种的推广使用，鼓励品种选育和生产、经营相结合，实施种子工程和畜禽良种工程。国务院和省、自治区、直辖市人民政府设立专项资金，用于扶持动植物良种的选育和推广工作。

**第十九条** 各级人民政府和农业生产经营组织应当加强农田水利设施建设，建立健全农田水利设施的管理制度，节约用水，发展节水型农业，严格依法控制非农业建设占用灌溉水源，禁止任何组织和个人非法占用或者毁损农田水利设施。

国家对缺水地区发展节水型农业给予重点扶持。

**第二十条** 国家鼓励和支持农民和农业生产经营组织使用先进、适用的农业机械，加强农业机械安全管理，提高农业机械化水平。

国家对农民和农业生产经营组织购买先进农业机械给予扶持。

**第二十一条** 各级人民政府应当支持为农业服务的气象事业的发展，提高对气象灾害的监测和预报水平。

**第二十二条** 国家采取措施提高农产品的质量，建立健全农产品质量标准体系和质量检验检测监督体系，按照有关技术规范、操作规程和质量卫生安全标准，组织农产品的生产经营，保障农产品质量安全。

**第二十三条** 国家支持依法建立健全优质农产品认证和标志制度。

国家鼓励和扶持发展优质农产品生产。县级以上地方人民政府应当结合本地情况,按照国家有关规定采取措施,发展优质农产品生产。

符合国家规定标准的优质农产品可以依照法律或者行政法规的规定申请使用有关的标志。符合规定产地及生产规范要求的农产品可以依照有关法律或者行政法规的规定申请使用农产品地理标志。

**第二十四条** 国家实行动植物防疫、检疫制度,健全动植物防疫、检疫体系,加强对动物疫病和植物病、虫、杂草、鼠害的监测、预警、防治,建立重大动物疫情和植物病虫害的快速扑灭机制,建设动物无规定疫病区,实施植物保护工程。

**第二十五条** 农药、兽药、饲料和饲料添加剂、肥料、种子、农业机械等可能危害人畜安全的农业生产资料的生产经营,依照相关法律、行政法规的规定实行登记或者许可制度。

各级人民政府应当建立健全农业生产资料的安全使用制度,农民和农业生产经营组织不得使用国家明令淘汰和禁止使用的农药、兽药、饲料添加剂等农业生产资料和其他禁止使用的产品。

农业生产资料的生产者、销售者应当对其生产、销售的产品的质量负责,禁止以次充好、以假充真、以不合格的产品冒充合格的产品;禁止生产和销售国家明令淘汰的农药、兽药、饲料添加剂、农业机械等农业生产资料。

## 第四章　农产品流通与加工

**第二十六条** 农产品的购销实行市场调节。国家对关系国计民生的重要农产品的购销活动实行必要的宏观调控,建立中央和地方分级储备调节制度,完善仓储运输体系,做到保证供应,稳定市场。

**第二十七条** 国家逐步建立统一、开放、竞争、有序的农产品市场体系,制定农产品批发市场发展规划。对农村集体经济组织和农民专业合作经济组织建立农产品批发市场和农产品集贸市场,国家给予扶持。

县级以上人民政府工商行政管理部门和其他有关部门按照各自的职责,依法管理农产品批发市场,规范交易秩序,防止地方保护与不正当竞争。

**第二十八条** 国家鼓励和支持发展多种形式的农产品流通活动。支持农民和农民专业合作经济组织按照国家有关规定从事农产品收购、批发、贮藏、运输、零售和中介活动。鼓励供销合作社和其他从事农产品购销的农业生产经营组织提供市场信息，开拓农产品流通渠道，为农产品销售服务。

县级以上人民政府应当采取措施，督促有关部门保障农产品运输畅通，降低农产品流通成本。有关行政管理部门应当简化手续，方便鲜活农产品的运输，除法律、行政法规另有规定外，不得扣押鲜活农产品的运输工具。

**第二十九条** 国家支持发展农产品加工业和食品工业，增加农产品的附加值。县级以上人民政府应当制定农产品加工业和食品工业发展规划，引导农产品加工企业形成合理的区域布局和规模结构，扶持农民专业合作经济组织和乡镇企业从事农产品加工和综合开发利用。

国家建立健全农产品加工制品质量标准，完善检测手段，加强农产品加工过程中的质量安全管理和监督，保障食品安全。

**第三十条** 国家鼓励发展农产品进出口贸易。

国家采取加强国际市场研究、提供信息和营销服务等措施，促进农产品出口。

为维护农产品产销秩序和公平贸易，建立农产品进口预警制度，当某些进口农产品已经或者可能对国内相关农产品的生产造成重大的不利影响时，国家可以采取必要的措施。

## 第五章 粮食安全

**第三十一条** 国家采取措施保护和提高粮食综合生产能力，稳步提高粮食生产水平，保障粮食安全。

国家建立耕地保护制度，对基本农田依法实行特殊保护。

**第三十二条** 国家在政策、资金、技术等方面对粮食主产区给予重点扶持，建设稳定的商品粮生产基地，改善粮食收贮及加工设施，提高粮食主产区的粮食生产、加工水平和经济效益。

国家支持粮食主产区与主销区建立稳定的购销合作关系。

**第三十三条** 在粮食的市场价格过低时，国务院可以决定对部分粮食品种实行保护价制度。保护价应当根据有利于保护农民利益、稳定粮食生产的原则确定。

农民按保护价制度出售粮食，国家委托的收购单位不得拒收。

县级以上人民政府应当组织财政、金融等部门以及国家委托的收购单位及时筹足粮食收购资金，任何部门、单位或者个人不得截留或者挪用。

**第三十四条** 国家建立粮食安全预警制度,采取措施保障粮食供给。国务院应当制定粮食安全保障目标与粮食储备数量指标,并根据需要组织有关主管部门进行耕地、粮食库存情况的核查。

国家对粮食实行中央和地方分级储备调节制度,建设仓储运输体系。承担国家粮食储备任务的企业应当按照国家规定保证储备粮的数量和质量。

**第三十五条** 国家建立粮食风险基金,用于支持粮食储备、稳定粮食市场和保护农民利益。

**第三十六条** 国家提倡珍惜和节约粮食,并采取措施改善人民的食物营养结构。

## 第六章 农业投入与支持保护

**第三十七条** 国家建立和完善农业支持保护体系,采取财政投入、税收优惠、金融支持等措施,从资金投入、科研与技术推广、教育培训、农业生产资料供应、市场信息、质量标准、检验检疫、社会化服务以及灾害救助等方面扶持农民和农业生产经营组织发展农业生产,提高农民的收入水平。

在不与我国缔结或加入的有关国际条约相抵触的情况下,国家对农民实施收入支持政策,具体办法由国务院制定。

**第三十八条** 国家逐步提高农业投入的总体水平。中央和县级以上地方财政每年对农业总投入的增长幅度应当高于其财政经常性收入的增长幅度。

各级人民政府在财政预算内安排的各项用于农业的资金应当主要用于:加强农业基础设施建设;支持农业结构调整,促进农业产业化经营;保护粮食综合生产能力,保障国家粮食安全;健全动植物检疫、防疫体系,加强动物疫病和植物病、虫、杂草、鼠害防治;建立健全农产品质量标准和检验检测监督体系、农产品市场及信息服务体系;支持农业科研教育、农业技术推广和农民培训;加强农业生态环境保护建设;扶持贫困地区发展;保障农民收入水平等。

县级以上各级财政用于种植业、林业、畜牧业、渔业、农田水利的农业基本建设投入应当统筹安排,协调增长。

国家为加快西部开发,增加对西部地区农业发展和生态环境保护的投入。

**第三十九条** 县级以上人民政府每年财政预算内安排的各项用于农业的资金应当及时足额拨付。各级人民政府应当加强对国家各项农业资金分配、使用过程的监督管理，保证资金安全，提高资金的使用效率。

任何单位和个人不得截留、挪用用于农业的财政资金和信贷资金。审计机关应当依法加强对用于农业的财政和信贷等资金的审计监督。

**第四十条** 国家运用税收、价格、信贷等手段，鼓励和引导农民和农业生产经营组织增加农业生产经营性投入和小型农田水利等基本建设投入。

国家鼓励和支持农民和农业生产经营组织在自愿的基础上依法采取多种形式，筹集农业资金。

**第四十一条** 国家鼓励社会资金投向农业，鼓励企业事业单位、社会团体和个人捐资设立各种农业建设和农业科技、教育基金。

国家采取措施，促进农业扩大利用外资。

**第四十二条** 各级人民政府应当鼓励和支持企业事业单位及其他各类经济组织开展农业信息服务。

县级以上人民政府农业行政主管部门及其他有关部门应当建立农业信息搜集、整理和发布制度，及时向农民和农业生产经营组织提供市场信息等服务。

**第四十三条** 国家鼓励和扶持农用工业的发展。

国家采取税收、信贷等手段鼓励和扶持农业生产资料的生产和贸易，为农业生产稳定增长提供物质保障。

国家采取宏观调控措施，使化肥、农药、农用薄膜、农业机械和农用柴油等主要农业生产资料和农产品之间保持合理的比价。

**第四十四条** 国家鼓励供销合作社、农村集体经济组织、农民专业合作经济组织、其他组织和个人发展多种形式的农业生产产前、产中、产后的社会化服务事业。县级以上人民政府及其各有关部门应当采取措施对农业社会化服务事业给予支持。

对跨地区从事农业社会化服务的，农业、工商管理、交通运输、公安等有关部门应当采取措施给予支持。

**第四十五条** 国家建立健全农村金融体系，加强农村信用制度建设，加强农村金融监管。

有关金融机构应当采取措施增加信贷投入，改善农村金融服务，对农民和农业生产经营组织的农业生产经营活动提供信贷支持。

农村信用合作社应当坚持为农业、农民和农村经济发展服务的宗旨，优先为当地农民的生产经营活动提供信贷服务。

国家通过贴息等措施,鼓励金融机构向农民和农业生产经营组织的农业生产经营活动提供贷款。

**第四十六条** 国家建立和完善农业保险制度。

国家逐步建立和完善政策性农业保险制度。鼓励和扶持农民和农业生产经营组织建立为农业生产经营活动服务的互助合作保险组织,鼓励商业性保险公司开展农业保险业务。

农业保险实行自愿原则。任何组织和个人不得强制农民和农业生产经营组织参加农业保险。

**第四十七条** 各级人民政府应当采取措施,提高农业防御自然灾害的能力,做好防灾、抗灾和救灾工作,帮助灾民恢复生产,组织生产自救,开展社会互助互济;对没有基本生活保障的灾民给予救济和扶持。

## 第七章 农业科技与农业教育

**第四十八条** 国务院和省级人民政府应当制定农业科技、农业教育发展规划,发展农业科技、教育事业。

县级以上人民政府应当按照国家有关规定逐步增加农业科技经费和农业教育经费。

国家鼓励、吸引企业等社会力量增加农业科技投入,鼓励农民、农业生产经营组织、企业事业单位等依法举办农业科技、教育事业。

**第四十九条** 国家保护植物新品种、农产品地理标志等知识产权,鼓励和引导农业科研、教育单位加强农业科学技术的基础研究和应用研究,传播和普及农业科学技术知识,加速科技成果转化与产业化,促进农业科学技术进步。

国务院有关部门应当组织农业重大关键技术的科技攻关。国家采取措施促进国际农业科技、教育合作与交流,鼓励引进国外先进技术。

**第五十条** 国家扶持农业技术推广事业,建立政府扶持和市场引导相结合,有偿与无偿服务相结合,国家农业技术推广机构和社会力量相结合的农业技术推广体系,促使先进的农业技术尽快应用于农业生产。

**第五十一条** 国家设立的农业技术推广机构应当以农业技术试验示范基地为依托,承担公共所需的关键性技术的推广和示范等公益性职责,为农民和农业生产经营组织提供无偿农业技术服务。

县级以上人民政府应当根据农业生产发展需要，稳定和加强农业技术推广队伍，保障农业技术推广机构的工作经费。

各级人民政府应当采取措施，按照国家规定保障和改善从事农业技术推广工作的专业科技人员的工作条件、工资待遇和生活条件，鼓励他们为农业服务。

**第五十二条** 农业科研单位、有关学校、农民专业合作社、涉农企业、群众性科技组织及有关科技人员，根据农民和农业生产经营组织的需要，可以提供无偿服务，也可以通过技术转让、技术服务、技术承包、技术咨询和技术入股等形式，提供有偿服务，取得合法收益。农业科研单位、有关学校、农民专业合作社、涉农企业、群众性科技组织及有关科技人员应当提高服务水平，保证服务质量。

对农业科研单位、有关学校、农业技术推广机构举办的为农业服务的企业，国家在税收、信贷等方面给予优惠。

国家鼓励和支持农民、供销合作社、其他企业事业单位等参与农业技术推广工作。

**第五十三条** 国家建立农业专业技术人员继续教育制度。县级以上人民政府农业行政主管部门会同教育、人事等有关部门制定农业专业技术人员继续教育计划，并组织实施。

**第五十四条** 国家在农村依法实施义务教育，并保障义务教育经费。国家在农村举办的普通中小学校教职工工资由县级人民政府按照国家规定统一发放，校舍等教学设施的建设和维护经费由县级人民政府按照国家规定统一安排。

**第五十五条** 国家发展农业职业教育。国务院有关部门按照国家职业资格证书制度的统一规定，开展农业行业的职业分类、职业技能鉴定工作，管理农业行业的职业资格证书。

**第五十六条** 国家采取措施鼓励农民采用先进的农业技术，支持农民举办各种科技组织，开展农业实用技术培训、农民绿色证书培训和其他就业培训，提高农民的文化技术素质。

## 第八章 农业资源与农业环境保护

**第五十七条** 发展农业和农村经济必须合理利用和保护土地、水、森林、草原、野生动植物等自然资源，合理开发和利用水能、沼气、太阳能、风能等可再生能源和清洁能源,发展生态农业,保护和改善生态环境。

县级以上人民政府应当制定农业资源区划或者农业资源合理利用和保护的区划,建立农业资源监测制度。

**第五十八条** 农民和农业生产经营组织应当保养耕地,合理使用化肥、农药、农用薄膜,增加使用有机肥料,采用先进技术,保护和提高地力,防止农用地的污染、破坏和地力衰退。

县级以上人民政府农业行政主管部门应当采取措施,支持农民和农业生产经营组织加强耕地质量建设,并对耕地质量进行定期监测。

**第五十九条** 各级人民政府应当采取措施,加强小流域综合治理,预防和治理水土流失。从事可能引起水土流失的生产建设活动的单位和个人,必须采取预防措施,并负责治理因生产建设活动造成的水土流失。

各级人民政府应当采取措施,预防土地沙化,治理沙化土地。国务院和沙化土地所在地区的县级以上地方人民政府应当按照法律规定制定防沙治沙规划,并组织实施。

**第六十条** 国家实行全民义务植树制度。各级人民政府应当采取措施,组织群众植树造林,保护林地和林木,预防森林火灾,防治森林病虫害,制止滥伐、盗伐林木,提高森林覆盖率。

国家在天然林保护区域实行禁伐或者限伐制度,加强造林护林。

**第六十一条** 有关地方人民政府,应当加强草原的保护、建设和管理,指导、组织农(牧)民和农(牧)业生产经营组织建设人工草场、饲草饲料基地和改良天然草原,实行以草定畜,控制载畜量,推行划区轮牧、休牧和禁牧制度,保护草原植被,防止草原退化沙化和盐渍化。

**第六十二条** 禁止毁林毁草开垦、烧山开垦以及开垦国家禁止开垦的陡坡地,已经开垦的应当逐步退耕还林、还草。

禁止围湖造田以及围垦国家禁止围垦的湿地。已经围垦的,应当逐步退耕还湖、还湿地。

对在国务院批准规划范围内实施退耕的农民,应当按照国家规定予以补助。

**第六十三条** 各级人民政府应当采取措施,依法执行捕捞限额和禁渔、休渔制度,增殖渔业资源,保护渔业水域生态环境。

国家引导、支持从事捕捞业的农(渔)民和农(渔)业生产经营组织从事水产养殖业或者其他职业，对根据当地人民政府统一规划转产转业的农（渔）民，应当按照国家规定予以补助。

**第六十四条** 国家建立与农业生产有关的生物物种资源保护制度，保护生物多样性，对稀有、濒危、珍贵生物资源及其原生地实行重点保护。从境外引进生物物种资源应当依法进行登记或者审批，并采取相应安全控制措施。

农业转基因生物的研究、试验、生产、加工、经营及其他应用，必须依照国家规定严格实行各项安全控制措施。

**第六十五条** 各级农业行政主管部门应当引导农民和农业生产经营组织采取生物措施或者使用高效低毒低残留农药、兽药，防治动植物病、虫、杂草、鼠害。

农产品采收后的秸秆及其他剩余物质应当综合利用，妥善处理，防止造成环境污染和生态破坏。

从事畜禽等动物规模养殖的单位和个人应当对粪便、废水及其他废弃物进行无害化处理或者综合利用，从事水产养殖的单位和个人应当合理投饵、施肥、使用药物，防止造成环境污染和生态破坏。

**第六十六条** 县级以上人民政府应当采取措施，督促有关单位进行治理，防治废水、废气和固体废弃物对农业生态环境的污染。排放废水、废气和固体废弃物造成农业生态环境污染事故的，由环境保护行政主管部门或者农业行政主管部门依法调查处理；给农民和农业生产经营组织造成损失的，有关责任者应当依法赔偿。

## 第九章 农民权益保护

**第六十七条** 任何机关或者单位向农民或者农业生产经营组织收取行政、事业性费用必须依据法律、法规的规定。收费的项目、范围和标准应当公布。没有法律、法规依据的收费，农民和农业生产经营组织有权拒绝。

任何机关或者单位对农民或者农业生产经营组织进行罚款处罚必须依据法律、法规、规章的规定。没有法律、法规、规章依据的罚款，农民和农业生产经营组织有权拒绝。

任何机关或者单位不得以任何方式向农民或者农业生产经营组织进行摊派。除法律、法规另有规定外，任何机关或者单位以任何方式要求农民或者农业生产经营组织提供人力、财力、物力的，属于摊派。农民和农业生产经营组织有权拒绝任何方式的摊派。

**第六十八条** 各级人民政府及其有关部门和所属单位不得以任何方式向农民或者农业生产经营组织集资。

没有法律、法规依据或者未经国务院批准，任何机关或者单位不得在农村进行任何形式的达标、升级、验收活动。

**第六十九条** 农民和农业生产经营组织依照法律、行政法规的规定承担纳税义务。税务机关及代扣、代收税款的单位应当依法征税，不得违法摊派税款及以其他违法方法征税。

**第七十条** 农村义务教育除按国务院规定收取的费用外，不得向农民和学生收取其他费用。禁止任何机关或者单位通过农村中小学校向农民收费。

**第七十一条** 国家依法征收农民集体所有的土地，应当保护农民和农村集体经济组织的合法权益，依法给予农民和农村集体经济组织征地补偿，任何单位和个人不得截留、挪用征地补偿费用。

**第七十二条** 各级人民政府、农村集体经济组织或者村民委员会在农业和农村经济结构调整、农业产业化经营和土地承包经营权流转等过程中，不得侵犯农民的土地承包经营权，不得干涉农民自主安排的生产经营项目，不得强迫农民购买指定的生产资料或者按指定的渠道销售农产品。

**第七十三条** 农村集体经济组织或者村民委员会为发展生产或者兴办公益事业，需要向其成员（村民）筹资筹劳的，应当经成员（村民）会议或者成员（村民）代表会议过半数通过后，方可进行。

农村集体经济组织或者村民委员会依照前款规定筹资筹劳的，不得超过省级以上人民政府规定的上限控制标准，禁止强行以资代劳。

农村集体经济组织和村民委员会对涉及农民利益的重要事项，应当向农民公开，并定期公布财务账目，接受农民的监督。

**第七十四条** 任何单位和个人向农民或者农业生产经营组织提供生产、技术、信息、文化、保险等有偿服务，必须坚持自愿原则，不得强迫农民和农业生产经营组织接受服务。

**第七十五条** 农产品收购单位在收购农产品时，不得压级压价，不得在支付的价款中扣缴任何费用。法律、行政法规规定代扣、代收税款的，依照法律、行政法规的规定办理。

农产品收购单位与农产品销售者因农产品的质量等级发生争议的，可以委托具有法定资质的农产品质量检验机构检验。

**第七十六条** 农业生产资料使用者因生产资料质量问题遭受损失的，出售该生产资料的经营者应当予以赔偿，赔偿额包括购货价款、有关费用和可得利益损失。

**第七十七条** 农民或者农业生产经营组织为维护自身的合法权益，有向各级人民政府及其有关部门反映情况和提出合法要求的权利，人民政府及其有关部门对农民或者农业生产经营组织提出的合理要求，应当按照国家规定及时给予答复。

**第七十八条** 违反法律规定，侵犯农民权益的，农民或者农业生产经营组织可以依法申请行政复议或者向人民法院提起诉讼，有关人民政府及其有关部门或者人民法院应当依法受理。

人民法院和司法行政主管机关应当依照有关规定为农民提供法律援助。

## 第十章 农村经济发展

**第七十九条** 国家坚持城乡协调发展的方针，扶持农村第二、第三产业发展，调整和优化农村经济结构，增加农民收入，促进农村经济全面发展，逐步缩小城乡差别。

**第八十条** 各级人民政府应当采取措施，发展乡镇企业，支持农业的发展，转移富余的农业劳动力。

国家完善乡镇企业发展的支持措施，引导乡镇企业优化结构，更新技术，提高素质。

**第八十一条** 县级以上地方人民政府应当根据当地的经济发展水平、区位优势和资源条件，按照合理布局、科学规划、节约用地的原则，有重点地推进农村小城镇建设。

地方各级人民政府应当注重运用市场机制，完善相应政策，吸引农民和社会资金投资小城镇开发建设，发展第二、第三产业，引导乡镇企业相对集中发展。

**第八十二条** 国家采取措施引导农村富余劳动力在城乡、地区间合理有序流动。地方各级人民政府依法保护进入城镇就业的农村劳动力的合法权益，不得设置不合理限制，已经设置的应当取消。

**第八十三条** 国家逐步完善农村社会救济制度,保障农村五保户、贫困残疾农民、贫困老年农民和其他丧失劳动能力的农民的基本生活。

**第八十四条** 国家鼓励、支持农民巩固和发展农村合作医疗和其他医疗保障形式,提高农民健康水平。

**第八十五条** 国家扶持贫困地区改善经济发展条件,帮助进行经济开发。省级人民政府根据国家关于扶持贫困地区的总体目标和要求,制定扶贫开发规划,并组织实施。

各级人民政府应当坚持开发式扶贫方针,组织贫困地区的农民和农业生产经营组织合理使用扶贫资金,依靠自身力量改变贫穷落后面貌,引导贫困地区的农民调整经济结构、开发当地资源。扶贫开发应当坚持与资源保护、生态建设相结合,促进贫困地区经济、社会的协调发展和全面进步。

**第八十六条** 中央和省级财政应当把扶贫开发投入列入年度财政预算,并逐年增加,加大对贫困地区的财政转移支付和建设资金投入。

国家鼓励和扶持金融机构、其他企业事业单位和个人投入资金支持贫困地区开发建设。

禁止任何单位和个人截留、挪用扶贫资金。审计机关应当加强扶贫资金的审计监督。

## 第十一章 执法监督

**第八十七条** 县级以上人民政府应当采取措施逐步完善适应社会主义市场经济发展要求的农业行政管理体制。

县级以上人民政府农业行政主管部门和有关行政主管部门应当加强规划、指导、管理、协调、监督、服务职责,依法行政,公正执法。

县级以上地方人民政府农业行政主管部门应当在其职责范围内健全行政执法队伍,实行综合执法,提高执法效率和水平。

**第八十八条** 县级以上人民政府农业行政主管部门及其执法人员履行执法监督检查职责时,有权采取下列措施:

(一)要求被检查单位或者个人说明情况,提供有关文件、证照、资料;

(二)责令被检查单位或者个人停止违反本法的行为,履行法定义务。

农业行政执法人员在履行监督检查职责时,应当向被检查单位或者个人出示行政执法证件，遵守执法程序。有关单位或者个人应当配合农业行政执法人员依法执行职务，不得拒绝和阻碍。

**第八十九条** 农业行政主管部门与农业生产、经营单位必须在机构、人员、财务上彻底分离。农业行政主管部门及其工作人员不得参与和从事农业生产经营活动。

## 第十二章 法律责任

**第九十条** 违反本法规定，侵害农民和农业生产经营组织的土地承包经营权等财产权或者其他合法权益的，应当停止侵害，恢复原状；造成损失、损害的，依法承担赔偿责任。

国家工作人员利用职务便利或者以其他名义侵害农民和农业生产经营组织的合法权益的，应当赔偿损失，并由其所在单位或者上级主管机关给予行政处分。

**第九十一条** 违反本法第十九条、第二十五条、第六十二条、第七十一条规定的，依照相关法律或者行政法规的规定予以处罚。

**第九十二条** 有下列行为之一的，由上级主管机关责令限期归还被截留、挪用的资金，没收非法所得，并由上级主管机关或者所在单位给予直接负责的主管人员和其他直接责任人员行政处分；构成犯罪的，依法追究刑事责任：

（一）违反本法第三十三条第三款规定，截留、挪用粮食收购资金的；

（二）违反本法第三十九条第二款规定，截留、挪用用于农业的财政资金和信贷资金的；

（三）违反本法第八十六条第三款规定，截留、挪用扶贫资金的。

**第九十三条** 违反本法第六十七条规定，向农民或者农业生产经营组织违法收费、罚款、摊派的，上级主管机关应当予以制止，并予公告；已经收取钱款或者已经使用人力、物力的，由上级主管机关责令限期归还已经收取的钱款或者折价偿还已经使用的人力、物力，并由上级主管机关或者所在单位给予直接负责的主管人员和其他直接责任人员行政处分；情节严重，构成犯罪的，依法追究刑事责任。

**第九十四条** 有下列行为之一的，由上级主管机关责令停止违法行为，并给予直接负责的主管人员和其他直接责任人员行政处分，责令退还违法收取的集资款、税款或者费用：

（一）违反本法第六十八条规定，非法在农村进行集资、达标、升级、验收活动的；

(二)违反本法第六十九条规定,以违法方法向农民征税的;

(三)违反本法第七十条规定,通过农村中小学校向农民超额、超项目收费的。

**第九十五条** 违反本法第七十三条第二款规定,强迫农民以资代劳的,由乡(镇)人民政府责令改正,并退还违法收取的资金。

**第九十六条** 违反本法第七十四条规定,强迫农民和农业生产经营组织接受有偿服务的,由有关人民政府责令改正,并返还其违法收取的费用;情节严重的,给予直接负责的主管人员和其他直接责任人员行政处分;造成农民和农业生产经营组织损失的,依法承担赔偿责任。

**第九十七条** 县级以上人民政府农业行政主管部门的工作人员违反本法规定参与和从事农业生产经营活动的,依法给予行政处分;构成犯罪的,依法追究刑事责任。

## 第十三章 附 则

**第九十八条** 本法有关农民的规定,适用于国有农场、牧场、林场、渔场等企业事业单位实行承包经营的职工。

**第九十九条** 本法自 2003 年 3 月 1 日起施行。

# 《中华人民共和国乡村振兴促进法》

(《中华人民共和国乡村振兴促进法》由中华人民共和国第十三届全国人民代表大会常务委员会第二十八次会议于 2021 年 4 月 29 日通过,自 2021 年 6 月 1 日起施行)

## 第一章 总 则

**第一条** 为了全面实施乡村振兴战略,促进农业全面升级、农村全面进步、农民全面发展,加快农业农村现代化,全面建设社会主义现代化国家,制定本法。

**第二条** 全面实施乡村振兴战略，开展促进乡村产业振兴、人才振兴、文化振兴、生态振兴、组织振兴，推进城乡融合发展等活动，适用本法。

本法所称乡村，是指城市建成区以外具有自然、社会、经济特征和生产、生活、生态、文化等多重功能的地域综合体，包括乡镇和村庄等。

**第三条** 促进乡村振兴应当按照产业兴旺、生态宜居、乡风文明、治理有效、生活富裕的总要求，统筹推进农村经济建设、政治建设、文化建设、社会建设、生态文明建设和党的建设，充分发挥乡村在保障农产品供给和粮食安全、保护生态环境、传承发展中华民族优秀传统文化等方面的特有功能。

**第四条** 全面实施乡村振兴战略，应当坚持中国共产党的领导，贯彻创新、协调、绿色、开放、共享的新发展理念，走中国特色社会主义乡村振兴道路，促进共同富裕，遵循以下原则：

（一）坚持农业农村优先发展，在干部配备上优先考虑，在要素配置上优先满足，在资金投入上优先保障，在公共服务上优先安排；

（二）坚持农民主体地位，充分尊重农民意愿，保障农民民主权利和其他合法权益，调动农民的积极性、主动性、创造性，维护农民根本利益；

（三）坚持人与自然和谐共生，统筹山水林田湖草沙系统治理，推动绿色发展，推进生态文明建设；

（四）坚持改革创新，充分发挥市场在资源配置中的决定性作用，更好发挥政府作用，推进农业供给侧结构性改革和高质量发展，不断解放和发展乡村社会生产力，激发农村发展活力；

（五）坚持因地制宜、规划先行、循序渐进，顺应村庄发展规律，根据乡村的历史文化、发展现状、区位条件、资源禀赋、产业基础分类推进。

**第五条** 国家巩固和完善以家庭承包经营为基础、统分结合的双层经营体制，发展壮大农村集体所有制经济。

**第六条** 国家建立健全城乡融合发展的体制机制和政策体系，推动城乡要素有序流动、平等交换和公共资源均衡配置，坚持以工补农、以城带乡，推动形成工农互促、城乡互补、协调发展、共同繁荣的新型工农城乡关系。

**第七条** 国家坚持以社会主义核心价值观为引领，大力弘扬民族精神和时代精神，加强乡村优秀传统文化保护和公共文化服务体系建设，繁荣发展乡村文化。

每年农历秋分日为中国农民丰收节。

**第八条** 国家实施以我为主、立足国内、确保产能、适度进口、科技支撑的粮食安全战略，坚持藏粮于地、藏粮于技，采取措施不断提高粮食综合生产能力，建设国家粮食安全产业带，完善粮食加工、流通、储备体系，确保谷物基本自给、口粮绝对安全，保障国家粮食安全。

国家完善粮食加工、储存、运输标准，提高粮食加工出品率和利用率，推动节粮减损。

**第九条** 国家建立健全中央统筹、省负总责、市县乡抓落实的乡村振兴工作机制。

各级人民政府应当将乡村振兴促进工作纳入国民经济和社会发展规划，并建立乡村振兴考核评价制度、工作年度报告制度和监督检查制度。

**第十条** 国务院农业农村主管部门负责全国乡村振兴促进工作的统筹协调、宏观指导和监督检查；国务院其他有关部门在各自职责范围内负责有关的乡村振兴促进工作。

县级以上地方人民政府农业农村主管部门负责本行政区域内乡村振兴促进工作的统筹协调、指导和监督检查；县级以上地方人民政府其他有关部门在各自职责范围内负责有关的乡村振兴促进工作。

**第十一条** 各级人民政府及其有关部门应当采取多种形式，广泛宣传乡村振兴促进相关法律法规和政策，鼓励、支持人民团体、社会组织、企事业单位等社会各方面参与乡村振兴促进相关活动。

对在乡村振兴促进工作中作出显著成绩的单位和个人，按照国家有关规定给予表彰和奖励。

## 第二章 产业发展

**第十二条** 国家完善农村集体产权制度，增强农村集体所有制经济发展活力，促进集体资产保值增值，确保农民受益。

各级人民政府应当坚持以农民为主体，以乡村优势特色资源为依托，支持、促进农村一二三产业融合发展，推动建立现代农业产业体系、生产体系和经营体系，推进数字乡村建设，培育新产业、新业态、新模式和新型农业经营主体，促进小农户和现代农业发展有机衔接。

**第十三条** 国家采取措施优化农业生产力布局，推进农业结构调整，发展优势特色产业，保障粮食和重要农产品有效供给和质量安全，推动品种培优、品质提升、品牌打造和标准化生产，推动农业对外开放，提高农业质量、效益和竞争力。

国家实行重要农产品保障战略，分品种明确保障目标，构建科学合理、安全高效的重要农产品供给保障体系。

**第十四条** 国家建立农用地分类管理制度，严格保护耕地，严格控制农用地转为建设用地，严格控制耕地转为林地、园地等其他类型农用地。省、自治区、直辖市人民政府应当采取措施确保耕地总量不减少、质量有提高。

国家实行永久基本农田保护制度，建设粮食生产功能区、重要农产品生产保护区，建设并保护高标准农田。

地方各级人民政府应当推进农村土地整理和农用地科学安全利用，加强农田水利等基础设施建设，改善农业生产条件。

**第十五条** 国家加强农业种质资源保护利用和种质资源库建设，支持育种基础性、前沿性和应用技术研究，实施农作物和畜禽等良种培育、育种关键技术攻关，鼓励种业科技成果转化和优良品种推广，建立并实施种业国家安全审查机制，促进种业高质量发展。

**第十六条** 国家采取措施加强农业科技创新，培育创新主体，构建以企业为主体、产学研协同的创新机制，强化高等学校、科研机构、农业企业创新能力，建立创新平台，加强新品种、新技术、新装备、新产品研发，加强农业知识产权保护，推进生物种业、智慧农业、设施农业、农产品加工、绿色农业投入品等领域创新，建设现代农业产业技术体系，推动农业农村创新驱动发展。

国家健全农业科研项目评审、人才评价、成果产权保护制度，保障对农业科技基础性、公益性研究的投入，激发农业科技人员创新积极性。

**第十七条** 国家加强农业技术推广体系建设，促进建立有利于农业科技成果转化推广的激励机制和利益分享机制，鼓励企业、高等学校、职业学校、科研机构、科学技术社会团体、农民专业合作社、农业专业化社会化服务组织、农业科技人员等创新推广方式，开展农业技术推广服务。

**第十八条** 国家鼓励农业机械生产研发和推广应用，推进主要农作物生产全程机械化，提高设施农业、林草业、畜牧业、渔业和农产品初加工的装备水平，推动农机农艺融合、机械化信息化融合，促进机械化生产与农田建设相适应、服务模式与农业适度规模经营相适应。

国家鼓励农业信息化建设,加强农业信息监测预警和综合服务,推进农业生产经营信息化。

**第十九条** 各级人民政府应当发挥农村资源和生态优势,支持特色农业、休闲农业、现代农产品加工业、乡村手工业、绿色建材、红色旅游、乡村旅游、康养和乡村物流、电子商务等乡村产业的发展;引导新型经营主体通过特色化、专业化经营,合理配置生产要素,促进乡村产业深度融合;支持特色农产品优势区、现代农业产业园、农业科技园、农村创业园、休闲农业和乡村旅游重点村镇等的建设;统筹农产品生产地、集散地、销售地市场建设,加强农产品流通骨干网络和冷链物流体系建设;鼓励企业获得国际通行的农产品认证,增强乡村产业竞争力。

发展乡村产业应当符合国土空间规划和产业政策、环境保护的要求。

**第二十条** 各级人民政府应当完善扶持政策,加强指导服务,支持农民、返乡入乡人员在乡村创业创新,促进乡村产业发展和农民就业。

**第二十一条** 各级人民政府应当建立健全有利于农民收入稳定增长的机制,鼓励支持农民拓宽增收渠道,促进农民增加收入。

国家采取措施支持农村集体经济组织发展,为本集体成员提供生产生活服务,保障成员从集体经营收入中获得收益分配的权利。

国家支持农民专业合作社、家庭农场和涉农企业、电子商务企业、农业专业化社会化服务组织等以多种方式与农民建立紧密型利益联结机制,让农民共享全产业链增值收益。

**第二十二条** 各级人民政府应当加强国有农(林、牧、渔)场规划建设,推进国有农(林、牧、渔)场现代农业发展,鼓励国有农(林、牧、渔)场在农业农村现代化建设中发挥示范引领作用。

**第二十三条** 各级人民政府应当深化供销合作社综合改革,鼓励供销合作社加强与农民利益联结,完善市场运作机制,强化为农服务功能,发挥其为农服务综合性合作经济组织的作用。

## 第三章 人才支撑

**第二十四条** 国家健全乡村人才工作体制机制,采取措施鼓励和支持社会各方面提供教育培训、技术支持、创业指导等服务,培养本土人才,引导城市人才下乡,推动专业人才服务乡村,促进农业农村人才队伍建设。

**第二十五条** 各级人民政府应当加强农村教育工作统筹,持续改善农村学校办学条件,支持开展网络远程教育,提高农村基础教育质量,加大乡村教师培养力度,采取公费师范教育等方式吸引高等学校毕业生到乡村任教,对长期在乡村任教的教师在职称评定等方面给予优待,保障和改善乡村教师待遇,提高乡村教师学历水平、整体素质和乡村教育现代化水平。

各级人民政府应当采取措施加强乡村医疗卫生队伍建设,支持县乡村医疗卫生人员参加培训、进修,建立县乡村上下贯通的职业发展机制,对在乡村工作的医疗卫生人员实行优惠待遇,鼓励医学院校毕业生到乡村工作,支持医师到乡村医疗卫生机构执业、开办乡村诊所、普及医疗卫生知识,提高乡村医疗卫生服务能力。

各级人民政府应当采取措施培育农业科技人才、经营管理人才、法律服务人才、社会工作人才,加强乡村文化人才队伍建设,培育乡村文化骨干力量。

**第二十六条** 各级人民政府应当采取措施,加强职业教育和继续教育,组织开展农业技能培训、返乡创业就业培训和职业技能培训,培养有文化、懂技术、善经营、会管理的高素质农民和农村实用人才、创新创业带头人。

**第二十七条** 县级以上人民政府及其教育行政部门应当指导、支持高等学校、职业学校设置涉农相关专业,加大农村专业人才培养力度,鼓励高等学校、职业学校毕业生到农村就业创业。

**第二十八条** 国家鼓励城市人才向乡村流动,建立健全城乡、区域、校地之间人才培养合作与交流机制。

县级以上人民政府应当建立鼓励各类人才参与乡村建设的激励机制,搭建社会工作和乡村建设志愿服务平台,支持和引导各类人才通过多种方式服务乡村振兴。

乡镇人民政府和村民委员会、农村集体经济组织应当为返乡入乡人员和各类人才提供必要的生产生活服务。农村集体经济组织可以根据实际情况提供相关的福利待遇。

## 第四章 文化繁荣

**第二十九条** 各级人民政府应当组织开展新时代文明实践活动,加强农村精神文明建设,不断提高乡村社会文明程度。

**第三十条** 各级人民政府应当采取措施丰富农民文化体育生活,倡导科学健康的生产生活方式,发挥村规民约积极作用,普及科学知识,推进移风易俗,破除大操大办、铺张浪费等陈规陋习,提倡孝老爱亲、勤俭节约、诚实守信,促进男女平等,创建文明村镇、文明家庭,培育文明乡风、良好家风、淳朴民风,建设文明乡村。

**第三十一条** 各级人民政府应当健全完善乡村公共文化体育设施网络和服务运行机制,鼓励开展形式多样的农民群众性文化体育、节日民俗等活动,充分利用广播电视、视听网络和书籍报刊,拓展乡村文化服务渠道,提供便利可及的公共文化服务。

各级人民政府应当支持农业农村农民题材文艺创作,鼓励制作反映农民生产生活和乡村振兴实践的优秀文艺作品。

**第三十二条** 各级人民政府应当采取措施保护农业文化遗产和非物质文化遗产,挖掘优秀农业文化深厚内涵,弘扬红色文化,传承和发展优秀传统文化。

县级以上地方人民政府应当加强对历史文化名镇名村、传统村落和乡村风貌、少数民族特色村寨的保护,开展保护状况监测和评估,采取措施防御和减轻火灾、洪水、地震等灾害。

**第三十三条** 县级以上地方人民政府应当坚持规划引导、典型示范,有计划地建设特色鲜明、优势突出的农业文化展示区、文化产业特色村落,发展乡村特色文化体育产业,推动乡村地区传统工艺振兴,积极推动智慧广电乡村建设,活跃繁荣农村文化市场。

## 第五章　生态保护

**第三十四条** 国家健全重要生态系统保护制度和生态保护补偿机制,实施重要生态系统保护和修复工程,加强乡村生态保护和环境治理,绿化美化乡村环境,建设美丽乡村。

**第三十五条** 国家鼓励和支持农业生产者采用节水、节肥、节药、节能等先进的种植养殖技术,推动种养结合、农业资源综合开发,优先发展生态循环农业。

各级人民政府应当采取措施加强农业面源污染防治,推进农业投入品减量化、生产清洁化、废弃物资源化、产业模式生态化,引导全社会形成节约适度、绿色低碳、文明健康的生产生活和消费方式。

**第三十六条** 各级人民政府应当实施国土综合整治和生态修复，加强森林、草原、湿地等保护修复，开展荒漠化、石漠化、水土流失综合治理，改善乡村生态环境。

**第三十七条** 各级人民政府应当建立政府、村级组织、企业、农民等各方面参与的共建共管共享机制，综合整治农村水系，因地制宜推广卫生厕所和简便易行的垃圾分类，治理农村垃圾和污水，加强乡村无障碍设施建设，鼓励和支持使用清洁能源、可再生能源，持续改善农村人居环境。

**第三十八条** 国家建立健全农村住房建设质量安全管理制度和相关技术标准体系，建立农村低收入群体安全住房保障机制。建设农村住房应当避让灾害易发区域，符合抗震、防洪等基本安全要求。

县级以上地方人民政府应当加强农村住房建设管理和服务，强化新建农村住房规划管控，严格禁止违法占用耕地建房；鼓励农村住房设计体现地域、民族和乡土特色，鼓励农村住房建设采用新型建造技术和绿色建材，引导农民建设功能现代、结构安全、成本经济、绿色环保、与乡村环境相协调的宜居住房。

**第三十九条** 国家对农业投入品实行严格管理，对剧毒、高毒、高残留的农药、兽药采取禁用限用措施。农产品生产经营者不得使用国家禁用的农药、兽药或者其他有毒有害物质，不得违反农产品质量安全标准和国家有关规定超剂量、超范围使用农药、兽药、肥料、饲料添加剂等农业投入品。

**第四十条** 国家实行耕地养护、修复、休耕和草原森林河流湖泊休养生息制度。县级以上人民政府及其有关部门依法划定江河湖海限捕、禁捕的时间和区域，并可以根据地下水超采情况，划定禁止、限制开采地下水区域。

禁止违法将污染环境、破坏生态的产业、企业向农村转移。禁止违法将城镇垃圾、工业固体废物、未经达标处理的城镇污水等向农业农村转移。禁止向农用地排放重金属或者其他有毒有害物质含量超标的污水、污泥，以及可能造成土壤污染的清淤底泥、尾矿、矿渣等；禁止将有毒有害废物用作肥料或者用于造田和土地复垦。

地方各级人民政府及其有关部门应当采取措施，推进废旧农膜和农药等农业投入品包装废弃物回收处理，推进农作物秸秆、畜禽粪污的资源化利用，严格控制河流湖库、近岸海域投饵网箱养殖。

## 第六章　组织建设

**第四十一条**　建立健全党委领导、政府负责、民主协商、社会协同、公众参与、法治保障、科技支撑的现代乡村社会治理体制和自治、法治、德治相结合的乡村社会治理体系，建设充满活力、和谐有序的善治乡村。

地方各级人民政府应当加强乡镇人民政府社会管理和服务能力建设，把乡镇建成乡村治理中心、农村服务中心、乡村经济中心。

**第四十二条**　中国共产党农村基层组织，按照中国共产党章程和有关规定发挥全面领导作用。村民委员会、农村集体经济组织等应当在乡镇党委和村党组织的领导下，实行村民自治，发展集体所有制经济，维护农民合法权益，并应当接受村民监督。

**第四十三条**　国家建立健全农业农村工作干部队伍的培养、配备、使用、管理机制，选拔优秀干部充实到农业农村工作干部队伍，采取措施提高农业农村工作干部队伍的能力和水平，落实农村基层干部相关待遇保障，建设懂农业、爱农村、爱农民的农业农村工作干部队伍。

**第四十四条**　地方各级人民政府应当构建简约高效的基层管理体制，科学设置乡镇机构，加强乡村干部培训，健全农村基层服务体系，夯实乡村治理基础。

**第四十五条**　乡镇人民政府应当指导和支持农村基层群众性自治组织规范化、制度化建设，健全村民委员会民主决策机制和村务公开制度，增强村民自我管理、自我教育、自我服务、自我监督能力。

**第四十六条**　各级人民政府应当引导和支持农村集体经济组织发挥依法管理集体资产、合理开发集体资源、服务集体成员等方面的作用，保障农村集体经济组织的独立运营。

县级以上地方人民政府应当支持发展农民专业合作社、家庭农场、农业企业等多种经营主体，健全农业农村社会化服务体系。

**第四十七条**　县级以上地方人民政府应当采取措施加强基层群团组织建设，支持、规范和引导农村社会组织发展，发挥基层群团组织、农村社会组织团结群众、联系群众、服务群众等方面的作用。

**第四十八条**　地方各级人民政府应当加强基层执法队伍建设，鼓励乡镇人民政府根据需要设立法律顾问和公职律师，鼓励有条件的地方在村民委员会建立公共法律服务工作室，深入开展法治宣传教育和人民调解工作，健全乡村矛盾纠纷调处化解机制，推进法治乡村建设。

**第四十九条** 地方各级人民政府应当健全农村社会治安防控体系，加强农村警务工作，推动平安乡村建设；健全农村公共安全体系，强化农村公共卫生、安全生产、防灾减灾救灾、应急救援、应急广播、食品、药品、交通、消防等安全管理责任。

## 第七章 城乡融合

**第五十条** 各级人民政府应当协同推进乡村振兴战略和新型城镇化战略的实施，整体筹划城镇和乡村发展，科学有序统筹安排生态、农业、城镇等功能空间，优化城乡产业发展、基础设施、公共服务设施等布局，逐步健全全民覆盖、普惠共享、城乡一体的基本公共服务体系，加快县域城乡融合发展，促进农业高质高效、乡村宜居宜业、农民富裕富足。

**第五十一条** 县级人民政府和乡镇人民政府应当优化本行政区域内乡村发展布局，按照尊重农民意愿、方便群众生产生活、保持乡村功能和特色的原则，因地制宜安排村庄布局，依法编制村庄规划，分类有序推进村庄建设，严格规范村庄撤并，严禁违背农民意愿、违反法定程序撤并村庄。

**第五十二条** 县级以上地方人民政府应当统筹规划、建设、管护城乡道路以及垃圾污水处理、供水供电供气、物流、客运、信息通信、广播电视、消防、防灾减灾等公共基础设施和新型基础设施，推动城乡基础设施互联互通，保障乡村发展能源需求，保障农村饮用水安全，满足农民生产生活需要。

**第五十三条** 国家发展农村社会事业，促进公共教育、医疗卫生、社会保障等资源向农村倾斜，提升乡村基本公共服务水平，推进城乡基本公共服务均等化。

国家健全乡村便民服务体系，提升乡村公共服务数字化智能化水平，支持完善村级综合服务设施和综合信息平台，培育服务机构和服务类社会组织，完善服务运行机制，促进公共服务与自我服务有效衔接，增强生产生活服务功能。

**第五十四条** 国家完善城乡统筹的社会保障制度，建立健全保障机制，支持乡村提高社会保障管理服务水平；建立健全城乡居民基本养老保险待遇确定和基础养老金标准正常调整机制，确保城乡居民基本养老保险待遇随经济社会发展逐步提高。

国家支持农民按照规定参加城乡居民基本养老保险、基本医疗保险,鼓励具备条件的灵活就业人员和农业产业化从业人员参加职工基本养老保险、职工基本医疗保险等社会保险。

国家推进城乡最低生活保障制度统筹发展,提高农村特困人员供养等社会救助水平,加强对农村留守儿童、妇女和老年人以及残疾人、困境儿童的关爱服务,支持发展农村普惠型养老服务和互助性养老。

**第五十五条** 国家推动形成平等竞争、规范有序、城乡统一的人力资源市场,健全城乡均等的公共就业创业服务制度。

县级以上地方人民政府应当采取措施促进在城镇稳定就业和生活的农民自愿有序进城落户,不得以退出土地承包经营权、宅基地使用权、集体收益分配权等作为农民进城落户的条件;推进取得居住证的农民及其随迁家属享受城镇基本公共服务。

国家鼓励社会资本到乡村发展与农民利益联结型项目,鼓励城市居民到乡村旅游、休闲度假、养生养老等,但不得破坏乡村生态环境,不得损害农村集体经济组织及其成员的合法权益。

**第五十六条** 县级以上人民政府应当采取措施促进城乡产业协同发展,在保障农民主体地位的基础上健全联农带农激励机制,实现乡村经济多元化和农业全产业链发展。

**第五十七条** 各级人民政府及其有关部门应当采取措施鼓励农民进城务工,全面落实城乡劳动者平等就业、同工同酬,依法保障农民工工资支付和社会保障权益。

## 第八章 扶持措施

**第五十八条** 国家建立健全农业支持保护体系和实施乡村振兴战略财政投入保障制度。县级以上人民政府应当优先保障用于乡村振兴的财政投入,确保投入力度不断增强、总量持续增加、与乡村振兴目标任务相适应。

省、自治区、直辖市人民政府可以依法发行政府债券,用于现代农业设施建设和乡村建设。

各级人民政府应当完善涉农资金统筹整合长效机制,强化财政资金监督管理,全面实施预算绩效管理,提高财政资金使用效益。

**第五十九条** 各级人民政府应当采取措施增强脱贫地区内生发展能力，建立农村低收入人口、欠发达地区帮扶长效机制，持续推进脱贫地区发展；建立健全易返贫致贫人口动态监测预警和帮扶机制，实现巩固拓展脱贫攻坚成果同乡村振兴有效衔接。

国家加大对革命老区、民族地区、边疆地区实施乡村振兴战略的支持力度。

**第六十条** 国家按照增加总量、优化存量、提高效能的原则，构建以高质量绿色发展为导向的新型农业补贴政策体系。

**第六十一条** 各级人民政府应当坚持取之于农、主要用之于农的原则，按照国家有关规定调整完善土地使用权出让收入使用范围，提高农业农村投入比例，重点用于高标准农田建设、农田水利建设、现代种业提升、农村供水保障、农村人居环境整治、农村土地综合整治、耕地及永久基本农田保护、村庄公共设施建设和管护、农村教育、农村文化和精神文明建设支出，以及与农业农村直接相关的山水林田湖草沙生态保护修复、以工代赈工程建设等。

**第六十二条** 县级以上人民政府设立的相关专项资金、基金应当按照规定加强对乡村振兴的支持。

国家支持以市场化方式设立乡村振兴基金，重点支持乡村产业发展和公共基础设施建设。

县级以上地方人民政府应当优化乡村营商环境，鼓励创新投融资方式，引导社会资本投向乡村。

**第六十三条** 国家综合运用财政、金融等政策措施，完善政府性融资担保机制，依法完善乡村资产抵押担保权能，改进、加强乡村振兴的金融支持和服务。

财政出资设立的农业信贷担保机构应当主要为从事农业生产和与农业生产直接相关的经营主体服务。

**第六十四条** 国家健全多层次资本市场，多渠道推动涉农企业股权融资，发展并规范债券市场，促进涉农企业利用多种方式融资；丰富农产品期货品种，发挥期货市场价格发现和风险分散功能。

**第六十五条** 国家建立健全多层次、广覆盖、可持续的农村金融服务体系，完善金融支持乡村振兴考核评估机制，促进农村普惠金融发展，鼓励金融机构依法将更多资源配置到乡村发展的重点领域和薄弱环节。

政策性金融机构应当在业务范围内为乡村振兴提供信贷支持和其他金融服

务,加大对乡村振兴的支持力度。

商业银行应当结合自身职能定位和业务优势,创新金融产品和服务模式,扩大基础金融服务覆盖面,增加对农民和农业经营主体的信贷规模,为乡村振兴提供金融服务。

农村商业银行、农村合作银行、农村信用社等农村中小金融机构应当主要为本地农业农村农民服务,当年新增可贷资金主要用于当地农业农村发展。

**第六十六条** 国家建立健全多层次农业保险体系,完善政策性农业保险制度,鼓励商业性保险公司开展农业保险业务,支持农民和农业经营主体依法开展互助合作保险。

县级以上人民政府应当采取保费补贴等措施,支持保险机构适当增加保险品种,扩大农业保险覆盖面,促进农业保险发展。

**第六十七条** 县级以上地方人民政府应当推进节约集约用地,提高土地使用效率,依法采取措施盘活农村存量建设用地,激活农村土地资源,完善农村新增建设用地保障机制,满足乡村产业、公共服务设施和农民住宅用地合理需求。

县级以上地方人民政府应当保障乡村产业用地,建设用地指标应当向乡村发展倾斜,县域内新增耕地指标应当优先用于折抵乡村产业发展所需建设用地指标,探索灵活多样的供地新方式。

经国土空间规划确定为工业、商业等经营性用途并依法登记的集体经营性建设用地,土地所有权人可以依法通过出让、出租等方式交由单位或者个人使用,优先用于发展集体所有制经济和乡村产业。

## 第九章 监督检查

**第六十八条** 国家实行乡村振兴战略实施目标责任制和考核评价制度。上级人民政府应当对下级人民政府实施乡村振兴战略的目标完成情况等进行考核,考核结果作为地方人民政府及其负责人综合考核评价的重要内容。

**第六十九条** 国务院和省、自治区、直辖市人民政府有关部门建立客观反映乡村振兴进展的指标和统计体系。县级以上地方人民政府应当对本行政区域内乡村振兴战略实施情况进行评估。

**第七十条** 县级以上各级人民政府应当向本级人民代表大会或者其常务委员会报告乡村振兴促进工作情况。乡镇人民政府应当向本级人民代表大会报告乡村振兴促进工作情况。

**第七十一条** 地方各级人民政府应当每年向上一级人民政府报告乡村振兴促进工作情况。

县级以上人民政府定期对下一级人民政府乡村振兴促进工作情况开展监督检查。

**第七十二条** 县级以上人民政府发展改革、财政、农业农村、审计等部门按照各自职责对农业农村投入优先保障机制落实情况、乡村振兴资金使用情况和绩效等实施监督。

**第七十三条** 各级人民政府及其有关部门在乡村振兴促进工作中不履行或者不正确履行职责的，依照法律法规和国家有关规定追究责任，对直接负责的主管人员和其他直接责任人员依法给予处分。

违反有关农产品质量安全、生态环境保护、土地管理等法律法规的，由有关主管部门依法予以处罚；构成犯罪的，依法追究刑事责任。

## 第十章 附　　则

**第七十四条** 本法自2021年6月1日起施行。

# 《中华人民共和国农民专业合作社法》（2017修订）

（2006年10月31日第十届全国人民代表大会常务委员会第二十四次会议通过《中华人民共和国农民专业合作社法》，中华人民共和国第十二届全国人民代表大会常务委员会第三十一次会议于2017年12月27日修订通过，自2018年7月1日起施行）

## 第一章 总　　则

**第一条** 为了规范农民专业合作社的组织和行为，鼓励、支持、引导农民专业合作社的发展，保护农民专业合作社及其成员的合法权益，推进农业农村现代化，制定本法。

**第二条** 本法所称农民专业合作社，是指在农村家庭承包经营基础上，农产品的生产经营者或者农业生产经营服务的提供者、利用者，自愿联合、民主管理的互助性经济组织。

**第三条** 农民专业合作社以其成员为主要服务对象，开展以下一种或者多种业务：

（一）农业生产资料的购买、使用；

（二）农产品的生产、销售、加工、运输、贮藏及其他相关服务；

（三）农村民间工艺及制品、休闲农业和乡村旅游资源的开发经营等；

（四）与农业生产经营有关的技术、信息、设施建设运营等服务。

**第四条** 农民专业合作社应当遵循下列原则：

（一）成员以农民为主体；

（二）以服务成员为宗旨，谋求全体成员的共同利益；

（三）入社自愿、退社自由；

（四）成员地位平等，实行民主管理；

（五）盈余主要按照成员与农民专业合作社的交易量（额）比例返还。

**第五条** 农民专业合作社依照本法登记，取得法人资格。

农民专业合作社对由成员出资、公积金、国家财政直接补助、他人捐赠以及合法取得的其他资产所形成的财产，享有占有、使用和处分的权利，并以上述财产对债务承担责任。

**第六条** 农民专业合作社成员以其账户内记载的出资额和公积金份额为限对农民专业合作社承担责任。

**第七条** 国家保障农民专业合作社享有与其他市场主体平等的法律地位。

国家保护农民专业合作社及其成员的合法权益，任何单位和个人不得侵犯。

**第八条** 农民专业合作社从事生产经营活动，应当遵守法律，遵守社会公德、商业道德，诚实守信，不得从事与章程规定无关的活动。

**第九条** 农民专业合作社为扩大生产经营和服务的规模，发展产业化经营，提高市场竞争力，可以依法自愿设立或者加入农民专业合作社联合社。

**第十条** 国家通过财政支持、税收优惠和金融、科技、人才的扶持以及产业政策引导等措施，促进农民专业合作社的发展。

国家鼓励和支持公民、法人和其他组织为农民专业合作社提供帮助和服务。

对发展农民专业合作社事业做出突出贡献的单位和个人，按照国家有关规定予以表彰和奖励。

**第十一条** 县级以上人民政府应当建立农民专业合作社工作的综合协调机制，统筹指导、协调、推动农民专业合作社的建设和发展。

县级以上人民政府农业主管部门、其他有关部门和组织应当依据各自职责，对农民专业合作社的建设和发展给予指导、扶持和服务。

## 第二章 设立和登记

**第十二条** 设立农民专业合作社，应当具备下列条件：

（一）有五名以上符合本法第十九条、第二十条规定的成员；

（二）有符合本法规定的章程；

（三）有符合本法规定的组织机构；

（四）有符合法律、行政法规规定的名称和章程确定的住所；

（五）有符合章程规定的成员出资。

**第十三条** 农民专业合作社成员可以用货币出资，也可以用实物、知识产权、土地经营权、林权等可以用货币估价并可以依法转让的非货币财产，以及章程规定的其他方式作价出资；但是，法律、行政法规规定不得作为出资的财产除外。

农民专业合作社成员不得以对该社或者其他成员的债权，充抵出资；不得以缴纳的出资，抵销对该社或者其他成员的债务。

**第十四条** 设立农民专业合作社，应当召开由全体设立人参加的设立大会。设立时自愿成为该社成员的人为设立人。

设立大会行使下列职权：

（一）通过本社章程，章程应当由全体设立人一致通过；

（二）选举产生理事长、理事、执行监事或者监事会成员；

（三）审议其他重大事项。

**第十五条** 农民专业合作社章程应当载明下列事项：

（一）名称和住所；

（二）业务范围；

（三）成员资格及入社、退社和除名；

（四）成员的权利和义务；

（五）组织机构及其产生办法、职权、任期、议事规则；

（六）成员的出资方式、出资额，成员出资的转让、继承、担保；

（七）财务管理和盈余分配、亏损处理；

（八）章程修改程序；

（九）解散事由和清算办法；

（十）公告事项及发布方式；

（十一）附加表决权的设立、行使方式和行使范围；

（十二）需要载明的其他事项。

**第十六条** 设立农民专业合作社，应当向工商行政管理部门提交下列文件，申请设立登记：

（一）登记申请书；

（二）全体设立人签名、盖章的设立大会纪要；

（三）全体设立人签名、盖章的章程；

（四）法定代表人、理事的任职文件及身份证明；

（五）出资成员签名、盖章的出资清单；

（六）住所使用证明；

（七）法律、行政法规规定的其他文件。

登记机关应当自受理登记申请之日起二十日内办理完毕，向符合登记条件的申请者颁发营业执照，登记类型为农民专业合作社。

农民专业合作社法定登记事项变更的，应当申请变更登记。

登记机关应当将农民专业合作社的登记信息通报同级农业等有关部门。

农民专业合作社登记办法由国务院规定。办理登记不得收取费用。

**第十七条** 农民专业合作社应当按照国家有关规定，向登记机关报送年度报告，并向社会公示。

**第十八条** 农民专业合作社可以依法向公司等企业投资，以其出资额为限对所投资企业承担责任。

## 第三章 成　　员

**第十九条** 具有民事行为能力的公民，以及从事与农民专业合作社业务直接有关的生产经营活动的企业、事业单位或者社会组织，能够利用农民专业合作社提供的服务，承认并遵守农民专业合作社章程，履行章程规定的入社手续的，可以成为农民专业合作社的成员。但是，具有管理公共事务职能的单位不得加入农民专业合作社。

农民专业合作社应当置备成员名册，并报登记机关。

**第二十条** 农民专业合作社的成员中，农民至少应当占成员总数的百分之八十。

成员总数二十人以下的，可以有一个企业、事业单位或者社会组织成员；成员总数超过二十人的，企业、事业单位和社会组织成员不得超过成员总数的百分之五。

**第二十一条** 农民专业合作社成员享有下列权利：

（一）参加成员大会，并享有表决权、选举权和被选举权，按照章程规定对本社实行民主管理；

（二）利用本社提供的服务和生产经营设施；

（三）按照章程规定或者成员大会决议分享盈余；

（四）查阅本社的章程、成员名册、成员大会或者成员代表大会记录、理事会会议决议、监事会会议决议、财务会计报告、会计账簿和财务审计报告；

（五）章程规定的其他权利。

**第二十二条** 农民专业合作社成员大会选举和表决，实行一人一票制，成员各享有一票的基本表决权。

出资额或者与本社交易量（额）较大的成员按照章程规定，可以享有附加表决权。本社的附加表决权总票数，不得超过本社成员基本表决权总票数的百分之二十。享有附加表决权的成员及其享有的附加表决权数，应当在每次成员大会召开时告知出席会议的全体成员。

**第二十三条** 农民专业合作社成员承担下列义务：

（一）执行成员大会、成员代表大会和理事会的决议；

（二）按照章程规定向本社出资；

（三）按照章程规定与本社进行交易；

（四）按照章程规定承担亏损；

（五）章程规定的其他义务。

**第二十四条**　符合本法第十九条、第二十条规定的公民、企业、事业单位或者社会组织，要求加入已成立的农民专业合作社，应当向理事长或者理事会提出书面申请，经成员大会或者成员代表大会表决通过后，成为本社成员。

**第二十五条**　农民专业合作社成员要求退社的，应当在会计年度终了的三个月前向理事长或者理事会提出书面申请；其中，企业、事业单位或者社会组织成员退社，应当在会计年度终了的六个月前提出；章程另有规定的，从其规定。退社成员的成员资格自会计年度终了时终止。

**第二十六条**　农民专业合作社成员不遵守农民专业合作社的章程、成员大会或者成员代表大会的决议，或者严重危害其他成员及农民专业合作社利益的，可以予以除名。

成员的除名，应当经成员大会或者成员代表大会表决通过。

在实施前款规定时，应当为该成员提供陈述意见的机会。

被除名成员的成员资格自会计年度终了时终止。

**第二十七条**　成员在其资格终止前与农民专业合作社已订立的合同，应当继续履行；章程另有规定或者与本社另有约定的除外。

**第二十八条**　成员资格终止的，农民专业合作社应当按照章程规定的方式和期限，退还记载在该成员账户内的出资额和公积金份额；对成员资格终止前的可分配盈余，依照本法第四十四条的规定向其返还。

资格终止的成员应当按照章程规定分摊资格终止前本社的亏损及债务。

## 第四章　组织机构

**第二十九条**　农民专业合作社成员大会由全体成员组成，是本社的权力机构，行使下列职权：

（一）修改章程；

（二）选举和罢免理事长、理事、执行监事或者监事会成员；

（三）决定重大财产处置、对外投资、对外担保和生产经营活动中的其他重大事项；

（四）批准年度业务报告、盈余分配方案、亏损处理方案；

（五）对合并、分立、解散、清算，以及设立、加入联合社等作出决议；

（六）决定聘用经营管理人员和专业技术人员的数量、资格和任期；

（七）听取理事长或者理事会关于成员变动情况的报告，对成员的入社、除名等作出决议；

（八）公积金的提取及使用；

（九）章程规定的其他职权。

**第三十条**　农民专业合作社召开成员大会，出席人数应当达到成员总数三分之二以上。

成员大会选举或者作出决议，应当由本社成员表决权总数过半数通过；作出修改章程或者合并、分立、解散，以及设立、加入联合社的决议应当由本社成员表决权总数的三分之二以上通过。章程对表决权数有较高规定的，从其规定。

**第三十一条**　农民专业合作社成员大会每年至少召开一次，会议的召集由章程规定。有下列情形之一的，应当在二十日内召开临时成员大会：

（一）百分之三十以上的成员提议；

（二）执行监事或者监事会提议；

（三）章程规定的其他情形。

**第三十二条**　农民专业合作社成员超过一百五十人的，可以按照章程规定设立成员代表大会。成员代表大会按照章程规定可以行使成员大会的部分或者全部职权。

依法设立成员代表大会的，成员代表人数一般为成员总人数的百分之十，最低人数为五十一人。

**第三十三条**　农民专业合作社设理事长一名，可以设理事会。理事长为本社的法定代表人。

农民专业合作社可以设执行监事或者监事会。理事长、理事、经理和财务会计人员不得兼任监事。

理事长、理事、执行监事或者监事会成员，由成员大会从本社成员中选举产生，依照本法和章程的规定行使职权，对成员大会负责。

理事会会议、监事会会议的表决，实行一人一票。

**第三十四条**　农民专业合作社的成员大会、成员代表大会、理事会、监事会，应当将所议事项的决定作成会议记录，出席会议的成员、成员代表、理事、监事应当在会议记录上签名。

**第三十五条**　农民专业合作社的理事长或者理事会可以按照成员大会的决

定聘任经理和财务会计人员，理事长或者理事可以兼任经理。经理按照章程规定或者理事会的决定，可以聘任其他人员。

经理按照章程规定和理事长或者理事会授权，负责具体生产经营活动。

**第三十六条** 农民专业合作社的理事长、理事和管理人员不得有下列行为：

（一）侵占、挪用或者私分本社资产；

（二）违反章程规定或者未经成员大会同意，将本社资金借贷给他人或者以本社资产为他人提供担保；

（三）接受他人与本社交易的佣金归为己有；

（四）从事损害本社经济利益的其他活动。

理事长、理事和管理人员违反前款规定所得的收入，应当归本社所有；给本社造成损失的，应当承担赔偿责任。

**第三十七条** 农民专业合作社的理事长、理事、经理不得兼任业务性质相同的其他农民专业合作社的理事长、理事、监事、经理。

**第三十八条** 执行与农民专业合作社业务有关公务的人员，不得担任农民专业合作社的理事长、理事、监事、经理或者财务会计人员。

## 第五章 财务管理

**第三十九条** 农民专业合作社应当按照国务院财政部门制定的财务会计制度进行财务管理和会计核算。

**第四十条** 农民专业合作社的理事长或者理事会应当按照章程规定，组织编制年度业务报告、盈余分配方案、亏损处理方案以及财务会计报告，于成员大会召开的十五日前，置备于办公地点，供成员查阅。

**第四十一条** 农民专业合作社与其成员的交易、与利用其提供的服务的非成员的交易，应当分别核算。

**第四十二条** 农民专业合作社可以按照章程规定或者成员大会决议从当年盈余中提取公积金。公积金用于弥补亏损、扩大生产经营或者转为成员出资。

每年提取的公积金按照章程规定量化为每个成员的份额。

**第四十三条** 农民专业合作社应当为每个成员设立成员账户，主要记载下列内容：

（一）该成员的出资额；

（二）量化为该成员的公积金份额；

（三）该成员与本社的交易量（额）。

**第四十四条** 在弥补亏损、提取公积金后的当年盈余，为农民专业合作社的可分配盈余。可分配盈余主要按照成员与本社的交易量（额）比例返还。

可分配盈余按成员与本社的交易量（额）比例返还的返还总额不得低于可分配盈余的百分之六十；返还后的剩余部分，以成员账户中记载的出资额和公积金份额，以及本社接受国家财政直接补助和他人捐赠形成的财产平均量化到成员的份额，按比例分配给本社成员。

经成员大会或者成员代表大会表决同意，可以将全部或者部分可分配盈余转为对农民专业合作社的出资，并记载在成员账户中。

具体分配办法按照章程规定或者经成员大会决议确定。

**第四十五条** 设立执行监事或者监事会的农民专业合作社，由执行监事或者监事会负责对本社的财务进行内部审计，审计结果应当向成员大会报告。

成员大会也可以委托社会中介机构对本社的财务进行审计。

## 第六章 合并、分立、解散和清算

**第四十六条** 农民专业合作社合并，应当自合并决议作出之日起十日内通知债权人。合并各方的债权、债务应当由合并后存续或者新设的组织承继。

**第四十七条** 农民专业合作社分立，其财产作相应的分割，并应当自分立决议作出之日起十日内通知债权人。分立前的债务由分立后的组织承担连带责任。但是，在分立前与债权人就债务清偿达成的书面协议另有约定的除外。

**第四十八条** 农民专业合作社因下列原因解散：

（一）章程规定的解散事由出现；

（二）成员大会决议解散；

（三）因合并或者分立需要解散；

（四）依法被吊销营业执照或者被撤销。

因前款第一项、第二项、第四项原因解散的，应当在解散事由出现之日起十五日内由成员大会推举成员组成清算组，开始解散清算。逾期不能组成清算组的，成员、债权人可以向人民法院申请指定成员组成清算组进行清算，人民法院应当受理该申请，并及时指定成员组成清算组进行清算。

**第四十九条** 清算组自成立之日起接管农民专业合作社，负责处理与清算有关未了结业务，清理财产和债权、债务，分配清偿债务后的剩余财产，代表农民专业合作社参与诉讼、仲裁或者其他法律程序，并在清算结束时办理注销登记。

**第五十条** 清算组应当自成立之日起十日内通知农民专业合作社成员和债权人，并于六十日内在报纸上公告。债权人应当自接到通知之日起三十日内，未接到通知的自公告之日起四十五日内，向清算组申报债权。如果在规定期间内全部成员、债权人均已收到通知，免除清算组的公告义务。

债权人申报债权，应当说明债权的有关事项，并提供证明材料。清算组应当对债权进行审查、登记。

在申报债权期间，清算组不得对债权人进行清偿。

**第五十一条** 农民专业合作社因本法第四十八条第一款的原因解散，或者人民法院受理破产申请时，不能办理成员退社手续。

**第五十二条** 清算组负责制定包括清偿农民专业合作社员工的工资及社会保险费用，清偿所欠税款和其他各项债务，以及分配剩余财产在内的清算方案，经成员大会通过或者申请人民法院确认后实施。

清算组发现农民专业合作社的财产不足以清偿债务的，应当依法向人民法院申请破产。

**第五十三条** 农民专业合作社接受国家财政直接补助形成的财产，在解散、破产清算时，不得作为可分配剩余资产分配给成员，具体按照国务院财政部门有关规定执行。

**第五十四条** 清算组成员应当忠于职守，依法履行清算义务，因故意或者重大过失给农民专业合作社成员及债权人造成损失的，应当承担赔偿责任。

**第五十五条** 农民专业合作社破产适用企业破产法的有关规定。但是，破产财产在清偿破产费用和共益债务后，应当优先清偿破产前与农民成员已发生交易但尚未结清的款项。

## 第七章　农民专业合作社联合社

**第五十六条** 三个以上的农民专业合作社在自愿的基础上，可以出资设立农民专业合作社联合社。

农民专业合作社联合社应当有自己的名称、组织机构和住所，由联合社全体成员制定并承认的章程，以及符合章程规定的成员出资。

**第五十七条**　农民专业合作社联合社依照本法登记，取得法人资格，领取营业执照，登记类型为农民专业合作社联合社。

**第五十八条**　农民专业合作社联合社以其全部财产对该社的债务承担责任；农民专业合作社联合社的成员以其出资额为限对农民专业合作社联合社承担责任。

**第五十九条**　农民专业合作社联合社应当设立由全体成员参加的成员大会，其职权包括修改农民专业合作社联合社章程，选举和罢免农民专业合作社联合社理事长、理事和监事，决定农民专业合作社联合社的经营方案及盈余分配，决定对外投资和担保方案等重大事项。

农民专业合作社联合社不设成员代表大会，可以根据需要设立理事会、监事会或者执行监事。理事长、理事应当由成员社选派的人员担任。

**第六十条**　农民专业合作社联合社的成员大会选举和表决，实行一社一票。

**第六十一条**　农民专业合作社联合社可分配盈余的分配办法，按照本法规定的原则由农民专业合作社联合社章程规定。

**第六十二条**　农民专业合作社联合社成员退社，应当在会计年度终了的六个月前以书面形式向理事会提出。退社成员的成员资格自会计年度终了时终止。

**第六十三条**　本章对农民专业合作社联合社没有规定的，适用本法关于农民专业合作社的规定。

## 第八章　扶持措施

**第六十四条**　国家支持发展农业和农村经济的建设项目，可以委托和安排有条件的农民专业合作社实施。

**第六十五条**　中央和地方财政应当分别安排资金，支持农民专业合作社开展信息、培训、农产品标准与认证、农业生产基础设施建设、市场营销和技术推广等服务。国家对革命老区、民族地区、边疆地区和贫困地区的农民专业合作社给予优先扶助。

县级以上人民政府有关部门应当依法加强对财政补助资金使用情况的监督。

**第六十六条**　国家政策性金融机构应当采取多种形式，为农民专业合作社提供多渠道的资金支持。具体支持政策由国务院规定。

国家鼓励商业性金融机构采取多种形式，为农民专业合作社及其成员提供金融服务。

国家鼓励保险机构为农民专业合作社提供多种形式的农业保险服务。鼓励农民专业合作社依法开展互助保险。

**第六十七条**　农民专业合作社享受国家规定的对农业生产、加工、流通、服务和其他涉农经济活动相应的税收优惠。

**第六十八条**　农民专业合作社从事农产品初加工用电执行农业生产用电价格，农民专业合作社生产性配套辅助设施用地按农用地管理，具体办法由国务院有关部门规定。

## 第九章　法律责任

**第六十九条**　侵占、挪用、截留、私分或者以其他方式侵犯农民专业合作社及其成员的合法财产，非法干预农民专业合作社及其成员的生产经营活动，向农民专业合作社及其成员摊派，强迫农民专业合作社及其成员接受有偿服务，造成农民专业合作社经济损失的，依法追究法律责任。

**第七十条**　农民专业合作社向登记机关提供虚假登记材料或者采取其他欺诈手段取得登记的，由登记机关责令改正，可以处五千元以下罚款；情节严重的，撤销登记或者吊销营业执照。

**第七十一条**　农民专业合作社连续两年未从事经营活动的，吊销其营业执照。

**第七十二条**　农民专业合作社在依法向有关主管部门提供的财务报告等材料中，作虚假记载或者隐瞒重要事实的，依法追究法律责任。

## 第十章　附　　则

**第七十三条**　国有农场、林场、牧场、渔场等企业中实行承包租赁经营、从事农业生产经营或者服务的职工，兴办农民专业合作社适用本法。

**第七十四条**　本法自 2018 年 7 月 1 日起施行。

# 《中华人民共和国村民委员会组织法》（2018 修正）

（1998 年 11 月 4 日第九届全国人民代表大会常务委员会第五次会议通过，2010 年 10 月 28 日第十一届全国人民代表大会常务委员会第十七次会议修订，2018 年 12 月 29 日第十三届全国人民代表大会常务委员会第七次会议《关于修改〈中华人民共和国村民委员会组织法〉〈中华人民共和国城市居民委员会组织法〉的决定》修正）

## 第一章　总　　则

**第一条**　为了保障农村村民实行自治，由村民依法办理自己的事情，发展农村基层民主，维护村民的合法权益，促进社会主义新农村建设，根据宪法，制定本法。

**第二条**　村民委员会是村民自我管理、自我教育、自我服务的基层群众性自治组织，实行民主选举、民主决策、民主管理、民主监督。

村民委员会办理本村的公共事务和公益事业，调解民间纠纷，协助维护社会治安，向人民政府反映村民的意见、要求和提出建议。

村民委员会向村民会议、村民代表会议负责并报告工作。

**第三条**　村民委员会根据村民居住状况、人口多少，按照便于群众自治，有利于经济发展和社会管理的原则设立。

村民委员会的设立、撤销、范围调整，由乡、民族乡、镇的人民政府提出，经村民会议讨论同意，报县级人民政府批准。

村民委员会可以根据村民居住状况、集体土地所有权关系等分设若干村民小组。

**第四条**　中国共产党在农村的基层组织，按照中国共产党章程进行工作，发挥领导核心作用,领导和支持村民委员会行使职权;依照宪法和法律,支持和保障村民开展自治活动、直接行使民主权利。

**第五条** 乡、民族乡、镇的人民政府对村民委员会的工作给予指导、支持和帮助,但是不得干预依法属于村民自治范围内的事项。

村民委员会协助乡、民族乡、镇的人民政府开展工作。

## 第二章 村民委员会的组成和职责

**第六条** 村民委员会由主任、副主任和委员共三至七人组成。

村民委员会成员中,应当有妇女成员,多民族村民居住的村应当有人数较少的民族的成员。

对村民委员会成员,根据工作情况,给予适当补贴。

**第七条** 村民委员会根据需要设人民调解、治安保卫、公共卫生与计划生育等委员会。村民委员会成员可以兼任下属委员会的成员。人口少的村的村民委员会可以不设下属委员会,由村民委员会成员分工负责人民调解、治安保卫、公共卫生与计划生育等工作。

**第八条** 村民委员会应当支持和组织村民依法发展各种形式的合作经济和其他经济,承担本村生产的服务和协调工作,促进农村生产建设和经济发展。

村民委员会依照法律规定,管理本村属于村农民集体所有的土地和其他财产,引导村民合理利用自然资源,保护和改善生态环境。

村民委员会应当尊重并支持集体经济组织依法独立进行经济活动的自主权,维护以家庭承包经营为基础、统分结合的双层经营体制,保障集体经济组织和村民、承包经营户、联户或者合伙的合法财产权和其他合法权益。

**第九条** 村民委员会应当宣传宪法、法律、法规和国家的政策,教育和推动村民履行法律规定的义务、爱护公共财产,维护村民的合法权益,发展文化教育,普及科技知识,促进男女平等,做好计划生育工作,促进村与村之间的团结、互助,开展多种形式的社会主义精神文明建设活动。

村民委员会应当支持服务性、公益性、互助性社会组织依法开展活动,推动农村社区建设。

多民族村民居住的村,村民委员会应当教育和引导各民族村民增进团结、互相尊重、互相帮助。

**第十条** 村民委员会及其成员应当遵守宪法、法律、法规和国家的政策，遵守并组织实施村民自治章程、村规民约，执行村民会议、村民代表会议的决定、决议，办事公道，廉洁奉公，热心为村民服务，接受村民监督。

## 第三章 村民委员会的选举

**第十一条** 村民委员会主任、副主任和委员，由村民直接选举产生。任何组织或者个人不得指定、委派或者撤换村民委员会成员。

村民委员会每届任期五年，届满应当及时举行换届选举。村民委员会成员可以连选连任。

**第十二条** 村民委员会的选举，由村民选举委员会主持。

村民选举委员会由主任和委员组成，由村民会议、村民代表会议或者各村民小组会议推选产生。

村民选举委员会成员被提名为村民委员会成员候选人，应当退出村民选举委员会。

村民选举委员会成员退出村民选举委员会或者因其他原因出缺的，按照原推选结果依次递补，也可以另行推选。

**第十三条** 年满十八周岁的村民，不分民族、种族、性别、职业、家庭出身、宗教信仰、教育程度、财产状况、居住期限，都有选举权和被选举权；但是，依照法律被剥夺政治权利的人除外。

村民委员会选举前，应当对下列人员进行登记，列入参加选举的村民名单：

（一）户籍在本村并且在本村居住的村民；

（二）户籍在本村，不在本村居住，本人表示参加选举的村民；

（三）户籍不在本村，在本村居住一年以上，本人申请参加选举，并且经村民会议或者村民代表会议同意参加选举的公民。

已在户籍所在村或者居住村登记参加选举的村民，不得再参加其他地方村民委员会的选举。

**第十四条** 登记参加选举的村民名单应当在选举日的二十日前由村民选举委员会公布。

对登记参加选举的村民名单有异议的，应当自名单公布之日起五日内向村民选举委员会申诉，村民选举委员会应当自收到申诉之日起三日内作出处理决定，并公布处理结果。

**第十五条** 选举村民委员会，由登记参加选举的村民直接提名候选人。村民提名候选人，应当从全体村民利益出发，推荐奉公守法、品行良好、公道正派、热心公益、具有一定文化水平和工作能力的村民为候选人。候选人的名额应当多于应选名额。村民选举委员会应当组织候选人与村民见面，由候选人介绍履行职责的设想，回答村民提出的问题。

选举村民委员会，有登记参加选举的村民过半数投票，选举有效；候选人获得参加投票的村民过半数的选票，始得当选。当选人数不足应选名额的，不足的名额另行选举。另行选举的，第一次投票未当选的人员得票多的为候选人，候选人以得票多的当选，但是所得票数不得少于已投选票总数的三分之一。

选举实行无记名投票、公开计票的方法，选举结果应当当场公布。选举时，应当设立秘密写票处。

登记参加选举的村民，选举期间外出不能参加投票的，可以书面委托本村有选举权的近亲属代为投票。村民选举委员会应当公布委托人和受委托人的名单。

具体选举办法由省、自治区、直辖市的人民代表大会常务委员会规定。

**第十六条** 本村五分之一以上有选举权的村民或者三分之一以上的村民代表联名，可以提出罢免村民委员会成员的要求，并说明要求罢免的理由。被提出罢免的村民委员会成员有权提出申辩意见。

罢免村民委员会成员，须有登记参加选举的村民过半数投票，并须经投票的村民过半数通过。

**第十七条** 以暴力、威胁、欺骗、贿赂、伪造选票、虚报选举票数等不正当手段当选村民委员会成员的，当选无效。

对以暴力、威胁、欺骗、贿赂、伪造选票、虚报选举票数等不正当手段，妨害村民行使选举权、被选举权，破坏村民委员会选举的行为，村民有权向乡、民族乡、镇的人民代表大会和人民政府或者县级人民代表大会常务委员会和人民政府及其有关主管部门举报，由乡级或者县级人民政府负责调查并依法处理。

**第十八条** 村民委员会成员丧失行为能力或者被判处刑罚的，其职务自行终止。

**第十九条** 村民委员会成员出缺，可以由村民会议或者村民代表会议进行补选。补选程序参照本法第十五条的规定办理。补选的村民委员会成员的任期到本届村民委员会任期届满时止。

**第二十条**　村民委员会应当自新一届村民委员会产生之日起十日内完成工作移交。工作移交由村民选举委员会主持，由乡、民族乡、镇的人民政府监督。

## 第四章　村民会议和村民代表会议

**第二十一条**　村民会议由本村十八周岁以上的村民组成。

村民会议由村民委员会召集。有十分之一以上的村民或者三分之一以上的村民代表提议，应当召集村民会议。召集村民会议，应当提前十天通知村民。

**第二十二条**　召开村民会议，应当有本村十八周岁以上村民的过半数，或者本村三分之二以上的户的代表参加，村民会议所作决定应当经到会人员的过半数通过。法律对召开村民会议及作出决定另有规定的，依照其规定。

召开村民会议，根据需要可以邀请驻本村的企业、事业单位和群众组织派代表列席。

**第二十三条**　村民会议审议村民委员会的年度工作报告，评议村民委员会成员的工作；有权撤销或者变更村民委员会不适当的决定；有权撤销或者变更村民代表会议不适当的决定。

村民会议可以授权村民代表会议审议村民委员会的年度工作报告，评议村民委员会成员的工作，撤销或者变更村民委员会不适当的决定。

**第二十四条**　涉及村民利益的下列事项，经村民会议讨论决定方可办理：

（一）本村享受误工补贴的人员及补贴标准；

（二）从村集体经济所得收益的使用；

（三）本村公益事业的兴办和筹资筹劳方案及建设承包方案；

（四）土地承包经营方案；

（五）村集体经济项目的立项、承包方案；

（六）宅基地的使用方案；

（七）征地补偿费的使用、分配方案；

（八）以借贷、租赁或者其他方式处分村集体财产；

（九）村民会议认为应当由村民会议讨论决定的涉及村民利益的其他事项。

村民会议可以授权村民代表会议讨论决定前款规定的事项。

法律对讨论决定村集体经济组织财产和成员权益的事项另有规定的，依照其规定。

**第二十五条** 人数较多或者居住分散的村,可以设立村民代表会议,讨论决定村民会议授权的事项。村民代表会议由村民委员会成员和村民代表组成,村民代表应当占村民代表会议组成人员的五分之四以上,妇女村民代表应当占村民代表会议组成人员的三分之一以上。

村民代表由村民按每五户至十五户推选一人,或者由各村民小组推选若干人。村民代表的任期与村民委员会的任期相同。村民代表可以连选连任。

村民代表应当向其推选户或者村民小组负责,接受村民监督。

**第二十六条** 村民代表会议由村民委员会召集。村民代表会议每季度召开一次。有五分之一以上的村民代表提议,应当召集村民代表会议。

村民代表会议有三分之二以上的组成人员参加方可召开,所作决定应当经到会人员的过半数同意。

**第二十七条** 村民会议可以制定和修改村民自治章程、村规民约,并报乡、民族乡、镇的人民政府备案。

村民自治章程、村规民约以及村民会议或者村民代表会议的决定不得与宪法、法律、法规和国家的政策相抵触,不得有侵犯村民的人身权利、民主权利和合法财产权利的内容。

村民自治章程、村规民约以及村民会议或者村民代表会议的决定违反前款规定的,由乡、民族乡、镇的人民政府责令改正。

**第二十八条** 召开村民小组会议,应当有本村民小组十八周岁以上的村民三分之二以上,或者本村民小组三分之二以上的户的代表参加,所作决定应当经到会人员的过半数同意。

村民小组组长由村民小组会议推选。村民小组组长任期与村民委员会的任期相同,可以连选连任。

属于村民小组的集体所有的土地、企业和其他财产的经营管理以及公益事项的办理,由村民小组会议依照有关法律的规定讨论决定,所作决定及实施情况应当及时向本村民小组的村民公布。

## 第五章 民主管理和民主监督

**第二十九条** 村民委员会应当实行少数服从多数的民主决策机制和公开透明的工作原则,建立健全各种工作制度。

**第三十条** 村民委员会实行村务公开制度。

村民委员会应当及时公布下列事项，接受村民的监督：

（一）本法第二十三条、第二十四条规定的由村民会议、村民代表会议讨论决定的事项及其实施情况；

（二）国家计划生育政策的落实方案；

（三）政府拨付和接受社会捐赠的救灾救助、补贴补助等资金、物资的管理使用情况；

（四）村民委员会协助人民政府开展工作的情况；

（五）涉及本村村民利益，村民普遍关心的其他事项。

前款规定事项中，一般事项至少每季度公布一次；集体财务往来较多的，财务收支情况应当每月公布一次；涉及村民利益的重大事项应当随时公布。

村民委员会应当保证所公布事项的真实性，并接受村民的查询。

**第三十一条** 村民委员会不及时公布应当公布的事项或者公布的事项不真实的，村民有权向乡、民族乡、镇的人民政府或者县级人民政府及其有关主管部门反映，有关人民政府或者主管部门应当负责调查核实，责令依法公布；经查证确有违法行为的，有关人员应当依法承担责任。

**第三十二条** 村应当建立村务监督委员会或者其他形式的村务监督机构，负责村民民主理财，监督村务公开等制度的落实，其成员由村民会议或者村民代表会议在村民中推选产生，其中应有具备财会、管理知识的人员。村民委员会成员及其近亲属不得担任村务监督机构成员。村务监督机构成员向村民会议和村民代表会议负责，可以列席村民委员会会议。

**第三十三条** 村民委员会成员以及由村民或者村集体承担误工补贴的聘用人员，应当接受村民会议或者村民代表会议对其履行职责情况的民主评议。民主评议每年至少进行一次，由村务监督机构主持。

村民委员会成员连续两次被评议不称职的，其职务终止。

**第三十四条** 村民委员会和村务监督机构应当建立村务档案。村务档案包括：选举文件和选票，会议记录，土地发包方案和承包合同，经济合同，集体财务账目，集体资产登记文件，公益设施基本资料，基本建设资料，宅基地使用方案，征地补偿费使用及分配方案等。村务档案应当真实、准确、完整、规范。

**第三十五条** 村民委员会成员实行任期和离任经济责任审计，审计包括下列事项：

（一）本村财务收支情况；

（二）本村债权债务情况；

（三）政府拨付和接受社会捐赠的资金、物资管理使用情况；

（四）本村生产经营和建设项目的发包管理以及公益事业建设项目招标投标情况；

（五）本村资金管理使用以及本村集体资产、资源的承包、租赁、担保、出让情况，征地补偿费的使用、分配情况；

（六）本村五分之一以上的村民要求审计的其他事项。

村民委员会成员的任期和离任经济责任审计，由县级人民政府农业部门、财政部门或者乡、民族乡、镇的人民政府负责组织，审计结果应当公布，其中离任经济责任审计结果应当在下一届村民委员会选举之前公布。

**第三十六条** 村民委员会或者村民委员会成员作出的决定侵害村民合法权益的，受侵害的村民可以申请人民法院予以撤销，责任人依法承担法律责任。

村民委员会不依照法律、法规的规定履行法定义务的，由乡、民族乡、镇的人民政府责令改正。

乡、民族乡、镇的人民政府干预依法属于村民自治范围事项的，由上一级人民政府责令改正。

## 第六章 附 则

**第三十七条** 人民政府对村民委员会协助政府开展工作应当提供必要的条件；人民政府有关部门委托村民委员会开展工作需要经费的，由委托部门承担。

村民委员会办理本村公益事业所需的经费，由村民会议通过筹资筹劳解决；经费确有困难的，由地方人民政府给予适当支持。

**第三十八条** 驻在农村的机关、团体、部队、国有及国有控股企业、事业单位及其人员不参加村民委员会组织，但应当通过多种形式参与农村社区建设，并遵守有关村规民约。

村民委员会、村民会议或者村民代表会议讨论决定与前款规定的单位有关的事项，应当与其协商。

**第三十九条**　地方各级人民代表大会和县级以上地方各级人民代表大会常务委员会在本行政区域内保证本法的实施，保障村民依法行使自治权利。

**第四十条**　省、自治区、直辖市的人民代表大会常务委员会根据本法，结合本行政区域的实际情况，制定实施办法。

**第四十一条**　本法自公布之日起施行。

# 《中华人民共和国土地管理法实施条例》（2021 修订）

（1998 年 12 月 27 日，中华人民共和国国务院令第 256 号发布，2011 年 1 月 8 日《国务院关于废止和修改部分行政法规的决定》第一次修订，2014 年 7 月 29 日《国务院关于修改部分行政法规的决定》第二次修订，2021 年 7 月 2 日中华人民共和国国务院令第 743 号第三次修订，自 2021 年 9 月 1 日起施行）

## 第一章　总　　则

**第一条**　根据《中华人民共和国土地管理法》（以下简称《土地管理法》），制定本条例。

## 第二章　国土空间规划

**第二条**　国家建立国土空间规划体系。

土地开发、保护、建设活动应当坚持规划先行。经依法批准的国土空间规划是各类开发、保护、建设活动的基本依据。

已经编制国土空间规划的，不再编制土地利用总体规划和城乡规划。在编制国土空间规划前，经依法批准的土地利用总体规划和城乡规划继续执行。

**第三条**　国土空间规划应当细化落实国家发展规划提出的国土空间开发保

护要求,统筹布局农业、生态、城镇等功能空间,划定落实永久基本农田、生态保护红线和城镇开发边界。

国土空间规划应当包括国土空间开发保护格局和规划用地布局、结构、用途管制要求等内容,明确耕地保有量、建设用地规模、禁止开垦的范围等要求,统筹基础设施和公共设施用地布局,综合利用地上地下空间,合理确定并严格控制新增建设用地规模,提高土地节约集约利用水平,保障土地的可持续利用。

**第四条** 土地调查应当包括下列内容:

(一)土地权属以及变化情况;

(二)土地利用现状以及变化情况;

(三)土地条件。

全国土地调查成果,报国务院批准后向社会公布。地方土地调查成果,经本级人民政府审核,报上一级人民政府批准后向社会公布。全国土地调查成果公布后,县级以上地方人民政府方可自上而下逐级依次公布本行政区域的土地调查成果。

土地调查成果是编制国土空间规划以及自然资源管理、保护和利用的重要依据。

土地调查技术规程由国务院自然资源主管部门会同有关部门制定。

**第五条** 国务院自然资源主管部门会同有关部门制定土地等级评定标准。

县级以上人民政府自然资源主管部门应当会同有关部门根据土地等级评定标准,对土地等级进行评定。地方土地等级评定结果经本级人民政府审核,报上一级人民政府自然资源主管部门批准后向社会公布。

根据国民经济和社会发展状况,土地等级每五年重新评定一次。

**第六条** 县级以上人民政府自然资源主管部门应当加强信息化建设,建立统一的国土空间基础信息平台,实行土地管理全流程信息化管理,对土地利用状况进行动态监测,与发展改革、住房和城乡建设等有关部门建立土地管理信息共享机制,依法公开土地管理信息。

**第七条** 县级以上人民政府自然资源主管部门应当加强地籍管理,建立健全地籍数据库。

## 第三章 耕地保护

**第八条** 国家实行占用耕地补偿制度。在国土空间规划确定的城市和村庄、集镇建设用地范围内经依法批准占用耕地，以及在国土空间规划确定的城市和村庄、集镇建设用地范围外的能源、交通、水利、矿山、军事设施等建设项目经依法批准占用耕地的，分别由县级人民政府、农村集体经济组织和建设单位负责开垦与所占用耕地的数量和质量相当的耕地；没有条件开垦或者开垦的耕地不符合要求的，应当按照省、自治区、直辖市的规定缴纳耕地开垦费，专款用于开垦新的耕地。

省、自治区、直辖市人民政府应当组织自然资源主管部门、农业农村主管部门对开垦的耕地进行验收，确保开垦的耕地落实到地块。划入永久基本农田的还应当纳入国家永久基本农田数据库严格管理。占用耕地补充情况应当按照国家有关规定向社会公布。

个别省、直辖市需要易地开垦耕地的，依照《土地管理法》第三十二条的规定执行。

**第九条** 禁止任何单位和个人在国土空间规划确定的禁止开垦的范围内从事土地开发活动。

按照国土空间规划，开发未确定土地使用权的国有荒山、荒地、荒滩从事种植业、林业、畜牧业、渔业生产的，应当向土地所在地的县级以上地方人民政府自然资源主管部门提出申请，按照省、自治区、直辖市规定的权限，由县级以上地方人民政府批准。

**第十条** 县级人民政府应当按照国土空间规划关于统筹布局农业、生态、城镇等功能空间的要求，制定土地整理方案，促进耕地保护和土地节约集约利用。

县、乡（镇）人民政府应当组织农村集体经济组织，实施土地整理方案，对闲散地和废弃地有计划地整治、改造。土地整理新增耕地，可以用作建设所占用耕地的补充。

鼓励社会主体依法参与土地整理。

**第十一条** 县级以上地方人民政府应当采取措施，预防和治理耕地土壤流失、污染，有计划地改造中低产田，建设高标准农田，提高耕地质量，保护黑土地等优质耕地，并依法对建设所占用耕地耕作层的土壤利用作出合理安排。

非农业建设依法占用永久基本农田的，建设单位应当按照省、自治区、直辖市的规定，将所占用耕地耕作层的土壤用于新开垦耕地、劣质地或者其他耕地的土壤改良。

县级以上地方人民政府应当加强对农业结构调整的引导和管理，防止破坏耕地耕作层;设施农业用地不再使用的,应当及时组织恢复种植条件。

**第十二条** 国家对耕地实行特殊保护,严守耕地保护红线,严格控制耕地转为林地、草地、园地等其他农用地,并建立耕地保护补偿制度,具体办法和耕地保护补偿实施步骤由国务院自然资源主管部门会同有关部门规定。

非农业建设必须节约使用土地,可以利用荒地的,不得占用耕地;可以利用劣地的,不得占用好地。禁止占用耕地建窑、建坟或者擅自在耕地上建房、挖砂、采石、采矿、取土等。禁止占用永久基本农田发展林果业和挖塘养鱼。

耕地应当优先用于粮食和棉、油、糖、蔬菜等农产品生产。按照国家有关规定需要将耕地转为林地、草地、园地等其他农用地的,应当优先使用难以长期稳定利用的耕地。

**第十三条** 省、自治区、直辖市人民政府对本行政区域耕地保护负总责,其主要负责人是本行政区域耕地保护的第一责任人。

省、自治区、直辖市人民政府应当将国务院确定的耕地保有量和永久基本农田保护任务分解下达,落实到具体地块。

国务院对省、自治区、直辖市人民政府耕地保护责任目标落实情况进行考核。

## 第四章 建设用地

### 第一节 一般规定

**第十四条** 建设项目需要使用土地的,应当符合国土空间规划、土地利用年度计划和用途管制以及节约资源、保护生态环境的要求,并严格执行建设用地标准,优先使用存量建设用地,提高建设用地使用效率。

从事土地开发利用活动,应当采取有效措施,防止、减少土壤污染,并确保建设用地符合土壤环境质量要求。

**第十五条** 各级人民政府应当依据国民经济和社会发展规划及年度计划、国土空间规划、国家产业政策以及城乡建设、土地利用的实际状况等,加强土地利用计划管理,实行建设用地总量控制,推动城乡存量建设用地开发利用,引导城镇低效用地再开发,落实建设用地标准控制制度,开展节约集约用地评价,推广应用节地技术和节地模式。

**第十六条** 县级以上地方人民政府自然资源主管部门应当将本级人民政府

确定的年度建设用地供应总量、结构、时序、地块、用途等在政府网站上向社会公布，供社会公众查阅。

**第十七条** 建设单位使用国有土地，应当以有偿使用方式取得；但是，法律、行政法规规定可以以划拨方式取得的除外。

国有土地有偿使用的方式包括：

（一）国有土地使用权出让；

（二）国有土地租赁；

（三）国有土地使用权作价出资或者入股。

**第十八条** 国有土地使用权出让、国有土地租赁等应当依照国家有关规定通过公开的交易平台进行交易，并纳入统一的公共资源交易平台体系。除依法可以采取协议方式外，应当采取招标、拍卖、挂牌等竞争性方式确定土地使用者。

**第十九条** 《土地管理法》第五十五条规定的新增建设用地的土地有偿使用费，是指国家在新增建设用地中应取得的平均土地纯收益。

**第二十条** 建设项目施工、地质勘查需要临时使用土地的，应当尽量不占或者少占耕地。

临时用地由县级以上人民政府自然资源主管部门批准，期限一般不超过二年；建设周期较长的能源、交通、水利等基础设施建设使用的临时用地，期限不超过四年；法律、行政法规另有规定的除外。

土地使用者应当自临时用地期满之日起一年内完成土地复垦，使其达到可供利用状态，其中占用耕地的应当恢复种植条件。

**第二十一条** 抢险救灾、疫情防控等急需使用土地的，可以先行使用土地。其中，属于临时用地的，用后应当恢复原状并交还原土地使用者使用，不再办理用地审批手续；属于永久性建设用地的，建设单位应当在不晚于应急处置工作结束六个月内申请补办建设用地审批手续。

**第二十二条** 具有重要生态功能的未利用地应当依法划入生态保护红线，实施严格保护。

建设项目占用国土空间规划确定的未利用地的，按照省、自治区、直辖市的规定办理。

## 第二节 农用地转用

**第二十三条** 在国土空间规划确定的城市和村庄、集镇建设用地范围内，为实施该规划而将农用地转为建设用地的，由市、县人民政府组织自然资源等部门拟订农用地转用方案，分批次报有批准权的人民政府批准。

农用地转用方案应当重点对建设项目安排、是否符合国土空间规划和土地利用年度计划以及补充耕地情况作出说明。

农用地转用方案经批准后，由市、县人民政府组织实施。

**第二十四条** 建设项目确需占用国土空间规划确定的城市和村庄、集镇建设用地范围外的农用地，涉及占用永久基本农田的，由国务院批准；不涉及占用永久基本农田的，由国务院或者国务院授权的省、自治区、直辖市人民政府批准。具体按照下列规定办理：

（一）建设项目批准、核准前或者备案前后，由自然资源主管部门对建设项目用地事项进行审查，提出建设项目用地预审意见。建设项目需要申请核发选址意见书的，应当合并办理建设项目用地预审与选址意见书，核发建设项目用地预审与选址意见书。

（二）建设单位持建设项目的批准、核准或者备案文件，向市、县人民政府提出建设用地申请。市、县人民政府组织自然资源等部门拟订农用地转用方案，报有批准权的人民政府批准；依法应当由国务院批准的，由省、自治区、直辖市人民政府审核后上报。农用地转用方案应当重点对是否符合国土空间规划和土地利用年度计划以及补充耕地情况作出说明，涉及占用永久基本农田的，还应当对占用永久基本农田的必要性、合理性和补划可行性作出说明。

（三）农用地转用方案经批准后，由市、县人民政府组织实施。

**第二十五条** 建设项目需要使用土地的，建设单位原则上应当一次申请，办理建设用地审批手续，确需分期建设的项目，可以根据可行性研究报告确定的方案，分期申请建设用地，分期办理建设用地审批手续。建设过程中用地范围确需调整的，应当依法办理建设用地审批手续。

农用地转用涉及征收土地的，还应当依法办理征收土地手续。

## 第三节 土地征收

**第二十六条** 需要征收土地，县级以上地方人民政府认为符合《土地管理法》第四十五条规定的，应当发布征收土地预公告，并开展拟征收土地现状调查和社会稳定风险评估。

征收土地预公告应当包括征收范围、征收目的、开展土地现状调查的安排等内容。征收土地预公告应当采用有利于社会公众知晓的方式，在拟征收土地所在的乡（镇）和村、村民小组范围内发布，预公告时间不少于十个工作日。自征收土地预公告发布之日起，任何单位和个人不得在拟征收范围内抢栽抢建；违反规定抢栽抢建的，对抢栽抢建部分不予补偿。

土地现状调查应当查明土地的位置、权属、地类、面积，以及农村村民住宅、其他地上附着物和青苗等的权属、种类、数量等情况。

社会稳定风险评估应当对征收土地的社会稳定风险状况进行综合研判，确定风险点，提出风险防范措施和处置预案。社会稳定风险评估应当有被征地的农村集体经济组织及其成员、村民委员会和其他利害关系人参加，评估结果是申请征收土地的重要依据。

**第二十七条** 县级以上地方人民政府应当依据社会稳定风险评估结果，结合土地现状调查情况，组织自然资源、财政、农业农村、人力资源和社会保障等有关部门拟定征地补偿安置方案。

征地补偿安置方案应当包括征收范围、土地现状、征收目的、补偿方式和标准、安置对象、安置方式、社会保障等内容。

**第二十八条** 征地补偿安置方案拟定后，县级以上地方人民政府应当在拟征收土地所在的乡（镇）和村、村民小组范围内公告，公告时间不少于三十日。

征地补偿安置公告应当同时载明办理补偿登记的方式和期限、异议反馈渠道等内容。

多数被征地的农村集体经济组织成员认为拟定的征地补偿安置方案不符合法律、法规规定的，县级以上地方人民政府应当组织听证。

**第二十九条** 县级以上地方人民政府根据法律、法规规定和听证会等情况确定征地补偿安置方案后，应当组织有关部门与拟征收土地的所有权人、使用权人签订征地补偿安置协议。征地补偿安置协议示范文本由省、自治区、直辖市人民政府制定。

对个别确实难以达成征地补偿安置协议的，县级以上地方人民政府应当在申请征收土地时如实说明。

**第三十条** 县级以上地方人民政府完成本条例规定的征地前期工作后，方可提出征收土地申请，依照《土地管理法》第四十六条的规定报有批准权的人民政府批准。

有批准权的人民政府应当对征收土地的必要性、合理性、是否符合《土地管理法》第四十五条规定的为了公共利益确需征收土地的情形以及是否符合法定程序进行审查。

**第三十一条** 征收土地申请经依法批准后,县级以上地方人民政府应当自收到批准文件之日起十五个工作日内在拟征收土地所在的乡(镇)和村、村民小组范围内发布征收土地公告,公布征收范围、征收时间等具体工作安排,对个别未达成征地补偿安置协议的应当作出征地补偿安置决定,并依法组织实施。

**第三十二条** 省、自治区、直辖市应当制定公布区片综合地价,确定征收农用地的土地补偿费、安置补助费标准,并制定土地补偿费、安置补助费分配办法。

地上附着物和青苗等的补偿费用,归其所有权人所有。

社会保障费用主要用于符合条件的被征地农民的养老保险等社会保险缴费补贴,按照省、自治区、直辖市的规定单独列支。

申请征收土地的县级以上地方人民政府应当及时落实土地补偿费、安置补助费、农村村民住宅以及其他地上附着物和青苗等的补偿费用、社会保障费用等,并保证足额到位,专款专用。有关费用未足额到位的,不得批准征收土地。

## 第四节 宅基地管理

**第三十三条** 农村居民点布局和建设用地规模应当遵循节约集约、因地制宜的原则合理规划。县级以上地方人民政府应当按照国家规定安排建设用地指标,合理保障本行政区域农村村民宅基地需求。

乡(镇)、县、市国土空间规划和村庄规划应当统筹考虑农村村民生产、生活需求,突出节约集约用地导向,科学划定宅基地范围。

**第三十四条** 农村村民申请宅基地的,应当以户为单位向农村集体经济组织提出申请;没有设立农村集体经济组织的,应当向所在的村民小组或者村民委员会提出申请。宅基地申请依法经农村村民集体讨论通过并在本集体范围内公示后,报乡(镇)人民政府审核批准。

涉及占用农用地的,应当依法办理农用地转用审批手续。

**第三十五条** 国家允许进城落户的农村村民依法自愿有偿退出宅基地。乡(镇)人民政府和农村集体经济组织、村民委员会等应当将退出的宅基地优先用于保障该农村集体经济组织成员的宅基地需求。

**第三十六条** 依法取得的宅基地和宅基地上的农村村民住宅及其附属设施受法律保护。

禁止违背农村村民意愿强制流转宅基地，禁止违法收回农村村民依法取得的宅基地，禁止以退出宅基地作为农村村民进城落户的条件，禁止强迫农村村民搬迁退出宅基地。

## 第五节 集体经营性建设用地管理

**第三十七条** 国土空间规划应当统筹并合理安排集体经营性建设用地布局和用途，依法控制集体经营性建设用地规模，促进集体经营性建设用地的节约集约利用。

鼓励乡村重点产业和项目使用集体经营性建设用地。

**第三十八条** 国土空间规划确定为工业、商业等经营性用途，且已依法办理土地所有权登记的集体经营性建设用地，土地所有权人可以通过出让、出租等方式交由单位或者个人在一定年限内有偿使用。

**第三十九条** 土地所有权人拟出让、出租集体经营性建设用地的，市、县人民政府自然资源主管部门应当依据国土空间规划提出拟出让、出租的集体经营性建设用地的规划条件，明确土地界址、面积、用途和开发建设强度等。

市、县人民政府自然资源主管部门应当会同有关部门提出产业准入和生态环境保护要求。

**第四十条** 土地所有权人应当依据规划条件、产业准入和生态环境保护要求等，编制集体经营性建设用地出让、出租等方案，并依照《土地管理法》第六十三条的规定，由本集体经济组织形成书面意见，在出让、出租前不少于十个工作日报市、县人民政府。市、县人民政府认为该方案不符合规划条件或者产业准入和生态环境保护要求等的，应当在收到方案后五个工作日内提出修改意见。土地所有权人应当按照市、县人民政府的意见进行修改。

集体经营性建设用地出让、出租等方案应当载明宗地的土地界址、面积、用途、规划条件、产业准入和生态环境保护要求、使用期限、交易方式、入市价格、集体收益分配安排等内容。

**第四十一条** 土地所有权人应当依据集体经营性建设用地出让、出租等方案，以招标、拍卖、挂牌或者协议等方式确定土地使用者，双方应当签订书面合同，载明土地界址、面积、用途、规划条件、使用期限、交易价款支付、交地时间和开工竣工期限、产业准入和生态环境保护要求，约定提前收回的条件、补偿方式、土地使用权届满续期和地上建筑物、构筑物等附着物处理方式，以及违约责任和解决争议的方法等，并报市、县人民政府自然资源主管部门备案。未依法将规划条件、产业准入和生态环境保护要求纳入合同的，合同无效；造成损失的，依法承担民事责任。合同示范文本由国务院自然资源主管部门制定。

**第四十二条** 集体经营性建设用地使用者应当按照约定及时支付集体经营性建设用地价款，并依法缴纳相关税费，对集体经营性建设用地使用权以及依法利用集体经营性建设用地建造的建筑物、构筑物及其附属设施的所有权，依法申请办理不动产登记。

**第四十三条** 通过出让等方式取得的集体经营性建设用地使用权依法转让、互换、出资、赠与或者抵押的，双方应当签订书面合同，并书面通知土地所有权人。

集体经营性建设用地的出租，集体建设用地使用权的出让及其最高年限、转让、互换、出资、赠与、抵押等，参照同类用途的国有建设用地执行，法律、行政法规另有规定的除外。

## 第五章 监督检查

**第四十四条** 国家自然资源督察机构根据授权对省、自治区、直辖市人民政府以及国务院确定的城市人民政府下列土地利用和土地管理情况进行督察：

（一）耕地保护情况；

（二）土地节约集约利用情况；

（三）国土空间规划编制和实施情况；

（四）国家有关土地管理重大决策落实情况；

（五）土地管理法律、行政法规执行情况；

（六）其他土地利用和土地管理情况。

**第四十五条** 国家自然资源督察机构进行督察时，有权向有关单位和个人了解督察事项有关情况，有关单位和个人应当支持、协助督察机构工作，如实反映情况，并提供有关材料。

**第四十六条** 被督察的地方人民政府违反土地管理法律、行政法规，或者落实国家有关土地管理重大决策不力的，国家自然资源督察机构可以向被督察的地方人民政府下达督察意见书，地方人民政府应当认真组织整改，并及时报告整改情况；国家自然资源督察机构可以约谈被督察的地方人民政府有关负责人，并可以依法向监察机关、任免机关等有关机关提出追究相关责任人责任的建议。

**第四十七条** 土地管理监督检查人员应当经过培训，经考核合格，取得行政执法证件后，方可从事土地管理监督检查工作。

**第四十八条** 自然资源主管部门、农业农村主管部门按照职责分工进行监督检查时，可以采取下列措施：

（一）询问违法案件涉及的单位或者个人；

（二）进入被检查单位或者个人涉嫌土地违法的现场进行拍照、摄像；

（三）责令当事人停止正在进行的土地违法行为；

（四）对涉嫌土地违法的单位或者个人，在调查期间暂停办理与该违法案件相关的土地审批、登记等手续；

（五）对可能被转移、销毁、隐匿或者篡改的文件、资料予以封存，责令涉嫌土地违法的单位或者个人在调查期间不得变卖、转移与案件有关的财物；

（六）《土地管理法》第六十八条规定的其他监督检查措施。

**第四十九条** 依照《土地管理法》第七十三条的规定给予处分的，应当按照管理权限由责令作出行政处罚决定或者直接给予行政处罚的上级人民政府自然资源主管部门或者其他任免机关、单位作出。

**第五十条** 县级以上人民政府自然资源主管部门应当会同有关部门建立信用监管、动态巡查等机制，加强对建设用地供应交易和供后开发利用的监管，对建设用地市场重大失信行为依法实施惩戒，并依法公开相关信息。

## 第六章 法律责任

**第五十一条** 违反《土地管理法》第三十七条的规定，非法占用永久基本农田发展林果业或者挖塘养鱼的，由县级以上人民政府自然资源主管部门责令限期改正；逾期不改正的，按占用面积处耕地开垦费 2 倍以上 5 倍以下的罚款；破坏种植条件的，依照《土地管理法》第七十五条的规定处罚。

**第五十二条** 违反《土地管理法》第五十七条的规定，在临时使用的土地上修建永久性建筑物的，由县级以上人民政府自然资源主管部门责令限期拆除，按占用面积处土地复垦费5倍以上10倍以下的罚款;逾期不拆除的,由作出行政决定的机关依法申请人民法院强制执行。

**第五十三条** 违反《土地管理法》第六十五条的规定,对建筑物、构筑物进行重建、扩建的,由县级以上人民政府自然资源主管部门责令限期拆除;逾期不拆除的,由作出行政决定的机关依法申请人民法院强制执行。

**第五十四条** 依照《土地管理法》第七十四条的规定处以罚款的,罚款额为违法所得的10%以上50%以下。

**第五十五条** 依照《土地管理法》第七十五条的规定处以罚款的,罚款额为耕地开垦费的5倍以上10倍以下;破坏黑土地等优质耕地的,从重处罚。

**第五十六条** 依照《土地管理法》第七十六条的规定处以罚款的,罚款额为土地复垦费的2倍以上5倍以下。

违反本条例规定,临时用地期满之日起一年内未完成复垦或者未恢复种植条件的,由县级以上人民政府自然资源主管部门责令限期改正,依照《土地管理法》第七十六条的规定处罚,并由县级以上人民政府自然资源主管部门会同农业农村主管部门代为完成复垦或者恢复种植条件。

**第五十七条** 依照《土地管理法》第七十七条的规定处以罚款的,罚款额为非法占用土地每平方米100元以上1000元以下。

违反本条例规定,在国土空间规划确定的禁止开垦的范围内从事土地开发活动的,由县级以上人民政府自然资源主管部门责令限期改正,并依照《土地管理法》第七十七条的规定处罚。

**第五十八条** 依照《土地管理法》第七十四条、第七十七条的规定,县级以上人民政府自然资源主管部门没收在非法转让或者非法占用的土地上新建的建筑物和其他设施的,应当于九十日内交由本级人民政府或者其指定的部门依法管理和处置。

**第五十九条** 依照《土地管理法》第八十一条的规定处以罚款的,罚款额为非法占用土地每平方米100元以上500元以下。

**第六十条** 依照《土地管理法》第八十二条的规定处以罚款的,罚款额为违法所得的10%以上30%以下。

**第六十一条** 阻碍自然资源主管部门、农业农村主管部门的工作人员依法执行职务,构成违反治安管理行为的,依法给予治安管理处罚。

**第六十二条** 违反土地管理法律、法规规定，阻挠国家建设征收土地的，由县级以上地方人民政府责令交出土地；拒不交出土地的，依法申请人民法院强制执行。

**第六十三条** 违反本条例规定，侵犯农村村民依法取得的宅基地权益的，责令限期改正，对有关责任单位通报批评、给予警告；造成损失的，依法承担赔偿责任；对直接负责的主管人员和其他直接责任人员，依法给予处分。

**第六十四条** 贪污、侵占、挪用、私分、截留、拖欠征地补偿安置费用和其他有关费用的，责令改正，追回有关款项，限期退还违法所得，对有关责任单位通报批评、给予警告；造成损失的，依法承担赔偿责任；对直接负责的主管人员和其他直接责任人员，依法给予处分。

**第六十五条** 各级人民政府及自然资源主管部门、农业农村主管部门工作人员玩忽职守、滥用职权、徇私舞弊的，依法给予处分。

**第六十六条** 违反本条例规定，构成犯罪的，依法追究刑事责任。

## 第七章 附 则

**第六十七条** 本条例自2021年9月1日起施行。

# 《最高人民法院关于审理涉及农村土地承包纠纷案件适用法律问题的解释》（2020修正）

（2005年3月29日，最高人民法院审判委员会第1346次会议通过，2020年12月23日最高人民法院审判委员会第1823次会议通过的《最高人民法院关于修改〈最高人民法院关于在民事审判工作中适用《中华人民共和国工会法》若干问题的解释〉等二十七件民事类司法解释的决定》修正）

为正确审理农村土地承包纠纷案件，依法保护当事人的合法权益，根据《中华人民共和国民法典》《中华人民共和国农村土地承包法》《中华人民共和国土地管理法》《中华人民共和国民事诉讼法》等法律的规定,结合民事审判实践,制定本解释。

## 一、受理与诉讼主体

**第一条** 下列涉及农村土地承包民事纠纷,人民法院应当依法受理:

(一)承包合同纠纷;

(二)承包经营权侵权纠纷;

(三)土地经营权侵权纠纷;

(四)承包经营权互换、转让纠纷;

(五)土地经营权流转纠纷;

(六)承包地征收补偿费用分配纠纷;

(七)承包经营权继承纠纷;

(八)土地经营权继承纠纷。

农村集体经济组织成员因未实际取得土地承包经营权提起民事诉讼的,人民法院应当告知其向有关行政主管部门申请解决。

农村集体经济组织成员就用于分配的土地补偿费数额提起民事诉讼的,人民法院不予受理。

**第二条** 当事人自愿达成书面仲裁协议的,受诉人民法院应当参照《最高人民法院关于适用〈中华人民共和国民事诉讼法〉的解释》第二百一十五条、第二百一十六条的规定处理。

当事人未达成书面仲裁协议,一方当事人向农村土地承包仲裁机构申请仲裁,另一方当事人提起诉讼的,人民法院应予受理,并书面通知仲裁机构。但另一方当事人接受仲裁管辖后又起诉的,人民法院不予受理。

当事人对仲裁裁决不服并在收到裁决书之日起三十日内提起诉讼的,人民法院应予受理。

**第三条** 承包合同纠纷,以发包方和承包方为当事人。

前款所称承包方是指以家庭承包方式承包本集体经济组织农村土地的农户,以及以其他方式承包农村土地的组织或者个人。

**第四条** 农户成员为多人的,由其代表人进行诉讼。

农户代表人按照下列情形确定：

（一）土地承包经营权证等证书上记载的人；

（二）未依法登记取得土地承包经营权证等证书的，为在承包合同上签名的人；

（三）前两项规定的人死亡、丧失民事行为能力或者因其他原因无法进行诉讼的，为农户成员推选的人。

## 二、家庭承包纠纷案件的处理

**第五条**　承包合同中有关收回、调整承包地的约定违反农村土地承包法第二十七条、第二十八条、第三十一条规定的，应当认定该约定无效。

**第六条**　因发包方违法收回、调整承包地，或者因发包方收回承包方弃耕、撂荒的承包地产生的纠纷，按照下列情形，分别处理：

（一）发包方未将承包地另行发包，承包方请求返还承包地的，应予支持；

（二）发包方已将承包地另行发包给第三人，承包方以发包方和第三人为共同被告，请求确认其所签订的承包合同无效、返还承包地并赔偿损失的，应予支持。但属于承包方弃耕、撂荒情形的，对其赔偿损失的诉讼请求，不予支持。

前款第（二）项所称的第三人，请求受益方补偿其在承包地上的合理投入的，应予支持。

**第七条**　承包合同约定或者土地承包经营权证等证书记载的承包期限短于农村土地承包法规定的期限，承包方请求延长的，应予支持。

**第八条**　承包方违反农村土地承包法第十八条规定，未经依法批准将承包地用于非农建设或者对承包地造成永久性损害，发包方请求承包方停止侵害、恢复原状或者赔偿损失的，应予支持。

**第九条**　发包方根据农村土地承包法第二十七条规定收回承包地前，承包方已经以出租、入股或者其他形式将其土地经营权流转给第三人，且流转期限尚未届满，因流转价款收取产生的纠纷，按照下列情形，分别处理：

（一）承包方已经一次性收取了流转价款，发包方请求承包方返还剩余流转期限的流转价款的，应予支持；

（二）流转价款为分期支付，发包方请求第三人按照流转合同的约定支付流转价款的，应予支持。

**第十条** 承包方交回承包地不符合农村土地承包法第三十条规定程序的,不得认定其为自愿交回。

**第十一条** 土地经营权流转中,本集体经济组织成员在流转价款、流转期限等主要内容相同的条件下主张优先权的,应予支持。但下列情形除外:

(一)在书面公示的合理期限内未提出优先权主张的;

(二)未经书面公示,在本集体经济组织以外的人开始使用承包地两个月内未提出优先权主张的。

**第十二条** 发包方胁迫承包方将土地经营权流转给第三人,承包方请求撤销其与第三人签订的流转合同的,应予支持。

发包方阻碍承包方依法流转土地经营权,承包方请求排除妨碍、赔偿损失的,应予支持。

**第十三条** 承包方未经发包方同意,转让其土地承包经营权的,转让合同无效。但发包方无法定理由不同意或者拖延表态的除外。

**第十四条** 承包方依法采取出租、入股或者其他方式流转土地经营权,发包方仅以该土地经营权流转合同未报其备案为由,请求确认合同无效的,不予支持。

**第十五条** 因承包方不收取流转价款或者向对方支付费用的约定产生纠纷,当事人协商变更无法达成一致,且继续履行又显失公平的,人民法院可以根据发生变更的客观情况,按照公平原则处理。

**第十六条** 当事人对出租地流转期限没有约定或者约定不明的,参照民法典第七百三十条规定处理。除当事人另有约定或者属于林地承包经营外,承包地交回的时间应当在农作物收获期结束后或者下一耕种期开始前。

对提高土地生产能力的投入,对方当事人请求承包方给予相应补偿的,应予支持。

**第十七条** 发包方或者其他组织、个人擅自截留、扣缴承包收益或者土地经营权流转收益,承包方请求返还的,应予支持。

发包方或者其他组织、个人主张抵销的,不予支持。

## 三、其他方式承包纠纷的处理

**第十八条** 本集体经济组织成员在承包费、承包期限等主要内容相同的条件下主张优先承包的,应予支持。但在发包方将农村土地发包给本集体经济组织以外的组织或者个人，已经法律规定的民主议定程序通过，并由乡（镇）人民政府批准后主张优先承包的，不予支持。

**第十九条** 发包方就同一土地签订两个以上承包合同，承包方均主张取得土地经营权的，按照下列情形，分别处理：

（一）已经依法登记的承包方，取得土地经营权；

（二）均未依法登记的，生效在先合同的承包方取得土地经营权；

（三）依前两项规定无法确定的，已经根据承包合同合法占有使用承包地的人取得土地经营权，但争议发生后一方强行先占承包地的行为和事实，不得作为确定土地经营权的依据。

## 四、土地征收补偿费用分配及土地承包经营权继承纠纷的处理

**第二十条** 承包地被依法征收，承包方请求发包方给付已经收到的地上附着物和青苗的补偿费的，应予支持。

承包方已将土地经营权以出租、入股或者其他方式流转给第三人的，除当事人另有约定外，青苗补偿费归实际投入人所有，地上附着物补偿费归附着物所有人所有。

**第二十一条** 承包地被依法征收，放弃统一安置的家庭承包方，请求发包方给付已经收到的安置补助费的，应予支持。

**第二十二条** 农村集体经济组织或者村民委员会、村民小组，可以依照法律规定的民主议定程序，决定在本集体经济组织内部分配已经收到的土地补偿费。征地补偿安置方案确定时已经具有本集体经济组织成员资格的人，请求支付相应份额的，应予支持。但已报全国人大常委会、国务院备案的地方性法规、自治条例和单行条例、地方政府规章对土地补偿费在农村集体经济组织内部的分配办法另有规定的除外。

**第二十三条** 林地家庭承包中，承包方的继承人请求在承包期内继续承包的，应予支持。

其他方式承包中，承包方的继承人或者权利义务承受者请求在承包期内继续承包的，应予支持。

## 五、其他规定

**第二十四条** 人民法院在审理涉及本解释第五条、第六条第一款第（二）项及

第二款、第十五条的纠纷案件时，应当着重进行调解。必要时可以委托人民调解组织进行调解。

**第二十五条** 本解释自2005年9月1日起施行。施行后受理的第一审案件，适用本解释的规定。

施行前已经生效的司法解释与本解释不一致的，以本解释为准。

# 《农村土地经营权流转管理办法》

（《农村土地经营权流转管理办法》2021年1月10日农业农村部第1次常务会议审议通过，自2021年3月1日起施行）

## 第一章 总 则

**第一条** 为了规范农村土地经营权（以下简称土地经营权）流转行为，保障流转当事人合法权益，加快农业农村现代化，维护农村社会和谐稳定，根据《中华人民共和国农村土地承包法》等法律及有关规定，制定本办法。

**第二条** 土地经营权流转应当坚持农村土地农民集体所有、农户家庭承包经营的基本制度，保持农村土地承包关系稳定并长久不变，遵循依法、自愿、有偿原则，任何组织和个人不得强迫或者阻碍承包方流转土地经营权。

**第三条** 土地经营权流转不得损害农村集体经济组织和利害关系人的合法权益，不得破坏农业综合生产能力和农业生态环境，不得改变承包土地的所有权性质及其农业用途，确保农地农用，优先用于粮食生产，制止耕地“非农化”、防止耕地“非粮化”。

**第四条** 土地经营权流转应当因地制宜、循序渐进，把握好流转、集中、规模经营的度，流转规模应当与城镇化进程和农村劳动力转移规模相适应，与农业科技进步和生产手段改进程度相适应，与农业社会化服务水平提高相适应，鼓励各地建立多种形式的土地经营权流转风险防范和保障机制。

**第五条** 农业农村部负责全国土地经营权流转及流转合同管理的指导。

县级以上地方人民政府农业农村主管（农村经营管理）部门依照职责，负责本行政区域内土地经营权流转及流转合同管理。

乡（镇）人民政府负责本行政区域内土地经营权流转及流转合同管理。

## 第二章 流转当事人

**第六条** 承包方在承包期限内有权依法自主决定土地经营权是否流转，以及流转对象、方式、期限等。

**第七条** 土地经营权流转收益归承包方所有，任何组织和个人不得擅自截留、扣缴。

**第八条** 承包方自愿委托发包方、中介组织或者他人流转其土地经营权的，应当由承包方出具流转委托书。委托书应当载明委托的事项、权限和期限等，并由委托人和受托人签字或者盖章。

没有承包方的书面委托，任何组织和个人无权以任何方式决定流转承包方的土地经营权。

**第九条** 土地经营权流转的受让方应当为具有农业经营能力或者资质的组织和个人。在同等条件下，本集体经济组织成员享有优先权。

**第十条** 土地经营权流转的方式、期限、价款和具体条件，由流转双方平等协商确定。流转期限届满后，受让方享有以同等条件优先续约的权利。

**第十一条** 受让方应当依照有关法律法规保护土地，禁止改变土地的农业用途。禁止闲置、荒芜耕地，禁止占用耕地建窑、建坟或者擅自在耕地上建房、挖砂、采石、采矿、取土等。禁止占用永久基本农田发展林果业和挖塘养鱼。

**第十二条** 受让方将流转取得的土地经营权再流转以及向金融机构融资担保的，应当事先取得承包方书面同意，并向发包方备案。

**第十三条** 经承包方同意，受让方依法投资改良土壤，建设农业生产附属、配套设施，及农业生产中直接用于作物种植和畜禽水产养殖设施的，土地经营权流转合同到期或者未到期由承包方依法提前收回承包土地时，受让方有权获得合理补偿。具体补偿办法可在土地经营权流转合同中约定或者由双方协商确定。

## 第三章 流 转 方 式

**第十四条** 承包方可以采取出租（转包）、入股或者其他符合有关法律和国家政策规定的方式流转土地经营权。

出租(转包),是指承包方将部分或者全部土地经营权,租赁给他人从事农业生产经营。

入股,是指承包方将部分或者全部土地经营权作价出资,成为公司、合作经济组织等股东或者成员,并用于农业生产经营。

**第十五条** 承包方依法采取出租(转包)、入股或者其他方式将土地经营权部分或者全部流转的,承包方与发包方的承包关系不变,双方享有的权利和承担的义务不变。

**第十六条** 承包方自愿将土地经营权入股公司发展农业产业化经营的,可以采取优先股等方式降低承包方风险。公司解散时入股土地应当退回原承包方。

## 第四章 流转合同

**第十七条** 承包方流转土地经营权,应当与受让方在协商一致的基础上签订书面流转合同,并向发包方备案。

承包方将土地交由他人代耕不超过一年的,可以不签订书面合同。

**第十八条** 承包方委托发包方、中介组织或者他人流转土地经营权的,流转合同应当由承包方或者其书面委托的受托人签订。

**第十九条** 土地经营权流转合同一般包括以下内容:

(一)双方当事人的姓名或者名称、住所、联系方式等;

(二)流转土地的名称、四至、面积、质量等级、土地类型、地块代码等;

(三)流转的期限和起止日期;

(四)流转方式;

(五)流转土地的用途;

(六)双方当事人的权利和义务;

(七)流转价款或者股份分红,以及支付方式和支付时间;

(八)合同到期后地上附着物及相关设施的处理;

(九)土地被依法征收、征用、占用时有关补偿费的归属;

(十)违约责任。

土地经营权流转合同示范文本由农业农村部制定。

**第二十条** 承包方不得单方解除土地经营权流转合同,但受让方有下列情形之一的除外：

（一）擅自改变土地的农业用途；

（二）弃耕抛荒连续两年以上；

（三）给土地造成严重损害或者严重破坏土地生态环境；

（四）其他严重违约行为。

有以上情形，承包方在合理期限内不解除土地经营权流转合同的，发包方有权要求终止土地经营权流转合同。

受让方对土地和土地生态环境造成的损害应当依法予以赔偿。

## 第五章　流转管理

**第二十一条**　发包方对承包方流转土地经营权、受让方再流转土地经营权以及承包方、受让方利用土地经营权融资担保的，应当办理备案，并报告乡（镇）人民政府农村土地承包管理部门。

**第二十二条**　乡（镇）人民政府农村土地承包管理部门应当向达成流转意向的双方提供统一文本格式的流转合同，并指导签订。流转合同中有违反法律法规的，应当及时予以纠正。

**第二十三条**　乡（镇）人民政府农村土地承包管理部门应当建立土地经营权流转台账，及时准确记载流转情况。

**第二十四条**　乡（镇）人民政府农村土地承包管理部门应当对土地经营权流转有关文件、资料及流转合同等进行归档并妥善保管。

**第二十五条**　鼓励各地建立土地经营权流转市场或者农村产权交易市场。县级以上地方人民政府农业农村主管（农村经营管理）部门应当加强业务指导，督促其建立健全运行规则，规范开展土地经营权流转政策咨询、信息发布、合同签订、交易鉴证、权益评估、融资担保、档案管理等服务。

**第二十六条**　县级以上地方人民政府农业农村主管（农村经营管理）部门应当按照统一标准和技术规范建立国家、省、市、县等互联互通的农村土地承包信息应用平台，健全土地经营权流转合同网签制度，提升土地经营权流转规范化、信息化管理水平。

**第二十七条**　县级以上地方人民政府农业农村主管（农村经营管理）部门应当加强对乡（镇）人民政府农村土地承包管理部门工作的指导。乡（镇）人民政府农村土地承包管理部门应当依法开展土地经营权流转的指导和管理工作。

**第二十八条** 县级以上地方人民政府农业农村主管(农村经营管理)部门应当加强服务,鼓励受让方发展粮食生产;鼓励和引导工商企业等社会资本(包括法人、非法人组织或者自然人等)发展适合企业化经营的现代种养业。

县级以上地方人民政府农业农村主管(农村经营管理)部门应当根据自然经济条件、农村劳动力转移情况、农业机械化水平等因素,引导受让方发展适度规模经营,防止垒大户。

**第二十九条** 县级以上地方人民政府对工商企业等社会资本流转土地经营权,依法建立分级资格审查和项目审核制度。审查审核的一般程序如下:

(一)受让主体与承包方就流转面积、期限、价款等进行协商并签订流转意向协议书。涉及未承包到户集体土地等集体资源的,应当按照法定程序经本集体经济组织成员的村民会议三分之二以上成员或者三分之二以上村民代表的同意,并与集体经济组织签订流转意向协议书。

(二)受让主体按照分级审查审核规定,分别向乡(镇)人民政府农村土地承包管理部门或者县级以上地方人民政府农业农村主管(农村经营管理)部门提出申请,并提交流转意向协议书、农业经营能力或者资质证明、流转项目规划等相关材料。

(三)县级以上地方人民政府或者乡(镇)人民政府应当依法组织相关职能部门、农村集体经济组织代表、农民代表、专家等就土地用途、受让主体农业经营能力,以及经营项目是否符合粮食生产等产业规划等进行审查审核,并于受理之日起20个工作日内作出审查审核意见。

(四)审查审核通过的,受让主体与承包方签订土地经营权流转合同。未按规定提交审查审核申请或者审查审核未通过的,不得开展土地经营权流转活动。

**第三十条** 县级以上地方人民政府依法建立工商企业等社会资本通过流转取得土地经营权的风险防范制度,加强事中事后监管,及时查处纠正违法违规行为。

鼓励承包方和受让方在土地经营权流转市场或者农村产权交易市场公开交易。

对整村(组)土地经营权流转面积较大、涉及农户较多、经营风险较高的项目,流转双方可以协商设立风险保障金。

鼓励保险机构为土地经营权流转提供流转履约保证保险等多种形式保险服务。

**第三十一条** 农村集体经济组织为工商企业等社会资本流转土地经营权提供服务的，可以收取适量管理费用。收取管理费用的金额和方式应当由农村集体经济组织、承包方和工商企业等社会资本三方协商确定。管理费用应当纳入农村集体经济组织会计核算和财务管理，主要用于农田基本建设或者其他公益性支出。

**第三十二条** 县级以上地方人民政府可以根据本办法，结合本行政区域实际，制定工商企业等社会资本通过流转取得土地经营权的资格审查、项目审核和风险防范实施细则。

**第三十三条** 土地经营权流转发生争议或者纠纷的，当事人可以协商解决，也可以请求村民委员会、乡（镇）人民政府等进行调解。

当事人不愿意协商、调解或者协商、调解不成的，可以向农村土地承包仲裁机构申请仲裁，也可以直接向人民法院提起诉讼。

## 第六章 附 则

**第三十四条** 本办法所称农村土地，是指除林地、草地以外的，农民集体所有和国家所有依法由农民集体使用的耕地和其他用于农业的土地。

本办法所称农村土地经营权流转，是指在承包方与发包方承包关系保持不变的前提下，承包方依法在一定期限内将土地经营权部分或者全部交由他人自主开展农业生产经营的行为。

**第三十五条** 通过招标、拍卖和公开协商等方式承包荒山、荒沟、荒丘、荒滩等农村土地，经依法登记取得权属证书的，可以流转土地经营权，其流转管理参照本办法执行。

**第三十六条** 本办法自2021年3月1日起施行。农业部2005年1月19日发布的《农村土地承包经营权流转管理办法》（农业部令第47号）同时废止。

# 《农村集体经济组织财务制度》

（财政部、农业农村部 2021 年 12 月 7 日财农〔2021〕121 号发布）

## 第一章 总 则

**第一条** 为加强农村集体经济组织财务管理，规范农村集体经济组织财务行为，巩固农村集体产权制度改革成果，保障农村集体经济组织及其成员的合法权益，促进农村集体经济发展，根据有关法律、行政法规，结合农村集体经济组织实际情况，制定本制度。

**第二条** 中华人民共和国境内依法设立的农村集体经济组织适用本制度。

**第三条** 农村集体经济组织应当建立健全财务管理制度，如实反映农村集体经济组织的财务状况。合理筹集资金，管好用好集体资产，建立健全收益分配制度和激励约束机制，加强财务信息管理，完善财务监督，控制财务风险，实现集体资产保值增值，推动集体经济发展。

**第四条** 农村集体经济组织财务活动应当遵循以下原则：

（一）民主管理。保障农村集体经济组织成员对财务活动和财务成果的知情权、参与权、表达权、监督权，实行民主管理和民主监督。

（二）公开透明。财务活动情况及其有关账目，重大经济事项等应当向全体成员公开。

（三）成员受益。保障全体成员享受农村集体经济发展成果。

（四）支持公益。农村集体经济发展成果应当用于村级组织运转保障、农村公益事业。

**第五条** 农村集体经济组织的财务活动应当依法依规接受乡镇人民政府（包括街道办事处，下同）和农业农村部门、财政部门的监督指导，接受审计等相关部门的监督。

**第六条** 建立健全农村集体经济组织负责人任期和离任审计制度，将新增债务作为重点审计内容。

## 第二章 财务管理主体及职责

**第七条** 农村集体经济组织财务管理工作应当在农村基层党组织领导下，由成员(代表)大会、理事会、监事会和会计人员等按规定履行职责。农村集体经济组织应当依法依规配备专(兼)职会计人员，也可以根据实际需要实行委托代理记账。

重大财务事项决策参照执行"四议两公开"机制，并报乡镇党委、政府或农业农村部门审核或备案。

**第八条** 成员(代表)大会的财务管理职责主要包括：

(一)审议、决定本集体经济组织内部财务管理制度、年度财务计划、重大财务收支事项、年度收益分配方案等；

(二)审议、决定本集体经济组织资金筹集、资产资源发包租赁、对外投资、资产处置等事项；

(三)审议、决定本集体经济组织主要经营管理人员薪酬，并对其实施监督和考核；

(四)对理事会和监事会年度财务管理、监督工作提出质询和改进意见；

(五)其他需要成员(代表)大会决定的重大财务事项。

**第九条** 理事会的财务管理职责主要包括：

(一)起草、执行本集体经济组织内部财务管理制度、年度财务计划、年度收益分配方案等；

(二)实施本集体经济组织资金筹集、资产资源发包租赁、对外投资、资产处置等经营活动，签订经济合同并督促合同履行；

(三)提出本集体经济组织主要经营管理人员薪酬的建议，决定其他工作人员薪酬；

(四)向成员(代表)大会报告年度财务执行情况；

(五)执行本集体经济组织章程规定及成员(代表)大会决定的其他财务事项。

**第十条** 监事会的财务管理职责主要包括：

(一)监督农村集体经济组织财务活动，组织开展民主理财；

(二)监督理事会、主要经营管理人员和会计人员履职行为，对损害本集体经济组织利益,违反法律、法规、行政规章、组织章程或者成员(代表)大会决议的财务行为提出质询和改进建议,对理事、主要经营管理人员和会计人员提出罢免或解聘建议;

(三)协助地方政府及有关部门做好对农村集体经济组织的审计监督工作;

(四)向成员(代表)大会报告年度财务监督情况;

(五)执行本集体经济组织章程规定及成员(代表)大会决定的其他财务监督事项。

**第十一条** 会计人员的财务管理职责主要包括:

(一)会计主管人员负责组织本集体经济组织的会计工作,审核本集体经济组织的财务会计报告,在财务会计报告上签名并盖章。

(二)会计人员负责本集体经济组织会计凭证审核及填制、会计账簿登记及核算、财务会计报告编制及报送、稽核、会计档案保管、财务公开等日常工作。配合开展集体资产年度清查、审计和调查工作。

## 第三章 资金筹集

**第十二条** 农村集体经济组织可依法依规采取多种形式筹集资金。筹集资金应当履行本集体经济组织决策程序,确定筹资方式、规模和用途,控制筹资成本和风险。

**第十三条** 农村集体经济组织从各级政府获得资金或其他资产的,按照有关规定执行并接受监管。通过接受捐赠获得资金或其他资产的,应当及时入账,加强管理。

**第十四条** 农村集体经济组织采用“一事一议”方式筹资的,应当符合有关法律法规和政策要求,遵循量力而行、成员受益、民主决策、上限控制等原则,做到专款专用,确保资金用途的合法性、合理性和有效性。

**第十五条** 农村集体经济组织不得举债兴办公益事业;举债从事经营性活动应当纳入村级重大事项决策范围,参照执行“四议两公开”机制,并报乡镇党委、政府或农业农村部门审核或备案。

农村集体经济组织直接与社会资本合作从事经营活动的,应当在合同中明确权责边界及收益分配。

严禁将农村集体经济组织债务转嫁给地方政府。

## 第四章 资产运营

**第十六条** 农村集体经济组织应当按照有关法律、法规、政策以及组织章程加强现金、银行存款、应收款项、存货等流动资产管理，落实经营管理责任。严禁公款私存和私设小金库，加强票据管理，杜绝“白条”抵库。

**第十七条** 农村集体经济组织应当按照有关法律、法规、政策以及组织章程加强固定资产购建、使用、处置管理，落实经营管理责任，依法合规计提折旧。在建工程项目验收合格、交付使用后，应当及时办理竣工决算手续。

**第十八条** 农村集体经济组织应当按照有关法律、法规、政策以及组织章程加强集体的牲畜、林木等生物资产管理，做好增减、摊销、死亡毁损等核算工作，落实经营管理责任。

**第十九条** 农村集体经济组织应当按照有关法律、法规、政策明确无形资产权属及价值，纳入账内核算，落实经营管理责任，依法合规进行摊销。

**第二十条** 农村集体经济组织对外投资应当遵守有关法律、法规和政策规定，符合农村集体经济组织发展规划，履行民主程序，做好风险评估和控制，进行严格管理。

**第二十一条** 农村集体经济组织应当对发生产权转移的厂房、设施、设备等大宗资产及集体土地使用权，未纳入账内核算的、非货币资产对外投资的或其他特定目的的资产进行价值评估。

**第二十二条** 农村集体经济组织以出售、置换、报废等方式处置资产时，应当按照有关法律、法规和政策规定的权限与程序进行。发生的资产损失，应当及时核实，查清责任，追偿损失，并进行账务处理。

**第二十三条** 农村集体经济组织依法依规对外投资或进行集体资产转让、发包、租赁等情形时，应当签订书面合同，明确双方的权利义务，合理确定价格。

农村集体经济组织以及农村集体经济组织经营管理人员，不得以本集体资产为其他单位和个人提供担保。

## 第五章 收支管理及收益分配

**第二十四条** 农村集体经济组织生产销售、提供服务、投资收益、让渡集体资产资源使用权和政府给予的经营性补贴等形成的经济利益总流入，应当依法依规加强管理,做好账务处理。

**第二十五条** 农村集体经济组织用于经营活动、日常管理、村内公益和综合服务、保障村级组织和村务运转等各种支出,应当计入相应的成本费用,加强管理,严格执行审批程序。

**第二十六条** 农村集体经济组织收益分配以效益为基础,民主决策、科学分配,保障成员合法权益。

**第二十七条** 农村集体经济组织应当按照有关法律、法规、政策规定及组织章程约定的分配原则,按程序确定收益分配方案,明确分配范围、分配比例等重点事项,向全体成员公示。

**第二十八条** 农村集体经济组织可分配收益按以下顺序进行分配:

(一)弥补以前年度亏损;

(二)提取公积公益金;

(三)向成员分配收益;

(四)其他。

公积公益金按组织章程确定计提比例。

**第二十九条** 年终收益分配前,农村集体经济组织应当清查资产,清理债权、债务,准确核算年度收入、支出、可分配收益。

## 第六章 产权管理

**第三十条** 农村集体经济组织应当清查核实集体资产,明确资产权属,登记资产台账,编制资产负债表;建立成员名册和份额(股份)登记簿。

**第三十一条** 农村集体经济组织变更资产权属的,应当严格按照有关法律、法规和政策规定进行,并及时进行账务处理。

**第三十二条** 村庄撤并的,不得混淆集体财务会计账目,不得随意合并、平调集体资产。

## 第七章 财务信息管理

**第三十三条** 具备条件的农村集体经济组织与村民委员会应当分设会计账套和银行账户。

**第三十四条** 农村集体经济组织应当使用科学有效的方式采集、存储、管理和运用财务信息，逐步实现信息化管理，确保财务信息的真实性、完整性和可比性。

**第三十五条** 农村集体经济组织应当按照国家统一的会计制度有关规定编制年度财务会计报告，按要求报送乡镇人民政府和农业农村部门、财政部门。

**第三十六条** 农村集体经济组织应当建立财务公开制度，以易于理解和接受的形式公开财务信息，接受成员监督。

**第三十七条** 农村集体经济组织应当按照《会计档案管理办法》等有关规定，加强会计档案建设和管理，做好会计资料的保管工作。

## 第八章 附 则

**第三十八条** 依法代行农村集体经济组织职能的村民委员会、村民小组等参照执行本制度。

**第三十九条** 地方农业农村部门、财政部门可根据本制度，结合实际情况制定具体实施细则。

**第四十条** 本制度自2022年1月1日起施行。

# 《农村集体经济组织会计制度》

（财政部2023年9月5日财会〔2023〕14号发布）

## 第一章 总 则

**第一条** 为规范农村集体经济组织会计工作，加强农村集体经济组织会计核算，根据《中华人民共和国会计法》等有关法律法规，结合农村集体经济组织的实际情况，制定本制度。

**第二条** 中华人民共和国境内依法设立的农村集体经济组织适用本制度，包括乡镇级集体经济组织、村级集体经济组织、组级集体经济组织。依法代行农村集体经济组织职能的村民委员会、村民小组等参照执行本制度。

**第三条** 农村集体经济组织应当根据本制度规定和会计业务需要,设置会计机构,或者在有关机构中设置会计人员并指定会计主管人员,或者按照规定委托代理记账,进行会计核算。

**第四条** 为适应双层经营的需要,农村集体经济组织实行统一核算和分散核算相结合的两级核算体制。农村集体经济组织发生的经济业务应当按照本制度的规定进行会计核算。农村集体经济组织投资设立的企业等应当按照相关会计准则制度单独核算。

**第五条** 农村集体经济组织应当按照本制度及附录的相关规定,设置和使用会计科目,填制会计凭证,登记会计账簿,编制财务会计报告。

**第六条** 农村集体经济组织的会计核算应当以持续经营为前提。

**第七条** 农村集体经济组织的会计核算应当划分会计期间,分期结算账目和编制财务会计报告。会计年度自公历1月1日起至12月31日止。

**第八条** 农村集体经济组织的会计核算应当以货币计量,以人民币为记账本位币,"元"为金额单位,"元"以下填至"分"。

**第九条** 农村集体经济组织的会计核算原则上采用权责发生制,会计记账方法采用借贷记账法。

**第十条** 农村集体经济组织的会计要素包括资产、负债、所有者权益、收入、费用和收益。

**第十一条** 农村集体经济组织应当以实际发生的交易或者事项为依据进行会计核算,如实反映其财务状况和经营成果。

**第十二条** 农村集体经济组织应当按照规定的会计处理方法进行会计核算。会计处理方法前后各期应当保持一致,一经确定不得随意变更。

**第十三条** 农村集体经济组织应当及时进行会计核算,不得提前或者延后。

**第十四条** 农村集体经济组织在进行会计核算时应当保持应有的谨慎,不得多计或少计资产、负债、收入、费用。

**第十五条** 农村集体经济组织提供的会计信息应当清晰明了,便于理解和使用。

**第十六条** 农村集体经济组织的法定代表人应当对本集体经济组织的会计工作和会计资料的真实性、完整性负责。

## 第二章　资　　产

**第十七条**　农村集体经济组织的资产，是指农村集体经济组织过去的交易或者事项形成的、由农村集体经济组织拥有或者控制的、预期会给农村集体经济组织带来经济利益或者承担公益服务功能的资源。

**第十八条**　农村集体经济组织的资产按照流动性分为流动资产和非流动资产。农村集体经济组织的资产应当按照成本计量。

流动资产是指在1年内（含1年）或超过1年的一个营业周期内变现、出售或耗用的资产，包括货币资金、短期投资、应收款项、存货、消耗性生物资产等。

非流动资产是指流动资产以外的资产，包括长期投资、生产性生物资产、固定资产、无形资产、公益性生物资产、长期待摊费用等。

**第十九条**　农村集体经济组织的应收款项包括与成员、非成员（包括单位及个人，下同）之间发生的各种应收及暂付款项。

应收款项应按实际发生额入账。确实无法收回的款项，按规定程序批准核销后，应当计入其他支出。

**第二十条**　农村集体经济组织的存货包括种子、化肥、燃料、农药、原材料、机械零配件、低值易耗品、在产品、农产品、工业产成品等。

存货按照下列原则计价：

（一）购入的存货，应当按照购买价款、应支付的相关税费、运输费、装卸费、保险费以及外购过程中发生的其他直接费用计价。

（二）在产品以及生产完工入库的农产品和工业产成品，应当按照生产过程中发生的实际支出成本计价。

（三）收到政府补助的存货或者他人捐赠的存货，应当按照有关凭据注明的金额加上相关税费、运输费等计价；没有相关凭据的，按照资产评估价值或者比照同类或类似存货的市场价格，加上相关税费、运输费等计价。如无法采用上述方法计价的，应当按照名义金额（人民币1元，下同）计价，相关税费、运输费等计入其他支出，同时在备查簿中登记说明。

（四）提供劳务的成本，按照与劳务提供直接相关的人工费、材料费和应分摊的间接费用计价。

（五）盘盈的存货，应当按照同类或类似存货的市场价格或评估价值计价。

**第二十一条** 农村集体经济组织应当采用先进先出法、加权平均法或者个别计价法确定领用或出售的出库存货成本。计价方法一经确定,不得随意变更。

**第二十二条** 农村集体经济组织的存货发生毁损或报废时,按规定程序报经批准后,处置收入、赔偿金额(含可收回的责任人和保险公司赔偿的金额等,下同)扣除其成本、相关税费和清理费用后的净额,应当计入其他收入或其他支出。

盘盈存货实现的收益应当计入其他收入。

盘亏存货发生的损失应当计入其他支出。

**第二十三条** 农村集体经济组织的对外投资包括短期投资和长期投资。短期投资是指能够随时变现并且持有时间不准备超过1年(含1年)的投资。长期投资是指除短期投资以外的投资,即持有时间准备超过1年(不含1年)的投资。

对外投资按照下列原则计价:

(一)以货币资金方式投资的,应当按照实际支付的价款和相关税费计价。

(二)以实物资产、无形资产等非货币性资产方式投资的,应当按照评估确认或者合同、协议约定的价值和相关税费计价,实物资产、无形资产等重估确认价值与其账面价值之间的差额,计入公积公益金。

**第二十四条** 农村集体经济组织对外投资取得的现金股利、利润或利息等计入投资收益。

处置对外投资时,应当将处置价款扣除其账面价值、相关税费后的净额,计入投资收益。

**第二十五条** 农村集体经济组织的生物资产包括消耗性生物资产、生产性生物资产和公益性生物资产。消耗性生物资产包括生长中的大田作物、蔬菜、用材林以及存栏待售的牲畜、鱼虾贝类等为出售而持有的、或在将来收获为农产品的生物资产。生产性生物资产包括经济林、薪炭林、产役畜等为产出农产品、提供劳务或出租等目的而持有的生物资产。公益性生物资产包括防风固沙林、水土保持林和水源涵养林等以防护、环境保护为主要目的的生物资产。

生物资产按照下列原则计价:

(一)购入的生物资产应当按照购买价款、应支付的相关税费、运输费以及外购过程发生的其他直接费用计价。

(二)自行栽培、营造、繁殖或养殖的消耗性生物资产,应当按照下列规定确定其成本:

自行栽培的大田作物和蔬菜的成本，包括在收获前耗用的种子、肥料、农药等材料费、人工费和应分摊的间接费用等必要支出。

自行营造的林木类消耗性生物资产的成本，包括郁闭前发生的造林费、抚育费、营林设施费、良种试验费、调查设计费和应分摊的间接费用等必要支出。

自行繁殖的育肥畜的成本，包括出售前发生的饲料费、人工费和应分摊的间接费用等必要支出。

水产养殖的动物和植物的成本，包括在出售或入库前耗用的苗种、饲料、肥料等材料费、人工费和应分摊的间接费用等必要支出。

（三）自行营造或繁殖的生产性生物资产，应当按照下列规定确定其成本：

自行营造的林木类生产性生物资产的成本，包括达到预定生产经营目的前发生的造林费、抚育费、营林设施费、良种试验费、调查设计费和应分摊的间接费用等必要支出。

自行繁殖的产畜和役畜的成本，包括达到预定生产经营目的（成龄）前发生的饲料费、人工费和应分摊的间接费用等必要支出。

达到预定生产经营目的，是指生产性生物资产进入正常生产期，可以多年连续稳定产出农产品、提供劳务或出租。

（四）自行营造的公益性生物资产，应当按照郁闭前发生的造林费、抚育费、森林保护费、营林设施费、良种试验费、调查设计费和应分摊的间接费用等必要支出计价。

（五）收到政府补助的生物资产或者他人捐赠的生物资产，应当按照有关凭据注明的金额加上相关税费、运输费等计价；没有相关凭据的，按照资产评估价值或者比照同类或类似生物资产的市场价格，加上相关税费、运输费等计价。如无法采用上述方法计价的，应当按照名义金额计价，相关税费、运输费等计入其他支出，同时在备查簿中登记说明。

**第二十六条** 农村集体经济组织应当对所有达到预定生产经营目的的生产性生物资产计提折旧，但以名义金额计价的生产性生物资产除外。

对于达到预定生产经营目的的生产性生物资产，农村集体经济组织应当对生产性生物资产原价（成本）扣除其预计净残值后的金额在生产性生物资产使用寿命内按照年限平均法或工作量法等计提折旧，并根据其受益对象计入相关资产成本或者当期损益。

农村集体经济组织应当根据生产性生物资产的性质、使用情况和与该生物资产有关的经济利益的预期消耗方式，合理确定生产性生物资产的使用寿命、预计净残值和折旧方法。生产性生物资产的使用寿命、预计净残值和折旧方法一经确定，不得随意变更。

农村集体经济组织应当按月计提生产性生物资产折旧，当月增加的生产性生物资产，当月不计提折旧，从下月起计提折旧；当月减少的生产性生物资产，当月仍计提折旧，从下月起不再计提折旧。生产性生物资产提足折旧后，不论能否继续使用，均不再计提折旧；提前处置的生产性生物资产，也不再补提折旧。

**第二十七条** 农村集体经济组织的生物资产死亡或毁损时，按规定程序报经批准后，处置收入、赔偿金额扣除其账面价值、相关税费和清理费用后的净额，应当计入其他收入或其他支出。

生产性生物资产的账面价值，是指生产性生物资产原价（成本）扣减累计折旧后的金额。

**第二十八条** 农村集体经济组织的固定资产包括使用年限在1年以上的房屋、建筑物、机器、设备、工具、器具、生产设施和农业农村基础设施等。

固定资产按照下列原则计价：

（一）购入的固定资产，不需要安装的，应当按照购买价款和采购费、应支付的相关税费、包装费、运输费、装卸费、保险费以及外购过程中发生的其他直接费用计价；需要安装或改装的，还应当加上安装调试费或改装费。

（二）自行建造的固定资产，应当按照其成本即该项资产至交付使用前所发生的全部必要支出计价。已交付使用但尚未办理竣工决算手续的固定资产，应当按照估计价值入账，待办理竣工决算后再按照实际成本调整原来的暂估价值。

（三）收到政府补助的固定资产或者他人捐赠的固定资产，应当按照有关凭据注明的金额加上相关税费、运输费等计价；没有相关凭据的，按照资产评估价值或者比照同类或类似固定资产的市场价格，加上相关税费、运输费等计价。如无法采用上述方法计价的，应当按照名义金额计价，相关税费、运输费等计入其他支出，同时在备查簿中登记说明。

（四）盘盈的固定资产，应当按照同类或类似全新固定资产的市场价格或评估价值，扣除按照该固定资产新旧程度估计的折旧后的余额计价。

**第二十九条** 农村集体经济组织应当对所有的固定资产计提折旧，但以名义金额计价的固定资产除外。

农村集体经济组织应当在固定资产预计使用寿命内，对固定资产原价（成本）扣除预计净残值后的金额，按照年限平均法或工作量法等计提折旧，并根据该固定资产的受益对象计入相关资产成本或者当期损益。

农村集体经济组织应当根据固定资产的性质、使用情况和与该固定资产有关的经济利益的预期消耗方式，合理确定固定资产的使用寿命、预计净残值和折旧方法。固定资产的使用寿命、预计净残值和折旧方法一经确定，不得随意变更。

农村集体经济组织应当按月计提固定资产折旧，当月增加的固定资产，当月不计提折旧，从下月起计提折旧；当月减少的固定资产，当月仍计提折旧，从下月起不再计提折旧。固定资产提足折旧后，不论能否继续使用，均不再计提折旧；提前报废的固定资产，也不再补提折旧。

**第三十条**　农村集体经济组织固定资产的后续支出应当区分修理费用和改扩建支出。固定资产的改扩建支出，是指改变固定资产结构、延长使用年限等发生的支出。

固定资产的改扩建支出，应当计入固定资产的成本，并按照重新确定的固定资产成本以及重新确定的折旧年限（预计尚可使用年限）计算折旧额；但已提足折旧的固定资产改扩建支出应当计入长期待摊费用，并按照固定资产预计尚可使用年限采用年限平均法分期摊销。固定资产的修理费用按照用途直接计入有关支出项目。

**第三十一条**　农村集体经济组织处置固定资产时，处置收入扣除其账面价值、相关税费和清理费用后的净额，应当计入其他收入或其他支出。

固定资产的账面价值，是指固定资产原价（成本）扣减累计折旧后的金额。

盘盈固定资产实现的收益应当计入其他收入。

盘亏固定资产发生的损失应当计入其他支出。

**第三十二条**　农村集体经济组织的在建工程是指尚未完工的工程项目。在建工程按实际发生的支出或应支付的工程价款计价。形成固定资产的，待完工交付使用后，计入固定资产。未形成固定资产的，待项目完成后，计入经营支出、公益支出或其他支出。

在建工程部分发生报废或毁损，按规定程序批准后，按照扣除残料价值和赔偿金额后的净损失，计入在建工程成本。单项工程报废以及由于自然灾害等非常原因造成的报废或毁损，其净损失计入其他支出。

**第三十三条** 农村集体经济组织的无形资产包括专利权、商标权、著作权、非专利技术、土地经营权、林权、草原权等由其拥有或控制的、没有实物形态的可辨认非货币性资产。

无形资产按照下列原则计价：

（一）购入的无形资产应当按照购买价款、应支付的相关税费以及相关的其他直接费用计价。

（二）自行开发并按法律程序申请取得的无形资产，应当按照依法取得时发生的注册费、代理费等实际支出计价。

（三）收到政府补助的无形资产或者他人捐赠的无形资产，应当按照有关凭据注明的金额加上相关税费等计价；没有相关凭据的，按照资产评估价值或者比照同类或类似无形资产的市场价格，加上相关税费等计价。如无法采用上述方法计价的，应当按照名义金额计价，相关税费等计入其他支出，同时在备查簿中登记说明。

**第三十四条** 农村集体经济组织的无形资产应当从使用之日起在其预计使用寿命内采用年限平均法等合理方法进行摊销，并根据无形资产的受益对象计入相关资产成本或者当期损益。名义金额计价的无形资产不应摊销。无形资产的摊销期自可供使用时开始至停止使用或出售时止，并应当符合有关法律法规规定或合同约定的使用年限。无形资产的使用寿命和摊销方法一经确定，不得随意变更。

农村集体经济组织应当按月对无形资产进行摊销，当月增加的无形资产，当月开始摊销；当月减少的无形资产，当月不再摊销。

不能可靠估计无形资产使用寿命的，摊销期不得低于 10 年。

**第三十五条** 农村集体经济组织处置无形资产时，处置收入扣除其账面价值、相关税费等后的净额，应当计入其他收入或其他支出。

无形资产的账面价值，是指无形资产成本扣减累计摊销后的金额。

**第三十六条** 农村集体经济组织接受政府补助和他人捐赠等形成的资产（含扶贫项目资产），应当设置备查簿进行登记管理。

**第三十七条** 农村集体经济组织应当在每年年度终了，对应收款项、存货、对外投资、生物资产、固定资产、在建工程、无形资产等资产进行全面清查，做到账实相符；对于已发生损失但尚未批准核销的相关资产，应当在会计报表附注中予以披露。

## 第三章　负　　债

**第三十八条**　农村集体经济组织的负债，是指农村集体经济组织过去的交易或者事项形成的、预期会导致经济利益流出农村集体经济组织的现时义务。

**第三十九条**　农村集体经济组织的负债按照流动性分为流动负债和非流动负债。农村集体经济组织的负债按照实际发生额计价。

流动负债是指偿还期在1年以内（含1年）或超过1年的一个营业周期内的债务，包括短期借款、应付款项、应付工资、应付劳务费、应交税费等。

非流动负债是指流动负债以外的负债，包括长期借款及应付款、一事一议资金、专项应付款等。

**第四十条**　农村集体经济组织的借款应当根据本金和合同利率按期计提利息，计入其他支出。农村集体经济组织的借款分为短期借款和长期借款，分别核算农村集体经济组织向银行等金融机构或相关单位、个人等借入的期限在1年以内（含1年）、1年以上（不含1年）的借款。

**第四十一条**　农村集体经济组织的应付款项包括与成员、非成员之间发生的各种应付及暂收款项。对发生因债权人特殊原因等确实无法偿还的或者债权人对农村集体经济组织债务豁免的应付款项，应当计入其他收入。

**第四十二条**　农村集体经济组织的应付工资，是指农村集体经济组织为获得管理人员、固定员工等职工提供的服务而应付给职工的各种形式的报酬以及其他相关支出。

**第四十三条**　农村集体经济组织的应付劳务费，是指农村集体经济组织为获得季节性用工等临时性工作人员提供的劳务而应支付的各种形式的报酬以及其他相关支出。

**第四十四条**　农村集体经济组织的一事一议资金，是指农村集体经济组织兴办村民直接受益的集体生产生活等公益事业，按一事一议的形式筹集的专项资金。

**第四十五条**　农村集体经济组织的专项应付款，是指农村集体经济组织获得政府给予的具有专门用途且未来应支付用于专门用途（如建造长期资产等）的专项补助资金。农村集体经济组织获得政府给予的保障村级组织和村务运转的补助资金以及贷款贴息等经营性补助资金，作为补助收入，不在专项应付款中核算。

## 第四章　所有者权益

**第四十六条**　农村集体经济组织的所有者权益，是指农村集体经济组织资产扣除负债后由全体成员享有的剩余权益。

农村集体经济组织的所有者权益包括资本、公积公益金、未分配收益等。

**第四十七条**　农村集体经济组织的资本，是指农村集体经济组织按照章程等确定的属于本集体经济组织成员集体所有的相关权益金额。

**第四十八条**　农村集体经济组织的公积公益金，包括按照章程确定的计提比例从本年收益中提取的公积公益金，政府补助或接受捐赠的资产（计入补助收入的资金除外），对外投资中资产重估确认价值与原账面价值的差额，一事一议筹资筹劳转入，收到的征用土地补偿费等。

农村集体经济组织按照有关规定用公积公益金弥补亏损等，应当冲减公积公益金。

## 第五章　成本、收入和费用

**第四十九条**　农村集体经济组织的生产（劳务）成本，是指农村集体经济组织直接组织生产或对外提供劳务等活动所发生的各项生产费用和劳务支出。

**第五十条**　农村集体经济组织的收入，是指农村集体经济组织在日常活动中形成的、会导致所有者权益增加的、与成员投入资本无关的经济利益总流入，包括经营收入、投资收益、补助收入、其他收入等。

**第五十一条**　经营收入，是指农村集体经济组织进行各项生产销售、提供劳务、让渡集体资产资源使用权等经营活动取得的收入，包括销售收入、劳务收入、出租收入、发包收入等。

销售收入，是指农村集体经济组织销售产品物资等取得的收入。劳务收入，是指农村集体经济组织对外提供劳务或服务等取得的收入。农村集体经济组织应当根据合同或协议约定，于产品物资已经发出、劳务已经提供，同时收讫价款或取得收款凭据时，确认销售收入、劳务收入。

出租收入，是指农村集体经济组织出租固定资产、无形资产等取得的租金收入。发包收入，是指农村集体经济组织取得的，由成员、其他单位或个人因承包集体土地等集体资产资源上交的承包金或利润等。农村集体经济组织应当根据合同或协议约定，于收讫价款或取得收款凭据时，确认出租收入、发包收入。一次收取多期款项的，应当将收款金额分摊至各个受益期，分期确认出租收入、发包收入。

**第五十二条** 投资收益，是指农村集体经济组织对外投资所取得的收益扣除发生的投资损失后的净额。投资所取得的收益包括对外投资取得的现金股利、利润或利息等，以及对外投资到期收回或中途转让取得款项高于账面余额、相关税费的差额等；投资损失是指对外投资到期收回或中途转让取得款项低于账面余额、相关税费的差额等。

**第五十三条** 补助收入，是指农村集体经济组织获得的政府给予的保障村级组织和村务运转的补助资金以及贷款贴息等经营性补助资金。农村集体经济组织应当按实际收到的金额确认补助收入。政府给予农户的经营性补贴不确认为农村集体经济组织的补助收入。

**第五十四条** 其他收入，是指农村集体经济组织取得的除经营收入、投资收益、补助收入以外的收入，包括盘盈收益、确实无法支付的应付款项、存款利息收入等。农村集体经济组织应当于收入实现时确认其他收入。

**第五十五条** 农村集体经济组织的费用，是指农村集体经济组织在日常活动中发生的、会导致所有者权益减少的、与向成员分配无关的经济利益的总流出，包括经营支出、税金及附加、管理费用（含运转支出）、公益支出、其他支出等。农村集体经济组织的费用一般应当在发生时按照其发生额计入当期损益。

**第五十六条** 经营支出，是指农村集体经济组织因销售商品、提供劳务、让渡集体资产资源使用权等经营活动而发生的实际支出，包括销售商品的成本、对外提供劳务的成本、维修费、运输费、保险费、生产性生物资产的管护饲养费用及其成本摊销、出租固定资产或无形资产的折旧或摊销等。

**第五十七条** 税金及附加，是指农村集体经济组织从事生产经营活动按照税法的有关规定应负担的消费税、城市维护建设税、资源税、房产税、城镇土地使用税、车船税、印花税、教育费附加及地方教育附加等相关税费。

**第五十八条** 管理费用，是指农村集体经济组织管理活动发生的各项支出，包括管理人员及固定员工的工资、办公费、差旅费、管理用固定资产修理费、管理用固定资产折旧、管理用无形资产摊销、聘请中介机构费、咨询费、诉讼费等，以及保障村级组织和村务运转的各项支出。

**第五十九条** 公益支出，是指农村集体经济组织发生的用于本集体经济组织内部公益事业、集体福利或成员福利的各项支出，以及公益性固定资产折旧和修理费等。

**第六十条** 其他支出，是指农村集体经济组织发生的除经营支出、税金及附加、管理费用、公益支出、所得税费用以外的支出，包括生物资产的死亡毁损支出、损失，固定资产及存货等的盘亏、损失，防灾抢险支出，罚款支出，捐赠支出，确实无法收回的应收款项损失，借款利息支出等。

## 第六章 收益及收益分配

**第六十一条** 农村集体经济组织的收益，是指农村集体经济组织在一定会计期间的经营成果。

农村集体经济组织的收益总额按照下列公式计算：

收益总额=经营收益+其他收入-公益支出-其他支出

其中：经营收益=经营收入+投资收益+补助收入-经营支出-税金及附加-管理费用

净收益，是指收益总额减去所得税费用后的净额。

**第六十二条** 农村集体经济组织应当按照税法有关规定计算的应纳所得税额，按期确认所得税费用。

农村集体经济组织应当在收益总额基础上，按照税法有关规定进行纳税调整，计算当期应纳税所得额，按照应纳税所得额与适用所得税税率为基础计算确定当期应纳所得税额。

**第六十三条** 农村集体经济组织当年收益加上年初未分配收益为本年可分配收益，主要用于弥补亏损、提取公积公益金、向成员分配等。在提取公积公益金、向成员实际分配收益等时，应当减少本年可分配收益。

## 第七章 财务会计报告

**第六十四条** 农村集体经济组织财务会计报告是对其财务状况、经营成果等的结构性表述，包括会计报表和会计报表附注。

**第六十五条** 农村集体经济组织的会计报表包括资产负债表、收益及收益分配表。

资产负债表，是指反映农村集体经济组织在某一特定日期财务状况的报表。

收益及收益分配表，是指反映农村集体经济组织在一定会计期间内收益实现及其分配情况的报表。

**第六十六条** 农村集体经济组织可以根据需要编制月度或季度科目余额表和收支明细表。科目余额表，反映农村集体经济组织资产类、负债类、所有者权益类和成本类会计科目在月末或季度末的期末余额。收支明细表，反映农村集体经济组织损益类会计科目在各月或各季度的本期发生额。

**第六十七条** 会计报表附注，是指对在资产负债表、收益及收益分配表等会计报表中列示项目的文字表述或明细资料，以及对未能在这些会计报表中列示项目的说明等。

会计报表附注应当按照下列顺序披露：

（一）遵循农村集体经济组织会计制度的声明。

（二）农村集体经济组织的基本情况。

（三）农村集体经济组织的资本形成情况、成员享有的经营性财产收益权份额结构及成员权益变动情况。

（四）会计报表重要项目的进一步说明。

（五）已发生损失但尚未批准核销的相关资产名称、金额等情况及说明。

（六）以名义金额计量的资产名称、数量等情况，以及以名义金额计量理由的说明；若涉及处置的，还应披露以名义金额计量的资产的处置价格、处置程序等情况。

（七）对已在资产负债表、收益及收益分配表中列示项目与企业所得税法规定存在差异的纳税调整过程。

（八）根据国家有关法律法规和集体经济组织章程等规定，需要在会计报表附注中说明的其他重要事项。

**第六十八条** 农村集体经济组织对会计政策变更、会计估计变更和前期差错更正应当采用未来适用法进行会计处理。

会计政策变更，是指农村集体经济组织在会计确认、计量和报告中所采用的原则、基础和会计处理方法的变更。会计估计变更，是指由于资产和负债的当前状况及预期经济利益和义务发生了变化，从而对资产或负债的账面价值或者资产的定期消耗金额进行调整。前期差错更正，是指对前期差错包括计算错误、应用会计政策错误、应用会计估计错误等进行更正。未来适用法，是指将变更后的会计政策和会计估计应用于变更日及以后发生的交易或者事项，或者在会计差错发生或发现的当期更正差错的方法。

## 第八章 附 则

**第六十九条** 农村集体经济组织填制会计凭证、登记会计账簿、管理会计档案等，应当按照《会计基础工作规范》、《会计档案管理办法》等规定执行。

**第七十条** 本制度自2024年1月1日起施行。《村集体经济组织会计制度》（财会〔2004〕12号）同时废止。

**附录：**

## 农村集体经济组织会计科目、会计报表和会计报表附注

### 一、会计科目及编制说明

本制度统一规定农村集体经济组织会计科目的名称和编号，以便于填制会计凭证，登记会计账簿，查阅会计账目，实行会计信息化管理。农村集体经济组织不存在的交易或者事项，可不设置相关科目；农村集体经济组织在不违反本制度中确认、计量和报告规定的前提下，可以根据自身实际情况自行增设必要的会计科目；可以比照本附录的规定自行设置明细科目，进行明细核算。

（一）会计科目名称和编号。

| 顺序号 | 编号 | 会计科目名称 |
| --- | --- | --- |
| | | 一、资产类科目 |
| 1 | 101 | 库存现金 |
| 2 | 102 | 银行存款 |
| 3 | 111 | 短期投资 |
| 4 | 112 | 应收款 |
| 5 | 113 | 内部往来 |

续表

| 顺序号 | 编号 | 会计科目名称 |
|---|---|---|
| 6 | 121 | 库存物资 |
| 7 | 131 | 消耗性生物资产 |
| 8 | 132 | 生产性生物资产 |
| 9 | 133 | 生产性生物资产累计折旧 |
| 10 | 134 | 公益性生物资产 |
| 11 | 141 | 长期投资 |
| 12 | 151 | 固定资产 |
| 13 | 152 | 累计折旧 |
| 14 | 153 | 在建工程 |
| 15 | 154 | 固定资产清理 |
| 16 | 161 | 无形资产 |
| 17 | 162 | 累计摊销 |
| 18 | 171 | 长期待摊费用 |
| 19 | 181 | 待处理财产损溢 |
| | | 二、负债类科目 |
| 20 | 201 | 短期借款 |
| 21 | 211 | 应付款 |
| 22 | 212 | 应付工资 |
| 23 | 213 | 应付劳务费 |
| 24 | 214 | 应交税费 |
| 25 | 221 | 长期借款及应付款 |
| 26 | 231 | 一事一议资金 |
| 27 | 241 | 专项应付款 |

续表

| 顺序号 | 编号 | 会计科目名称 |
|---|---|---|
| | | 三、所有者权益类科目 |
| 28 | 301 | 资本 |
| 29 | 311 | 公积公益金 |
| 30 | 321 | 本年收益 |
| 31 | 322 | 收益分配 |
| | | 四、成本类科目 |
| 32 | 401 | 生产(劳务)成本 |
| | | 五、损益类科目 |
| 33 | 501 | 经营收入 |
| 34 | 502 | 投资收益 |
| 35 | 503 | 补助收入 |
| 36 | 504 | 其他收入 |
| 37 | 511 | 经营支出 |
| 38 | 512 | 税金及附加 |
| 39 | 513 | 管理费用 |
| 40 | 514 | 公益支出 |
| 41 | 515 | 其他支出 |
| 42 | 521 | 所得税费用 |

(二)会计科目使用说明。

资产类科目

101 库存现金

一、本科目核算农村集体经济组织的库存现金。

二、农村集体经济组织收到现金时,借记本科目,贷记有关科目;支出现金时,借记有关科目,贷记本科目。

三、农村集体经济组织应当设置“库存现金日记账”，由出纳人员根据收付款凭证，按照业务发生顺序逐笔登记。每日终了，应当计算当日的现金收入合计额、现金支出合计额和结余额，将结余额与实际库存额核对，做到账款相符。

四、每日终了结算现金收支、财产清查等发现的有待查明原因的现金短缺或溢余，应当通过“待处理财产损溢”科目核算：属于现金短缺，按照实际短缺的金额，借记“待处理财产损溢——待处理流动资产损溢”科目，贷记本科目；属于现金溢余，按照实际溢余的金额，借记本科目，贷记“待处理财产损溢——待处理流动资产损溢”科目。

五、本科目期末借方余额，反映农村集体经济组织实际持有的库存现金。

102 银行存款

一、本科目核算农村集体经济组织存入银行或其他金融机构的款项。

二、农村集体经济组织将款项存入银行或其他金融机构时，借记本科目，贷记有关科目；提取和支出存款时，借记有关科目，贷记本科目。

三、农村集体经济组织应当按照开户银行和其他金融机构、存款种类等设置“银行存款日记账”，由出纳人员根据收付款凭证，按照业务的发生顺序逐笔登记。每日终了，应结出余额。

“银行存款日记账”应定期与“银行对账单”核对，至少每月核对一次。农村集体经济组织银行存款账面余额与银行对账单余额之间如有差额，应编制“银行存款余额调节表”调节相符。

四、本科目应按照银行或其他金融机构的名称设置明细科目，进行明细核算。

五、本科目期末借方余额，反映农村集体经济组织存在银行或其他金融机构的各种款项。

111 短期投资

一、本科目核算农村集体经济组织购入的能够随时变现并且持有时间不准备超过 1 年(含 1 年)的股票、债券等有价证券等投资。

二、农村集体经济组织进行短期投资时，按照实际支付的价款、相关税费等，借记本科目，贷记“银行存款”等科目。

三、出售、转让和收回短期投资时，按照实际收到的价款，借记“银行存款”等科目，按照该短期投资的账面余额，贷记本科目，按照尚未领取的现金股利、利润或利息，贷记“应收款”科目，按照其差额，贷记或借记“投资收益”科目。

四、本科目应按照短期投资的种类设置明细科目,进行明细核算。

五、本科目期末借方余额,反映农村集体经济组织持有的短期投资的成本。

112 应收款

一、本科目核算农村集体经济组织与非成员之间发生的各种应收及暂付款项,如因销售库存物资、提供劳务应收取的款项以及应收的各种赔款、罚款、利息等。

二、农村集体经济组织与非成员之间发生各种应收及暂付款项时,借记本科目,贷记“库存现金”、“银行存款”、“经营收入”、“投资收益”等科目;收回应收款时,借记“库存现金”、“银行存款”等科目,贷记本科目。取得用暂付款购得的库存物资、服务时,借记“库存物资”等科目,贷记本科目。

三、对确实无法收回的应收及暂付款项,按规定程序批准核销时,借记“其他支出”科目,贷记本科目。

四、本科目应按照发生应收及暂付款项的非成员的单位或个人设置明细科目,进行明细核算。

五、本科目的期末借方余额,反映农村集体经济组织尚未收回的应收及暂付款项。

113 内部往来

一、本科目核算农村集体经济组织与成员之间发生的各种应收、暂付及应付、暂收款项等经济往来业务,如一事一议资金、年终收益成员分红、成员承包费、承包地和闲置农房委托流转资金以及代收成员水电费、物业费等。

二、农村集体经济组织与成员发生应收款项和偿还应付款项时,借记本科目,贷记“库存现金”、“银行存款”等科目;收回应收款项、发生应付款项、一次收取多期发包或出租款项等时,借记“库存现金”、“银行存款”等科目,贷记本科目。发生无法收回的内部往来款项时,借记“其他支出”科目,贷记本科目。发生无需偿还的内部往来款项时,借记本科目,贷记“其他收入”科目。一次收取多期发包或出租款项的,每期确认发包或出租收入时,借记本科目,贷记“经营收入”科目。

三、农村集体经济组织因成员承包集体耕地、林地、果园、鱼塘等而发生的应收承包金等,年终按经过批准的方案结算出本期成员应交未交的款项时,借记本科目,贷记“经营收入——发包收入”科目;实际收到款项时,借记“库存现金”、“银行存款”等科目,贷记本科目。

四、农村集体经济组织因筹集一事一议资金与成员发生的应收款项，在筹资方案经成员大会或成员代表大会通过时，按照筹资方案规定的金额，借记本科目，贷记“一事一议资金”科目；收到款项时，借记“库存现金”、“银行存款”等科目，贷记本科目。

五、农村集体经济组织在对成员进行收益分配时，借记“收益分配——各项分配”科目，贷记本科目；实际发放款项时，借记本科目，贷记“银行存款”科目。

六、本科目应按照农村集体经济组织的成员设置明细科目，进行明细核算。

七、本科目各明细科目的期末借方余额合计数反映农村集体经济组织成员欠农村集体经济组织的款项总额；期末贷方余额合计数反映农村集体经济组织欠成员的款项总额。各明细科目年末借方余额合计数应在资产负债表的“应收款项”项目内反映，年末贷方余额合计数应在资产负债表的“应付款项”项目内反映。

121 库存物资

一、本科目核算农村集体经济组织库存的各种原材料、农用材料、农产品、工业产成品、低值易耗品等物资。

二、购入、接受捐赠或政府补助的物资验收入库时，按照确定的实际成本，借记本科目，贷记“应收款”、“应付款”、“银行存款”、“公积公益金”等科目。会计期末，对已收到发票账单但尚未到达或尚未验收入库的物资，借记本科目，贷记“应付款”、“公积公益金”等科目。按照应支付的相关税费，贷记“应交税费”等科目。

三、农产品收获、生产完工的工业产成品入库时，按照入库物资的实际成本，借记本科目，贷记“消耗性生物资产”、“生产（劳务）成本”等科目。

四、领用库存物资时，按照领用物资的实际成本，借记“生产（劳务）成本”、“在建工程”、“管理费用”等科目，贷记本科目。

五、销售库存物资时，按照实现的销售收入，借记“库存现金”、“银行存款”、“应收款”等科目，贷记“经营收入”等科目；按照销售物资的实际成本，借记“经营支出”等科目，贷记本科目。

六、期末清查盘点，发现盘盈、盘亏、毁损、报废的库存物资，按照实际成本（或估计价值），借记或贷记本科目，贷记或借记“待处理财产损溢——待处理流动资产损溢”科目。

七、本科目应按照库存物资的品名设置明细科目，进行明细核算。

八、本科目期末借方余额，反映农村集体经济组织库存物资的实际成本。

131 消耗性生物资产

一、本科目核算农村集体经济组织持有的消耗性生物资产的实际成本。

二、消耗性生物资产应按照取得时的实际成本计价。农村集体经济组织按照下列原则确定取得消耗性生物资产的实际成本,进行账务处理:

(一)购入的消耗性生物资产,按照应计入消耗性生物资产成本的金额,借记本科目,贷记“库存现金”、“银行存款”、“应付款”等科目。

(二)自行栽培的大田作物和蔬菜等,按照收获前发生的必要支出,借记本科目,贷记“库存现金”、“银行存款”、“库存物资”、“应付工资”、“应付劳务费”等科目。

自行营造的林木类消耗性生物资产(如非经济林木),按照郁闭前发生的必要支出,借记本科目,贷记“库存现金”、“银行存款”、“库存物资”、“应付工资”、“应付劳务费”等科目。

自行繁殖的育肥畜、水产养殖的鱼虾贝类等,按照出售或入库前发生的必要支出,借记本科目,贷记“库存现金”、“银行存款”、“库存物资”、“应付工资”、“应付劳务费”等科目。

(三)收到政府补助的消耗性生物资产(包括以前年度收到或形成但尚未入账的)或者他人捐赠的消耗性生物资产,按照有关凭据注明的金额加上相关税费、运输费等,借记本科目,贷记“公积公益金”等科目。没有相关凭据的,按照资产评估价值或者比照同类或类似消耗性生物资产的市场价格,加上相关税费、运输费等,借记本科目,贷记“公积公益金”等科目。如无法采用上述方法计价的,应当按照名义金额,借记本科目,贷记“公积公益金”科目,并设置备查簿进行登记和后续管理;按照实际发生的运输费和应支付的相关税费等,借记“其他支出”科目,贷记“库存现金”、“银行存款”、“应付款”、“应交税费”等科目。

(四)产畜或役畜淘汰转为育肥畜的,按照转群时的账面价值,借记本科目,按照已计提的累计折旧,借记“生产性生物资产累计折旧”科目,按照其账面余额,贷记“生产性生物资产”科目。

幼畜成龄转为产畜或役畜、育肥畜转为产畜或役畜的,按照其账面余额,借记“生产性生物资产”科目,贷记本科目。

(五)盘盈的消耗性生物资产,按照同类或类似消耗性生物资产的市场价格或评估价值,借记本科目,贷记“待处理财产损溢——待处理流动资产损溢”科目。

三、择伐、间伐或抚育更新性质采伐而补植林木类消耗性生物资产发生的后续支出，借记本科目，贷记“库存现金”、“银行存款”、“库存物资”、“应付工资”、“应付劳务费”等科目。

林木类消耗性生物资产达到郁闭后发生的管护费用等后续支出，借记“其他支出”科目，贷记“库存现金”、“银行存款”、“库存物资”、“应付工资”、“应付劳务费”等科目。

四、生产经营过程中发生的应归属于消耗性生物资产的费用，按照应分配的金额，借记本科目，贷记“生产（劳务）成本”科目。

五、消耗性生物资产收获时，按照其账面余额，借记“库存物资”科目，贷记本科目。

六、出售消耗性生物资产时，按照实现的销售收入，借记“库存现金”、“银行存款”、“应收款”等科目，贷记“经营收入”等科目。按照其账面余额，借记“经营支出”等科目，贷记本科目。

七、以幼畜及育肥畜、消耗性林木资产等消耗性生物资产对外投资时，按照评估确认或者合同、协议约定的价值和相关税费，借记“长期投资”等科目；按照消耗性生物资产的账面余额，贷记本科目；按照应支付的相关税费，贷记“应交税费”等科目；按照其差额，借记或贷记“公积公益金”科目。

八、消耗性生物资产死亡毁损、盘亏时，按照其账面余额，借记“待处理财产损溢——待处理流动资产损溢”科目，贷记本科目。按规定程序批准后处理时，按照赔偿金额，借记“应收款”、“内部往来”等科目，按照残料价值，借记“库存物资”等科目，按照“待处理财产损溢——待处理流动资产损溢”科目相应余额，贷记“待处理财产损溢——待处理流动资产损溢”科目，按照其差额，借记“其他支出”科目。

九、本科目应按照消耗性生物资产的种类、群别等设置明细科目，进行明细核算。

十、本科目期末借方余额，反映农村集体经济组织持有的消耗性生物资产的实际成本。

132 生产性生物资产

一、本科目核算农村集体经济组织持有的生产性生物资产的原价（成本）。

二、生产性生物资产应按照取得时的实际成本计价。农村集体经济组织按照下列原则确定取得生产性生物资产的实际成本，进行账务处理：

（一）购入的生产性生物资产，按照应计入生产性生物资产成本的金额，借记本科目，贷记“库存现金”、“银行存款”、“应付款”等科目。

（二）自行营造的林木类生产性生物资产、自行繁殖的产畜和役畜等，按照达到预定生产经营目的前发生的必要支出，借记本科目，贷记“库存现金”、“银行存款”、“库存物资”、“应付工资”、“应付劳务费”等科目。

（三）收到政府补助的生产性生物资产（包括以前年度收到或形成但尚未入账的）或者他人捐赠的生产性生物资产，按照有关凭据注明的金额加上相关税费、运输费等，借记本科目，贷记“公积公益金”等科目。没有相关凭据的，按照资产评估价值或者比照同类或类似生产性生物资产的市场价格，加上相关税费、运输费等，借记本科目，贷记“公积公益金”等科目。如无法采用上述方法计价的，应当按照名义金额，借记本科目，贷记“公积公益金”科目，并设置备查簿进行登记和后续管理；按照实际发生的运输费和应支付的相关税费等，借记“其他支出”科目，贷记“库存现金”、“银行存款”、“应付款”、“应交税费”等科目。

（四）幼畜成龄转为产畜或役畜、育肥畜转为产畜或役畜的，按照其账面余额，借记本科目，贷记“消耗性生物资产”科目。

产畜或役畜淘汰转为育肥畜的，按照转群时的账面价值，借记“消耗性生物资产”科目，按照已计提的累计折旧，借记“生产性生物资产累计折旧”科目，按照其账面余额，贷记本科目。

（五）盘盈的生产性生物资产，按照同类或类似生产性生物资产的市场价格或评估价值扣除按照该项生产性生物资产状况估计的折旧后的余额，借记本科目，贷记“待处理财产损溢——待处理非流动资产损溢”科目。

三、择伐、间伐或抚育更新等生产性采伐而补植林木类生产性生物资产发生的后续支出，借记本科目，贷记“库存现金”、“银行存款”、“库存物资”、“应付工资”、“应付劳务费”等科目。

生产性生物资产达到预定生产经营目的后发生的管护、饲养费用等后续支出，借记“经营支出”科目，贷记“库存现金”、“银行存款”、“库存物资”、“应付工资”、“应付劳务费”等科目。

四、出售生产性生物资产时，按照取得的价款，借记“库存现金”、“银行存款”等科目，按照已计提的累计折旧，借记“生产性生物资产累计折旧”科目，按照生产性生物资产原价（成本），贷记本科目，按照其差额，借记“其他支出”科目或贷记

“其他收入”科目。

五、以生产性生物资产对外投资时，按照评估确认或者合同、协议约定的价值和相关税费，借记“长期投资”科目；按照已计提的累计折旧，借记“生产性生物资产累计折旧”科目；按照生产性生物资产原价（成本），贷记本科目；按照应支付的相关税费，贷记“应交税费”等科目；按照其差额，借记或贷记“公积公益金”科目。

六、生产性生物资产死亡毁损、盘亏时，按照生产性生物资产账面价值，借记“待处理财产损溢——待处理非流动资产损溢”科目，按照已计提的累计折旧，借记“生产性生物资产累计折旧”科目，按照生产性生物资产原价（成本），贷记本科目。按规定程序批准后处理时，按照赔偿金额，借记“应收款”、“内部往来”等科目，按照残料价值，借记“库存物资”等科目，按照“待处理财产损溢——待处理非流动资产损溢”科目相应余额，贷记“待处理财产损溢——待处理非流动资产损溢”科目，按照其差额，借记“其他支出”科目。

七、本科目应按照生产性生物资产的种类、群别、所属部门等设置明细科目，进行明细核算。

八、本科目期末借方余额，反映农村集体经济组织持有的生产性生物资产的原价（成本）。

133 生产性生物资产累计折旧

一、本科目核算农村集体经济组织持有的达到预定生产经营目的的生产性生物资产的累计折旧。

二、达到预定生产经营目的的生产性生物资产计提的折旧，借记“生产（劳务）成本”、“经营支出”等科目，贷记本科目。

因出售、对外投资、死亡毁损等原因处置生产性生物资产，还应同时结转生产性生物资产累计折旧。

三、本科目应按照生产性生物资产的种类、群别、所属部门等设置明细科目，进行明细核算。

四、本科目期末贷方余额，反映农村集体经济组织达到预定生产经营目的的生产性生物资产的累计折旧额。

134 公益性生物资产

一、本科目核算农村集体经济组织持有的公益性生物资产的实际成本。

二、公益性生物资产应按照取得时的实际成本计价。农村集体经济组织按照下列原则确定取得公益性生物资产的实际成本，进行账务处理：

（一）购入的公益性生物资产，按照应计入公益性生物资产成本的金额，借记本科目，贷记“库存现金”、“银行存款”、“应付款”等科目。

（二）自行营造的林木类公益性生物资产，按照郁闭前发生的必要支出，借记本科目，贷记“库存现金”、“银行存款”、“库存物资”、“应付工资”、“应付劳务费”等科目。

（三）收到政府补助的公益性生物资产（包括以前年度收到或形成但尚未入账的）或者他人捐赠的公益性生物资产，按照有关凭据注明的金额加上相关税费、运输费等，借记本科目，贷记“公积公益金”等科目。没有相关凭据的，按照资产评估价值或者比照同类或类似公益性生物资产的市场价格，加上相关税费、运输费等，借记本科目，贷记“公积公益金”等科目。如无法采用上述方法计价的，应当按照名义金额，借记本科目，贷记“公积公益金”科目，并设置备查簿进行登记和后续管理；按照实际发生的运输费和应支付的相关税费等，借记“其他支出”科目，贷记“库存现金”、“银行存款”、“应付款”、“应交税费”等科目。

（四）消耗性生物资产、生产性生物资产转为公益性生物资产的，按照其账面余额或账面价值，借记本科目；按照已计提的生产性生物资产累计折旧，借记“生产性生物资产累计折旧”科目；按照其账面余额，贷记“消耗性生物资产”、“生产性生物资产”等科目。

三、择伐、间伐或抚育更新等生产性采伐而补植林木类公益性生物资产发生的后续支出，借记本科目，贷记“库存现金”、“银行存款”、“库存物资”、“应付工资”、“应付劳务费”等科目。

林木类公益性生物资产郁闭后发生的管护费用等其他后续支出，借记“其他支出”科目，贷记“库存现金”、“银行存款”、“库存物资”、“应付工资”、“应付劳务费”等科目。

四、公益性生物资产死亡毁损、盘亏时，按照其账面余额，借记“待处理财产损溢——待处理非流动资产损溢”科目，贷记本科目。按规定程序批准后处理时，按照赔偿金额，借记“应收款”、“内部往来”等科目，按照残料价值，借记“库存物资”等科目，按照“待处理财产损溢——待处理非流动资产损溢”科目相应余额，贷记“待处理财产损溢——待处理非流动资产损溢”科目，按照其差额，借记“其他支出”科目。

五、本科目应按照公益性生物资产的种类或项目等设置明细科目，进行明细核算。

六、本科目期末借方余额，反映农村集体经济组织持有的公益性生物资产的实际成本。

141 长期投资

一、本科目核算农村集体经济组织持有时间准备超过1年（不含1年）的投资，包括股权投资、债权投资等投资。

二、以货币资金方式投资的，按照实际支付的价款和相关税费，借记本科目，贷记“银行存款”等科目，按照应支付的相关税费，贷记“应交税费”等科目。

三、以实物资产、无形资产等非货币性资产方式投资的，按照评估确认或者合同、协议约定的价值和相关税费，借记本科目，按照已计提的累计折旧或摊销，借记“生产性生物资产累计折旧”、“累计折旧”、“累计摊销”科目，按照投出资产的原价（成本），贷记“消耗性生物资产”、“生产性生物资产”、“固定资产”、“无形资产”等科目，按照应支付的相关税费，贷记“应交税费”等科目，按照其差额，借记或贷记“公积公益金”科目。

四、被投资单位宣告分派现金股利、利润或利息时，应当按照应分得的金额，借记“应收款”科目，贷记“投资收益”科目。收到现金股利、利润或利息时，按照实际收到的金额，借记“银行存款”等科目，贷记“应收款”科目。

五、到期收回或中途转让投资时，按照实际取得的价款，借记“银行存款”等科目，按照投资的账面余额，贷记本科目，按照尚未领取的现金股利、利润或利息，贷记“应收款”科目，按照其差额，贷记或借记“投资收益”科目。

六、投资发生损失时，按规定程序批准后，按照赔偿金额，借记“应收款”、“内部往来”等科目，按照扣除赔偿金额后的净损失，借记“投资收益”科目，按照发生损失的投资账面余额，贷记本科目。

七、本科目应按照投资种类设置明细科目，进行明细核算。

八、本科目期末借方余额，反映农村集体经济组织持有的长期投资的成本。

151 固定资产

一、本科目核算农村集体经济组织固定资产的原价（成本）。

二、固定资产应按照取得时的实际成本计价。农村集体经济组织按照下列原则确定取得固定资产的实际成本，进行账务处理：

(一)购入不需要安装的固定资产,按照购买价款和采购费、应支付的相关税费、包装费、运输费、装卸费、保险费以及外购过程发生的其他直接费用,借记本科目,贷记“库存现金”、“银行存款”、“应付款”等科目。购入需要安装的固定资产,先记入“在建工程”科目,待安装完毕交付使用时,按照其实际成本,借记本科目,贷记“在建工程”科目。

(二)自行建造完成交付使用的固定资产,按照建造该固定资产的实际成本即该项资产至交付使用前所发生的全部必要支出,借记本科目,贷记“在建工程”科目。已交付使用但尚未办理竣工决算手续的固定资产,应当按照估计价值入账,待办理竣工决算后再按照实际成本调整原来的暂估价值。

(三)收到政府补助的固定资产(包括以前年度收到或形成但尚未入账的)或者他人捐赠的固定资产,按照有关凭据注明的金额加上相关税费、运输费等,借记本科目,贷记“公积公益金”等科目。没有相关凭据的,按照资产评估价值或者比照同类或类似固定资产的市场价格,加上相关税费、运输费等,借记本科目,贷记“公积公益金”等科目。如无法采用上述方法计价的,应当按照名义金额,借记本科目,贷记“公积公益金”科目,并设置备查簿进行登记和后续管理;按照实际发生的运输费和应支付的相关税费等,借记“其他支出”科目,贷记“库存现金”、“银行存款”、“应付款”、“应交税费”等科目。

(四)盘盈的固定资产,按照同类或类似全新固定资产的市场价格或评估价值扣除按照该项固定资产新旧程度估计的折旧后的余额,借记本科目,贷记“待处理财产损溢——待处理非流动资产损溢”科目。

三、生产经营用的固定资产的修理费用,借记“经营支出”等科目,贷记“库存现金”、“银行存款”等科目;管理用的固定资产的修理费用,借记“管理费用”等科目,贷记“库存现金”、“银行存款”等科目;用于公益性用途的固定资产的修理费用,借记“公益支出”等科目,贷记“库存现金”、“银行存款”等科目。

四、对固定资产进行改建时,按照该项固定资产账面价值,借记“在建工程”科目,按照已计提的累计折旧,借记“累计折旧”科目,按照固定资产原价(成本),贷记本科目。改建完成交付使用时,按照确定的固定资产成本,借记本科目,贷记“在建工程”科目。

五、固定资产出售、报废和毁损等时,按照固定资产账面价值,借记“固定资产清理”科目,按照已计提的累计折旧,借记“累计折旧”科目,按照固定资产原价(成本），贷记本科目。

盘亏的固定资产，按照固定资产账面价值，借记“待处理财产损溢——待处理非流动资产损溢”科目，按照已计提的累计折旧，借记“累计折旧”科目，按照固定资产原价（成本），贷记本科目。

六、以固定资产对外投资时，按照评估确认或者合同、协议约定的价值和相关税费，借记“长期投资”科目，按照已计提的累计折旧，借记“累计折旧”科目，按照固定资产原价（成本），贷记本科目，按照应支付的相关税费，贷记“应交税费”等科目，按照其差额，借记或贷记“公积公益金”科目。

七、捐赠转出固定资产时，按照固定资产账面价值、应支付的相关税费及其他费用，转入或归集至“固定资产清理”科目，捐赠项目完成后，按照“固定资产清理”科目的余额，借记“其他支出”科目，贷记“固定资产清理”科目。

八、农村集体经济组织应当设置“固定资产登记簿”和“固定资产卡片”，按照固定资产类别和项目等设置明细科目，进行明细核算。

九、本科目期末借方余额，反映农村集体经济组织持有的固定资产的原价（成本）。

152 累计折旧

一、本科目核算农村集体经济组织固定资产计提的累计折旧。

二、生产经营用的固定资产计提的折旧，借记“生产（劳务）成本”等科目，贷记本科目；管理用的固定资产计提的折旧，借记“管理费用”科目，贷记本科目；用于公益性用途的固定资产计提的折旧，借记“公益支出”科目，贷记本科目。

出租固定资产所取得的租金等收入，借记“银行存款”等科目，贷记“经营收入——出租收入”等科目；结转出租固定资产的成本（折旧）时，借记“经营支出”等科目，贷记本科目。

三、对固定资产进行改建时，按照该项固定资产账面价值，借记“在建工程”科目，按照已计提的累计折旧，借记本科目，按照固定资产原价（成本），贷记“固定资产”科目。

四、固定资产出售、报废和毁损等时，按照固定资产账面价值，借记“固定资产清理”科目，按照已计提的累计折旧，借记本科目，按照固定资产原价（成本），贷记“固定资产”科目。

盘亏的固定资产，按照固定资产账面价值，借记“待处理财产损溢——待处理非流动资产损溢”科目,按照已计提的累计折旧,借记本科目,按照固定资产原价(成本),贷记“固定资产”科目。

五、以固定资产对外投资时,按照评估确认或者合同、协议约定的价值和相关税费,借记“长期投资”科目,按照已计提的累计折旧,借记本科目,按照固定资产原价(成本),贷记“固定资产”科目,按照应支付的相关税费,贷记“应交税费”等科目,按照其差额,借记或贷记“公积公益金”科目。

六、本科目应按照相应固定资产的类别和项目等设置明细科目,进行明细核算。

七、本科目的期末贷方余额,反映农村集体经济组织固定资产的累计折旧额。

153 在建工程

一、本科目核算农村集体经济组织进行工程建设、设备安装、农业农村基础设施建造、固定资产改建等发生的实际支出。购入不需要安装的固定资产,不通过本科目核算。

二、购入需要安装的固定资产,按照购买价款和采购费、应支付的相关税费、包装费、运输费、装卸费、保险费以及外购过程发生的其他直接费用,借记本科目,贷记“库存现金”、“银行存款”、“应付款”等科目。

三、建造固定资产和兴建农业农村基础设施购买或领用专用物资以及发生的相关费用,按照实际支出,借记本科目,贷记“库存现金”、“银行存款”、“库存物资”等科目。

发包工程建设,根据合同规定向承包企业预付工程款时,按照实际预付的价款,借记本科目,贷记“银行存款”等科目;以拨付材料抵作工程款的,按照材料的实际成本,借记本科目,贷记“库存物资”等科目;将需要安装的设备交付承包企业进行安装时,按照该设备的成本,借记本科目,贷记“库存物资”等科目。与承包企业办理工程价款结算时,补付的工程款,借记本科目,贷记“银行存款”、“应付款”等科目。

自营的工程,领用物资或产品时,按照领用物资或产品的实际成本,借记本科目,贷记“库存物资”等科目。工程应负担的员工工资、劳务费等人员费用,借记本科目,贷记“内部往来”、“应付工资”、“应付劳务费”等科目。

四、对固定资产进行改建时,按照该项固定资产账面价值,借记本科目,按照已计提的累计折旧,借记“累计折旧”科目,按照固定资产原价(成本),贷记“固定资产”科目。发生的改建支出，借记本科目，贷记“库存现金”、“银行存款”、“应付款”、“内部往来”、“应付工资”、“应付劳务费”等科目。改建完成交付使用时，按照确定的固定资产成本，借记“固定资产”科目，贷记本科目。

五、购建和安装工程完成并交付使用时，借记“固定资产”科目，贷记本科目。

六、工程完成未形成固定资产时，借记“经营支出”、“公益支出”、“其他支出”等科目，贷记本科目。

七、本科目应按照工程项目等设置明细科目，进行明细核算。

八、本科目期末借方余额，反映农村集体经济组织尚未交付使用的工程项目的实际支出。

154 固定资产清理

一、本科目核算农村集体经济组织因出售、捐赠、报废和毁损等原因转入清理的固定资产的账面价值及其在清理过程中所发生的费用等。

二、出售、捐赠、报废和毁损的固定资产转入清理时，按照固定资产账面价值，借记本科目，按照已计提的累计折旧，借记“累计折旧”科目，按照固定资产原价（成本），贷记“固定资产”科目。

清理过程中发生的相关税费及其他费用，借记本科目，贷记“库存现金”、“银行存款”、“应交税费”等科目；收回出售固定资产的价款、残料价值和变价收入等，借记“银行存款”、“库存物资”等科目，贷记本科目；按照赔偿金额，借记“应收款”、“内部往来”等科目，贷记本科目。

三、清理完毕后发生的净收益，借记本科目，贷记“其他收入”科目；清理完毕后发生的净损失，借记“其他支出”科目，贷记本科目。

四、本科目应按照被清理的固定资产等设置明细科目，进行明细核算。

五、本科目期末借方余额，反映农村集体经济组织尚未清理完毕的固定资产清理净损失；本科目期末贷方余额，反映农村集体经济组织尚未清理完毕的固定资产清理净收益。

161 无形资产

一、本科目核算农村集体经济组织持有的无形资产的成本。

二、无形资产应按照取得时的实际成本计价。农村集体经济组织按照下列原则确定取得无形资产的实际成本，进行账务处理：

（一）购入的无形资产，按照购买价款、相关税费以及相关的其他直接费用，借记本科目,贷记“库存现金”、“银行存款”、“应付款”等科目。

(二)自行开发并按照法律程序申请取得的无形资产,按照依法取得时发生的注册费、代理费等实际支出,借记本科目,贷记“库存现金”、“银行存款”等科目。

(三)收到政府补助的无形资产(包括以前年度收到或形成但尚未入账的)或者他人捐赠的无形资产,按照有关凭据注明的金额加上相关税费等,借记本科目,贷记“公积公益金”等科目。没有相关凭据的,按照资产评估价值或者比照同类或类似无形资产的市场价格,加上相关税费等,借记本科目,贷记“公积公益金”等科目。如无法采用上述方法计价的,应当按照名义金额,借记本科目,贷记“公积公益金”科目,并设置备查簿进行登记和后续管理;按照应支付的相关税费等,借记“其他支出”科目,贷记“库存现金”、“银行存款”、“应付款”、“应交税费”等科目。

三、因出售、报废等原因处置无形资产,按照取得的转让价款,借记“库存现金”、“银行存款”等科目,按照已计提的累计摊销,借记“累计摊销”科目,按照无形资产的成本,贷记本科目,按照应支付的相关税费及其他费用,贷记“应交税费”、“库存现金”、“银行存款”等科目,按照其差额,借记“其他支出”科目或贷记“其他收入”科目。

四、以无形资产对外投资时,按照评估确认或者合同、协议约定的价值和相关税费,借记“长期投资”科目,按照已计提的累计摊销,借记“累计摊销”科目,按照无形资产的成本,贷记本科目,按照应支付的相关税费,贷记“应交税费”等科目,按照其差额,借记或贷记“公积公益金”科目。

五、本科目应按照无形资产类别等设置明细科目,进行明细核算。

六、本科目期末借方余额,反映农村集体经济组织持有的无形资产的成本。

162 累计摊销

一、本科目核算农村集体经济组织对无形资产计提的累计摊销。

二、生产经营类无形资产计提的摊销,借记“生产(劳务)成本”等科目,贷记本科目;非生产经营类无形资产计提的摊销,借记“管理费用”等科目,贷记本科目。

三、出租无形资产所取得的租金等收入,借记“银行存款”等科目,贷记“经营收入——出租收入”等科目;结转出租无形资产的成本(摊销)时,借记“经营支出”等科目,贷记本科目。

四、因出售、报废等原因处置无形资产,按照取得的转让价款,借记“库存现金”、“银行存款”等科目,按照已计提的累计摊销,借记本科目,按照无形资产的成本，贷记“无形资产”科目，按照应支付的相关税费及其他费用，贷记“应交税费”、“库存现金”、“银行存款”等科目，按照其差额，借记“其他支出”科目或贷记“其他收入”科目。

五、以无形资产对外投资时，按照评估确认或者合同、协议约定的价值和相关税费，借记“长期投资”科目，按照已计提的累计摊销，借记本科目，按照无形资产的成本，贷记“无形资产”科目，按照应支付的相关税费，贷记“应交税费”等科目，按照其差额，借记或贷记“公积公益金”科目。

六、本科目应按照相应无形资产的类别等设置明细科目，进行明细核算。

七、本科目的期末贷方余额，反映农村集体经济组织计提的无形资产累计摊销额。

171 长期待摊费用

一、本科目核算农村集体经济组织已经发生但应由本期和以后各期负担的分摊期限在1年以上的各项费用，包括农村集体经济组织已提足折旧的固定资产的改建支出和其他长期待摊费用等。

二、农村集体经济组织发生长期待摊费用时，借记本科目，贷记“库存现金”、“银行存款”、“库存物资”等科目。摊销长期待摊费用时，借记“生产（劳务）成本”、“管理费用”、“其他支出”等科目，贷记本科目。

三、本科目应按照支出项目进行明细核算。

四、本科目期末借方余额，反映农村集体经济组织尚未摊销完毕的长期待摊费用。

181 待处理财产损溢

一、本科目核算农村集体经济组织在清查财产过程中查明的各种财产盘盈、盘亏和毁损的价值。

二、盘盈的各种库存物资、消耗性生物资产、现金等，按照同类或类似资产的市场价格或评估价值、实际溢余的金额，借记“库存物资”、“消耗性生物资产”、“库存现金”等科目，贷记本科目（待处理流动资产损溢）。盘亏、毁损、短缺的各种库存物资、消耗性生物资产、现金等，按照其账面余额、实际短缺的金额，借记本科目（待处理流动资产损溢），贷记“库存物资”、“消耗性生物资产”、“库存现金”等科目。

盘盈的固定资产、生产性生物资产，按照同类或类似资产的市场价格或评估价值扣除按照该项资产新旧程度或状况估计的折旧后的余额，借记“固定资产”、“生产性生物资产”科目，贷记本科目（待处理非流动资产损溢）。盘亏的固定资产以及盘亏、死亡毁损的生产性生物资产，按照其账面价值，借记本科目（待处理非流动资产损溢），按照已计提的累计折旧，借记“累计折旧”、“生产性生物资产累计折旧”科目，按照其原价（成本），贷记“固定资产”、“生产性生物资产”科目。

三、盘亏、毁损、报废的各项资产，按规定程序批准后处理时，按照残料价值，借记“库存物资”等科目，按照赔偿金额，借记“应收款”、“内部往来”等科目，按照本科目余额，贷记本科目（待处理流动资产损溢、待处理非流动资产损溢），按照其差额，借记“其他支出”科目。

盘盈的各项资产，按规定程序批准后处理时，按照本科目余额，借记本科目（待处理流动资产损溢、待处理非流动资产损溢），贷记“其他收入”科目。

四、本科目应按照待处理流动资产损溢和待处理非流动资产损溢进行明细核算。

五、农村集体经济组织的财产损溢，应当查明原因，在期末结账前处理完毕，处理后本科目应无余额。

负债类科目

201 短期借款

一、本科目核算农村集体经济组织向银行等金融机构或相关单位、个人等借入的偿还期在 1 年以内（含 1 年）的各种借款。

二、农村集体经济组织借入短期借款时，借记“银行存款”等科目，贷记本科目；偿还借款时，作相反的会计分录。短期借款利息应按期计提，借记“其他支出”科目，贷记“应付款”等科目。

三、本科目应按照借款单位或个人设置明细科目，进行明细核算。

四、本科目期末贷方余额，反映农村集体经济组织尚未偿还的短期借款的本金。

211 应付款

一、本科目核算农村集体经济组织与非成员之间发生的偿还期在 1 年以内（含 1 年）的各种应付及暂收款项，如因购买库存物资和接受服务等应付的款项以及应付的赔款等。

二、农村集体经济组织与非成员之间发生各种应付及暂收款项（含一次收取多期发包或出租款项）时，借记“库存现金”、“银行存款”、“库存物资”、“经营支出”、“其他支出”等科目，贷记本科目。

三、在应付利息日，按照合同利率计算确定的利息，借记“其他支出”科目，贷记本科目。

四、偿还应付及暂收款项时，按照实际支付的金额，借记本科目，贷记“银行存款”等科目。一次收取多期发包或出租款项的，在每期确认发包或出租收入时，借记本科目，贷记“经营收入”科目。

五、因债权人特殊原因等确实无法偿还的应付及暂收款项或获得债权人的债务豁免时，按规定报经批准后，借记本科目，贷记“其他收入”科目。

六、本科目应按照发生应付及暂收款项的非成员的单位或个人设置明细账，进行明细核算。

七、本科目期末贷方余额，反映农村集体经济组织尚未支付的应付及暂收款项。

212 应付工资

一、本科目核算农村集体经济组织应支付给管理人员、固定员工等职工的工资总额。包括在工资总额内的各种工资、奖金、津贴、补助、社会保险费等，不论是否在当月支付，都应通过本科目核算。

二、农村集体经济组织应当按照劳动工资制度规定，编制“工资表”，计算各种工资，再将“工资表”进行汇总，编制“工资汇总表”。

三、提取工资时，根据人员岗位进行工资分配，借记“在建工程”、“生产（劳务）成本”、“经营支出”、“管理费用”等科目，贷记本科目。

四、实际支付工资时，借记本科目，贷记“库存现金”、“银行存款”等科目。

五、农村集体经济组织应当设置“应付工资明细账”，按照应付工资的对象、组成内容等进行明细核算。

六、本科目期末一般应无余额，如有贷方余额，反映农村集体经济组织已提取但尚未支付的工资额。

213 应付劳务费

一、本科目核算农村集体经济组织应支付给季节性用工等临时性工作人员的劳务费总额。包括在劳务费总额内的各种劳务费、奖金、津贴、补助等，不论是否在当月支付，都应通过本科目核算。

二、提取劳务费时，根据人员岗位进行劳务费分配，借记“在建工程”、“生产（劳务）成本”、“经营支出”等科目，贷记本科目。

三、实际支付劳务费时，借记本科目，贷记“库存现金”、“银行存款”等科目。

四、农村集体经济组织应当设置“应付劳务费明细账”，按照应付劳务费的对象、组成内容等进行明细核算。

五、本科目期末一般应无余额，如有贷方余额，反映农村集体经济组织已提取但尚未支付的劳务费金额。

214 应交税费

一、本科目核算农村集体经济组织按照税法等规定计算应缴纳的各种税费。农村集体经济组织代扣代缴的个人所得税等，也通过本科目核算。

二、农村集体经济组织涉及增值税会计核算的相关业务，应按照国家统一的会计制度有关增值税会计处理的规定，设置“应交税费——应交增值税”等科目进行账务处理。

三、农村集体经济组织按照规定计算其他应交税费，借记“税金及附加”、“所得税费用”等科目，贷记本科目。实际缴纳各种税费时，借记本科目，贷记“银行存款”等科目。

四、按照税法等规定应代扣代缴的个人所得税，借记“应付工资”、“应付劳务费”科目，贷记本科目（应交个人所得税）。缴纳的个人所得税，借记本科目（应交个人所得税），贷记“银行存款”等科目。

五、本科目应按照应缴纳的税费项目等进行明细核算。

六、本科目期末贷方余额，反映农村集体经济组织尚未缴纳的税费；期末如为借方余额，反映农村集体经济组织多缴纳或尚未抵扣的税费。

221 长期借款及应付款

一、本科目核算农村集体经济组织向银行等金融机构或相关单位、个人等借入的期限在 1 年以上（不含 1 年）的借款及偿还期在 1 年以上（不含 1 年）的应付款项。

二、农村集体经济组织发生长期借款及应付款时，借记“银行存款”等科目，贷记本科目；偿还长期借款及应付款时，作相反的会计分录。长期借款利息应按期计提，借记“其他支出”科目，贷记“应付款”等科目。因债权人特殊原因等发生确实无法偿还的长期借款及应付款或获得债权人的债务豁免时，按规定报经批准后，借记本科目，贷记“其他收入”科目。

三、本科目应按照借款及应付款单位或个人设置明细账，进行明细核算。

四、本科目期末贷方余额，反映农村集体经济组织尚未偿还的长期借款及应付款。

231 一事一议资金

一、本科目核算农村集体经济组织兴办村民直接受益的集体生产生活等公益事业，按一事一议的形式筹集的专项资金。

二、农村集体经济组织应于一事一议筹资方案经成员大会或成员代表大会通过时，按照筹资方案规定的金额，借记“内部往来”科目，贷记本科目；收到成员交来的一事一议专项筹资时，借记“库存现金”、“银行存款”等科目，贷记“内部往来”科目。

三、农村集体经济组织使用一事一议资金购入不需要安装的固定资产的，借记“固定资产”科目，贷记“库存现金”、“银行存款”等科目，同时，借记本科目，贷记“公积公益金”科目。

四、农村集体经济组织使用一事一议资金购入需要安装或建造固定资产的，借记“在建工程”科目，贷记“库存现金”、“银行存款”等科目。固定资产完工后，借记“固定资产”科目，贷记“在建工程”科目，同时，借记本科目，贷记“公积公益金”科目。

五、农村集体经济组织对于使用一事一议资金而未形成固定资产的项目，在项目支出发生时，借记“在建工程”科目，贷记“库存现金”、“银行存款”等科目；项目完成后按使用一事一议资金金额，借记“公益支出”、“其他支出”等科目，贷记“在建工程”科目，同时，借记本科目，贷记“公积公益金”科目。

六、本科目应按照所议项目设置明细科目，进行明细核算。同时，必须另设备查账簿对一事一议资金的筹集和使用情况进行登记。

七、本科目的期末贷方余额，反映农村集体经济组织应当用于一事一议专项工程建设的资金；期末借方余额，反映农村集体经济组织一事一议专项工程建设的超支数。

241 专项应付款

一、本科目核算农村集体经济组织获得政府给予的具有专门用途且未来应支付用于专门用途的专项补助资金。

二、农村集体经济组织收到政府补助的资金时，借记“库存现金”、“银行存款”等科目，贷记本科目。

三、按照政府补助资金的项目用途，取得生物资产、固定资产、无形资产等非货币性资产，或用于兴建农业农村基础设施时，按照实际使用政府补助资金的数额，借记“消耗性生物资产”、“生产性生物资产”、“固定资产”、“无形资产”、“在建工程”等科目，贷记“库存现金”、“银行存款”等科目，同时借记本科目，贷记“公积公益金”科目。未形成资产需核销的部分，报经批准后，借记本科目，贷记“在建工程”等科目。

四、取得生物资产、固定资产、无形资产等非货币性资产之后收到对应用途的政府补助资金的，按照收到的金额，借记“库存现金”、“银行存款”等科目，贷记本科目，同时按照实际使用政府补助资金的数额，借记本科目，贷记“公积公益金”科目。

五、因有结余等情况而退回政府补助资金时，借记本科目，贷记“库存现金”、“银行存款”等科目。

六、本科目应按照政府补助资金项目设置明细科目，进行明细核算。

七、本科目期末贷方余额，反映农村集体经济组织尚未使用和结转的政府补助资金数额。

所有者权益类科目

301 资本

一、本科目核算农村集体经济组织按照章程等确定的属于本集体经济组织成员集体所有的相关权益。

二、农村集体经济组织按照章程等确定属于本集体经济组织成员集体所有的相关权益，按照确定的金额，借记“库存现金”、“银行存款”、“固定资产”、“无形资产”等科目，贷记本科目。

三、本科目期末贷方余额，反映农村集体经济组织实有的资本数额。

311 公积公益金

一、本科目核算农村集体经济组织从收益中提取的，接受政府补助和他人捐赠等其他来源取得的公积公益金。

二、农村集体经济组织提取公积公益金时，借记“收益分配——各项分配”科目，贷记本科目。

三、农村集体经济组织以实物资产、无形资产等非货币性资产方式投资时，按照评估确认或者合同、协议约定的价值和相关税费，借记“长期投资”科目，按照已计提的累计折旧或摊销，借记“生产性生物资产累计折旧”、“累计折旧”、“累计摊销”科目，按照投出资产的原价（成本），贷记“消耗性生物资产”、“生产性生物资产”、“固定资产”、“无形资产”等科目，按照应支付的相关税费，贷记“应交税费”等科目，按照其差额，借记或贷记本科目。

四、农村集体经济组织使用已收到的政府补助资金取得生物资产、固定资产、无形资产等非货币性资产，或用于兴建农业农村基础设施时，按照实际使用政府补助资金的数额，借记“消耗性生物资产”、“生产性生物资产”、“固定资产”、“无形资产”、“在建工程”等科目，贷记“库存现金”、“银行存款”等科目，同时借记“专项应付款”科目，贷记本科目。

五、取得生物资产、固定资产、无形资产等非货币性资产之后收到对应用途的政府补助资金的，按照收到的金额，借记“库存现金”、“银行存款”等科目，贷记“专项应付款”科目，同时按照实际使用政府补助资金的数额，借记“专项应付款”科目，贷记本科目。

六、实际收到他人捐赠的货币资金时，借记“库存现金”、“银行存款”科目，贷记本科目。

七、收到政府补助的存货、生物资产、固定资产、无形资产等非货币性资产（包括以前年度收到或形成但尚未入账的）或者他人捐赠的非货币性资产时，按照有关凭据注明的金额加上相关税费等，借记“库存物资”、“消耗性生物资产”、“生产性生物资产”、“公益性生物资产”、“固定资产”、“无形资产”等科目，贷记本科目等。没有相关凭据的，按照资产评估价值或者比照同类或类似资产的市场价格，加上相关税费等，借记“库存物资”、“消耗性生物资产”、“生产性生物资产”、“公益性生物资产”、“固定资产”、“无形资产”等科目，贷记本科目等。如无法采用上述方法计价的，应当按照名义金额，借记“库存物资”、“消耗性生物资产”、“生产性生物资产”、“公益性生物资产”、“固定资产”、“无形资产”等科目，贷记本科目，并设置备查簿进行登记和后续管理；按照应支付的相关税费等，借记“其他支出”科目，贷记“库存现金”、“银行存款”、“应付款”、“应交税费”等科目。

八、农村集体经济组织使用一事一议资金购入不需要安装的固定资产的，借记“固定资产”科目，贷记“库存现金”、“银行存款”等科目，同时，借记“一事一议资金”科目,贷记本科目。使用一事一议资金购入需要安装或建造固定资产的,借记“在建工程”科目,贷记“库存现金”、“银行存款”等科目。固定资产完工后,借记“固定资产”科目,贷记“在建工程”科目,同时,借记“一事一议资金”科目,贷记本科目。

对于使用一事一议资金而未形成固定资产的项目,在项目支出发生时,借记“在建工程”科目,贷记“库存现金”、“银行存款”等科目;项目完成后按使用一事一议资金金额,借记“公益支出”、“其他支出”等科目,贷记“在建工程”科目,同时,借记“一事一议资金”科目,贷记本科目。

九、农村集体经济组织收到应计入公积公益金的征用土地补偿费时,借记“银行存款”科目,贷记本科目。

十、农村集体经济组织按国家有关规定,并按规定程序批准后,用公积公益金弥补亏损等时,借记本科目,贷记“收益分配——未分配收益”科目。

十一、本科目应按照公积公益金的来源设置明细科目,进行明细核算。

十二、本科目的期末贷方余额,反映农村集体经济组织实有的公积公益金数额。

321 本年收益

一、本科目核算农村集体经济组织本年度实现的收益。

二、会计期末结转收益时,应将“经营收入”、“补助收入”、“其他收入”等科目的余额转入本科目的贷方,借记“经营收入”、“补助收入”、“其他收入”等科目,贷记本科目。同时,将“经营支出”、“税金及附加”、“管理费用”、“公益支出”、“其他支出”、“所得税费用”等科目的余额转入本科目的借方,借记本科目,贷记“经营支出”、“税金及附加”、“管理费用”、“公益支出”、“其他支出”、“所得税费用”等科目。“投资收益”科目的净收益转入本科目,借记“投资收益”科目,贷记本科目;如为投资净损失,借记本科目,贷记“投资收益”科目。结转后本科目的贷方余额为当期实现的净收益;借方余额为当期发生的净亏损。

三、年度终了,应将本年收入和支出相抵后结出的净收益,借记本科目,贷记“收益分配——未分配收益”科目;如为净亏损,作相反的会计分录。结转后本科目期末无余额。

322 收益分配

一、本科目核算农村集体经济组织当年收益的分配(或亏损的弥补)和历年分配(或弥补)后的结存余额。本科目设置“各项分配”和“未分配收益”两个二级科目。

二、农村集体经济组织按照国家有关规定,并按规定程序批准后,用公积公益金弥补亏损时,借记“公积公益金”科目,贷记本科目(未分配收益)。

三、按照规定提取公积公益金、分配股利等时,借记本科目(各项分配),贷记“公积公益金”、“内部往来”等科目。

四、年度终了,农村集体经济组织应按照本年实现的净收益数额,借记“本年收益”科目,贷记本科目(未分配收益);如为净亏损,作相反的会计分录。同时,将本科目下的“各项分配”明细科目的余额转入本科目“未分配收益”明细科目,借记本科目(未分配收益),贷记本科目(各项分配)。年度终了,本科目的“各项分配”明细科目应无余额,“未分配收益”明细科目的贷方余额表示未分配的收益,借方余额表示未弥补的亏损。

五、年终结账后,如发现以前年度收益计算不准确,或有未反映的会计业务,需要调整增加或减少本年收益的,也在本科目(未分配收益)核算。调整增加本年收益时,借记有关科目,贷记本科目(未分配收益);调整减少本年收益时,借记本科目(未分配收益),贷记有关科目。

六、本科目应按照收益的用途设置明细科目,进行明细核算。

七、本科目期末余额,反映农村集体经济组织的未分配收益(或未弥补亏损)。

成本类科目

401 生产(劳务)成本

一、本科目核算农村集体经济组织直接组织生产或对外提供劳务等活动所发生的各项生产费用和劳务支出。

二、农村集体经济组织发生的各项生产费用和劳务成本,按成本核算对象归集,借记本科目,贷记“库存现金”、“银行存款”、“内部往来”、“库存物资”、“累计折旧”、“生产性生物资产累计折旧”、“累计摊销”、“长期待摊费用”、“应付款”、“应付工资”、“应付劳务费”等科目。

三、会计期间终了,农村集体经济组织已经生产完成并已验收入库的产成品,按照实际成本,借记“库存物资”科目,贷记本科目。

四、对外提供劳务实现销售时,借记“经营支出”科目,贷记本科目。

五、本科目应按照生产费用和劳务成本种类设置明细科目,进行明细核算。

六、本科目期末借方余额,反映农村集体经济组织尚未生产完成的各项在产品和尚未完成的劳务成本。

损益类科目

501 经营收入

一、本科目核算农村集体经济组织确认的当年发生的销售产品、提供劳务、让渡集体资产资源使用权等各项经营活动收入。本科目设置"销售收入"、"劳务收入"、"出租收入"和"发包收入"等二级科目。

二、农村集体经济组织实现的经营收入,按照实际收到或应收的价款,借记"库存现金"、"银行存款"、"应收款"、"内部往来"等科目,贷记本科目。

三、农村集体经济组织一次收取多期发包或出租款项时,应当将收款金额分摊至各个受益期,分期确认收入,每期确认收入时,借记"内部往来"、"应付款"等科目,贷记本科目。

四、本科目应按照经营项目设置明细科目,进行明细核算。

五、期末,应将本科目的余额转入"本年收益"科目的贷方,结转后本科目应无余额。

502 投资收益

一、本科目核算农村集体经济组织对外投资取得的收益或发生的损失。

二、持有期间,在被投资单位宣告分派现金股利、利润或利息时,应当按照应分得的金额,借记"应收款"等科目,贷记本科目。获得股票股利时,不作账务处理,但应在备查簿中登记所增加的股份。

三、处置对外投资时,按照实际收到的价款或收回的金额,借记"银行存款"等科目,按照其账面余额,贷记"短期投资"、"长期投资"科目,按照尚未领取的现金股利、利润或利息,贷记"应收款"科目,按照其差额,贷记或借记本科目。

四、本科目应按照投资种类和项目设置明细科目,进行明细核算。

五、期末,应将本科目的贷方余额转入"本年收益"科目贷方;如为投资净损失,应将本科目的借方余额转入"本年收益"科目借方。结转后本科目应无余额。

503 补助收入

一、本科目核算农村集体经济组织获得的政府给予保障村级组织和村务运转的补助资金以及贷款贴息等经营性补助资金。

二、农村集体经济组织收到的经营性补助资金,按照实际收到的金额,借记

"银行存款"等科目,贷记本科目。

三、本科目应按照补助收入种类设置明细科目,进行明细核算。

四、期末,应将本科目的余额转入"本年收益"科目的贷方,结转后本科目应无余额。

504 其他收入

一、本科目核算农村集体经济组织除经营收入、投资收益、补助收入以外的其他收入。其他收入包括盘盈收益、确实无法支付的应付款项、存款利息收入等。

二、农村集体经济组织发生的其他收入,借记"库存现金"、"银行存款"、"内部往来"、"固定资产清理"、"待处理财产损溢"、"应付款"、"长期借款及应付款"等科目,贷记本科目。

三、本科目应按照其他收入的来源设置明细科目,进行明细核算。

四、期末,应将本科目的余额转入"本年收益"科目的贷方,结转后本科目应无余额。

511 经营支出

一、本科目核算农村集体经济组织因销售商品、提供劳务、让渡集体资产资源使用权等经营活动而发生的实际成本。

二、农村集体经济组织发生的经营支出,借记本科目,贷记"库存现金"、"银行存款"、"内部往来"、"库存物资"、"消耗性生物资产"、"在建工程"、"应付款"、"应付工资"、"应付劳务费"、"生产(劳务)成本"、"生产性生物资产累计折旧"、"累计折旧"、"累计摊销"等科目。

三、本科目应按照经营项目设置明细科目,进行明细核算。

四、期末,应将本科目的余额转入"本年收益"科目的借方,结转后本科目应无余额。

512 税金及附加

一、本科目核算农村集体经济组织从事生产经营活动按照税法的有关规定应负担的消费税、城市维护建设税、资源税、房产税、城镇土地使用税、车船税、印花税、教育费附加及地方教育附加等相关税费。

二、农村集体经济组织按照规定计算确定的相关税费,借记本科目,贷记"应交税费"等科目。

三、本科目应按照税费种类设置明细科目,进行明细核算。

四、期末，应将本科目的余额转入“本年收益”科目的借方，结转后本科目应无余额。

513 管理费用

一、本科目核算农村集体经济组织管理活动发生的各项支出，包括管理人员及固定员工的工资、办公费、差旅费、管理用固定资产修理费、管理用固定资产折旧、管理用无形资产摊销、聘请中介机构费、咨询费、诉讼费等，以及保障村级组织和村务运转的各项支出。

二、农村集体经济组织发生的管理费用，借记本科目，贷记“库存现金”、“银行存款”、“库存物资”、“累计折旧”、“累计摊销”、“长期待摊费用”、“应付工资”等科目。

三、本科目应按照管理费用的项目设置明细科目，进行明细核算。

四、期末，应将本科目的余额转入“本年收益”科目的借方，结转后本科目应无余额。

514 公益支出

一、本科目核算农村集体经济组织发生的用于本集体经济组织内部公益事业、集体福利或成员福利的各项支出，以及公益性固定资产折旧和修理费等。

二、农村集体经济组织发生的公益支出，按照实际发生额，借记本科目，贷记“库存现金”、“银行存款”、“库存物资”、“在建工程”、“累计折旧”等科目。

三、本科目应按照公益支出项目设置明细科目，进行明细核算。

四、期末，应将本科目的余额转入“本年收益”科目的借方，结转后本科目应无余额。

515 其他支出

一、本科目核算农村集体经济组织发生的除经营支出、税金及附加、管理费用、公益支出、所得税费用以外的其他各项支出，如生物资产的死亡毁损支出、损失，固定资产及存货等的盘亏、损失，防灾抢险支出，罚款支出，捐赠支出，确实无法收回的应收款项损失，借款利息支出等。

二、农村集体经济组织发生的其他支出，借记本科目，贷记“库存现金”、“银行存款”、“内部往来”、“应收款”、“库存物资”、“在建工程”、“固定资产清理”、“长期待摊费用”、“待处理财产损溢”、“应付款”、“应付工资”、“应付劳务费”、“应交税费”等科目。

三、本科目应按照其他支出的项目设置明细科目，进行明细核算。

四、期末，应将本科目的余额转入“本年收益”科目的借方，结转后本科目应无余额。

521 所得税费用

一、本科目核算农村集体经济组织根据税法规定确认的应从当期收益总额中扣除的所得税费用。

二、年度终了，按照税法规定计算确定的当期应纳所得税额，借记本科目，贷记“应交税费——应交所得税”科目。

三、期末，应将本科目的余额转入“本年收益”科目的借方，结转后本科目应无余额。

**二、会计报表格式及编制说明**

农村集体经济组织应当根据本制度有关会计报表的编制基础、编制依据、编制原则和方法的要求，提供真实、完整的财务会计报告，不得随意改变会计报表的编制基础、编制依据、编制原则和方法，不得随意改变本制度规定的会计报表有关数据的会计口径。

（一）资产负债表格式及编制说明。

**资产负债表**

村会 01 表

编制单位：　　年　　月　　日　　　　单位：元

| 资产 | 期末余额 | 年初余额 | 负债和所有者权益 | 期末余额 | 年初余额 |
|---|---|---|---|---|---|
| 流动资产： | | | 流动负债： | | |
| 货币资金 | | | 短期借款 | | |
| 短期投资 | | | 应付款项 | | |
| 应收款项 | | | 应付工资 | | |
| 存货 | | | 应付劳务费 | | |
| 消耗性生物资产 | | | 应交税费 | | |
| 流动资产合计 | | | 流动负债合计 | | |

续表

| 资产 | 期末余额 | 年初余额 | 负债和所有者权益 | 期末余额 | 年初余额 |
|---|---|---|---|---|---|
| 非流动资产: | | | 非流动负债: | | |
| 长期投资 | | | 长期借款及应付款 | | |
| 生产性生物资产原值 | | | 一事一议资金 | | |
| 减:生产性生物资产累计折旧 | | | 专项应付款 | | |
| 生产性生物资产净值 | | | 非流动负债合计 | | |
| 固定资产原值 | | | 负债合计 | | |
| 减:累计折旧 | | | | | |
| 固定资产净值 | | | | | |
| 在建工程 | | | | | |
| 固定资产清理 | | | | | |
| 固定资产小计 | | | | | |
| 无形资产原值 | | | | | |
| 减:累计摊销 | | | 所有者权益: | | |
| 无形资产净值 | | | 资本 | | |
| 公益性生物资产 | | | 公积公益金 | | |
| 长期待摊费用 | | | 未分配收益 | | |
| 非流动资产合计 | | | 所有者权益合计 | | |
| 资产总计 | | | 负债和所有者权益总计 | | |

资产负债表编制说明:

1. 本表反映农村集体经济组织在某一特定日期全部资产、负债和所有者权益的情况。

2. 本表"年初余额"栏内各项数字,应根据上年年末资产负债表"期末余额"栏内所列数字填列。

如果本年度资产负债表规定项目的名称和内容同上年度不一致,应当对上年年末资产负债表项目的名称和数字按照本年度的规定进行调整,将调整后数字填入本表"年初余额"栏内,并加以书面说明。

3. 本表“期末余额”各项目的内容和填列方法如下：

(1)“货币资金”项目，反映农村集体经济组织库存现金、银行存款等货币资金的期末合计数。本项目应根据“库存现金”、“银行存款”科目的期末余额合计填列。

(2)“短期投资”项目，反映农村集体经济组织能够随时变现并且持有时间不准备超过1年(含1年)的投资的账面余额。本项目应根据“短期投资”科目的期末余额填列。

(3)“应收款项”项目，反映农村集体经济组织期末尚未收回的应收及暂付款项。本项目应根据“应收款”科目期末借方余额和“内部往来”各明细科目期末借方余额合计数合计填列。

(4)“存货”项目，反映农村集体经济组织期末在库、在途、在加工和在培育中各项存货的成本，包括各种原材料、农用材料、农产品、工业产成品等物资、在产品等。本项目应根据“库存物资”、“生产(劳务)成本”等科目的期末余额合计填列。

(5)“消耗性生物资产”项目，反映农村集体经济组织各种消耗性生物资产的账面余额。本项目应根据“消耗性生物资产”科目的期末余额填列。

(6)“流动资产合计”项目，反映农村集体经济组织期末流动资产的合计数。本项目应根据本表中“货币资金”、“短期投资”、“应收款项”、“存货”、“消耗性生物资产”项目金额的合计数填列。

(7)“长期投资”项目，反映农村集体经济组织持有时间准备超过1年(不含1年)的投资的账面余额。本项目应根据“长期投资”科目的期末余额填列。

(8)“生产性生物资产原值”项目和“生产性生物资产累计折旧”项目，反映农村集体经济组织生产性生物资产的原值及累计折旧。这两个项目应根据“生产性生物资产”科目和“生产性生物资产累计折旧”科目的期末余额填列。

(9)“生产性生物资产净值”项目，反映农村集体经济组织生产性生物资产原值扣除生产性生物资产累计折旧后的余额。本项目应根据本表中“生产性生物资产原值”项目金额减去“生产性生物资产累计折旧”项目金额后的余额填列。

(10)“固定资产原值”项目和“累计折旧”项目，反映农村集体经济组织固定资产的原值及累计折旧。这两个项目应根据“固定资产”科目和“累计折旧”科目的期末余额填列。

(11)“固定资产净值”项目，反映农村集体经济组织固定资产原值扣除累计折旧后的余额。本项目应根据本表中“固定资产原值”项目金额减去“累计折旧”项目金额后的余额填列。

(12)“在建工程”项目，反映农村集体经济组织各项尚未完工或虽已完工但尚未办理竣工决算并交付使用的工程项目实际成本。本项目应根据“在建工程”科目的期末余额填列。

(13)“固定资产清理”项目，反映农村集体经济组织因出售、报废、毁损等原因转入清理但尚未清理完毕的固定资产的账面价值，以及固定资产清理过程中发生的清理费用和清理收入等各项金额的差额。本项目应根据“固定资产清理”科目的期末借方余额填列；如为贷方余额，本项目数字应以“-”号填列。

(14)“固定资产小计”项目，反映农村集体经济组织期末固定资产、在建工程、转入清理但尚未清理完毕的固定资产的小计数。本项目应根据本表中“固定资产净值”、“在建工程”、“固定资产清理”项目金额的合计数填列。

(15)“无形资产原值”项目和“累计摊销”项目，反映农村集体经济组织无形资产的原值及累计摊销。这两个项目应根据“无形资产”科目和“累计摊销”科目的期末余额填列。

(16)“无形资产净值”项目，反映农村集体经济组织无形资产原值扣除累计摊销后的余额。本项目应根据本表中“无形资产原值”项目金额减去“累计摊销”项目金额后的余额填列。

(17)“公益性生物资产”项目，反映农村集体经济组织各种公益性生物资产的账面余额。本项目应根据“公益性生物资产”科目的期末余额填列。

(18)“长期待摊费用”项目,反映农村集体经济组织尚未摊销完毕的长期待摊费用。本项目应根据“长期待摊费用”科目的期末余额填列。

(19)“非流动资产合计”项目,反映农村集体经济组织期末非流动资产的合计数。本项目应根据本表中“长期投资”、“生产性生物资产净值”、“固定资产小计”、“无形资产净值”、“公益性生物资产”、“长期待摊费用”项目金额的合计数填列。

(20)“资产总计”项目,反映农村集体经济组织期末资产的合计数。本项目应根据本表中“流动资产合计”和“非流动资产合计”项目金额的合计数填列。

(21)“短期借款”项目,反映农村集体经济组织借入偿还期在1年以内(含1年)的、尚未偿还的各种借款。本项目应根据“短期借款”科目的期末余额填列。

(22)“应付款项”项目,反映农村集体经济组织期末应付而未付的、偿还期在1年以内(含1年)的各种应付及暂收款项。本项目应根据“应付款”科目期末贷方余额和“内部往来”各明细科目期末贷方余额合计数合计填列。

(23)“应付工资”项目,反映农村集体经济组织已提取但尚未支付的管理人员、固定员工等职工的工资。本项目应根据“应付工资”科目的期末余额填列。

(24)“应付劳务费”项目,反映农村集体经济组织已提取但尚未支付的季节性用工等临时性工作人员的劳务费。本项目应根据“应付劳务费”科目的期末余额填列。

(25)“应交税费”项目,反映农村集体经济组织期末未缴纳、多缴纳或未抵扣的各种税费。本项目应根据“应交税费”科目的期末贷方余额填列;如为借方余额,本项目数字以“-”号填列。

(26)“流动负债合计”项目,反映农村集体经济组织期末流动负债的合计数。本项目应根据本表中“短期借款”、“应付款项”、“应付工资”、“应付劳务费”、“应交税费”项目金额合计数填列。

(27)“长期借款及应付款”项目,反映农村集体经济组织借入尚未偿还的期限在1年以上(不含1年)的借款以及偿还期在1年以上(不含1年)的应付未付款项。本项目应根据“长期借款及应付款”科目的期末余额填列。

(28)“一事一议资金”项目,反映农村集体经济组织筹集的一事一议资金的余额。本项目应根据“一事一议资金”科目的期末贷方余额填列;如为借方余额,本项目数字以“-”号填列。

(29)“专项应付款”项目,反映农村集体经济组织实际收到政府给予的具有专门用途且未来应支付用于专门用途的专项补助资金金额。本项目应根据“专项应付款”科目的期末余额填列。

(30)“非流动负债合计”项目,反映农村集体经济组织期末非流动负债的合计数。本项目应根据本表中“长期借款及应付款”、“一事一议资金”、“专项应付款”项目金额的合计数填列。

(31)“负债合计”项目,反映农村集体经济组织期末负债的合计数。本项目应根据本表中“流动负债合计”和“非流动负债合计”项目金额的合计数填列。

(32)“资本”项目,反映农村集体经济组织按照章程等确定的属于本集体经济组织成员集体所有的相关权益金额。本项目应根据“资本”科目的期末余额填列。

(33)“公积公益金”项目,反映农村集体经济组织从收益中提取的和其他来源取得的公积公益金的账面余额。本项目应根据“公积公益金”科目的期末余额填列。

(34)“未分配收益”项目,反映农村集体经济组织尚未分配的历年结存收益。本项目应根据“收益分配”科目的期末余额填列;如为未弥补的亏损,本项目数字以“-”号填列。

(35)“所有者权益合计”项目,反映农村集体经济组织期末所有者权益的合计数。本项目应根据本表中“资本”、“公积公益金”、“未分配收益”项目金额的合计数填列。

(36)“负债和所有者权益总计”项目，反映农村集体经济组织期末负债和所有者权益的合计数。本项目应根据本表中“负债合计”和“所有者权益合计”项目金额的合计数填列。

(二)收益及收益分配表格式及编制说明。

**收益及收益分配表**

村会02表

编制单位：　　年度　　　　　　　　　　　　单位：元

| 项目 | 本年金额 | 上年金额 |
|---|---|---|
| 一、经营收入 | | |
| 加：投资收益 | | |
| 补助收入 | | |
| 减：经营支出 | | |
| 税金及附加 | | |
| 管理费用 | | |
| 其中：运转支出 | | |
| 二、经营收益 | | |
| 加：其他收入 | | |
| 减：公益支出 | | |
| 其他支出 | | |
| 三、收益总额 | | |
| 减：所得税费用 | | |
| 四、净收益 | | |
| 加：年初未分配收益 | | |
| 其他转入 | | |
| 五、可分配收益 | | |
| 减：提取公积公益金 | | |
| 向成员分配 | | |

续表

| 项目 | 本年金额 | 上年金额 |
| --- | --- | --- |
| 其他 | | |
| 六、年末未分配收益 | | |

收益及收益分配表编制说明:

1. 本表反映农村集体经济组织在一定会计期间内收益实现及分配的实际情况。农村集体经济组织投资设立企业的收益等情况不在此列示。

2. 本表"上年金额"栏内各项数字,应根据上年度收益及收益分配表"本年金额"栏内各对应项目数字填列。

3. 本表"本年金额"各项目的内容及其填列方法如下:

(1)"经营收入"项目,反映农村集体经济组织进行各项生产销售、提供劳务、让渡集体资产资源使用权等经营活动取得的收入。本项目应根据"经营收入"科目的本期发生额分析填列。

(2)"投资收益"项目,反映农村集体经济组织对外投资取得的收益扣除发生的投资损失后净额。本项目应根据"投资收益"科目的本期发生额分析填列;如为投资损失,本项目数字以"-"号填列。

(3)"补助收入"项目,反映农村集体经济组织获得的政府给予保障村级组织和村务运转的补助资金以及贷款贴息等经营性补助资金。本项目应根据"补助收入"科目的本期发生额分析填列。

(4)"经营支出"项目,反映农村集体经济组织因销售商品、提供劳务、让渡集体资产资源使用权等经营活动而发生的实际支出。本项目应根据"经营支出"科目的本期发生额分析填列。

(5)"税金及附加"项目,反映农村集体经济组织从事生产经营活动按照税法的有关规定应负担的相关税费。本项目应根据"税金及附加"科目的本期发生额分析填列。

(6)"管理费用"项目,反映农村集体经济组织管理活动发生的支出。本项目应根据"管理费用"的本期发生额分析填列。"其中:运转支出"项目,反映农村集体经济组织发生保障村级组织和村务运转的各项支出,包括村干部补助、村两委办公经费等,本项目应根据"管理费用"科目下相关明细科目的本期发生额分析填列。

(7)"经营收益"项目,反映农村集体经济组织当期通过生产经营活动实现的收益。本项目应根据本表中"经营收入"、"投资收益"、"补助收入"项目金额之和减去"经营支出"、"税金及附加"、"管理费用"项目金额后的余额填列。如为经营亏损,本项目数字以"-"号填列。

(8)"其他收入"项目,反映农村集体经济组织除经营收入、投资收益、补助收入以外的其他收入。本项目应根据"其他收入"科目的本期发生额分析填列。

(9)"公益支出"项目,反映农村集体经济组织发生的用于本集体经济组织内部公益事业、集体福利或成员福利的支出,以及公益性固定资产折旧和修理费等。本项目应根据"公益支出"科目的本期发生额分析填列。

(10)"其他支出"项目,反映农村集体经济组织发生除经营支出、税金及附加、管理费用、公益支出、所得税费用以外的其他各项支出。本项目应根据"其他支出"科目的本期发生额分析填列。

(11)"收益总额"项目,反映农村集体经济组织当期实现的收益总额。本项目应根据本表中“经营收益”、“其他收入”项目金额之和减去“公益支出”、“其他支出”项目金额后的余额填列。如为亏损总额,本项目数字以“-”号填列。

(12)“所得税费用”项目,反映农村集体经济组织根据税法规定确定的应从当期收益总额中扣除的所得税费用。本项目应根据“所得税费用”科目的本期发生额分析填列。

(13)“净收益”项目,反映农村集体经济组织本年实现的收益净额。本项目应根据本表中“收益总额”项目金额减去“所得税费用”项目金额后的余额填列。如为净亏损,本项目数字以“-”号填列。

(14)“年初未分配收益”项目,反映农村集体经济组织上年度未分配的收益。本项目应根据上年度收益及收益分配表中“年末未分配收益”项目的金额填列。如为未弥补亏损,本项目数字以“-”号填列。

(15)“其他转入”项目,反映农村集体经济组织按有关规定用公积公益金弥补亏损等转入的数额。本项目应根据实际转入的公积公益金数额填列。

(16)“可分配收益”项目,反映农村集体经济组织年末可分配的收益总额。本项目应根据本表中“净收益”、“年初未分配收益”、“其他转入”项目金额的合计数填列。如可分配收益为负数,本项目数字以“-”号填列。

(17)“提取公积公益金”项目,反映农村集体经济组织按照规定提取的公积公益金数额。本项目应根据实际提取的公积公益金数额填列。

(18)“向成员分配”项目,反映农村集体经济组织按照成员(代表)大会的决议,向成员分配的金额。本项目应根据“收益分配”科目下相关明细科目的借方发生额分析填列。

(19)“年末未分配收益”项目,反映农村集体经济组织年末累计未分配的收益。本项目应根据本表中“可分配收益”项目金额减去“提取公积公益金”、“向成员分配”、“其他”项目金额后的余额填列。如为未弥补的亏损,本项目数字以“-”号填列。

(三)会计报表附注及编制说明。

会计报表附注是财务会计报告的重要组成部分。农村集体经济组织应当在会计报表附注中按照下列顺序至少披露以下内容:

1. 遵循农村集体经济组织会计制度的声明。

农村集体经济组织应当声明编制的财务会计报告符合农村集体经济组织会计制度的要求,真实、完整地反映了农村集体经济组织的财务状况、经营成果等有关信息。

2. 农村集体经济组织的基本情况,包括:农村集体经济组织的资本总额、成员总数及构成、主要经营项目、集体经营性财产和非经营性财产的构成、是否由村民委员会代行职能等情况。

3. 成员权益结构,包括:

(1)农村集体经济组织的资本形成情况。

(2)成员享有的经营性财产收益权份额结构。

(3)成员权益变动情况。

4. 会计报表重要项目的进一步说明,包括其主要构成、增减变动情况等。

5. 已发生损失但尚未批准核销的相关资产名称、金额等情况及说明，包括：

(1)确实无法收回的应收款项。

(2)无法收回的对外投资。

(3)毁损和报废的固定资产。

(4)毁损和报废的在建工程。

(5)注销和无效的无形资产。

(6)已发生损失但尚未批准核销的其他资产。

6. 以名义金额计量的资产名称、数量等情况，以及以名义金额计量理由的说明；若涉及处置的，还应披露以名义金额计量的资产的处置价格、处置程序等情况。

7. 对已在资产负债表、收益及收益分配表中列示项目与企业所得税法规定存在差异的纳税调整过程。

8. 其他重要事项，包括：

(1)接受捐赠。

(2)国家财政支持和税收优惠。

(3)提取公积公益金的比例。

(4)收益分配方案、亏损处理方案。

(5)经营收入中销售收入、劳务收入、出租收入、发包收入的构成情况。

(6)根据经营活动和公益活动划分负债的具体情况等。

9. 根据国家有关法律法规和集体经济组织章程等规定，需要在会计报表附注中说明的其他事项。

# 实用工具

# 成员权利义务告知书

致[农村集体经济组织成员姓名]：

您好！欢迎您成为[农村集体经济组织名称]的一员。为保障您的合法权益，明确您的义务，现将本组织成员的权利与义务告知如下：

**一、权利部分**

选举权与被选举权：您依法享有依照法律法规和本组织章程选举和被选举为成员代表、理事会成员、监事会成员或者监事的权利，能够参与决定本组织的领导人员构成，行使对组织管理的参与权和监督权。

土地承包权：您有权依法承包本组织发包的农村土地，通过家庭承包方式获得土地承包经营权，稳定土地承包关系，保障您在农业生产中的基本权益，为您的农业生产活动提供保障。

宅基地申请权：在符合相关法律法规和政策的前提下，您依法享有申请取得宅基地使用权的权利，可按照规定程序向本组织提出申请，经审核批准后获得宅基地使用权，用于建设个人住宅，满足您的居住需求。

收益分配权：您有权参与分配本组织的集体收益，根据本组织的收益分配方案，按照相应依据和方式获取属于您的收益份额，共享集体经济发展成果，提高您的经济收入和生活水平。

知情权与监督权：您有权查阅、复制本组织财务会计报告、会议记录等资料，了解组织的生产经营管理情况和集体收益的分配、使用情况，对本组织的生产经营管理活动进行监督，并提出意见和建议，确保组织的运行透明、公正。

服务与福利享受权：您有权享受本组织提供的各种服务和福利，包括技术指导、信息咨询、基础设施使用等方面的支持，提升您的生产生活便利性和质量，促进您的全面发展。

**二、义务部分**

遵守法律法规和组织章程：您应当自觉遵守国家的法律法规以及本组织的章程，不得从事任何违反法律法规和章程规定的行为，依法依规行使权利、履行义务，维护组织的合法性和正常运行秩序。

执行组织决定：本组织依照法律法规和章程作出的决定，您应当坚决执行，积极参与组织的各项活动和事务，支持组织的工作，共同推动组织的发展，不得无故抵制或干扰组织决定的实施。

维护组织合法权益：您有责任维护本组织的合法权益，不得侵占、挪用、截留、哄抢、私分、破坏本组织的集体财产，保护组织的资产安全和完整，抵制和举报侵害组织合法权益的行为，保障组织和全体成员的共同利益。

合理利用和保护土地等资源：您应当按照法律法规和组织规定，合理利用和保护集体土地等资源，不得闲置、荒芜土地或进行破坏性开发，确保土地等资源的可持续利用，促进农业生产和农村经济的可持续发展。

参与集体事务：积极参加本组织的成员大会、成员代表大会等会议以及集体生产经营管理活动和公益活动，关心组织的发展，为组织的决策提供意见和建议，共同商讨和决定组织的重大事项，增强组织的凝聚力和向心力。

特此告知！

[农村集体经济组织名称]

[日期]

# 成员权益保留协议

甲方(农村集体经济组织):[农村集体经济组织名称]

法定代表人:[法定代表人姓名]

地址:[农村集体经济组织办公地址]

乙方(成员):[成员姓名]

公民身份证号码:____________________

地址:[成员户籍地址]

鉴于乙方因[身份变动原因,如成为公务员],根据《中华人民共和国农村集体经济组织法》第十七条第二款的规定,经甲乙双方协商一致,就乙方权益保留事宜达成如下协议:

**一、保留权益范围**

1. 土地承包权:乙方在本组织内的土地承包权自本协议生效之日起保留[具体期限],在保留期限内,乙方依法享有土地承包经营权,可自主进行农业生产活动,并获取相应收益。

2. 宅基地使用权:乙方的宅基地使用权在保留期限内继续有效,可按照规定使用宅基地,但不得进行违规建设和擅自改变用途等行为。

3. 集体收益分配权:在保留期限内,乙方有权按照本组织的收益分配方案,参与集体收益的分配,获取相应份额的收益。

**二、保留期限**

本协议约定的权益保留期限为[具体期限],自[起始日期]起至[结束日期]止。在保留期限届满前,若乙方身份变动情况消除,经乙方申请，甲方可提前终止本协议，并恢复乙方的成员身份及相应权益。

**三、提前终止条款**

在保留期限内，若出现以下情形之一，本协议可提前终止：

1. 乙方主动向甲方提出书面申请，自愿放弃保留权益，申请恢复成员身份的；

2. 乙方在保留期限内将户籍迁入本组织，并符合恢复成员身份条件的；

3. 法律法规规定或双方协商一致的其他情形。

**四、双方权利义务**

甲方权利义务：

1. 有权对乙方的权益保留情况进行监督和管理，确保乙方遵守相关法律法规和本组织的规定。

2. 在保留期限内，应保障乙方依法享有本协议约定的保留权益，不得无故侵犯或限制乙方的合法权益。

3. 若乙方出现违反法律法规或本组织规定的行为，甲方有权依法依规进行处理，并可要求乙方承担相应的法律责任。

乙方权利义务：

1. 在保留期限内，依法享有本协议约定的保留权益，并可对甲方的管理和监督提出合理的意见和建议。

2. 应遵守法律法规和本组织的相关规定，不得利用保留权益从事违法违规活动或损害本组织及其他成员的合法权益。

3. 若乙方的权益受到侵害，有权通过合法途径维护自身权益，但应遵循相关程序和规定，不得采取过激行为或干扰本组织的正常运行。

**五、争议解决**

本协议履行过程中如发生争议，双方应首先通过友好协商解决；协商不成的，任何一方均有权向有管辖权的人民法院提起诉讼。

**六、其他条款**

1. 本协议自双方签字(或盖章)之日起生效,一式两份,甲乙双方各执一份,具有同等法律效力。

2. 本协议未尽事宜,可由双方另行签订补充协议,补充协议与本协议具有同等法律效力。

甲方(盖章):[农村集体经济组织名称]

乙方(签字并按手印):[成员姓名]

代表人(签字):[代表人姓名]

[协议签订日期]　　　　　　[协议签订日期]

# 成员身份变动通知书

致[成员姓名]：

您好！根据《中华人民共和国农村集体经济组织法》第十七条的规定，经核实，您因[变动原因，如死亡、丧失中华人民共和国国籍、已经取得其他农村集体经济组织成员身份、自愿放弃等]，已符合该法条所规定的丧失农村集体经济组织成员身份的情形。

现将相关事项正式通知如下：

一、您因[详细说明导致成员身份变动的具体原因，如因死亡、国籍丧失、取得其他集体成员身份等情形的具体情况]，在本组织的成员身份已于______年____月____日丧失/终止。

二、鉴于您此次成员身份的变动，根据相关法律法规及本组织章程规定，请您在收到通知后30日内前来与本农村集体经济组织协商成员身份丧失有关事宜。

三、申诉途径如您对本通知内容有异议，可在接到本通知之日起[具体申诉期限，如15日内]，通过以下途径进行申诉：

1. 向本组织所在乡镇人民政府、街道办事处或者县级人民政府农业农村主管部门反映，由其依法进行调查处理。

2. 直接向有管辖权的人民法院提起诉讼，以法律途径维护自身合法权益。

特此通知。

[农村集体经济组织名称]

[通知发布日期]

# 成员身份争议处理申请书

致[农村集体经济组织名称]：

我是[申请人姓名]，公民身份证号为[公民身份证号码]，户籍所在地为[具体户籍地址]。现因[争议事实简述，如成员身份认定、权益分配等问题]与本组织产生争议，特依据《中华人民共和国农村集体经济组织法》第七章的相关规定，向本组织提出争议处理申请，望依法予以受理并公正处理。

**一、诉求（根据实际情况写明自己的诉求）**

1. 请求贵组织依法确认申请人的农村集体经济组织成员身份及相应成员权益；

2. 请求贵组织对因身份争议给申请人造成的损失进行相应补偿。

**二、争议事实和法律依据**

[详细描述争议发生的经过、背景及相关情况，包括但不限于时间、地点、涉及人员、具体争议点等。例如：申请人自[年份]起一直在贵组织所在村居住生活，户籍也在本村，且以本村集体所有的土地等财产为基本生活保障，但近期在[具体事项]中，本组织却否认申请人的成员身份，导致申请人无法享受相应的成员权益。]依据《中华人民共和国农村集体经济组织法》第五十六条"对确认农村集体经济组织成员身份有异议，或者农村集体经济组织因内部管理、运行、收益分配等发生纠纷的，当事人可以请求乡镇人民政府、街道办事处或者县级人民政府农业农村主管部门调解解决；不愿调解或者调解不成的，可以向农村土地承包仲裁机构申请仲裁，也可以直接向人民法院提起诉

讼”，以及第五十七条“农村集体经济组织成员大会、成员代表大会、理事会或者农村集体经济组织负责人作出的决定侵害农村集体经济组织成员合法权益的，受侵害的农村集体经济组织成员可以请求人民法院予以撤销”，第五十八条“农村集体经济组织理事会成员、监事会成员或者监事、主要经营管理人员有本法第三十五条第二款规定行为的，由乡镇人民政府、街道办事处或者县级人民政府农业农村主管部门责令限期改正；情节严重的，依法给予处分或者行政处罚；造成集体财产损失的，依法承担赔偿责任；构成犯罪的，依法追究刑事责任”之规定，申请人认为贵组织在成员身份确认错误，严重侵害了申请人的合法权益，应当依法予以纠正。

申请人（签字并按手印）：[姓名]
[申请日期]

附件：证据清单

1. 户籍证明：本人户口簿户主页、本人页复印件，证明本人户籍在农村集体经济组织，与本组织存在紧密联系。

2. 土地承包合同：与农村集体经济组织签订的土地承包合同，证明本人依法承包了贵组织的农村土地，享有土地承包经营权。

3. 成员大会记录：贵组织成员大会的相关会议记录，证明本人积极参与贵组织的活动，履行了成员义务。

4. 证人证言：同村成员或相关人员的证言，证明本人在贵组织中的生活、生产情况以及与贵组织形成的权利义务关系。

5. 其他相关材料：如荣誉证书、贡献证明等，证明本人为贵组织的发展做出过积极贡献。

# 成员资格确认公示公告

根据《中华人民共和国农村集体经济组织法》第十二条的规定,经[农村集体经济组织名称]成员大会依法审议,拟确认以下人员具有本组织成员资格,现予以公示:

**一、拟确认成员名单**

[名单列表]

**二、公示期限**

自[起始日期]起至[结束日期]止,公示期限不少于7天。

**三、异议反馈渠道**

若对本次公示的成员名单有异议,请在公示期限内通过以下方式向本组织反馈:

书面反馈:将异议内容以书面形式提交至[农村集体经济组织办公地点],并注明异议人姓名、联系方式等基本信息。

口头反馈:前往[农村集体经济组织办公地点],向工作人员口头提出异议,工作人员将进行记录。

**四、法律依据**

本次成员资格确认工作严格依据《中华人民共和国农村集体经济组织法》第十二条规定的成员大会确认程序进行,确保了确认过程的合法性和公正性。

特此公告。

[农村集体经济组织名称]

[公告发布日期]

# 农村集体经济组织成员权益异议申请书

致：[农村集体经济组织名称]

地址：[组织地址]

尊敬的[农村集体经济组织名称]领导：

本人[申请人姓名]，公民身份证号码：[____________________]，系[农村集体经济组织名称]的成员，因对[具体事项，如：成员份额认定、收益分配方案、权益计算等]存在异议，特向贵组织提出书面异议申请，具体情况如下：

**一、申请请求**

1. 请求贵组织对[具体事项]进行重新核查，并纠正错误；

2. 请求贵组织向本人提供[相关材料，如：份额计算明细、分配方案依据等]；

3. 请求贵组织在[合理期限]内给予书面答复，并妥善解决本人权益问题。

**二、异议事项**

1. 本人对[具体事项，如成员份额认定、收益分配方案、权益计算等]存在异议。具体问题为：[详细描述异议内容，如份额计算错误、分配不公、遗漏权益等]。

2. 根据[相关法律法规或组织章程规定，[引用相关条款内容]，本人认为贵组织在[具体事项]的处理上存在不合理之处，具体表现为：[详细说明问题]。

**三、证明材料**

为支持本申请，本人已准备以下证明材料（可附后）：

1. [身份证复印件、成员身份证明等]；

2. [权益分配通知、相关协议等]；

3. [其他相关材料]。

**四、其他**

本人承诺所提交的材料真实有效，如有虚假，愿承担相应法律责任。恳请贵组织依法依规处理本申请，切实保障成员的合法权益。特此申请，望贵组织予以重视并尽快处理！

此致

敬礼！

申请人（签字）：[申请人签字]

日期：[申请日期]

# 成员自愿退出申请书

致［农村集体经济组织名称］：

我是贵组织成员［姓名全称］，身份证号为［身份证号码］，户籍所在地为［具体户籍地址］。现因［具体原因，如个人发展、家庭变迁等］，经过慎重考虑，我决定自愿退出贵组织，并放弃成员身份。

在此，我郑重声明：本人自愿放弃在贵组织中所享有的各项成员权利，并愿意按照相关法律法规及贵组织章程的规定，妥善处理与贵组织之间的权益事宜。

关于退出后的权益处理，我已充分知晓并理解相关法律法规及贵组织章程的规定，经与本组织充分协商，达成如下一致条款：

1. 补偿协商：本人可与贵组织协商获得适当补偿，补偿金额及方式将通过双方进一步协商确定，以保障双方的合法权益。

2. 权益保留协商：在一定期限内，我可保留部分已经享有的财产权益，具体保留期限及相关事宜，将依据协商结果及实际情况而定，确保双方利益的合理平衡。

我承诺在退出过程中，将积极配合贵组织完成必要的手续和交接工作，确保退出过程的顺利进行，不给组织带来不必要的麻烦和负担。

特此申请，望本组织予以审核批准。

申请人（签字并按手印）：［姓名］

［申请日期］

# 农村集体经济组织<br>成员资格确认申请书

尊敬的[农村集体经济组织名称]成员大会:

我叫[姓名全称],身份证号为[身份证号码],户籍所在地为[具体户籍地址],现居住于[实际居住地址]。自[年份]起,我与贵组织形成了稳定的权利义务关系,并以贵组织成员集体所有的土地等财产为基本生活保障。

基于此,我特向贵组织申请确认我的成员资格。以下为我的申请理由及依据:

**一、申请理由**

本人因[具体原因,如申请享受组织福利、参与收益分配等],急需确认本人在贵组织中的成员资格,以便能够依法依规享有相应的权利并履行相应的义务,共同参与和推动贵组织的发展壮大。

**二、法律依据**

根据《中华人民共和国农村集体经济组织法》第十一条"户籍在或者曾经在农村集体经济组织并与农村集体经济组织形成稳定的权利义务关系,以农村集体经济组织成员集体所有的土地等财产为基本生活保障的居民,为农村集体经济组织成员"以及第十二条"农村集体经济组织通过成员大会,依据前条规定确认农村集体经济组织成员。对因成员生育而增加的人员,农村集体经济组织应当确认为农村集体经济组织成员。对因成员结婚、收养或者因政策性移民而增加的人员,农村集体经济组织一般应当确认为农村集体经济组织成员"的规定，本人符合该法条所规定的农村集体经济组织成员的条件，特申请贵组织依法对本人的成员资格予以确认。

为证明本人符合上述条件，本人现提交以下证明材料：

1. 本人户口簿户主页、本人页复印件，用以证明本人户籍在贵组织，满足户籍在农村集体经济组织这一基本条件，与贵组织存在天然的、紧密的联系，是确认成员资格的重要基础依据。

2. 由贵组织出具的书面证明，详细说明本人自[年份]起至今，与贵组织之间持续稳定的权利义务关系，涵盖参与贵组织的生产经营活动、履行贵组织规定义务以及享受贵组织赋予的权利等情况，同时明确本人以贵组织成员集体所有的土地等财产为基本生活保障，证明本人对贵组织的依赖性和贡献度，以及在贵组织中所处的重要地位和作用，充分符合成员资格确认的实质性要件。

望贵组织能够依法对本人的申请进行审核，并予以确认。本人将一如既往地遵守贵组织的规章制度，积极履行成员的各项义务，为贵组织的发展贡献自己的力量。

此致

敬礼！

申请人（签字并按手印）：[姓名]

[申请日期]

# 农村集体经济组织示范章程(试行)

本示范章程中的〔　〕内文字部分为选择性内容,【　】内文字部分为解释性内容,　或……部分为补充性内容。

## 经济(股份经济)合作社章程

(______年____月____日成员大会通过。〔______年____月____日成员大会修订通过。〕)

### 第一章　总　　则

**第一条**　为巩固和完善以家庭承包经营为基础、统分结合的双层经营体制,促进集体经济发展,规范集体资产管理,维护本社和全体成员的合法权益,依据《中华人民共和国宪法》《中华人民共和国民法典》和有关法律、法规、政策,结合本社实际,制定本章程。

**第二条**　本社名称:____________县(市、区)____________乡(镇、街道)____________村(社区)____________组经济(股份经济)合作社。本社法定代表人:____________【注:理事长姓名】。本社住所:________________________________________。

**第三条**　本社以维护集体成员权益、实现共同富裕为宗旨,坚持集体所有、合作经营、民主管理,实行各尽所能、按劳分配、共享收益的原则。

**第四条**　本社集体资产包括:

（一）本社成员集体所有的土地、森林、山岭、草原、荒地、滩涂等资源性资产；

（二）本社成员集体所有的用于经营的房屋、建筑物、机器设备、工具器具、农业基础设施、集体投资兴办的企业及其所持有的其他经济组织的资产份额、无形资产等经营性资产；

（三）本社成员集体所有的用于公共服务的教育、科技、文化、卫生、体育等方面的非经营性资产；

（四）本社接受政府拨款、减免税费、社会捐赠等形成的资产；

（五）依法属于本社成员集体所有的其他资产。

根据资产清查结果，截至______年____月____日，本社集体土地【注：包括农用地、建设用地和未利用地】总面积为____亩，集体账面资产总额为__________元，负债总额为__________元，净资产总额为__________元。经营性资产总额为__________元。

**第五条** 本社依照有关法律、法规、政策的规定，以集体土地等资源性资产所有权以外的集体经营性资产对债务承担责任。

**第六条** 本社依法履行管理集体资产、开发集体资源、发展集体经济、服务集体成员等职能，开展以下业务：

（一）保护利用本社成员集体所有或者国家所有依法由本社集体使用的农村土地等资源，并组织发包、出租、入股，以及集体经营性建设用地出让等；

（二）经营管理本社成员集体所有或者国家所有依法由本社集体使用的经营性资产，并组织转让、出租、入股、抵押等；

（三）管护运营本社成员集体所有或者国家所有依法由本社集体使用的非经营性资产；

（四）提供本社成员生产经营所需的公共服务；

（五）依法利用本社成员集体所有或者国家所有依法由本社集体使用的资产对外投资，参与经营管理；

（六）其他业务：________________________________________。

**第七条** 本社在党的基层组织领导下，依法开展经济活动，并接受乡镇人民政府（街道办事处）和县级以上农业农村部门的指导和监督。本社重大决策参照执行“四议两公开”机制，即村党组织提议、村党组织和本社理事会会议商议、党员大会审议、集体成员（代表）大会决议，决议公开、实施结果公开。本社主要经营管理人员的选举、罢免以及涉及成员切身利益的重大事项，按照有关法律、法规、政策和本章程规定程序决策、报批和实施。

## 第二章 成 员

**第八条** 本社成员身份确认基准日为______年______月______日。本社遵循“尊重历史、兼顾现实、程序规范、群众认可”的原则，统筹考虑户籍关系、农村土地承包关系、对集体积累的贡献等因素，按照有关法律、法规、政策共确认成员____人（名单见本章程所附成员名册）。基准日以后，本社成员身份的取得和丧失，依据法律、法规和本章程规定。

**第九条** 户籍在本社所在地且长期在本社所在地生产生活，履行法律、法规和本章程规定义务，符合下列条件之一的公民，经书面申请，由本社成员（代表）大会表决通过的，取得本社成员身份：

（一）父母双方或一方为本社成员的；

（二）与本社成员有合法婚姻关系的；

（三）本社成员依法收养的；

（四）________________________________________。

**第十条** 下列人员丧失本社成员身份：

（一）死亡或被依法宣告死亡的；

（二）已取得与本社没有隶属关系的其他农村集体经济组织成员身份的；

（三）自愿书面申请放弃本社成员身份的；

（四）丧失中华人民共和国国籍的；

（五）__________________________________________；

（六）按照有关法律、法规、政策规定丧失成员身份的。

**第十一条** 本社成员享有下列权利：

（一）具有完全民事行为能力的成员享有参加成员大会，并选举和被选举为本社成员代表、理事会成员、监事会成员的权利；

（二）按照法律、法规、政策和章程规定行使表决权；

（三）监督集体资产经营管理活动、提出意见和建议的权利，有权查阅、复制财务会计报告、会议记录等相关资料；

（四）依法依规承包经营土地等集体资产、使用宅基地及享有其他集体资源性资产权益；

（五）依法依规享有集体经营性资产收益分配权；

（六）享有本社提供的公共服务、集体福利的权利；

（七）在同等条件下享有承担集体资产对外招标项目的优先权；

（八）法律、法规、政策和章程规定的其他权利。

**第十二条** 本社成员承担下列义务：

（一）遵守本社章程和各项规章制度，执行成员（代表）大会和理事会的决议；

（二）关心和参与本社的生产经营和管理活动，维护本社的合法权益；

（三）依法依约开展集体资产承包经营；

（四）积极参加本社公益活动；

（五）法律、法规、政策和章程规定的其他义务。

## 第三章 组织机构

**第十三条** 本社设成员大会〔或成员代表大会〕、理事会、监事会。

【注:也可以根据实际需要增设其他经营管理机构】

**第十四条** 成员大会是本社最高权力机构。成员大会由本社具有完全民事行为能力的全体成员组成。

**第十五条** 成员大会行使下列职权:

(一)审议、修改本社章程;

(二)审议、修改本社各项规章制度;

(三)审议、决定相关人员取得或丧失本社成员身份事项;

(四)选举、罢免理事会成员和监事会成员;

(五)审议、批准理事会和监事会工作报告;

(六)审议、批准主要经营管理人员及其任期;

(七)审议、批准理事会成员和监事会成员以及主要经营管理人员的薪酬;

(八)审议、批准本社集体经济发展规划、业务经营计划、年度财务预决算、年度收益分配方案;

(九)审议、决定土地发包、宅基地分配、集体经营性资产份额(股份)量化等集体资产处置重大事项;

(十)对本社合并、分立、解散等作出决议;

(十一)法律、法规、政策和章程规定应由成员大会决定的其他事项。

**第十六条** 成员大会由理事会召集,每年不少于一次。成员大会实行一人一票的表决方式。召开成员大会应当有三分之二以上具有表决权的成员参加。成员大会对一般事项作出决议,须经本社成员表决权总数过半数通过;对修改本社章程,决定相关人员取得或丧失本社成员身份,本社合并、分立、解散以及变更法人组织形式,以及集体资产处置等重大事项作出决议,须经本社成员表决权总数的三分之二以上通过。【注:第十七条、第十八条为选择性内容,设立成员代表大会的集体经济组织须在章程中写明相关条款。】

**第十七条** 本社设立成员代表大会，以户为单位选出成员代表____人【注：一般为每五户至十五户选举代表一人，但代表人数不得少于二十人；成员在五百人以上的集体经济组织，成员代表不得少于三十人】。〔除以户为单位选出的成员代表外，本社另选妇女成员代表____人。〕成员代表每届任期五年，可以连选连任。成员代表大会履行本章程第十五条除第一项以外的第____项至第____项规定的成员大会职权。

**第十八条** 成员代表大会每年至少召开____次，成员代表大会实行一人一票的表决方式。召开成员代表大会应当有本社三分之二以上的成员代表参加。成员代表大会对一般事项作出决议，须经成员代表表决权总数过半数通过；对重大事项作出决议，须经成员代表表决权总数的三分之二以上通过。〔成员代表大会表决通过的事项应当至少公示五个工作日。〕

**第十九条** 有下列情形之一的，理事会应当在二十日内召开临时成员（代表）大会：

（一）十分之一以上有表决权的成员提议；

（二）理事会提议；

（三）监事会提议；

（四）法律、法规、政策规定的其他情形。理事会不能履行或者在规定期限内没有正当理由不履行召集临时成员（代表）大会职责的，监事会（执行监事）在二十日内召集并主持临时成员（代表）大会。

**第二十条** 理事会是本社的日常决策、管理和执行机构，由____名理事组成，设理事长一名〔，副理事长____名〕。理事长是本社的法定代表人。理事会成员由成员（代表）大会以差额方式选举产生，每届任期五年，可以连选连任。理事长主持理事会的工作。理事长因特殊原因不能履行职务时，由副理事长或理事长委托的理事会成员主持工作。

**第二十一条** 理事会成员须为年满十八周岁、具有一定文化知识、较高政治素质以及相应经营管理能力的本社成员。

**第二十二条** 理事会行使下列职权：

(一)召集、主持成员(代表)大会,并向其报告工作;

(二)执行成员(代表)大会的决议;

(三)拟订本社章程修改草案,并提交成员大会审议;

(四)起草本社集体经济发展规划、业务经营计划、内部管理规章制度、成员身份变更名单等,并提交成员(代表)大会审议;

(五)起草本社年度财务预决算、收益分配等方案,并提交成员(代表)大会审议;

(六)提出本社主要经营管理人员及其薪酬建议并提交成员(代表)大会审议,决定聘任或解聘本社其他工作人员及其薪酬;

(七)管理本社资产和财务,保障集体资产安全;签订发包、出租、入股等合同,监督、督促承包方、承租方、被投资方等履行合同;

(八)接受、答复、处理本社成员或监事会提出的有关质询和建议;

(九)履行成员(代表)大会授予的其他职权。

**第二十三条** 理事长行使下列职权：

(一)召集并主持理事会会议;

(二)组织实施理事会通过的决定,并向理事会报告工作;

(三)代表理事会向成员(代表)大会报告工作;

(四)代表本社签订合同;

(五)代表本社签署并颁发份额(股份)证书;

(六)本社章程规定或者理事会授予的其他职权。

**第二十四条** 理事会会议应当有三分之二以上的理事会成员出席方可召开。有三分之一以上理事提议的,可召开临时理事会会议。理事会会议实行一人一票的表决方式。理事会形成决议,须集体讨论并经过半数理事同意,出席会议的理事在会议决议上签名。理事个人对某项决议有不同意见时，其意见载入会议决议并签名。理事会的决议事项违反法律、法规、政策或本章程、成员（代表）大会决议的，赞成该决议的理事应当承担相应责任。

**第二十五条** 监事会是本社的内部监督机构，由____名监事组成，设监事长一名〔，副监事长____名〕。【注：成员少于五十人的，可以只设执行监事一名】监事会成员由成员（代表）大会以差额方式选举产生，每届任期与理事会相同，可以连选连任。监事会成员须为年满十八周岁、具有一定的财务会计知识和较高的政治素质的本社成员。理事会成员、财务会计人员及其近亲属不得担任监事会成员。监事长（执行监事）列席理事会会议，并对理事会决议事项提出质询或建议。

**第二十六条** 监事会行使下列职权：

（一）监督理事会执行成员（代表）大会的决议；

（二）向成员（代表）大会提出罢免理事会成员以及主要经营管理人员的建议；

（三）监督检查本社集体资产发包、出租、招投标等各项业务经营及合同签订履行情况，审核监察本社财务情况；

（四）反映本社成员对集体资产经营管理的意见和建议，向理事长或者理事会提出工作质询和改进工作的建议；

（五）提议召开临时成员（代表）大会；

（六）协助政府有关部门开展本社财务检查和审计监督工作；

（七）向成员（代表）大会报告工作；

（八）履行成员（代表）大会授予的其他职权。

**第二十七条** 监事会会议由监事长召集，会议决议以书面形式通知理事会。监事会会议应当有三分之二以上的监事出席方可召开。监事会会议实行一人一票的表决方式。监事会形成决议，须集体讨论并经过半数监事同意，出席会议的监事在会议决议上签名。监事个人对某项决议有不同意见时，其意见载入会议决议并签名。

**第二十八条** 本社五分之一以上具有表决权的成员〔三分之一以上的成员代表〕可以联名要求罢免理事会、监事会成员，理事会应当在收到罢免议案二十日内召集成员（代表）大会进行表决。

**第二十九条** 理事、监事及经营管理人员不得有下列行为：

（一）侵占、挪用或私分本社集体资产；

（二）违规将本社资金借贷给他人或者以本社资产为他人提供担保；

（三）将他人与本社交易的佣金归为己有；

（四）将本社资金以个人名义开立账户存储；

（五）泄露本社商业秘密；

（六）从事损害本社经济利益的其他活动。理事、监事及经营管理人员违反前款规定所得收入归本社所有；给本社造成损失的，须承担相应的法律责任。

**第三十条** 成员（代表）大会、理事会或监事会的决议违反法律、法规、政策和章程规定，侵害本社利益或成员合法权益的，任何成员有权向乡镇人民政府（街道办事处）或县（市、区）有关部门反映或依法提起诉讼，任何组织、个人不得阻挠或打击报复。

## 第四章 资产经营和财务管理

**第三十一条** 本社集体资产经营以效益为中心，统筹兼顾分配与积累，促进集体资产保值增值。本社理事会依照有关法律、法规、政策以及本章程规定的有关职权和程序，利用多种方式开展资产运营，发展壮大集体经济。

**第三十二条** 本社建立健全以下集体资产管理制度：

（一）年度资产清查制度，每年组织开展资产清查，清查结果向全体成员公示，无异议后及时上报；

（二）资产登记制度，按照资产类别建立台账，及时记录增减变动情况；

（三）资产保管制度，分类确定资产管理和维护方式，以及管护责任；

（四）资产使用制度，集体资产发包、出租、入股等经营行为必须履行民主程序，实行公开协商或对外招标，强化合同管理；

（五）资产处置制度，明确资产处置流程，规范收益分配；

（六）______________________________。

**第三十三条** 本社严格执行农村集体经济组织财务制度和会计制度，实行独立会计核算。本社建立集体收入管理、开支审批、财务公开、预算决算等财务制度。

**第三十四条** 本社依照有关法律、法规、政策的规定，只开设一个银行基本存款账户。

**第三十五条** 本社应配备具有专业能力的财务会计人员。本社会计和出纳互不兼任。理事会、监事会成员及其近亲属不得担任本社的财务会计人员。如无违反财经法纪行为，财务会计人员应当保持稳定，不随本社换届选举而变动。

**第三十六条** 本社各项收支须经理事长审核签章，重大财务事项应接受监事会（执行监事）的事前、事中、事后监督。

**第三十七条** 本社在固定的公开栏每季度〔月〕公开一次财务收支情况；随时公开集体重大经济事项。会计年度终了后应及时公开上年度资产状况、财务收支、债权债务、收益分配、预决算执行等情况。财务公开资料须报乡镇人民政府（街道办事处）备案。

**第三十八条** 本社接受县级以上有关部门和乡镇人民政府（街道办事处）依法依规进行的财务检查和审计监督，发现违规问题及时整改。

## 第五章　经营性资产量化与收益分配

**第三十九条**　本社将经营性资产(不含集体土地所有权,下同)以份额形式量化到本社成员,设置份额____份,作为收益分配的依据。〔本社将经营性资产(不含集体土地所有权,下同)设置股份____股,作为收益分配的依据。股金总额____元,每股金额____元。其中:成员股____股,股金总额____元〔集体股____股,股金总额____元〕。成员股包括以下类型:

(一)人口股,共计____股,股金总额____元;

(二)劳龄股,共计____股,股金总额____元;

(三)扶贫股,共计____股,股金总额____元;

(四)敬老股,共计____股,股金总额____元;……〕

**第四十条**　本社建立经营性资产份额(股份)登记簿,记载份额(股份)持有信息,本社以户为单位颁发证书,加盖本社印章和理事长印鉴(签名)。因户内成员变化、分户等需要变更证书有关内容的,由户主向理事会申请变更登记。

**第四十一条**　本社按章程量化经营性资产后,成员份额(股份)实行户内共享、社内流转。成员持有的集体经营性资产份额(股份)可以在本社成员内部转让或者由本社赎回。转让经营性资产份额(股份)给本社其他成员的,受让方所持份额(股份)占本社全部份额(股份)比重不得超过百分之____;由本社赎回的,应由成员自愿提出申请,经本社成员(代表)大会同意后,按照协商价格赎回。赎回的份额(股份)用于减少总份额(股份)〔追加到集体股中〕。

**第四十二条**　本社坚持效益决定分配、集体福利与成员增收兼顾的原则。集体收入优先用于公益事业、集体福利和扶贫济困,可分配收益按成员持有的集体经营性资产份额(股份)分红。严格实行量入为出,严禁举债搞公益,严禁举债发福利,严禁举债分红。

**第四十三条**　本社根据当年经营收益情况，制订年度收益分配方案。年度收益分配方案应当明确各分配项目和分配比例，经成员（代表）大会审议通过后，报乡镇人民政府（街道办事处）备案。

**第四十四条**　本社本年可分配收益为当年收益与上年未分配收益之和。本社留归集体的土地补偿费应列入公积公益金，不得作为集体收益进行分配；集体建设用地出让、出租收益应充分考虑以后年度收入的持续稳定，不得全额在当年分配。

**第四十五条**　本社本年可分配收益按以下顺序进行分配：

（一）提取公积公益金，用于转增资本、弥补亏损以及集体公益设施建设等；

（二）提取福利费，用于集体福利、文教、卫生等方面的支出；

（三）按持有本社经营性资产份额（股份）分红。

## 第六章　变更和注销

**第四十六条**　本社名称、住所、法定代表人等登记事项发生变更的，由理事会依法依规申请变更登记。

**第四十七条**　本社因合并、分立、解散等依法依规需注销的，由成员大会表决通过，并依照相关法律政策履行审核批准程序。注销前，必须对本社进行清产核资，核销债权债务。本社集体资产的处置方案必须提交成员大会表决通过方可实施。

## 第七章　附　　则

**第四十八条**　本章程经乡镇人民政府（街道办事处）审核，于______年____月____日由成员大会表决通过，全体成员（代表）签字后生效，并报县（市、区）农业农村部门备案。

**第四十九条**　修改本社章程，须经理事会或者半数以上具有表决权的成员提议；理事会拟订修改草案并提交成员大会审议通过后，新章程方可生效。

**第五十条**　本章程在执行中与有关法律、法规、政策相抵触时，应以法律、法规、政策的规定为准，并按程序对章程相关内容进行修改。

**第五十一条**　本章程后附成员名册、经营性资产份额(股份)登记簿〔、……〕，为本章程的有效组成部分。

**第五十二条**　本章程由本社理事会负责解释。

# 农村集体经济组织成员大会议事规则（参考）

## 第一章　总　　则

**第一条　目的与依据**

为了规范本农村集体经济组织成员大会的议事程序，保障成员的合法权益，提高决策的科学性和民主性，根据《中华人民共和国农村集体经济组织法》及相关法律法规，结合本组织实际情况，制定本议事规则。

**第二条　适用范围**

本规则适用于本农村集体经济组织成员大会的各项议事活动。

**第三条　基本原则**

成员大会的议事活动应当遵循下列原则：

（一）民主集中制：与会人员应充分讨论并分别发表意见，主持人按照少数服从多数原则和主持人负责制，在充分听取各方意见的基础上作出最终决定。

（二）科学决策原则：提交成员大会研究或决策的各项议题，应当事先充分调研并论证其必要性和可行性，以书面议题形式提交成员大会进行研究或决策。

（三）公平公正：所有成员在大会上都受平等对待，没有任何偏袒或歧视，无论是讨论还是表决，遵循公平公正。

（四）少数服从多数的原则：在成员大会议事活动中出现不同的意

见时,应当按照少数服从多数的原则进行决策。

## 第二章　成员大会的组成与职权

**第四条　成员资格**

具有本农村集体经济组织成员资格的人员,为本成员大会的成员。成员资格的确认按照本组织章程及相关规定执行。

**第五条　成员权利**

1. 出席成员大会,享有发言权、表决权、选举权和被选举权。
2. 对本组织的经营管理活动提出意见和建议。
3. 查阅本组织的财务会计报告、会议记录等相关资料。
4. 法律法规和本组织章程规定的其他权利。

**第六条　成员义务**

1. 遵守本组织章程和成员大会议事规则。
2. 执行成员大会的决议。
3. 维护本组织的合法权益。
4. 法律法规和本组织章程规定的其他义务。

**第七条　成员大会职权**

1. 审议、修改本组织章程。
2. 选举、罢免和更换理事会成员、监事会成员。
3. 审议本组织的发展规划、年度工作计划和财务预算、决算报告。
4. 决定本组织的合并、分立、解散、清算等重大事项。
5. 审议批准本组织的收益分配方案和亏损弥补方案。
6. 决定本组织重大资产的处置、对外投资、担保等事项。
7. 法律法规和本组织章程规定的其他职权。

## 第三章　成员大会的召开

**第八条　定期会议**

成员大会每年至少召开[　　]次定期会议，会议时间由理事会确定，并提前[____]日通知全体成员。

**第九条　临时会议**

有下列情形之一的，应当在[____]日内召开临时成员大会：

1. 理事会认为必要时。

2. 监事会提议召开时。

3. [____]%以上成员联名提议召开时。

**第十条　会议通知**

召开成员大会，理事会应当于会议召开[×]日前通知全体成员。通知内容包括会议的时间、地点、议程等事项。

**第十一条　会议召集与主持**

成员大会由理事会召集，理事长主持；理事长不能履行职务或者不履行职务的，由副理事长主持；副理事长不能履行职务或者不履行职务的，由半数以上理事共同推举一名理事主持。

**第十二条　会议出席**

成员大会应当有本组织成员总数的[×]%以上出席方可召开。成员因故不能出席会议的，可以书面委托其他成员代为出席，委托书中应载明委托事项、权限和期限。

## 第四章　会议议程与提案

**第十三条　议程确定**

理事会应当在会议召开前确定会议议程，并提前通知全体成员。会议议程应当明确、具体，包括需要审议的事项和决策的内容。

**第十四条　提案提出**

1. 理事会、监事会可以向成员大会提出提案。

2. [____]%以上成员联名可以向成员大会提出提案。提案应当以书面形式提出，并说明提案的理由和具体内容。

**第十五条　提案审查**

理事会应当对收到的提案进行审查，对于符合本规则规定的提案，应当列入会议议程；对于不符合规定的提案，应当向提案人说明理由。

## 第五章　会议表决与决议

**第十六条　表决方式**

成员大会的表决方式可以采用举手、投票等方式进行。具体表决方式由理事会在会议通知中明确。

**第十七条　表决权行使**

每一成员享有一票表决权。但是，本组织章程另有规定的除外。

**第十八条　决议通过**

1. 一般事项的决议，须经出席会议的成员过半数通过。

2. 重大事项的决议，须经出席会议的成员三分之二以上通过。重大事项的范围按照本组织章程的规定执行。

**第十九条　会议记录**

成员大会应当对会议内容进行记录，记录内容包括会议的时间、地点、出席人员、议程、发言情况、表决结果等。会议记录应当由主持人和记录人签名，并妥善保存。

**第二十条　决议公布**

成员大会的决议应当在会议结束后[×]日内以书面形式公布，并告知全体成员。决议内容应当包括决议事项、表决结果、执行要求等。

## 第六章　监督与责任

**第二十一条　监督机制**

监事会负责对成员大会的议事活动进行监督，检查会议决议的执行情况。监事会发现问题应当及时向理事会提出整改意见，理事会应当在规定的时间内进行整改。

**第二十二条　责任追究**

1. 理事会、监事会成员违反本议事规则，给本组织造成损失的，应当承担相应的赔偿责任。

2. 成员违反本议事规则，扰乱会议秩序的，主持人有权予以制止；情节严重的，可以责令其退出会议。

## 第七章　附　　则

**第二十三条　规则解释**

本议事规则由理事会负责解释。

**第二十四条　规则修改**

本议事规则的修改，须经成员大会审议通过。

**第二十五条　生效时间**

本议事规则自[生效日期]起施行。

[农村集体经济组织名称]

[制定日期]

# 吸收合并协议(参考)

甲方(合并方):________________________________

法定代表人:________________________________

地址:________________________________

联系方式:________________________________

乙方(被合并方):________________________________

法定代表人:________________________________

地址:________________________________

联系方式:________________________________

鉴于:

1. 甲、乙双方系依据中国法律在中国境内依法设立并合法存续的特别法人,具有履行本协议的权利能力和行为能力;

2. 甲、乙双方有意通过合并实现资源整合、优势互补,提升市场竞争力,拟实行吸收合并,甲方拟吸收乙方而继续存在,乙方拟解散并注销。

根据《中华人民共和国农村集体经济组织法》及其他相关法律法规的规定,经友好协商,甲乙双方就合并事宜达成如下协议:

**一、合并方式**

本次合并采取吸收合并的方式。甲方(吸收方)存续,乙方(被吸收方)解散。乙方的全部资产、负债、业务及人员由甲方承接。

**二、合并基准日**

本次合并的基准日为清产核资报告出具之日,双方应在该基准日对各自的资产、负债、所有者权益等进行全面清查和审计,以确定合并相关的财务数据。

**三、合并方案**

1. 甲方对乙方吸收合并后,甲方将对总则信息进行变更。甲方现有注册资本××万元,合并后甲方注册资本×××万元。

2. 甲乙双方应于______年____月____日前完成合并及所有与本次合并相关的工商变更。但合并手续于该日前不能完成时,甲乙双方可以另行签订补充协议,延长办理时限。

3. 甲乙双方应召开成员大会,讨论通过本协议。甲乙双方应于成员大会通过本协议之日起一周内,持本协议到主管部门办理乙方注销登记和甲方变更登记手续,并提请登记机关予以公告;一方或双方申请未得到审批机关批准时,本协议自动失效。

**四、资产与负债的承接**

1. 资产承接:自合并基准日起,乙方的全部资产(包括但不限于固定资产、流动资产、无形资产等)归甲方所有。双方应在合并完成后,按照相关法律法规和财务制度的规定,办理资产过户手续。

2. 负债承接:乙方在合并基准日之前的全部负债(包括但不限于银行贷款、应付账款、应付职工薪酬等)由甲方承担。甲方应在合并完成后,按照相关法律法规和合同约定,履行债务清偿义务。

**五、员工安置**

1. 乙方全体管理人员及职工于合并后自然成为甲方管理人员及职工,其工作年限、工资及其他劳动条件不变。个别调换工作者,不在此限。

2. 如甲方不予继续聘用的,应按照《中华人民共和国劳动合同法》及相关法律法规的规定,依法解除劳动合同,并支付经济补偿金。

**六、债权债务处理**

1. 通知债权人:甲乙双方应在本协议签订后____日内,分别通知各自的债权人,并在省级以上报纸刊登公告,公告期限为____日。债权人自接到通知书之日起____日内,未接到通知书的自公告之日起____日内,有权要求甲乙双方清偿债务或者提供相应的担保。

2. 债务处理:对于债权人在规定期限内提出的清偿债务或提供担保的要求,甲乙双方应按照相关法律法规和合同约定,及时进行处理。对于未在规定期限内提出要求的债权人,视为同意本次合并,其债权由甲方继续承接。

**七、知识产权及业务合同**

1. 知识产权:乙方拥有的所有知识产权(包括但不限于专利、商标、著作权等),自本协议签订之日起归甲方所有。双方应在合并完成后,按照相关法律法规和知识产权管理部门的要求,办理知识产权变更手续。

2. 业务合同:乙方在合并基准日之前签订的所有业务合同(包括但不限于买卖合同、租赁合同、建设工程施工合同等),自合并基准日起由甲方继续履行。双方应在合并完成后,及时通知合同相对方本次合并事宜,并按照合同约定履行各自的义务。

**八、保密条款**

1. 甲乙双方在本合同签订前及履行期间所知悉的对方的技术资料、管理文件等不被公众所知悉且一旦泄露可能对信息所有者产生不利影响的信息均属商业秘密,一方对另一方的商业秘密负有保密义务,未经许可不得以任何方式提供或透漏给第三方。

2. 本条款为独立条款,不因本协议的签订、解除或终止而失效。

**九、违约责任**

1. 若一方违反本协议的任何条款,应向对方支付违约金人民币____元。如违约金不足以弥补对方因此遭受的损失,守约方有权继续向违约方追偿。

2. 守约方因追究违约方违约责任而产生的案件受理费、律师费、保全保险费等费用全部由违约方承担。

**十、争议解决**

1. 本协议的签订、履行、解释及争议解决均适用中华人民共和国法律。

2. 双方在履行本协议过程中如发生争议,应首先通过友好协商解决;协商不成的,任何一方均有权向甲方所在地有管辖权的人民法院提起诉讼。

**十一、协议生效**

1. 本协议经甲乙双方法定代表人或授权代表签字(或盖章)后成立。

2. 本协议自双方履行完毕各自内部审批程序,并经相关政府部门批准(如需要)后生效。

**十二、其他条款**

1. 合并方案作为本协议的附件,系本协议的重要组成部分,与本协议具有同等效力。

2. 本协议一式两份,甲乙双方各执一份,具有同等法律效力。

甲方(盖章):______________________________

法定代表人(签字):__________________________

签订日期:______年____月____日

乙方(盖章):______________________________

法定代表人(签字):__________________________

签订日期:______年____月____日

# 农村集体经济组织合并通知债权人通知书(参考)

## 通　知　书

尊敬的[债权人名称]:

您好！根据[农村集体经济组织全称](以下简称"本组织")的发展需要,以及为了进一步优化组织结构、提升运营效率,经本组织成员大会决议,并报经相关政府部门批准,[组织全称 A](以下简称"A 组织")将吸收合并[组织全称 B](以下简称"B 组织")。现就相关事宜公告如下:

**一、合并基本情况**

1. 合并双方:吸收方:A 组织,被吸收方:B 组织。

2. 合并方式:A 组织将通过吸收合并的方式,承继 B 组织的全部资产、负债、业务及人员。

3. 合并时间:合并计划于[具体日期]正式完成。

**二、债权人权益保障**

1. 债权确认:请您方自本通知送达之日起[具体时间,如 30 日内],向本组织提交债权证明材料,以便本组织进行债权确认。

2. 债权清偿:合并完成后,B 组织的所有债务将由 A 组织承继,并严格按照原合同约定的条件和期限进行清偿。您方无须因合并而担心其债权的实现。

3. 异议处理：如您方对合并事宜有任何异议或担忧，请于[具体时间，如通知送达后 15 日内]与本组织联系，本组织将竭诚为您解答和处理。

**三、联系方式**

您方如需了解合并详情、提交债权证明材料或提出异议，请通过以下方式联系本组织：[具体联系人姓名]：[联系电话]：[注册地址或指定联系地址][电子邮箱]。

**四、重要提示**

1. 请您方务必在指定时间内提交债权证明材料，以免影响债权的确认和清偿。

2. 本公告的发布不影响您方与本组织之间原有的债权债务关系。

3. 本组织将严格按照相关法律法规的规定，保障您方的合法权益。感谢您方对本组织的理解和支持！如有任何疑问或需要进一步的帮助，请随时与本组织联系。

特此公告。

[组织全称]

[通知发送或公告发布日期]

# 集体经营性建设用地使用权出让合同示范文本（试点试行）

中 华 人 民 共 和 国 自 然 资 源 部
中华人民共和国国家市场监督管理总局 制定

# 集体经营性建设用地使用权出让合同

**使用说明**

一、《集体经营性建设用地使用权出让合同》包括合同正文、附件1(出让宗地平面界址图)、附件2(出让宗地竖向界限)、附件3[市(县)自然资源主管部门确定的出让宗地规划条件]、附件4[市(县)发展改革主管部门确定的宗地产业准入要求]和附件5[市(县)生态环境主管部门确定的宗地生态环境保护要求]。

二、本合同中的出让人为出让农村集体经营性建设用地使用权的农村集体经济组织。未设立村集体经济组织的，村民委员会可以依法代行村集体经济组织的职能。

三、出让人出让的土地必须是集体经营性建设用地。本合同以宗地为单位进行填写。宗地是指土地权属界线封闭的地块或者空间。

四、本合同为示范文本，由自然资源部与国家市场监督管理总局联合制定。合同签订前，双方当事人应当仔细阅读本合同内容，特别是其中具有选择性、补充性、填充性、修改性的内容；对合同中的专业用词理解不一致的，可向当地自然资源主管部门咨询。

五、本合同文本中相关条款后留有空白行，供双方自行约定或者补充约定，约定内容应符合国家有关政策规定。合同双方当事人依法可以对文本条款的内容进行修改、增补或者删减。合同签订生效后，未被修改的文本印刷文字视为双方同意内容。

六、合同双方当事人应当结合具体情况选择本合同条款中所提供的选择项，同意的在选择项前的□打√，不同意的打×。

七、本合同第五条中，出让宗地空间范围是以平面界址点所构成的垂直面和上、下界限高程平面封闭形成的空间范围。出让宗地的平面界限按宗地的界址点坐标填写；出让宗地的竖向界限，可以按照1985年国家高程系统为起算基点填写，也可以按照各地高程系统为起算基点填写。高差是垂直方向从起算面到终止面的距离。如：出让宗地的竖向界限以标高+60米（1985年国家高程系统）为上界限，以标高-10米（1985年国家高程系统）为下界限，高差为70米。

八、本合同第六条中，宗地用途按《国土空间调查、规划、用途管制用地用海分类指南（试行）》相关规定填写。依据规划用途可以划分为不同宗地的，应先行分割成不同的宗地，再按宗地出让。属于同一宗地中包含两种或两种以上不同用途的，应当写明各类具体土地用途的出让年期及各类具体用途土地占宗地的面积比例和空间范围。

九、本合同第八条中，土地条件按照双方实际约定选择和填写。

十、本合同第十六条中，受让宗地用于工业项目建设的，可参照国家或省（区、市）有关规定执行。新出台的法律政策对工业项目容积率、建筑密度等有规定的，签订出让合同时，应当按照最新政策规定填写。

十一、本合同第二十一条中，国家新出台的法律政策对改变土地用途有规定的，签订出让合同时，应当按照最新规定填写。

十二、交易双方领取合同样本，互约条款后，在市（县）人民政府自然资源主管部门见证下正式签订合同，并现场拍照。

十三、以出租等方式供应集体经营性建设用地使用权的，参照本合同示范文本执行。

十四、本合同示范文本在入市试点地区试行。

十五、本合同由省、自治区、直辖市自然资源主管部门统一配置编号。

合同编号：__________

# 集体经营性建设用地使用权出让合同

本合同双方当事人：

出让人：__________________________________________；

统一社会信用代码：________________________________；

法定代表人：______________________________________；

身份证号码：______________________________________；

委托代理人：______________________________________；

□统一社会信用代码：______________________________；

□身份证号码：____________________________________；

联系地址：________________；联系电话：____________；

开户银行：________________________________________；

账号：____________________________________________。

受让人：__________________________________________；

□统一社会信用代码：______________________________；

□身份证号码：____________________________________；

委托代理人：______________________________________；

□统一社会信用代码：______________________________；

□身份证号码：____________________________________；

联系地址：________________；联系电话：____________；

开户银行：________________________________________；

账号：____________________________________________。

## 第一章　总　　则

**第一条**　根据《中华人民共和国民法典》《中华人民共和国土地

管理法》《中华人民共和国土地管理法实施条例》等法律法规及集体经营性建设用地入市相关规定，双方本着平等、自愿、有偿、诚实信用的原则，订立本合同。

**第二条** 本合同项下宗地集体经营性建设用地出让方案已依据《土地管理法实施条例》第四十条规定报市（县）人民政府，双方依据出让方案约定本合同内容，且合同有关内容符合规划条件、产业准入和生态环境保护要求等。合同内容与出让方案不符的，以出让方案为准。

**第三条** 出让人作为出让集体土地的所有权人，有权依法出让集体经营性建设用地使用权，但该集体土地的地下资源、埋藏物和公用设施不属于集体经营性建设用地使用权出让范围。

**第四条** 受让人对依法取得的集体经营性建设用地，在出让期限内享有占有、使用、收益和依法处置的权利，有权利用该土地依法建造符合相关规划的建筑物、构筑物及其附属设施，并合理使用。

## 第二章 出让土地的交付与出让价款的缴纳

**第五条** 本合同项下出让宗地编号为__________，宗地总面积大写__________平方米（小写__________平方米），其中出让宗地面积大写__________平方米（小写__________平方米）。

本合同项下的出让宗地坐落于______________________________；

本合同项下出让宗地的平面界址为__________；出让宗地的平面界址图见附件1。

本合同项下出让宗地的竖向界限以__________为上界限；以__________为下界限，高差为__________米。出让宗地竖向界限见附件2。

出让宗地空间范围是以上述界址点所构成的垂直面和上、下界限高程平面封闭形成的空间范围，图示与文字表示不一致的，以附件1

和附件2图示表达为准。

**第六条** 本合同项下出让宗地的用途及出让年期为：

用途一__________，出让年期____年，面积大写__________平方米（小写__________平方米），占出让地块面积____%；

用途二__________，出让年期____年，面积大写__________平方米（小写__________平方米），占出让地块面积____%；

用途三__________，出让年期____年，面积大写__________平方米（小写__________平方米），占出让地块面积____%。

**第七条** 本合同项下出让宗地的出让年期，分别按以下约定起算：

（一）出让人按期交付土地的，按交付土地之日起算；出让人未能按期交付土地的，按实际交付土地之日起算；

（二）出让人交付的土地未能达到本合同约定的土地条件或单方改变土地使用条件的，按达到约定的土地条件之日起算；

（三）____________________________________________。

**第八条** 出让人同意在______年____月____日前将出让宗地交付受让人，并同意在交付土地时该宗地应达到本条第____项规定的土地条件，双方于交地当日签订交地确认书：

（一）场地平整达到__________；周围基础设施达到__________；

（二）现状土地条件______________________________。

**第九条** 受让人向出让人支付集体经营性建设用地使用权出让价款总额为人民币大写__________元（小写__________元），每平方米人民币大写__________元（小写__________元）。

**第十条** 本合同定金为人民币大写__________元（小写__________元），缴款日期______年____月____日，定金抵作集体经营性建设用地使用权出让价款。

**第十一条** 受让人同意按本条第一款第____项的约定，通过市

(县)财政监管账户,向出让人支付集体经营性建设用地使用权出让价款:

(一)本合同签订之日起____工作日内,一次性将集体经营性建设用地使用权出让价款缴入市(县)财政监管账户;

(二)按以下时间和金额分____期将集体经营性建设用地使用权出让价款缴入市(县)财政监管账户。

第一期人民币大写__________元(小写__________元),付款时间:______年____月____日前。

第二期人民币大写__________元(小写__________元),付款时间:______年____月____日前。

第____期人民币大写__________元(小写__________元),付款时间:______年____月____日前。

第____期人民币大写__________元(小写__________元),付款时间:______年____月____日前。

分期支付集体经营性建设用地使用权出让价款的,受让人在支付第二期及以后各期出让价款时,同意按照以下第____种方式,通过市(县)财政监管账户,向出让人支付利息:

1. 支付第一期出让价款之日中国人民银行授权全国银行间同业拆借中心公布的有效的一年期贷款市场报价利率。

2. ______________________________________________________。

**第十二条** 本合同签订后5个工作日内,受让人应当将合同报市(县)人民政府自然资源主管部门备案。完成备案后,自然资源主管部门将备案合同、宗地编号、空间范围、规划条件等涉空间布局和规划管理信息纳入有关基础信息平台和监测监管系统。

本合同条款发生变更的,受让人应当在合同变更后5个工作日内重新备案合同。

**第十三条** 受让人同意按第十条、第十一条约定的定金、集体经营性建设用地使用权出让价款的支付方式，将定金、出让价款缴入市(县)财政监管账户。

户名：________________________________________；

账号：________________________________________；

开户行：______________________________________。

出让人完成土地交付后，财政监管账户于5个工作日内将定金抵作的集体经营性建设用地使用权出让价款转出至出让人账户，并在受让人按第十一条支付出让价款后的5个工作日内将后续出让价款转出至出让人账户。出让人应当及时查收确认。

**第十四条** 受让人按本合同约定付清本宗地全部出让价款后，持本合同、合同备案文件、出让价款缴纳凭证、土地增值收益调节金缴纳凭证、完税证明等相关证明材料，申请办理不动产登记。

## 第三章 土地开发建设与利用

**第十五条** 受让人同意本合同项下出让宗地开发投资强度按本条第____项规定执行：

(一)本合同项下宗地用于工业项目建设，受让人同意本合同项下出让宗地的项目固定资产总投资不低于经批准、登记备案或合同双方当事人约定的金额人民币大写__________万元(小写__________万元)，投资强度不低于每平方米人民币大写__________元(小写__________元)。本合同项下出让宗地建设项目的固定资产总投资包括建筑安装工程价值，设备、工具、器具的购置费，以及相关费用(含集体经营性建设用地使用权出让价款)。

(二)本合同项下宗地用于非工业项目建设，受让人承诺本合同项下出让宗地的开发投资总额不低于人民币大写__________万元(小写__________万元)。

**第十六条** 受让人同意在本合同项下宗地范围内新建的建筑物、

构筑物及其附属设施,符合市(县)人民政府自然资源主管部门确定的出让宗地规划条件(见附件3)。其中:

用地性质______________________________________________;

主体建筑物性质________________________________________;

附属建筑物性质________________________________________;

建筑总面积__________平方米,占地面积__________平方米;

容积率不高于__________不低于__________;

建筑限高__________;

建筑密度不高于__________不低于__________;

绿地率不高于__________不低于__________;

其他土地利用要求__________。

受让人同意按产业准入和生态环境保护要求等,利用本合同项下出让宗地,具体要求见附件4、附件5。

**第十七条** 受让人同意本合同项下宗地建设配套按本条第____项约定执行:

(一)本合同项下宗地主要用于工业项目建设,根据自然资源主管部门确定的规划条件,本合同受让宗地范围内用于企业内部行政办公及生活服务设施的占地面积不超过受让宗地面积的____%,即不超过__________平方米,建筑面积不超过总建筑面积的____%,即不超过__________平方米。受让人不得在受让宗地范围内建造成套住宅、专家楼、宾馆、招待所和培训中心等非生产性设施。

(二)本合同项下宗地主要用于商业项目建设,根据自然资源主管部门确定的规划条件,受让人不得在受让宗地范围内建造成套住宅等非商业设施。

(三)本合同项下宗地主要用于保障性租赁住房项目建设,根据自然资源主管部门确定的规划条件,本合同受让宗地范围内保障性租赁住房建设总套数不少于____套。其中,套型建筑面积70平方米以下保障性租赁住房面积占本合同项下受让宗地开发建设总面积的比例不低于____%，保障性租赁住房建设套型要求为________________。

（四）本合同项下宗地主要用于____项目建设，土地利用要求为________________________________。

**第十八条** 受让人同意在本合同项下宗地范围内同步修建下列公共管理、公共服务、公用设施等配套项目：

□养老、教育、医疗等保障性配套服务设施；

□其他________________________________。

受让人并同意上述配套项目建成后，按本条第二款第____项履行：

（一）不动产产权无偿移交给出让人或政府；

（二）由出让人或政府回购；

（三）________________________________；

（四）________________________________。

**第十九条** 受让人同意本合同项下出让宗地建设项目于______年____月____日之前开工，于______年____月____日之前竣工。

受让人不能按期开工，提前30日向出让人提出延建申请，经出让人同意延建的，其项目竣工时间相应顺延，但延建期限不得超过一年。受让人并自行办理延期开工手续。

**第二十条** 受让人在本合同项下宗地范围内进行建设时，有关用水、用气、污水及其他设施与宗地外主管线、用电变电站接口和引入工程，按有关规定办理。

合同双方当事人同意，政府为公用事业需要而敷设的各种管道与管线进出、通过、穿越受让宗地，由此影响受让宗地使用功能的，政府或公用事业营建主体给予□受让人□出让人□其他__________合理补偿。

**第二十一条** 受让人同意按照本合同约定的土地用途、容积率等规划条件利用土地，不得擅自改变。在出让期限内，需要改变本合同约定的土地用途的，双方同意按本条第____项约定办理：

（一）由出让人收回集体经营性建设用地使用权。

（二）依法办理改变土地用途手续，签订集体经营性建设用地使用权出让合同变更协议或重新签订集体经营性建设用地使用权出让合同，由受让人按照批准改变时新土地用途下建设用地使用权评估市场价格与原土地用途下建设用地使用权评估市场价格的差额，补缴集体经营性建设用地使用权出让价款，缴纳相应税费，办理不动产变更登记。新土地用途的市场价格低于原土地用途的市场价格的，不需补缴出让价款，已缴的出让价款不予退还。评估估价期日以自然资源主管部门依法受理改变用途申请的时点为准。

（三）________________________________________________。

**第二十二条** 本合同项下出让宗地在使用期限内，原规划如依法修改，该宗地已有的建筑物不受影响，但在使用期限内该宗地建筑物、构筑物及其附属设施改建、翻建、重建，或者期限届满申请续期时，必须按届时有效的规划执行。

## 第四章 集体经营性建设用地使用权转让、出租、抵押

**第二十三条** 受让人按照本合同约定支付全部集体经营性建设用地使用权出让价款，领取不动产权证后，有权将本合同项下的全部或部分集体经营性建设用地使用权转让、出租、抵押。首次转让的，受让人同意分别符合以下约定的条件：

（一）按照本合同约定进行投资开发，属于房屋建设工程的，完成开发投资总额的百分之二十五以上；

（二）按照本合同约定进行投资开发，属于成片开发土地的，已形成工业用地或其他建设用地条件；

（三）________________________________________________。

有下列情形之一的，受让人不得将本合同项下的全部或部分集体经营性建设用地使用权转让、出租、抵押：

（一）______________________________；

（二）______________________________；

（三）______________________________。

集体经营性建设用地使用权的转让、出租及抵押，不得违背国家法律、法规规定和本合同约定。

**第二十四条** 集体经营性建设用地使用权全部或部分转让后，受让人应当确保本合同和不动产登记文件中载明的权利、义务随之转移，集体经营性建设用地使用权的使用年限为本合同约定的使用年限减去已经使用年限后的剩余年限。

本合同项下的全部或部分集体经营性建设用地使用权出租后，本合同和不动产登记文件中载明的权利、义务仍由受让人承担。

**第二十五条** 集体经营性建设用地使用权转让、抵押的，转让、抵押双方持本合同和相应的转让、抵押合同、出让价款缴纳凭证、不动产权证等向不动产登记机构申请办理不动产转移、抵押登记。

**第二十六条** 受让人转让或者抵押本合同项下的集体经营性建设用地使用权的，应当于转让或者抵押书面合同签订后5个工作日内，书面告知出让人和市（县）人民政府自然资源主管部门，并提交以下材料：

（一）转让或抵押的书面合同原件；

（二）______________________________等资料。

## 第五章 期限届满与使用权终止

**第二十七条** 因公共利益需要，国家征收集体土地，涉及本合同项下出让宗地的，土地补偿费归出让人所有。出让人同意与受让人协商，并给予其公平补偿。

征收时,本合同项下宗地范围内由受让人建设的附着物的补偿费归受让人所有。

**第二十八条** 对受让人依法使用的集体经营性建设用地使用权,在本合同约定的使用年限届满前,除非有下列情况,出让人不得收回集体经营性建设用地使用权:

(一)为乡(镇)村公共设施和公益事业建设,需要使用土地的;

(二)受让人不按照约定用途使用土地的,且未依法办理改变土地用途手续的;

(三)受让人因撤销、迁移等原因而停止使用土地的;

(四)受让人违反产业准入要求、生态环境保护要求等使用土地且拒不改正的;

(五)____________________________________________。

为乡(镇)村公共设施和公益事业建设等公共利益收回集体经营性建设用地使用权的,出让人根据收回时由受让人建设的建筑物、构筑物及其附属设施的价值和剩余年期集体经营性建设用地使用权的评估市场价格及经评估认定的直接损失给予受让人补偿。

出让人按本条第一款约定以及本合同第二十一条、三十条、三十四条、三十五条有关约定收回集体经营性建设用地使用权的,受让人同意及时办理不动产注销登记。

**第二十九条** 本合同约定的使用年限届满,受让人需要继续使用本合同项下宗地的,至迟于届满前一年向出让人提交续期申请书,除非有下列情况,出让人应当同意予以续期:

(一)依据本合同第二十七条需要征收集体土地;

(二)依据本合同第二十八条或合同其他约定等需要收回本合同项下出让宗地的;

(三)____________________________________________。

出让人同意续期的,受让人依法办理出让、出租等有偿用地手续,重新签订出让、出租等土地有偿使用合同，支付出让价款、租金等土地有偿使用费，并办理合同备案、不动产登记等手续。

**第三十条** 土地出让期限届满，受让人申请续期未获同意或没有申请续期的，受让人同意交回不动产权证，并依照规定办理不动产注销登记，集体经营性建设用地使用权由出让人无偿收回。出让人和受让人同意本合同项下宗地范围内由受让人建设的建筑物、构筑物及其附属设施，按本条第____项约定履行：

（一）由出让人收回由受让人建设的建筑物、构筑物及其附属设施，并根据收回时建筑物、构筑物及其附属设施的价值，给予受让人相应补偿；

（二）由出让人无偿收回由受让人建设的建筑物、构筑物及其附属设施；

（三）________________________________________________。

受让人同意保持建筑物、构筑物及其附属设施的正常使用功能，不得人为破坏。建筑物、构筑物及其附属设施失去正常使用功能的，出让人可要求受让人移动或拆除其建设的建筑物、构筑物及其附属设施，恢复场地平整。土地使用期限届满未续期的，受让人不按约定交回不动产权证，未办理不动产注销登记的，出让人经公告或通知受让人后，可以持本出让合同及有关补充协议等办理不动产注销登记。

## 第六章 不可抗力

**第三十一条** 合同双方当事人任何一方由于不可抗力原因造成的本合同部分或全部不能履行，可以免除违约责任，但在条件允许下采取一切必要的补救措施以减少因不可抗力造成的损失。当事人迟延履行期间发生的不可抗力，不具有免责效力。

**第三十二条** 不可抗力事件发生后，遇有不可抗力的一方应当在力所能及的条件下迅速采取措施，尽力减少损失，尽快（最迟不得晚于不可抗力事件结束后________天内)向另一方书面告知有关情况。不可抗力结束后____天内,向另一方提交本合同部分或全部不能履行或需要延期履行的报告及证明,并协商具体处理办法。

## 第七章 违约责任

**第三十三条** 受让人同意按照本合同约定,按时支付集体经营性建设用地使用权出让价款。受让人不能按时支付出让价款的,自滞纳之日起,每日按迟延支付款项的万分之________向出让人缴纳违约金,延期付款超过60日,经出让人催交后仍不能支付使用权出让价款的,出让人有权解除合同,并报市(县)人民政府自然资源主管部门。受让人无权要求返还定金,出让人并可请求受让人赔偿损失。

**第三十四条** 受让人因自身原因终止该项目投资建设,提出终止履行本合同并请求退还土地的,出让人分别按以下约定,收回集体经营性建设用地使用权:

(一)受让人在本合同约定的开工建设日期届满一年前不少于60日向出让人提出申请的,出让人在□扣除本合同约定的定金□其他__________后退还受让人已支付的集体经营性建设用地使用权出让价款(不计利息);

(二)受让人在本合同约定的开工建设日期超过一年但未满二年,并在届满二年前不少于60日向出让人提出申请的,出让人在□扣除本合同约定的定金□其他__________,并由政府有关部门按照规定征收土地闲置费后,退还受让人已支付的集体经营性建设用地使用权出让价款(不计利息);

(三)__________________________________________________。

该宗地出让范围内已建的建筑物、构筑物及其附属设施,双方同意按本条第二款第____项约定办理:

(一)不予补偿;

（二）受让人清除已建的建筑物、构筑物及其附属设施，恢复场地平整；

（三）出让人继续利用已建的建筑物、构筑物及其附属设施，并给予受让人一定补偿；

（四）________________________________。

**第三十五条** 合同双方当事人同意按照节约集约用地原则，互相监督，严禁造成土地闲置。除不可抗力或者政府原因外，因出让人或受让人原因造成土地闲置，满一年未动工开发的，当事人同意按照省、自治区、直辖市的规定缴纳土地闲置费；满二年未动工开发的，合同双方当事人任何一方有权向另一方提出终止履行本合同，并分别按以下约定，协商解决有关补偿事宜：

（一）因出让人原因造成土地闲置，经受让人同意，出让人可有偿收回集体经营性建设用地使用权；

（二）因受让人原因造成土地闲置，出让人可无偿收回集体经营性建设用地使用权；

（三）________________________________。

**第三十六条** 受让人未能按照本合同约定日期或同意延期开工所另行约定日期开工建设的，不超过一年的，每延期一日，按照出让价款的万分之____向出让人支付违约金，出让人有权要求受让人继续履约。超过一年未动工开发的，按本合同第三十五条有关约定办理。

受让人未能按照本合同约定日期或同意延建所另行约定日期竣工的，每延期一日，按照出让价款的万分之____向出让人支付违约金。

**第三十七条** 项目固定资产总投资、投资强度和开发投资总额未达到本合同约定标准的，出让人有权要求受让人继续履行本合同，并可请求受让人按本条第____项约定支付违约金：

（一）按照实际差额部分占约定投资总额和投资强度指标的比例，要求受让人支付相当于同比例集体经营性建设用地使用权出让价款的违约金；

（二）________________________________________。

**第三十八条** 本合同项下出让宗地容积率、建筑密度等任何一项指标不符合本合同约定的，出让人有权要求受让人继续履行本合同，并由市（县）人民政府自然资源主管部门责令受让人限期改正。拒不改正的，出让人可请求受让人分别按以下约定支付违约金：

（一）容积率、建筑密度等任何一项指标低于本合同约定标准范围的，出让人可以按照实际差额部分占约定最低标准的比例，要求受让人支付相当于同比例集体经营性建设用地使用权出让价款的违约金；

（二）容积率、建筑密度等任何一项指标超出本合同约定标准范围的，出让人有权按照实际差额部分占约定标准的比例，要求受让人支付相当于同比例集体经营性建设用地使用权出让价款的违约金；

（三）________________________________________。

**第三十九条** 工业建设项目的绿地率、企业内部行政办公及生活服务设施用地所占比例、企业内部行政办公及生活服务设施建筑面积等任何一项指标不符合本合同约定标准的，出让人有权要求受让人继续履行本合同，并由市（县）人民政府自然资源主管部门责令受让人限期改正。拒不改正的，出让人可请求受让人分别按以下约定支付违约金，并自行拆除相应的绿化和建筑设施：

（一）受让人同意向出让人支付相当于集体经营性建设用地使用权出让价款万分之____的违约金；

（二）________________________________________。

**第四十条** 受让人同意严格按照经政府部门批准产业准入要求、生态环境保护要求等使用土地。受让人违反上述要求的，依法接受相关部门处罚。

**第四十一条** 受让人按本合同约定支付集体经营性建设用地使用权出让价款的，出让人必须按照本合同约定按时交付出让土地。由于出让人未按时提供出让土地而致使受让人本合同项下受让宗地占有延期的，未造成土地闲置的，每延期一日，出让人同意按受让人已经支付的集体经营性建设用地使用权出让价款的万分之____向受让人给付违约金。土地使用年期按本合同第七条有关约定起算。

出让人延期交付土地超过 60 日，经受让人催交后仍不能交付土地的，受让人有权解除合同，出让人同意双倍返还定金，并退还已经支付集体经营性建设用地使用权出让价款的其余部分，受让人并可请求出让人赔偿损失。

出让人延期交付土地造成土地闲置的，按本合同第三十五条有关约定办理。

**第四十二条**　出让人未能按期交付土地或交付的土地未能达到本合同约定的土地条件或单方改变土地使用条件的，受让人有权要求出让人按照规定的条件履行义务，并且赔偿延误履行而给受让人造成的直接损失。土地使用年期按本合同第七条有关约定起算。

**第四十三条**　合同双方当事人对本合同项下宗地范围内项目投资额度、容积率、建筑密度、绿地率、行政办公和服务设施比例、土地闲置、乡（镇）村公共设施和公益事业建设等事项认定存在不一致时，双方同意由市（县）人民政府或其指定的部门、单位，或具有相应资质条件的第三方机构组织等开展评估认定，并以其评估认定结果为准。

## 第八章　适用法律及争议解决

**第四十四条**　本合同订立、效力、解释、履行及争议的解决，适用中华人民共和国法律。

**第四十五条**　因履行本合同发生争议，双方协商解决，协商不成的，按本条第____项约定的方式解决：

（一）提交________________________________仲裁委员会仲裁；

（二）依法向人民法院提起诉讼；

（三）________________________________________________。

## 第九章 附　　则

**第四十六条**　本合同自双方签订之日起生效。本合同双方名称、通讯地址、电话、传真、开户银行、代理人等内容真实有效。如有变更，应于变更之日起 15 个工作日内以书面形式告知对方。因信息更新不及时告知产生的责任由信息变更方承担。

**第四十七条**　本合同和附件共________页，以中文书写为准。

**第四十八条**　本合同的价款、金额、面积等项应当同时以大、小写表示，大小写数额应当一致，不一致的，以大写为准。

**第四十九条**　本合同未尽事宜，可另立补充协议，补充协议与本合同不一致的，以补充协议为准，补充协议与本合同具有同等法律效力，并同时报市（县）人民政府自然资源主管部门备案。

**第五十条**　本合同一式____份，双方各执____份，一份报市（县）人民政府自然资源主管部门备案，具有同等法律效力。

出让人（章）：　　　　　　　　受让人（章）：

法定代表人（委托代理人）：　　法定代表人（委托代理人）：
（签字）：　　　　　　　　　　（签字）：

备案单位（章）：
签订日期：______年____月____日

**附件 1**

# 出让宗地平面界址图

北

界址图粘贴线

比例尺：1 ：__________

**附件 2**

出让宗地竖向界限

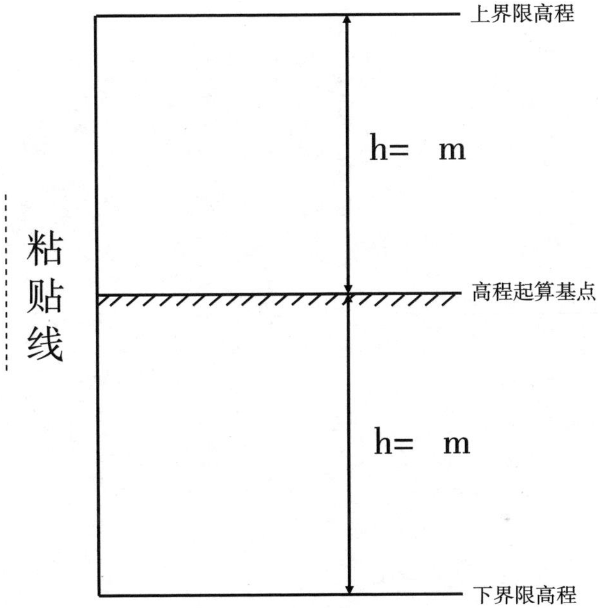


采用的高程系：__________

比例尺：1　：

**附件 3**

市(县)自然资源主管部门确定的宗地规划条件

**附件 4**

市(县)发展改革主管部门确定的宗地产业准入要求

**附件 5**

市（县）生态环境主管部门确定的宗地生态环境保护要求

# 集体经营性建设用地使用权出让监管协议示范文本（试点试行）

中华人民共和国自然资源部
中华人民共和国国家市场监督管理总局 制定

# 集体经营性建设用地使用权出让监管协议

**使用说明**

一、《集体经营性建设用地使用权出让监管协议》包括协议正文和附件[监管清单(样式)]。经协议三方当事人约定同意后,可根据实际情况新增附件。

二、本协议与同一宗地相对应的《集体经营性建设用地使用权出让合同》配套使用。

三、本协议的监管人为出让宗地所在地的市(县)人民政府。

四、本协议为示范文本,由自然资源部与国家市场监督管理总局联合制定。合同签订前,三方当事人应当仔细阅读本合同内容,特别是其中具有选择性、补充性、填充性、修改性的内容;当事人对协议中的专业用词理解不一致的,可向监管人或当地自然资源主管部门咨询。

五、本协议文本中相关条款后留有空白行,供当事人自行约定或者补充约定,约定内容应符合国家有关政策规定。协议三方当事人依法可以对文本条款的内容进行修改、增补或者删减。协议签订生效后,未被修改的文本印刷文字视为三方同意内容。

六、协议三方当事人应当结合具体情况选择本协议条款中所提供的选择项,同意的在选择项前的□打√,不同意的打×。

七、本协议示范文本在入市试点地区试行。

八、本协议由自然资源部和国家市场监督管理总局负责解释。

协议编号：____________

# 集体经营性建设用地使用权出让监管协议

本协议三方当事人：
出让人：____________；统一社会信用代码：________________；
法定代表人：____________；身份证号码：________________；
委托代理人：____________________________________________；
□统一社会信用代码：____________；□身份证号码：__________；
联系地址：____________；联系电话：________________________；
开户银行：____________；账号：____________________________。

受让人：________________________________________________；
□统一社会信用代码：____________；□身份证号码：__________；
委托代理人：____________________________________________；
□统一社会信用代码：____________；□身份证号码：__________；
联系地址：____________；联系电话：________________________；
开户银行：____________；账号：____________________________。
监管人：__________省（区、市）__________市（县）人民政府；
统一社会信用代码：______________________________________；
法定代表人：____________；身份证号码：________________；
委托代理人：____________________________________________；
□统一社会信用代码：____________；□身份证号码：__________；
联系地址：____________；联系电话：________________________；
开户银行：____________；账号：____________________________。

## 第一章 总　　则

**第一条** 根据《中华人民共和国民法典》《中华人民共和国土地

管理法》《中华人民共和国土地管理法实施条例》等法律法规及集体经营性建设用地入市相关规定，本着平等、自愿、诚实信用的原则，经本协议三方当事人协商一致，在《集体经营性建设用地使用权出让合同》（合同编号：____________）基础上，依据出让方案签订本协议。

**第二条** 为实现土地节约集约利用，出让合同双方当事人一致同意由本协议约定的监管人对出让合同履约过程等组织实施监管，出让人、受让人、监管人应共同遵守本协议相关内容。

**第三条** 本协议项下的出让宗地（宗地编号：____________）坐落于____________，四至范围为____________。宗地总面积大写____________平方米（小写____________平方米），其中出让宗地面积大写____________平方米（小写____________平方米），土地用途为____________。本协议项下土地其他情况以出让合同约定为准。

## 第二章 监管事宜

**第四条** 为确保本协议项下宗地严格按照出让合同约定进行土地开发利用和保护，本协议项下监管事项包括但不限于下列约定项目：

（一）规划条件。

（二）产业准入要求。

（三）生态环境保护要求。

（四）交地及开、竣工要求。

（五）开发投资强度要求。

（六）宗地建设配套要求。

□养老、教育、医疗等保障性配套服务设施建设要求；

□公共管理、公共服务、市政设施等配套项目建设要求；

□企业内部行政办公及生活服务设施比例及面积；

□保障性租赁住房建设套数及户型要求；

□其他要求：________________________________________________。

（七）延建要求。

（八）投、达产及税收等要求。

（九）土地增值收益调节金缴纳。

（十）集体经营性建设用地使用权转让、出租、抵押等规定。

（十一）集体经营性建设用地使用权收回、续期等规定。

（十二）土地闲置认定。

（十三）乡（镇）村公共设施和公益事业建设认定。

（十四）原出让合同内容变更。

（十五）其他要求：________________________________________。

出让人和受让人接受监管的具体项目、监管要求、违约及整改、责任主体依据出让合同确定，并根据具体项目确定监管措施，具体内容以监管清单为准，见附件。

**第五条** 本协议监管期限与出让合同中土地使用权的期限一致，土地使用权的期限发生变化的，监管期限也随之相应改变。

**第六条** 监管人的监管采取出让人或受让人主动申请监管为主，结合监管人主动监管的方式进行。

出让人或受让人主动申请监管是指出让人或受让人将合同履约情况及时告知监管人，监管人根据相关法律法规及政策文件要求，提出监管意见，并视情况采取相应监管措施。

监管人认为需要对合同履约情况进行核查或纠正整改的，监管人可采取主动核查，并向出让人或受让人提出监管意见，并视情况采取相应监管措施。

**第七条** 监管人可采取以下监管措施：

1. 主动核查；

2. 责令出让人或受让人纠正或整改；

3. 将监管结果及时对外公布，涉及国家机密或商业秘密的除外；

4. 视情节轻重，将出让人或受让人的违约行为记入诚信档案；

5. ______________________________________________。

## 第三章　权利与义务

**第八条**　出让人和受让人有权按照本协议约定的内容、期限及方式等要求监管人履行监管职责，并拒绝监管人不符合本协议约定的监管要求。

**第九条**　出让人和受让人应按照出让合同、本协议的约定及相关法律法规及政策文件要求实施土地开发利用和保护，并自觉申请和配合监管人根据相关法律法规及政策文件要求、出让合同和本协议所进行的监管。

出让人和受让人有义务如实提供情况和必要的资料，不得拒绝和阻挠监管。对出让人或受让人未按合同约定需要承担违约责任的，另一方当事人应向监管人提供相关凭证。

**第十条**　监管人有权按照本协议约定的内容、期限及方式等履行监管职责。在监管期限内，监管人有权根据具体情况，选择本协议约定范围内的监管方式和监管措施。

监管人有权对被监管人提交的情况或资料进行核查，认为提交的材料不符合要求的可要求其再行提交。

**第十一条**　监管人有义务为出让人和受让人在出让合同签订、履约等过程中提供必要的服务，并及时将监管情况告知出让人和受让人。

## 第四章　法律责任

**第十二条**　出让人和受让人履行出让合同过程中存在违约行为的应根据出让合同约定承担违约责任。

出让人和受让人不履行出让合同约定义务且拒不纠正或整改的，

或违反本协议不申请不配合监管人监管的，应根据本协议的约定接受监管人按本协议第七条采取的监管措施，并承担相应的经济责任和法律责任。

**第十三条** 监管人未按本协议及时履行监管职责、告知义务，或违反本协议的约定滥用监管权造成出让人或受让人损失的，应赔偿出让人或受让人的实际损失。

**第十四条** 本协议三方当事人根据本协议承担违约责任，不影响有关部门依法追究其他相关法律责任。

## 第五章 不可抗力

**第十五条** 本协议三方当事人任何一方由于不可抗力原因造成的本协议部分或全部不能履行，可以免除违约责任，但应在条件允许下采取一切必要的补救措施以减少因不可抗力造成的损失。当事人迟延履行期间发生的不可抗力，不具有免责效力。

**第十六条** 不可抗力事件发生后，遇有不可抗力的一方应当在力所能及的条件下迅速采取措施，尽力减少损失，尽快（最迟不得晚于不可抗力事件结束后____天内）向其他各方书面告知有关情况。不可抗力结束后____天内，向其他各方提交本协议部分或全部不能履行或需要延期履行的报告及证明，并协商具体处理办法。

## 第六章 适用法律及争议解决

**第十七条** 本协议订立、效力、解释、履行及争议的解决，适用中华人民共和国法律。

**第十八条** 因履行本协议发生争议，由协议当事各方协商解决，协商不成的，按本条第____项约定的方式解决：

（一）提交________________________________仲裁委员会仲裁；

（二）依法向人民法院提起诉讼；

（三）______________________________________________。

因仲裁或诉讼引起的仲裁费用、诉讼费用、评估拍卖费用、律师费用等相关费用由败诉方承担。

## 第七章 附　　则

**第十九条**　本协议与出让合同配套使用，且自三方当事人签订之日起生效。出让人、受让人签订补充合同或变更调整出让合同的，亦应签定补充监管协议。

**第二十条**　本协议三方当事人均保证本协议中所填写的姓名、通讯地址、电话、传真、开户银行、代理人等内容真实有效。如有变更，应于变更之日起 15 个工作日内以书面形式告知其余各方。因信息更新不及时告知产生的责任由信息变更方承担。

**第二十一条**　本协议和附件共____页，以中文书写为准。

**第二十二条**　本协议的价款、金额、面积等项应当同时以大、小写表示，大小写数额应当一致，不一致的，以大写为准。

**第二十三条**　本协议未尽事宜，可由协议当事各方约定后作为协议附件，与本协议具有同等法律效力。

**第二十四条**　以出租等方式供应集体经营性建设用地使用权的，参照本监管协议执行。

**第二十五条**　本协议____份，三方当事人各执____份，具有同等法律效力。

出让人（章）：　　　　　　　受让人（章）：

法定代表人（委托代理人）：　法定代表人（委托代理人）：
（签字）：　　　　　　　　　（签字）：

监管人(章):
法定代表人(委托代理人):
(签字):
签订日期:________年________月________日

**附件**

## 监管清单(样式)

| | 监管事项 | 监管要求 | 监管方案 | 违约整改要求 |
|---|---|---|---|---|
| | | 1. 出让人:<br>2. 受让人: | 1. 监管实施部门:<br>2. 监管时点:<br>3. 监管方案:<br>(1)监管事项认定及违约处置:<br>(2)违处及整改执行情况:<br>(3)监管措施: | |
| | | | | |
| | | | | |
| | | | | |
| 其他 | | | | |
| 备注:本监管清单供参考。未尽事宜,可由本协议三方当事人约定同意后新增至监管协议附件,且具有同等法律效力。 | | | | |

# 农村土地经营权入股合同
# （示范文本）

农　业　农　村　部
国家市场监督管理总局　制定
二〇二一年九月

**使用说明**

一、本合同为示范文本，由农业农村部与国家市场监督管理总局联合制定，供农村土地（耕地）经营权入股的当事人签订合同时参照使用。

二、合同签订前，双方当事人应当仔细阅读本合同内容，特别是其中具有选择性、补充性、填充性、修改性的内容；对合同中的专业用词理解不一致的，可向当地农业农村部门或农村经营管理部门咨询。

三、合同签订前，工商企业等社会资本通过入股取得土地经营权的，应当依法履行资格审查、项目审核和风险防范等相关程序。

四、本合同文本中相关条款后留有空白行，供双方自行约定或者补充约定。双方当事人依法可以对文本条款的内容进行修改、增补或者删减。合同签订生效后，未被修改的文本印刷文字视为双方同意内容。

五、双方当事人应当结合具体情况选择本合同协议条款中所提供的选择项，同意的在选择项前的□打√，不同意的打×。

六、本合同文本中涉及的选择、填写内容以手写项为优先。

七、当事人订立合同的，应当在合同书上签字、盖章或者按指印。

八、本合同文本"当事人"部分，自然人填写身份证号码，农村集体经济组织填写农业农村部门赋予的统一社会信用代码，其他市场主体填写市场监督管理部门赋予的统一社会信用代码。

九、本合同编号由县级以上农业农村部门或农村经营管理部门指导乡（镇）人民政府农村土地承包管理部门按统一规则填写。

根据《中华人民共和国民法典》《中华人民共和国农村土地承包法》和《农村土地经营权流转管理办法》等相关法律法规，本着平等、自愿、公平、诚信、有偿的原则，经甲乙双方协商一致，就土地经营权入股事宜，签订本合同。

**一、当事人**

甲方（入股方）：____________________

社会信用代码：____________________

身份证号码：____________________

法定代表人（负责人/农户代表人）：____________________

身份证号码：____________________

联系地址：__________联系电话：__________

经营主体类型：□自然人□农村承包经营户□农民专业合作社□家庭农场□农村集体经济组织□公司□其他：__________

乙方（受让方）：____________________

社会信用代码：____________________

法定代表人（负责人）：____________________

身份证号码：____________________

联系地址：__________联系电话：__________

经营主体类型：□农民专业合作社□公司□其他__________

**二、入股标的物**

（一）经自愿协商，甲方将____亩土地经营权（具体见下表及附图）入股乙方。

| 序号 | 村（组） | 地块名称 | 地块代码 | 坐落（四至） | | | | 面积（亩） | 质量等级 | 土地类型 | 承包合同代码 | 备注 |
|---|---|---|---|---|---|---|---|---|---|---|---|---|
| | | | | 东 | 南 | 西 | 北 | | | | | |
| 1 | | | | | | | | | | | | |
| 2 | | | | | | | | | | | | |
| 3 | | | | | | | | | | | | |
| | | | | | | | | | | | | |
| | | | | | | | | | | | | |

（二）入股土地上的附属建筑和资产情况现状描述：

______________________________________________。

入股土地上的附属建筑和资产的处置方式描述（可另附件）：

______________________________________________。

**三、入股土地用途**

入股土地用途为____________________________________。

**四、入股期限**

入股期限自______年____月____日起至______年____月____日止。

**五、入股土地交付时间**

甲方应于______年____月____日前完成土地交付。

**六、股份分红及支付方式**

（一）股份分红标准

双方当事人约定入股土地所占的□出资额__________（大写：__________）□股份数__________（大写：__________）□其他：__________。

双方当事人选择第____种股份分红标准。

1. 按股分红。即根据□出资额□股份数□其他：__________分配盈余或者利润。

2. 保底收益+按股分红。保底收益每亩每年__________元(大写：________________)，每____年调整一次保底收益。具体调整方式：__________。

按股分红根据□出资额□股份数□其他：__________分配盈余或者利润。

3. 其他：______________________________________________。

(二)股份分红支付

双方当事人选择第____种方式支付股份分红。

1. 按股分红。乙方须于每年____月____日前分配(□前一□当)年盈余或者利润。

2. 保底收益+按股分红。乙方须于每年____月____日前支付(□当□后一)年保底收益__________元(大写：__________)。乙方须于每年____月____日前分配(□前一□当)年盈余或者利润。

3. 其他：______________________________________________。

(三)付款方式

双方当事人选择第____种付款方式。

1. 现金

2. 银行汇款

甲方账户名称：______________________________________

银行账号：__________________________________________

开户行：____________________________________________

3. 其他：____________________________________________

**七、甲方的权利和义务**

(一)甲方的权利

1. 要求乙方按合同约定支付股份分红；

2. 按照合同约定和乙方章程规定行使成员或者股东权利；

3. 监督乙方按合同约定的用途依法合理利用和保护入股土地；

4. 制止乙方损害入股土地和农业资源的行为；

5. 入股期限届满后收回土地经营权；

6. 其他：________________________________________________。

（二）甲方的义务

1. 按照合同约定交付入股土地；

2. 合同生效后____日内依据《中华人民共和国农村土地承包法》第三十六条的规定向发包方备案；

3. 不得干涉和妨碍乙方依法进行的农业生产经营活动；

4. 其他：________________________________________________。

**八、乙方的权利和义务**

（一）乙方的权利

1. 要求甲方按照合同约定交付入股土地；

2. 在合同约定的期限内占有农村土地，自主开展农业生产经营并取得收益；

3. 经甲方同意，乙方依法投资改良土壤，建设农业生产附属、配套设施，并有权按照合同约定对其投资部分获得合理补偿；

4. 入股期限届满，有权在同等条件下优先续约；

5. 其他：________________________________________________。

（二）乙方的义务

1. 按照合同约定及时接受入股土地并按照约定向甲方支付股份分红；

2. 保障甲方按照合同约定和章程规定行使成员或者股东权利；

3. 在法律法规政策规定和合同约定允许范围内合理利用入股土地，确保农地农用，符合当地粮食生产等产业规划，不得弃耕抛荒，不得破坏农业综合生产能力和农业生态环境；

4. 依据有关法律法规保护入股土地，禁止改变入股土地的农业用途，禁止占用入股土地建窑、建坟或者擅自在入股土地上建房、挖砂、采石、采矿、取土等，禁止占用入股的永久基本农田发展林果业和挖塘养鱼；

5. 其他：________________________________________。

**九、其他约定**

（一）甲方同意乙方依法

□投资改良土壤□建设农业生产附属、配套设施

□以土地经营权融资担保□再流转土地经营权

□其他：________________________________________。

（二）该入股土地的财政补贴等归属：____________________。

（三）乙方向__________□缴纳□不缴纳风险保障金__________元（大写：__________），合同到期后的处理：____________________。

（四）本合同期限内，入股土地被依法征收、征用、占用时，有关地上附着物及青苗补偿费的归属：____________________。

（五）其他事项：________________________________________。

**十、合同变更、解除和终止**

（一）合同有效期间，因不可抗力因素致使合同全部不能履行时，本合同自动终止，甲方将合同终止日至入股到期日的期限内已收取的股份分红退还给乙方；致使合同部分不能履行的，其他部分继续履行，股份分红可以作相应调整。

（二）如乙方在合同期满后需要继续经营该入股土地，必须在合同期满前____日内书面向甲方提出申请。如乙方不再继续经营的，必须在合同期满前____日内书面通知甲方，并在合同期满后____日内将原入股的土地交还给甲方。

（三）合同到期或者未到期由甲方依法提前收回入股土地时，乙方依法投资建设的农业生产附属、配套设施处置方式：

□由甲方无偿处置。

□经有资质的第三方评估后，由甲方支付价款购买。

□经双方协商后，由甲方支付价款购买。

□由乙方恢复原状。

□其他：＿＿＿＿＿＿＿＿＿＿＿＿＿＿＿＿＿＿＿＿＿＿＿＿。

**十一、违约责任**

（一）任何一方违约给对方造成损失的，违约方应承担赔偿责任。

（二）甲方应按合同规定按时向乙方交付土地，逾期一日应向乙方支付＿＿＿＿＿元（大写：＿＿＿＿＿）违约金。逾期超过＿＿日，乙方有权解除合同，甲方应当赔偿损失。

（三）甲方入股的土地存在权属纠纷或经济纠纷，致使合同全部或部分不能履行的，甲方应当赔偿损失。

（四）甲方违反合同约定擅自干涉和破坏乙方的生产经营，致使乙方无法进行正常的生产经营活动的，乙方有权解除合同，甲方应当赔偿损失。

（五）乙方应按照合同规定按时足额向甲方支付股份分红，逾期一日应向甲方支付＿＿＿＿＿元（大写：＿＿＿＿＿）违约金。逾期超过＿＿日，甲方有权解除合同，乙方应当赔偿损失。

（六）乙方擅自改变入股土地的农业用途、弃耕抛荒连续两年以上、给入股土地造成严重损害或者严重破坏土地生态环境的，甲方有权解除合同、收回该土地经营权，并要求乙方赔偿损失。

（七）合同期限届满的，乙方应当按照合同约定将原入股土地交还给甲方，逾期一日应向甲方支付＿＿＿＿＿元（大写：＿＿＿＿＿）违约金。

**十二、合同争议解决方式**

本合同发生争议的，甲乙双方可以协商解决，也可以请求村民委员会、乡（镇）人民政府等调解解决。当事人不愿协商、调解或者协商、调解不成的，可以依据《中华人民共和国农村土地承包法》第五十五条的规定向农村土地承包仲裁委员会申请仲裁，也可以直接向人民法院起诉。

**十三、附则**

(一)本合同未尽事宜，经甲方、乙方协商一致后可签订补充协议。补充协议与本合同具有同等法律效力。

补充条款(可另附件)：________________________________。

(二)本合同自甲乙双方签字、盖章或者按指印之日起生效。本合同一式____份，由甲方、乙方、农村集体经济组织、乡(镇)人民政府农村土地承包管理部门、__________，各执一份。

甲方：　　　　　　　　　　　　　　　　乙方：

法定代表人(负责人/农户代表人)签字：

法定代表人(负责人)签字：

签订时间：______年____月____日

签订时间：______年____月____日

签订地点：__________

签订地点：__________

**附件清单：**

| 序号 | 附件名称 | 是否具备 | 页数 | 备注 |
|---|---|---|---|---|
| 1 | 甲方、乙方的证件复印件 | | | |
| 2 | 入股土地的权属证明 | | | |
| 3 | 入股土地四至范围附图 | | | |
| 4 | 其他(例如：附属建筑及设施清单、村民会议决议书及公示材料、代办授权委托书和证件复印件等) | | | |

续表

| 序号 | 附件名称 | 是否具备 | 页数 | 备注 |
| --- | --- | --- | --- | --- |
| | | | | |
| | | | | |
| | | | | |
| | | | | |
| | | | | |
| | | | | |
| | | | | |
| | | | | |
| 共计　　份，　　页。 | | | | |

# 农村土地经营权出租合同
# （示范文本）

农　业　农　村　部
国家市场监督管理总局　制定
二〇二一年九月

**使用说明**

一、本合同为示范文本，由农业农村部与国家市场监督管理总局联合制定，供农村土地（耕地）经营权出租（含转包）的当事人签订合同时参照使用。

二、合同签订前，双方当事人应当仔细阅读本合同内容，特别是其中具有选择性、补充性、填充性、修改性的内容；对合同中的专业用词理解不一致的，可向当地农业农村部门或农村经营管理部门咨询。

三、合同签订前，工商企业等社会资本通过出租取得土地经营权的，应当依法履行资格审查、项目审核和风险防范等相关程序。

四、本合同文本中相关条款后留有空白行，供双方自行约定或者补充约定。双方当事人依法可以对文本条款的内容进行修改、增补或者删减。合同签订生效后，未被修改的文本印刷文字视为双方同意内容。

五、双方当事人应当结合具体情况选择本合同协议条款中所提供的选择项，同意的在选择项前的□打√，不同意的打×。

六、本合同文本中涉及的选择、填写内容以手写项为优先。

七、当事人订立合同的，应当在合同书上签字、盖章或者按指印。

八、本合同文本"当事人"部分，自然人填写身份证号码，农村集体经济组织填写农业农村部门赋予的统一社会信用代码，其他市场主体填写市场监督管理部门赋予的统一社会信用代码。

九、本合同编号由县级以上农业农村部门或农村经营管理部门指导乡（镇）人民政府农村土地承包管理部门按统一规则填写。

根据《中华人民共和国民法典》《中华人民共和国农村土地承包法》和《农村土地经营权流转管理办法》等相关法律法规，本着平等、自愿、公平、诚信、有偿的原则，经甲乙双方协商一致，就土地经营权出租事宜，签订本合同。

**一、当事人**

甲方(出租方)：________________

□社会信用代码：________________

□身份证号码：________________

法定代表人(负责人/农户代表人)：________________

身份证号码：________________

联系地址：________________联系电话：________________

经营主体类型：□自然人□农村承包经营户□农民专业合作社□家庭农场□农村集体经济组织□公司□其他：________________

乙方(承租方)：________________

□社会信用代码：________________

□身份证号码：________________

法定代表人(负责人/农户代表人)：________________

身份证号码：________________

联系地址：________________联系电话：________________

经营主体类型：□自然人□农村承包经营户□农民专业合作社□家庭农场□公司□其他：________________

**二、租赁物**

(一)经自愿协商，甲方将____亩土地经营权(具体见下表及附图)出租给乙方。

| 序号 | 村（组） | 地块名称 | 地块代码 | 坐落（四至） | | | | 面积（亩） | 质量等级 | 土地类型 | 承包合同代码 | 备注 |
|---|---|---|---|---|---|---|---|---|---|---|---|---|
| | | | | 东 | 南 | 西 | 北 | | | | | |
| | | | | | | | | | | | | |
| 1 | | | | | | | | | | | | |
| 2 | | | | | | | | | | | | |
| 3 | | | | | | | | | | | | |
| | | | | | | | | | | | | |
| | | | | | | | | | | | | |

（二）出租土地上的附属建筑和资产情况现状描述：

________________________________________________________________。

出租土地上的附属建筑和资产的处置方式描述（可另附件）：

________________________________________________________________。

**三、出租土地用途**

出租土地用途为________________________________________________。

**四、租赁期限**

租赁期限自______年____月____日起至______年____月____日止。

**五、出租土地交付时间**

甲方应于____年________月________日前完成土地交付。

**六、租金及支付方式**

（一）租金标准

双方当事人选择第____种租金标准。

1. 现金。即每亩每年人民币__________元（大写：__________）。

2. 实物或实物折资计价。即每亩每年__________公斤（大写：__________）。

□小麦□玉米□稻谷□其他：__________或者同等实物按照□市场价；

□国家最低收购价为标准折合成货币。

3. 其他：________________________________________________。

租金变动：根据当地土地流转价格水平，每____年调整一次租金。具体调整方式：________________________________________________。

（二）租金支付

双方当事人选择第____种方式支付租金。

1. 一次性支付。乙方须于______年____月____日前支付租金__________元（大写：__________）。

2. 分期支付。乙方须于每年____月____日前支付（□当□后一）年租金__________元（大写：__________）。

3. 其他：________________________________________________。

（三）付款方式

双方当事人选择第____种付款方式。

1. 现金

2. 银行汇款

甲方账户名称：________________________________________

银行账号：________________________________________

开户行：________________________________________

3. 其他：________________________________________________。

**七、甲方的权利和义务**

（一）甲方的权利

1. 要求乙方按合同约定支付租金；

2. 监督乙方按合同约定的用途依法合理利用和保护出租土地；

3. 制止乙方损害出租土地和农业资源的行为；

4. 租赁期限届满后收回土地经营权；

5. 其他：________________________________________________。

（二）甲方的义务

1. 按照合同约定交付出租土地；

2. 合同生效后____日内依据《中华人民共和国农村土地承包法》第三十六条的规定向发包方备案；

3. 不得干涉和妨碍乙方依法进行的农业生产经营活动；

4. 其他：________________________________________。

**八、乙方的权利和义务**

（一）乙方的权利

1. 要求甲方按照合同约定交付出租土地；

2. 在合同约定的期限内占有农村土地，自主开展农业生产经营并取得收益；

3. 经甲方同意，乙方依法投资改良土壤，建设农业生产附属、配套设施，并有权按照合同约定对其投资部分获得合理补偿；

4. 租赁期限届满，有权在同等条件下优先承租；

5. 其他：________________________________________。

（二）乙方的义务

1. 按照合同约定及时接受出租土地并按照约定向甲方支付租金；

2. 在法律法规政策规定和合同约定允许范围内合理利用出租土地，确保农地农用，符合当地粮食生产等产业规划，不得弃耕抛荒，不得破坏农业综合生产能力和农业生态环境；

3. 依据有关法律法规保护出租土地，禁止改变出租土地的农业用途，禁止占用出租土地建窑、建坟或者擅自在出租土地上建房、挖砂、采石、采矿、取土等，禁止占用出租的永久基本农田发展林果业和挖塘养鱼；

4. 其他：________________________________________。

**九、其他约定**

（一）甲方同意乙方依法

□投资改良土壤□建设农业生产附属、配套设施

□以土地经营权融资担保□再流转土地经营权

□其他：________________________________________。

（二）该出租土地的财政补贴等归属：________________________。

（三）乙方向______________□缴纳□不缴纳　风险保障金__________元（大写：__________），合同到期后的处理：____________。

（四）本合同期限内，出租土地被依法征收、征用、占用时，有　关地上附着物及青苗补偿费的归属：______________________________。

（五）其他事项：__________________________________________。

**十、合同变更、解除和终止**

（一）合同有效期间，因不可抗力因素致使合同全部不能履行时，本合同自动终止，甲方将合同终止日至租赁到期日的期限内已收取的租金退还给乙方；致使合同部分不能履行的，其他部分继续履行，租金可以作相应调整。

（二）如乙方在合同期满后需要继续经营该出租土地，必须在合同期满前____日内书面向甲方提出申请。如乙方不再继续经营的，必须在合同期满前____日内书面通知甲方，并在合同期满后____日内将原出租的土地交还给甲方。

（三）合同到期或者未到期由甲方依法提前收回出租土地时，乙方依法投资建设的农业生产附属、配套设施处置方式：

□由甲方无偿处置。

□经有资质的第三方评估后，由甲方支付价款购买。

□经双方协商后，由甲方支付价款购买。

□由乙方恢复原状。

□其他：__________________________________________。

**十一、违约责任**

（一）任何一方违约给对方造成损失的，违约方应承担赔偿责任。

（二）甲方应按合同规定按时向乙方交付土地，逾期一日应向乙方支付年租金的万分之__________（大写：__________）作为违约金。逾期超过____日，乙方有权解除合同，甲方应当赔偿损失。

（三）甲方出租的土地存在权属纠纷或经济纠纷，致使合同全部或部分不能履行的，甲方应当赔偿损失。

（四）甲方违反合同约定擅自干涉和破坏乙方的生产经营，致使乙方无法进行正常的生产经营活动的，乙方有权解除合同，甲方应当赔偿损失。

（五）乙方应按照合同规定按时足额向甲方支付租金，逾期一日乙方应向甲方支付年租金的万分之__________（大写：__________）作为违约金。逾期超过____日，甲方有权解除合同，乙方应当赔偿损失。

（六）乙方擅自改变出租土地的农业用途、弃耕抛荒连续两年以上、给出租土地造成严重损害或者严重破坏土地生态环境的，甲方有权解除合同、收回该土地经营权，并要求乙方赔偿损失。

（七）合同期限届满的，乙方应当按照合同约定将原出租土地交还给甲方，逾期一日应向甲方支付年租金的万分之__________（大写：__________）作为违约金。

**十二、合同争议解决方式**

本合同发生争议的，甲乙双方可以协商解决，也可以请求村民委员会、乡（镇）人民政府等调解解决。当事人不愿协商、调解或者协商、调解不成的，可以依据《中华人民共和国农村土地承包法》第五十五条的规定向农村土地承包仲裁委员会申请仲裁，也可以直接向人民法院起诉。

**十三、附则**

（一）本合同未尽事宜，经甲方、乙方协商一致后可签订补充协议。补充协议与本合同具有同等法律效力。

补充条款（可另附件）：________________________________________。

（二）本合同自甲乙双方签字、盖章或者按指印之日起生效。本合同一式____份，由甲方、乙方、农村集体经济组织、乡（镇）人民政府农村土地承包管理部门、__________，各执一份。

甲方：
乙方：

法定代表人（负责人/农户代表人）签字：
法定代表人（负责人）签字：

签订时间：______年____月____日
签订时间：______年____月____日
签订地点：__________
签订地点：__________

**附件清单：**

| 序号 | 附件名称 | 是否具备 | 页数 | 备注 |
|---|---|---|---|---|
| 1 | 甲方、乙方的证件复印件 | | | |
| 2 | 出租土地的权属证明 | | | |
| 3 | 出租土地四至范围附图 | | | |
| 4 | 其他（例如：附属建筑及设施清单、村民会议决议书及公示材料、代办授权委托书和证件复印件等） | | | |
| | | | | |
| | | | | |
| | | | | |
| | | | | |

续表

| 序号 | 附件名称 | 是否具备 | 页数 | 备注 |
| --- | --- | --- | --- | --- |
| | | | | |
| | | | | |
| | | | | |
| | | | | |
| 共计　　份，　　页。 | | | | |

# 农村集体经济组织纠纷调解申请书模板

申请人：
姓名：________________
性别：________________
出生年月：________________
住址：________________
联系电话：________________
身份证号：________________
委托代理人(如有)：
姓名：________________
工作单位：________________
职务：________________
联系电话：________________
身份证号：________________
被申请人：
农村集体经济组织名称：________________
住所地：________________
法定代表人(或负责人)姓名：________________
职务：________________
联系电话：________________

纠纷详情：

纠纷类型：[确认农村集体经济组织成员身份异议/内部管理纠纷/运行纠纷/收益分配纠纷等，明确具体纠纷类型]

纠纷事实阐述：

详细说明纠纷发生的时间、地点、经过及相关背景情况。例如，在成员身份确认方面，阐述自身认为应具有成员身份的依据，如出生在本村、户口一直未迁出等事实，以及农村集体经济组织否认自身成员身份的具体情形及理由；若是内部管理、运行或收益分配纠纷，说明纠纷涉及的具体事项，如某项决策的制定与执行过程、收益分配方案的内容及实施情况等。

提供与纠纷相关的证据材料清单（可另附页），如户口本、土地承包合同、村规民约相关条款、会议记录、财务报表等，用以支持自己的主张。

调解请求：

明确申请人期望通过调解达到的具体目标，如确认申请人的农村集体经济组织成员身份；要求农村集体经济组织按照合理的标准重新进行收益分配；纠正内部管理或运行过程中的不当行为等。

提出具体的调解方案建议，如对于收益分配纠纷，可提出期望的分配比例或方式；对于内部管理纠纷，提出改进管理流程或决策机制的建议等。

法律依据：

根据《农村集体经济组织法》第五十六条规定，对确认农村集体经济组织成员身份有异议，或者农村集体经济组织因内部管理、运行、收益分配等发生纠纷的，当事人可以请求乡镇人民政府、街道办事处或者县级人民政府农业农村主管部门调解解决。申请人特依据此条款，向贵单位提出调解申请。

此致

[调解受理单位名称,即乡镇人民政府/街道办事处/县级人民政府农业农村主管部门具体名称]

申请人(签名或盖章)：________

申请日期：______年____月____日

附件：证据材料清单及相关材料

# 农村土地承包仲裁申请书

申请人：

姓名：________________

性别：________________

出生年月：________________

住址：________________

联系电话：________________

身份证号：________________

委托代理人(如有)：

姓名：________________

工作单位：________________

职务：________________

联系电话：________________

身份证号：________________

被申请人：

农村集体经济组织名称：________________

住所地：________________

法定代表人(或负责人)姓名：________________

职务：________________

联系电话：________________

仲裁请求：

清晰明确仲裁想要达成的结果，例如，确认申请人具有农村集体经济组织成员身份；要求被申请人按照合理标准重新分配收益；纠正被申请人在内部管理或运行中的不当行为等。

如有涉及赔偿或补偿等要求，需具体说明金额及计算依据。

事实与理由：

纠纷类型：[确认农村集体经济组织成员身份异议/内部管理纠纷/运行纠纷/收益分配纠纷等，明确具体纠纷类型]

纠纷事实阐述：

详细叙述纠纷发生的时间、地点、发展过程及相关背景。若为成员身份确认纠纷，阐述自身应具有成员身份的事实依据，如出生于本村且户口未迁移等，以及被申请人否认的具体情况及理由；若为内部管理、运行或收益分配纠纷，说明纠纷所涉具体事项，如某项决策的制定与执行细节、收益分配方案的内容及实施情况等。

列举与纠纷相关的证据材料（可另附页），如户口本、土地承包合同、村规民约条款、会议记录、财务报表等，以支撑自己的主张。

法律依据：依据《农村集体经济组织法》第五十六条规定，在不愿调解或调解不成的情况下，当事人可向农村土地承包仲裁机构申请仲裁。申请人因[说明不愿调解或调解不成的具体情况]，特向贵仲裁机构提出仲裁申请。

此致

[农村土地承包仲裁机构名称]

申请人（签名或盖章）：________

申请日期：______年____月____日

附件：证据材料清单及相关材料

# 农村集体经济组织纠纷民事起诉状模板

## 民事起诉状

原告：
姓名：________________
性别：________________
出生年月：________________
住址：________________
联系电话：________________
身份证号：________________
委托代理人（如有）：
姓名：________________
工作单位：________________
职务：________________
联系电话：________________
身份证号：________________
被告：
农村集体经济组织名称：________________
住所地：________________
法定代表人（或负责人）姓名：________________
职务：________________
联系电话：________________

诉讼请求：

明确提出通过诉讼期望实现的目标，如确认原告为农村集体经济组织成员；判令被告重新进行合理的收益分配；要求被告纠正内部管理或运行中的错误行为等。

如有经济赔偿等诉求，需详细说明赔偿金额及计算方式。

事实与理由：

纠纷类型：[确认农村集体经济组织成员身份异议/内部管理纠纷/运行纠纷/收益分配纠纷等，明确具体纠纷类型]

纠纷事实阐述：

全面陈述纠纷的起始时间、地点、发展脉络及背景信息。若为成员身份争议，说明原告认为自身具备成员资格的事实基础，如长期居住本村、履行村民义务等，以及被告否定的具体情形及依据；若为其他纠纷，详述纠纷所涉具体事务，如决策程序不合法、收益分配方案不合理等。

罗列支持诉讼请求的证据材料（可另附页），如各类书面协议、证人证言、相关文件等。

法律依据：根据《农村集体经济组织法》第五十六条，当事人在不愿调解或调解无果时，有权向人民法院提起诉讼。原告因[阐述不愿调解或调解不成的原因]，特向贵院提起诉讼，恳请依法裁判。

此致

[具体人民法院名称]

起诉人（签名）：________

起诉日期：______年____月____日

附：本起诉状副本[×]份

# 请求人民法院撤销侵害权益决定的法律文书模板

## 民事起诉状

原告：

姓名：______________________________

性别：______________________________

出生年月：______________________________

住址：______________________________

联系电话：______________________________

身份证号：______________________________

委托代理人（如有）：

姓名：______________________________

工作单位：______________________________

职务：______________________________

联系电话：______________________________

身份证号：______________________________

被告：

[被告主体，若为成员大会/成员代表大会，写“[农村集体经济组织名称]成员大会/成员代表大会”；若为理事会，写“[农村集体经济组织名称]理事会”；若为负责人，写负责人姓名及所在农村集体经济

组织名称]

住所地(若为组织写组织地址,若为个人写个人住址):________

[若为组织写法定代表人(或负责人)姓名、职务及联系电话;若为个人写联系电话]

诉讼请求:

请求人民法院依法撤销被告于[具体日期]作出的[决定名称或对决定的简要描述]决定。

判令被告承担本案的全部诉讼费用。

事实与理由:

原告成员身份阐述:原告系[农村集体经济组织名称]的合法成员,自[成为成员的起始时间,如出生/迁入户口时间等]起便依法享有农村集体经济组织成员的各项权益。

被告决定详情:被告于[具体日期]作出了[决定名称或对决定的详细描述]决定。该决定内容为[详细阐述决定的具体条款或主要内容]。

权益侵害事实:该决定严重侵害了原告作为农村集体经济组织成员的合法权益,具体表现为[逐一列举受侵害的权益,如在收益分配方面,决定减少了原告应得的份额;在土地承包经营权方面,不合理限制了原告的承包权利等,并说明实际造成的损失情况]。例如,根据[相关法律法规/村规民约/以往惯例等依据],原告应在此次集体经济收益分配中获得[具体金额或份额],但被告的决定致使原告仅获得[实际获得金额或份额],造成原告经济损失[具体损失金额]。

法律依据:依据《农村集体经济组织法》第五十七条规定,农村集体经济组织成员大会、成员代表大会、理事会或者农村集体经济组织负责人作出的决定侵害农村集体经济组织成员合法权益的,受侵害的农村集体经济组织成员可以请求人民法院予以撤销。原告的合法权益因被告的上述决定受到严重侵害,故依法向贵院提起诉讼,恳请贵院依法裁判，支持原告的诉讼请求。

此致

[具体人民法院名称]

起诉人(签名)：________

起诉日期：______年____月____日

附：本起诉状副本[×]份

# 责令限期改正通知书

编号：[具体文号]

被责令对象：

姓名（若为个人）/名称（若为单位，针对主要经营管理人员为单位的情况）：____________________

身份证号（若为个人）/统一社会信用代码（若为单位）：__________

住所地（若为个人写住址，若为单位写注册地址）：__________

联系电话：____________________

经调查核实，你（单位）存在违反《农村集体经济组织法》相关规定的行为。具体情况如下：

**一、违规行为事实**

职务及职责说明：你（单位）作为[农村集体经济组织名称]的[理事会成员/监事会成员/监事/主要经营管理人员]，在任职期间负责[简要阐述其主要工作职责]。

违反条款及行为详述：根据《农村集体经济组织法》第三十五条第二款规定[此处应详细引用该条款内容]，你（单位）于[具体日期]在处理[具体事务，如资产处置、财务管理等]过程中，实施了[详细描述违规行为，如擅自挪用集体资金用于个人投资、违规签订不利于集体的合同等]行为。该行为已严重违反法律法规以及农村集体经济组织正常的管理运营秩序。

**二、责令改正依据及要求**

责令改正依据：依据《农村集体经济组织法》第五十八条“农村集

体经济组织理事会成员、监事会成员或者监事、主要经营管理人员有本法第三十五条第二款规定行为的，由乡镇人民政府、街道办事处或者县级人民政府农业农村主管部门责令限期改正；情节严重的，依法给予处分或者行政处罚；造成集体财产损失的，依法承担赔偿责任；构成犯罪的，依法追究刑事责任”之规定，现对你（单位）的上述违规行为作出责令限期改正决定。

责令改正要求：你（单位）须在接到本通知书之日起[×]日内，采取有效措施完成以下整改事项：

[详细列举整改措施，如退还挪用的集体资金至指定账户、重新签订公平合理的合同等]

向本部门提交书面整改报告，说明整改工作的完成情况及相关证明材料。

若你（单位）未在规定期限内完成整改，本部门将依据相关法律法规，对你（单位）进一步采取相应的处分、行政处罚措施；若因该违规行为造成集体财产损失的，你（单位）还需依法承担赔偿责任；若构成犯罪，将依法移送司法机关追究刑事责任。

如你（单位）对本责令限期改正决定不服，可在收到本通知书之日起六十日内向[上级行政机关名称]申请行政复议，或者在六个月内向[具体人民法院名称]提起行政诉讼。行政复议或行政诉讼期间，本责令限期改正决定不停止执行。

作出责令限期改正决定的部门：[乡镇人民政府/
街道办事处/县级人民政府农业农村主管部门具体名称]

日期：______年____月____日

（部门盖章）

# 处分/行政处罚决定书

编号：[具体文号]

**一、被处罚对象基本信息**

姓名（若为个人）/名称（若为单位，针对主要经营管理人员为单位的情况）：______________________________

身份证号（若为个人）/统一社会信用代码（若为单位）：__________

住所地（若为个人写住址，若为单位写注册地址）：______________

联系电话：______________________________

**二、违法事实调查情况**

经本部门依法调查核实，查明你（单位）作为[农村集体经济组织名称]的[理事会成员/监事会成员/监事/主要经营管理人员]，在任职期间负责[简要阐述其主要工作职责]。在处理[具体事务，如资产处置、财务管理等]过程中，存在违反《农村集体经济组织法》第三十五条第二款规定的行为。

具体违法事实如下：在[具体日期]，你（单位）[详细描述违规行为，如未经集体决策程序，擅自将集体价值[×]元的重要资产以明显低于市场价格出售给关联方，导致集体资产严重流失；或者长期挪用集体资金累计达[×]元用于个人营利活动等]。该行为严重扰乱了农村集体经济组织的正常运营秩序，对农村集体经济组织的利益造成了重大损害，且情节严重。

本部门认定上述违法事实的证据如下（详细罗列证据清单，如相关合同、财务账目记录、会议纪要、证人证言、调查询问笔录等）：

[证据1名称及简要说明,如“[具体日期]签订的资产出售合同,显示交易价格明显低于市场评估价格,合同编号为[××],由[签订人姓名]代表农村集体经济组织签订”]

[证据2名称及简要说明……]

**三、处罚依据及内容**

(一)处罚依据

依据《农村集体经济组织法》第五十八条 “农村集体经济组织理事会成员、监事会成员或者监事、主要经营管理人员有本法第三十五条第二款规定行为的,由乡镇人民政府、街道办事处或者县级人民政府农业农村主管部门责令限期改正;情节严重的,依法给予处分或者行政处罚;造成集体财产损失的,依法承担赔偿责任;构成犯罪的,依法追究刑事责任”,以及[具体适用的其他法律法规条款,如《行政处罚法》相关条款等]的规定,本部门决定对你(单位)作出如下处分/行政处罚。

(二)处罚内容

若为个人:

行政处分(若适用):给予你[具体处分类型,如警告、记过、降级、撤职等]处分。处分期限自本决定书生效之日起计算,在处分期间,你将按照相关规定受到相应的职务限制和考核影响。

行政处罚(若适用):

罚款人民币[×]元。你应在收到本决定书之日起[×]日内,将罚款缴纳至[指定银行名称及账号]。逾期不缴纳罚款的,依据《行政处罚法》第七十二条规定,每日按罚款数额的百分之三加处罚款。

[如有其他行政处罚措施,如没收违法所得、暂停相关从业资格等,在此详细列出]

若为单位:

行政处罚:

罚款人民币[×]元。你单位应在收到本决定书之日起[×]日内，将罚款缴纳至[指定银行名称及账号]。逾期不缴纳罚款的，依据《行政处罚法》第七十二条规定，每日按罚款数额的百分之三加处罚款。

[如有其他行政处罚措施，如责令停产停业整顿、吊销相关许可证照等，在此详细列出]

**四、救济途径告知**

如你(单位)对本处分/行政处罚决定不服，可在收到本决定书之日起六十日内向[上级行政机关名称]申请行政复议，或者在六个月内向[具体人民法院名称]提起行政诉讼。行政复议或行政诉讼期间，本处分/行政处罚决定不停止执行。

作出处分/行政处罚决定的部门：[乡镇人民政府/街道办事处/县级人民政府农业农村主管部门具体名称]

日期：______年____月____日

(部门盖章)

# 农村集体经济组织<br>依法起诉法律文书模板

## 民事起诉状

原告：

农村集体经济组织名称：________________

统一社会信用代码：________________

住所地：________________

法定代表人（或负责人）姓名：________________

职务：________________

联系电话：________________

委托代理人（如有）：

姓名：________________

工作单位：________________

职务：________________

联系电话：________________

身份证号：________________

被告：

姓名（若为个人）/名称（若为单位）：________________

住所地（若为个人写住址，若为单位写注册地址）：________________

联系电话：____________________

身份证号（若为个人）/统一社会信用代码（若为单位）：________

诉讼请求：

请求判令被告立即停止侵害原告农村集体经济组织合法权益的行为，具体行为描述为[详细说明被告的侵权行为，如非法侵占集体土地、擅自处置集体资产等]。

请求判令被告返还因侵权行为所获取的全部利益，金额总计为人民币[×]元（详细说明利益计算方式及依据）；若无法返还利益，则请求判令被告赔偿原告因此遭受的经济损失人民币[×]元（明确损失的构成及计算方法）。

请求判令被告承担本案的全部诉讼费用。

事实与理由：

原告基本情况阐述：原告[农村集体经济组织名称]系依法成立的农村集体经济组织，对本集体所有的资产、资源等依法享有占有、使用、收益和处分的权利，受法律保护。

侵权行为事实详述：

详细叙述被告实施侵权行为的起始时间、地点及具体过程。例如，自[具体日期]起，被告未经原告同意，擅自占用原告位于[土地具体位置]的集体土地[×]亩，用于[被告使用土地的具体用途]，导致原告无法正常行使对该土地的经营管理权利。又如，在[具体时间]，被告通过[非法手段，如伪造文件等]擅自将原告所有的[集体资产名称及详细信息，如某机械设备、某房产等]进行处置，损害了原告的财产权益。

说明侵权行为给原告造成的实际损害后果，包括直接经济损失，如因土地被占用导致的农业生产收益损失、资产被处置造成的资产价值损失等；以及间接损失，如因侵权行为导致的经营活动受阻而产生的额外费用支出等。

证据列举:为证明上述侵权事实,原告拥有以下证据(可另附页详细列出证据清单及证据内容):[列举相关证据,如土地权属证书、资产登记文件、现场照片、证人证言、相关合同或协议等],这些证据足以证实被告的侵权行为及给原告造成的损失。

法律依据:依据《农村集体经济组织法》第五十九条规定,对于侵害农村集体经济组织合法权益的行为,农村集体经济组织可以依法向人民法院提起诉讼。被告的行为严重侵害了原告的合法权益,给原告造成了重大损失。为维护自身合法权益,原告特向贵院提起诉讼,恳请贵院依法判如所请。

此致

[具体人民法院名称]

起诉人(农村集体经济组织盖章,
法定代表人或负责人签名):________
起诉日期:______年____月____日

附:本起诉状副本[×]份

# 农村集体经济组织理事会、监事会或者监事起诉法律文书模板

## 民事起诉状

原告：

[若为理事会起诉，写"[农村集体经济组织名称]理事会"；若为监事会起诉，写"[农村集体经济组织名称]监事会"；若为监事起诉，写监事姓名及所在农村集体经济组织名称]

统一社会信用代码(若为组织填写)：________________

住所地(若为组织写组织地址，若为个人写个人住址)：__________

[若为组织写法定代表人(或负责人)姓名、职务及联系电话；若为个人写联系电话]

委托代理人(如有)：

姓名：________________________________

工作单位：____________________________

职务：________________________________

联系电话：____________________________

身份证号：____________________________

被告：

姓名(若为个人)/名称(若为单位，一般针对主要经营管理人员为单位的情况)：____________________________

住所地(若为个人写住址,若为单位写注册地址):____________

联系电话:______________________________________________

身份证号(若为个人)/统一社会信用代码(若为单位):________

诉讼请求:

请求判令被告立即停止违反法律法规及农村集体经济组织章程的行为(详细说明被告正在持续的违规行为)。

请求判令被告赔偿因其执行职务时违反法律法规或者农村集体经济组织章程规定给农村集体经济组织造成的损失,金额总计人民币[×]元(详细阐述损失的计算依据和方式,包括直接损失和间接损失)。损失计算示例:因被告擅自签订不合理合同,导致农村集体经济组织损失了[具体金额]的预期收益,加上为挽回损失而支出的[具体金额]的额外费用等。

请求判令被告承担本案的全部诉讼费用。

事实与理由:

原告主体资格说明:原告[理事会/监事会/监事名称]作为[农村集体经济组织名称]的重要治理机构/人员,依法履行对农村集体经济组织运营的监督、管理等职责,有权维护农村集体经济组织的合法权益。

被告职务及职责简述:被告系农村集体经济组织的[理事会成员/监事会成员/监事/主要经营管理人员],在任职期间,负责[简要说明被告的主要工作职责范围]。

违法违约事实详述:

明确指出被告违反的具体法律法规条款以及农村集体经济组织章程的具体规定。例如,被告在[具体日期]处理[具体事务,如某项资产处置、合同签订等]时,违反了《[法律法规名称]》第[×]条的规定,同时也不符合本农村集体经济组织章程第[×]章第[×]条关于[相关事务处理规范]的要求。

详细描述被告执行职务时的违规行为过程。比如，被告未经合法程序，擅自与［第三方名称］签订了关于［集体资产名称，如某块土地的租赁权］的合同，该合同条款严重损害了农村集体经济组织的利益。

阐述被告违规行为给农村集体经济组织造成的实际损失情况。如由于上述违规签订的合同，导致农村集体经济组织在过去［时间段］内，少获得租金收入［×］元，并且因合同纠纷产生了［×］元的法律诉讼费用等损失。

证据列举：为证实上述事实，原告持有以下证据（可另附页详细列出证据清单及证据内容）：［列举相关证据，如被告签署的违规文件、会议记录显示被告违规决策过程、财务报表体现损失情况、证人证言证明被告违规行为等］，这些证据足以证明被告的违法违约行为及给农村集体经济组织造成的损失。

法律依据：依据《农村集体经济组织法》第六十条规定，农村集体经济组织理事会成员、监事会成员或者监事、主要经营管理人员执行职务时违反法律法规或者农村集体经济组织章程的规定，给农村集体经济组织造成损失的，应当依法承担赔偿责任。原告作为适格主体，为维护农村集体经济组织的合法权益，特向贵院提起诉讼，恳请贵院依法判如所请。

此致

［具体人民法院名称］

起诉人（若为组织盖章，法定代表人
或负责人签名；若为个人签名）：________
起诉日期：______年____月____日

附：本起诉状副本［×］份

# 农村集体经济组织成员请求监事会或监事起诉法律文书模板

## 关于请求[监事会/监事名称]向人民法院提起诉讼的申请书

尊敬的[监事会/监事名称]：

我们是[农村集体经济组织名称]的十名以上具有完全民事行为能力的成员，现依据《农村集体经济组织法》第六十条规定，向贵监事会/监事提出书面请求，恳请贵方依法向人民法院提起诉讼，以维护农村集体经济组织的合法权益。

申请人信息(列出十名以上成员信息，示例如下)

姓名：[成员1姓名]

性别：[成员1性别]

住址：[成员1住址]

联系电话：[成员1电话]

身份证号：[成员1身份证号]

姓名：[成员2姓名]

性别：[成员2性别]

住址：[成员2住址]

联系电话：[成员2电话]

身份证号：[成员2身份证号]

……

请求事项

请求贵监事会/监事针对[被告姓名/名称]执行职务时违反法律法规及农村集体经济组织章程规定，给农村集体经济组织造成重大损失的行为，向[具体人民法院名称]提起诉讼，要求被告：

立即停止违反法律法规及农村集体经济组织章程的行为（详细说明被告正在持续的违规行为）。

赔偿因其违规行为给农村集体经济组织造成的损失，金额总计人民币[×]元（详细阐述损失的计算依据和方式，包括直接损失和间接损失）。例如，因被告擅自低价处置集体资产，导致农村集体经济组织损失资产价值[×]元，加上后续为挽回部分损失而投入的[×]元费用等。

承担因诉讼产生的全部费用。

事实与理由

被告职务及职责简述：被告系农村集体经济组织的[理事会成员/监事会成员/监事/主要经营管理人员]，在任职期间，负责[简要说明被告的主要工作职责范围]。

违法违约事实详述：

明确指出被告违反的具体法律法规条款以及农村集体经济组织章程的具体规定。例如，被告在[具体日期]处理[具体事务，如某项资产处置、合同签订等]时，违反了《[法律法规名称]》第[×]条的规定，同时也不符合本农村集体经济组织章程第[×]章第[×]条关于[相关事务处理规范]的要求。

详细描述被告执行职务时的违规行为过程。比如，被告未经合法程序，擅自与[第三方名称]签订了关于[集体资产名称，如某块土地的租赁权]的合同，该合同条款严重损害了农村集体经济组织的利益。

阐述被告违规行为给农村集体经济组织造成的实际损失情况。

如由于上述违规签订的合同，导致农村集体经济组织在过去［时间段］内，少获得租金收入［×］元，并且因合同纠纷产生了［×］元的法律诉讼费用等损失。

原告方前期行动及结果：我们知悉上述侵权行为后，已通过［具体方式，如向理事会/监事会/监事反映情况、提交书面报告等］向贵方反映，且贵方依法应当对该侵权行为向人民法院提起诉讼，但截至目前，贵方尚未及时提起诉讼。

法律依据：依据《农村集体经济组织法》第六十条规定，当农村集体经济组织理事会成员、监事会成员或者监事、主要经营管理人员执行职务存在违法违规行为并给农村集体经济组织造成损失，而理事会、监事会或者监事未及时提起诉讼时，十名以上具有完全民事行为能力的农村集体经济组织成员有权书面请求监事会或者监事向人民法院提起诉讼。为维护农村集体经济组织的合法权益，我们特提出本请求。

我们恳请贵监事会/监事在收到本请求之日起十五日内，积极履行职责，向人民法院提起诉讼。若贵方拒绝提起诉讼或者逾期未提起诉讼，我们将依据法律规定，为农村集体经济组织的利益，以自己的名义向人民法院提起诉讼。

特此申请。

申请人（签名并按手印）：

［成员 1 签名］

［成员 2 签名］

……

申请日期：______年____月____日

# 农村集体经济组织成员以自己名义起诉法律文书模板

## 民事起诉状

原告：

姓名：________________

性别：________________

出生年月：________________

住址：________________

联系电话：________________

身份证号：________________

[如有其他原告，依次罗列，格式同上述]

委托代理人（如有）：

姓名：________________

工作单位：________________

职务：________________

联系电话：________________

身份证号：________________

被告：

姓名（若为个人）/名称（若为单位，一般针对主要经营管理人员为单位的情况）：________________

住所地(若为个人写住址,若为单位写注册地址):____________

联系电话:____________________________________

身份证号(若为个人)/统一社会信用代码(若为单位):________

诉讼请求:

请求判令被告立即停止违反法律法规及农村集体经济组织章程的行为(详细说明被告正在持续的违规行为)。

请求判令被告赔偿因其执行职务时违反法律法规或者农村集体经济组织章程规定给农村集体经济组织造成的损失,金额总计人民币[×]元(详细阐述损失的计算依据和方式,包括直接损失和间接损失)。例如,因被告擅自挪用集体资金,导致农村集体经济组织损失资金本金[×]元,以及相应时间段内的利息损失[×]元,还有因资金短缺造成的经营项目停滞损失[×]元等。

请求判令被告承担本案的全部诉讼费用。

事实与理由:

原告成员身份及诉讼资格说明:原告系[农村集体经济组织名称]具有完全民事行为能力的成员,依法享有对农村集体经济组织事务的知情权、监督权等权利。在被告[被告姓名/名称]执行职务时出现违反法律法规及农村集体经济组织章程规定的行为,给农村集体经济组织造成重大损失,且农村集体经济组织理事会、监事会或者监事未及时提起诉讼,经原告等十名以上具有完全民事行为能力的成员书面请求监事会或者监事向人民法院提起诉讼后,监事会或者监事拒绝提起诉讼或者自收到请求之日起十五日内未提起诉讼的情况下,原告依据《农村集体经济组织法》第六十条规定,为农村集体经济组织的利益,依法以自己的名义向人民法院提起诉讼。

被告职务及职责简述:被告系农村集体经济组织的[理事会成员/监事会成员/监事/主要经营管理人员],在任职期间,负责[简要说明被告的主要工作职责范围]。

违法违约事实详述：

明确指出被告违反的具体法律法规条款以及农村集体经济组织章程的具体规定。例如，被告在[具体日期]处理[具体事务，如某项资产处置、合同签订等]时，违反了《[法律法规名称]》第[×]条的规定，同时也不符合本农村集体经济组织章程第[×]章第[×]条关于[相关事务处理规范]的要求。

详细描述被告执行职务时的违规行为过程。比如，被告未经合法程序，擅自将农村集体经济组织的[集体资产名称，如某大型机械设备]进行抵押，获取个人贷款，该行为严重损害了农村集体经济组织的资产安全及权益。

阐述被告违规行为给农村集体经济组织造成的实际损失情况。如由于上述抵押行为，导致农村集体经济组织在资产处置时面临限制，错失了与[潜在合作方名称]的合作机会，预估损失潜在收益[×]元，并且因资产被抵押产生了[×]元的额外法律风险应对费用等。

前期维权行动及结果：原告等十名以上成员在发现被告的侵权行为后，于[具体日期]通过[书面请求方式，如挂号信、当面递交等]向监事会/监事提交了书面请求，恳请其依法向人民法院提起诉讼。但截至起诉之日，监事会/监事要么拒绝提起诉讼，要么自收到请求之日起十五日内未采取任何诉讼行动。

证据列举：为证实上述事实，原告持有以下证据（可另附页详细列出证据清单及证据内容）：[列举相关证据，如被告签署的违规文件、会议记录显示被告违规决策过程、财务报表体现损失情况、证人证言证明被告违规行为、向监事会/监事提交的书面请求及相关回执等]，这些证据足以证明被告的违法违约行为及给农村集体经济组织造成的损失，以及原告依法履行前置程序的事实。

法律依据：依据《农村集体经济组织法》第六十条规定，原告在满足法定条件下，有权为农村集体经济组织的利益，以自己的名义向人民法院提起诉讼。为维护农村集体经济组织的合法权益,原告特向贵院提起诉讼,恳请贵院依法判如所请。

此致

[具体人民法院名称]

起诉人(签名):________

[如有其他原告,依次签名]

起诉日期:______年____月____日

附:本起诉状副本[×]份

# 责令限期改正通知书

编号：[通知书编号]

被责令对象：

名称：[农村集体经济组织名称]

统一社会信用代码：[如有]

住所地：[组织地址]

法定代表人（或负责人）：[姓名]

联系电话：[电话号码]

经本部门核查，你单位存在违反法律法规规定的情形，具体情况如下：

**一、违规事实**

违规主体及决策类型：经调查发现，你农村集体经济组织的[农村集体经济组织章程/农村集体经济组织成员大会决定/农村集体经济组织成员代表大会决定]存在违反法律法规规定的问题。

违反法律法规条款：该[章程/决定]违反了《农村集体经济组织法》[具体条款编号]以及[其他相关法律法规名称及条款编号]的规定。例如，在[具体事项，如集体资产分配、成员资格认定等]方面，[详细阐述违反规定的具体内容，如章程中规定某类成员不享有集体资产收益分配权，与《农村集体经济组织法》中关于成员平等享有收益分配权的规定相悖；或者成员大会决定以低于市场价格出租集体土地，违反了相关土地管理法律法规中关于公平合理交易的要求]。

**二、责令改正依据**

依据《农村集体经济组织法》第六十一条 “农村集体经济组织章程或者农村集体经济组织成员大会、成员代表大会所作的决定违反本法或者其他法律法规规定的,由乡镇人民政府、街道办事处或者县级人民政府农业农村主管部门责令限期改正”的规定,本部门依法作出责令限期改正决定。

**三、责令改正要求**

改正期限:你单位需在接到本通知书之日起[×]日内完成整改。

改正措施:

针对农村集体经济组织章程违反规定的情况:立即启动章程修订程序,依据相关法律法规,对章程中违反规定的条款进行修订。修订过程应充分征求农村集体经济组织成员意见,并按照规定的程序进行审议和通过。修订后的章程需在[具体日期]前报本部门备案。

针对农村集体经济组织成员大会、成员代表大会所作决定违反规定的情况:及时召开成员大会或成员代表大会,对违反规定的决定进行重新审议并撤销。重新制定符合法律法规规定的决策,并将新决策及相关会议记录在[具体日期]前报本部门备案。

提交整改报告:在整改期限届满前,你单位应向本部门提交书面整改报告,详细说明整改措施的落实情况、整改效果以及相关证明材料。

若你单位未在规定期限内完成整改,本部门将依法采取进一步措施,以确保法律法规的严肃性和农村集体经济组织及成员的合法权益。

如你单位对本责令限期改正决定不服,可在收到本通知书之日起六十日内向[上级行政机关名称]申请行政复议,或者在六个月内向[具体人民法院名称]提起行政诉讼。行政复议或行政诉讼期间,本责令限期改正决定不停止执行。

作出责令限期改正决定的部门：[乡镇人民政府/街道办事处/县级人民政府农业农村主管部门具体名称]

日期：[具体年月日]

（部门盖章）

# 责令限期改正通知书

编号:[×]号

被责令对象:

政府名称:[地方人民政府具体名称]

统一社会信用代码:[如有]

地址:[政府办公地址]

法定代表人:[政府负责人姓名]

联系电话:[联系电话]

经调查核实,你单位存在违反相关法律法规规定的情形,具体情况如下:

**一、违规事实**

非法干预或监管失职行为:经查明,在[具体时间段],你单位及其有关部门[详细说明非法干预行为,如在[具体项目]中,未经法定程序擅自指令农村集体经济组织[具体指令内容,如将集体资产低价出售给特定企业];或阐述未依法履行监管职责的情况,如对农村集体经济组织[某重大资产处置项目]未按规定进行有效监督,导致集体资产流失风险增加]。

违反法律法规条款:上述行为违反了《农村集体经济组织法》第六十二条"地方人民政府及其有关部门非法干预农村集体经济组织经营管理和财产管理活动或者未依法履行相应监管职责的……"以及[具体涉及的其他法律法规条款,如《行政许可法》中关于行政行为合法性的相关规定等]的规定,严重影响了农村集体经济组织的正常经营管理秩序，损害了农村集体经济组织及成员的合法权益。

**二、责令改正依据**

依据《农村集体经济组织法》第六十二条的明确规定，上级人民政府有权对存在上述违规行为的地方人民政府及其有关部门责令限期改正。基于此，本政府依法作出如下责令限期改正决定。

**三、责令改正要求**

改正期限：你单位需在接到本通知书之日起［×］日内启动整改工作，并在［具体整改完成期限］前完成全部整改任务。

改正措施：

针对非法干预行为：立即停止对农村集体经济组织经营管理和财产管理活动的非法干预，撤销所有未经法定程序作出的干预指令，并向相关农村集体经济组织书面致歉，说明已纠正错误行为。同时，制定详细的规范行政行为的制度，明确在涉及农村集体经济组织事务时的法定程序和权限范围，杜绝类似非法干预行为再次发生。

针对未依法履行监管职责行为：迅速梳理农村集体经济组织相关监管事项，建立健全监管机制。对以往因监管缺失导致的问题进行全面排查，及时采取补救措施，如对流失的集体资产进行追讨或采取法律手段维护权益。按照法律法规要求，明确各部门在农村集体经济组织监管中的职责分工，确保监管工作全覆盖、无死角。

提交整改报告：在整改期限届满前，你单位应向本政府提交详细的书面整改报告，报告内容应包括整改措施的实施情况、取得的阶段性成果、仍存在的问题及下一步工作计划等。整改报告需附相关证明材料，如制度文件、工作记录、与农村集体经济组织的沟通函件等，以证明整改工作的真实性和有效性。

若你单位未在规定期限内完成整改，本政府将依据相关法律法规，依法追究相关责任人员的法律责任，同时采取进一步的行政措施，以保障农村集体经济组织的合法权益和正常发展。

如你单位对本责令限期改正决定不服,可在收到本通知书之日起六十日内向[有权复议的上级政府部门名称]申请行政复议,或者在六个月内向[有管辖权的人民法院名称]提起行政诉讼。行政复议或行政诉讼期间,本责令限期改正决定不停止执行。

作出责令限期改正决定的上级人民政府:

[上级人民政府具体名称]

日期:[具体年月日]

(政府盖章)

# 农村集体经济组织行政复议申请书模板

申请人：

农村集体经济组织名称：________________

统一社会信用代码：________________

住所地：________________

法定代表人(或负责人)姓名：________________

职务：________________

联系电话：________________

委托代理人(如有)：

姓名：________________

工作单位：________________

职务：________________

联系电话：________________

身份证号：________________

被申请人：

行政机关名称：________________

住所地：________________

法定代表人姓名：________________

职务：________________

联系电话：________________

行政复议请求：

请求依法撤销被申请人于[具体日期]作出的[行政行为名称，如行政处罚决定书编号、行政许可决定文号等]行政行为。

请求责令被申请人重新作出合法、合理的行政行为,具体要求为[详细说明期望的行政行为内容,如重新审核并批准某项申请、纠正错误的行政处罚措施等]。

请求裁决被申请人承担本次行政复议的全部费用。

事实与理由:

行政行为概述:被申请人于[具体日期]对申请人作出了[行政行为名称]行政行为,该行政行为的主要内容为[详细阐述行政行为的具体条款、决定事项等]。例如,被申请人作出的行政处罚决定书认定申请人存在[具体违规事项],并据此对申请人处以[罚款金额、责令停产停业等处罚措施]。

不服行政行为的原因:

违反法律法规:该行政行为违反了《农村集体经济组织法》第六十三条规定,以及[具体列举其他相关法律法规条款]。例如,依据《农村集体经济组织法》中关于农村集体经济组织自主经营管理的规定,被申请人无权干涉申请人的[具体经营管理事项],但在本次行政行为中却进行了不合理的干预。

程序违法:被申请人在作出该行政行为时,未遵循法定程序。如在行政处罚过程中,未依法告知申请人享有的陈述、申辩权利;在行政许可审批中,未在规定期限内作出决定等。

事实认定错误:被申请人对相关事实的认定存在偏差。如在认定申请人违规行为时,所依据的证据不足或存在错误解读。实际上,申请人[阐述真实情况及证据,证明自身不存在违规行为或行政行为认定的事实有误]。

证据列举:为证明上述事实,申请人提供以下证据(可另附页详细列出证据清单及证据内容):[列举相关证据,如行政行为决定书原件、与行政行为相关的合同协议、证人证言、能够证明自身合法经营的文件资料等]，这些证据足以证明被申请人的行政行为违法、错误，侵害了申请人的合法权益。

此致

[行政复议机关名称]

申请人（农村集体经济组织盖章，
法定代表人或负责人签名）：________
申请日期：______年____月____日

附件：证据材料清单及相关材料

# 农村集体经济组织行政起诉状模板

原告：

农村集体经济组织名称：________________________

统一社会信用代码：________________________

住所地：________________________

法定代表人(或负责人)姓名：________________________

职务：________________________

联系电话：________________________

委托代理人(如有)：

姓名：________________________

工作单位：________________________

职务：________________________

联系电话：________________________

身份证号：________________________

被告：

行政机关名称：________________________

住所地：________________________

法定代表人姓名：________________________

职务：________________________

联系电话：________________________

诉讼请求：

请求依法撤销被告于[具体日期]作出的[行政行为名称,如行政处罚决定书编号、行政许可决定文号等]行政行为。

请求判令被告重新作出合法、合理的行政行为，具体要求为[详细说明期望的行政行为内容，如重新审核并批准某项申请、纠正错误的行政处罚措施等]。

请求判令被告承担本案的全部诉讼费用。

事实与理由：

行政行为详情：被告于[具体日期]对原告作出了[行政行为名称]行政行为，该行政行为的具体内容为[详细描述行政行为的具体条款、决定事项等]。比如，被告作出的行政许可不予批准决定，以[不合理的理由]拒绝了原告关于[具体项目]的许可申请。

违法违规阐述：

法律依据不符：该行政行为与《农村集体经济组织法》第六十三条以及[其他相关法律法规条款]相悖。根据法律规定，原告依法享有[具体权利]，而被告的行政行为侵犯了这一权利。例如，在农村集体经济组织资产处置方面，法律赋予原告自主决策权，被告却无端干涉并作出不利于原告的行政决定。

程序严重瑕疵：被告在作出行政行为过程中，存在严重的程序违法问题。如未按照法定程序进行调查取证、未举行必要的听证程序等。这些程序瑕疵直接影响了行政行为的合法性和公正性。

事实认定偏差：被告对案件事实的认定存在错误。其依据的事实与实际情况不符，且所采用的证据存在瑕疵或不充分。原告有充分证据证明[阐述真实事实及证据，反驳被告的事实认定]。

证据支撑：原告为支持诉讼请求，提供如下证据(可另附页详细列出证据清单及证据内容)：[列举相关证据，如行政行为决定书、业务往来文件、证人证言、法律法规依据文本等]，这些证据能够有力地证明被告的行政行为违法，损害了原告的合法权益。

此致

[具体人民法院名称]

起诉人(农村集体经济组织盖章,法定代表人
或负责人签名):__________
起诉日期:______年____月____日

附:本起诉状副本[×]份